城市交通与城市发展

张文尝 马清裕 等著

商务印书馆
2010年·北京

图书在版编目(CIP)数据

城市交通与城市发展/张文尝等著. —北京:商务印书馆,2010

ISBN 978-7-100-06689-1

Ⅰ.城… Ⅱ.①张… ②马… Ⅲ.市区交通—关系—城市—发展—研究 Ⅳ.U121 F291

中国版本图书馆 CIP 数据核字(2009)第 096918 号

所有权利保留。
未经许可,不得以任何方式使用。

城市交通与城市发展

张文尝 马清裕 等著

商务印书馆出版
(北京王府井大街36号 邮政编码 100710)
商务印书馆发行
北京瑞古冠中印刷厂印刷
ISBN 978-7-100-06689-1

2010年7月第1版　　开本 787×1092 1/16
2010年7月北京第1次印刷　印张 28
定价:48.00元

序

　　张文尝先生和马清裕先生等的著作《城市交通与城市发展》经历了长期的潜心研究和精心编写终于出版了。他们的成就,也使我很兴奋。在此我表示衷心祝贺!

　　这本著作阐述了现代城市发展的基本特征和城市发展对于交通发展的需求,及交通发展与城市发展之间的相互促进及其空间协调关系。特别是通过解析城市居住区、商业中心区、CBD等现代城市空间构成要素的变化论证了城市交通建设如何实现与城市发展之间的配合。这是本书最具有创新性的亮点。本书的研究聚焦于城市发展与城市交通的关系,但研究对象和分析内容涉及城市规模、城市性质、交通运输方式、人口与产业分布的空间结构等,需要收集和加工关于国内外城市发展和相应的交通发展的案例和情况、数据。作者对海内外五个城市的交通发展历程、特征作了详细的分析。其中,北京、天津、大连是不同类型的城市,香港是以公交为主、严格控制私家车发展的典型,洛杉矶则是以小汽车出行为主的典型。各个城市都有其形成的自然、经济、社会条件。作者们还抓住了以往几十年来国际上,特别是我国迅速城市化和大城市发展的新情况和新领域,在商业中心区、CBD发展与城市交通的关系以及交通可达性评价方法方面作出了很有深度的系统研究。特别是交通可达性是一个重要的研究新视角。因此,本书基础研究领域比较广,凝练的问题比较集中,具有一定的前瞻性,体现了科学理论从实践中来的客观规律。书中所总结的理论具有解释实际事物和指导规划的能力。

　　本书的主要作者张文尝先生和马清裕先生分别是交通地理与运输经济、城市地理领域的专家。他们具有长期的科研工作积累。这本著作是他们密切合作、实行领域交叉、总结实践和系统分析的成果。很多实践中的现象和科学领域，不是一门学科或者一种理论可以解释现状态势和预测未来发展的，而需要几种学科和理论方法才可以阐述清楚。在以上城市发展和交通发展相互关系的诸方面，体现了学科和领域的交叉确实具有很强的生命力。

作为本书基础的自然科学基金课题从申请和课题实施、各种典型城市的选择调查、分析和理论总结，历时5年多。其中，他们在北京、大连、成都进行了居民出行的问卷调查，发出了问卷1 450份，成为这项科研工作的特点之一。在这段时期内，张文尝和马清裕两位都已经退休。他们发挥了强烈的责任感，以极其认真的科学态度，认真收集和分析数据，逐步形成观点，并加以整理撰写成书，将城市发展和交通发展之间关系领域的规律性分析和理论观点呈现给了社会和读者。工作过程体现了"慢工出细活"的创新性工作客观要求。希望更多的学者切实注意研究成果的积累，在理论总结方面下工夫。我国有着地大物博、地理条件多样性的有利条件，处在持续快速发展变化的经济社会时代，应该为中国地理学的创新做出更多的研究成果。

在写这个"序"之时，我又想起了近代地理学的奠基人洪堡的科学生涯。他曾经在中南美洲作了长期实地考察，而在60岁左右时开始了20余年的系统总结，终于完成了20多卷的鸿篇巨著"宇宙"，发现并系统阐述了植物的水平和垂直地带性规律。

课题组在完成研究和著作编写过程中，得到了多位中、青年学者的合作与支持，大大丰富了著作的内容。同时也在地理资源所实行了"以老带新"的合作模式。课题研究工作完成的同时，新的人才也得到了锻炼和培养。

陆大道

（中国科学院院士、中国地理学会理事长）

于北京29届奥林匹克运动会闭幕日

2008年8月24日

前 言

本书在全面阐述城市化和城市交通发展的基础上,深入分析城市交通与城市功能区、城市空间结构的相互作用机理,揭示规律性特征。同时对于交通与居住区的相互作用、交通与商业中心、CBD 的相互作用、交通可达性、居民出行分析进行了专题研究。

主 要 内 容

本书共计十三章,前八章为理论篇,主要包括城市化进展,城市交通发展,城市交通与居住区、商业中心相互协调,可达性,居民出行调查与分析等内容。后五章是分别对五个典型城市的交通与城市发展进行综合阐述。

开篇的第一章和第二章既是对城市化进展和城市交通发展的宏观描述,也是进一步研究的基础。

第一章"现代城市化基本特征与趋势"。主要内容有:首先概要总结了 1950 年以来世界城市化基本特征以及中国城市化经历的曲折过程。分析了世界和中国大城市快速增长、城市郊区化和再城市化进程加快的趋势,以及城市密集区和城市连绵区在世界的形成与发展。其次,指出了未来城市化的发展趋势:发展中国家城市化普遍加快;中国城市化加速发展,地区差异继续扩大;中国城市郊区化规模将日益扩大;中国城市密集区及城市连绵区的发展方兴未艾。

第二章"城市交通发展历程与趋势"。主要内容有:第一部分,分别综合阐述了发达国家和发展中国家的城市交通发展趋势:机动车拥有水平和使用状况;公共交通发展状况;非机动交通状况。概要指出了城市交通发展普遍存在的主要问题:交通拥挤、交通事故、交通污染。说明了交通可持续发展的紧迫性。第二部分,中国城市交通发展分期综述:①古代城市交通的辉煌成就和近代城市交通在中国城市兴起晚,进展缓慢,水平低下。②新中国成立后的1950~1990年代中期城市交通网发展较为迅速——城市道路网建设和公共交通。③1990年代中期以来城市化与机动化同步快速增长,而交通拥堵同时显现:城市进入汽车化时代,交通需求增长迅猛,城市交通基础设施建设大大加快;但是城市人口快速增长,机动车数量迅猛增长,小汽车进入家庭;城市交通拥堵迅速蔓延,众多城市公共交通承担居民出行比重一度大幅度下降。④中国城市交通发展方向:进一步落实公交优先发展战略;建设城市综合交通体系。

第三章"城市交通与城市发展交互作用国外研究综述"。第一部分内容有:城市公共交通对房地产价值的影响;城市形态和公共交通;城市公共交通的优化;国外城市交通发展和规划新趋势。第二部分是国外城市案例研究:弗赖堡和丘拉维斯塔:可持续交通和周边土地开发;多伦多和旧金山:交通对土地利用和城市形态的影响;哥本哈根土地利用和交通规划的演变;巴西库里提巴的低成本公共交通,还有斯德哥尔摩、新加坡、东京发展的经验,借此指出了对中国的启示。

第四章"城市交通与城市发展协调配合"。这一章是我们承担的基金研究课题的主要着眼点和切入点,5年来对此进行了大量的多角度探索和总结。第一部分包括:①城市空间构成诸要素及其相互紧密关联;各类空间互为依存的条件,功能上需要相互匹配。②交通空间的重要作用及其与其他空间的关系。③城市交通建设与城市发展的协调配合应该遵循的原则和主要方面。第二部分的主题是城市空间结构演变与城市交通协调发展:①城市空间结构演变;单中心、多中心等不同类型及其与城市交通的关系。②我国大城市空间结构存在问题:中心区产业和人口过分集中、摊大饼扩展、郊区城镇规模小,经济实力及城镇设施水平较低。③城市空间结构不合理状况给城市交通带来的诸多问题。④通过城镇空间合理规划,改善城市交通环境:疏解中心城过度集中,大力发展郊区卫星城和中心镇;必须通过合理的交通方式特别是公共交通发展才能保证城市布局合理化。⑤城市多中心结构的规划模式。第三部分是典型城市天津的交通与城市发展的相互关系总结:从"适应"、"协调"到"引导"的三个阶段。

第五章"城市居住区空间变化与城市交通协调发展"。这一章是我们研究城市功能区与交通关系的重点之一,在大量实地调查基础上进行了理论总结。主要有:①城市住宅发展与现状基本特征;②城市居住区空间变化特征;③城市居住区存在的交通问题以及与城市交通协调发展的主要方面。

第六章"城市大型商业中心区、CBD发展与城市交通"。这一章是我们研究城市功能区与交通关系的另一个重点,在实地调查基础上进行了理论总结。包括:①城市商业布局特点及其与城市交通的关联,城市大型商业中心区及CBD区位选择因素及其与交通的关系;②交通发展对城市大型商业中心区发展的影响与协调对策;③北京大型商业中心区、大型超市、仓储式商场和批发市场的区位特征与交通的关系;④北京市两个典型商业中心商业环境满意度调查与交通发展。

第七章"交通可达性评价方法的理论与实践"。可达性是城市交通研究的创新点。内容有:①交通可达性的概念与内涵:定义、4大影响因素、分类。②交通可达性的评价多种方法。③典型案例。

第八章"居民出行与功能区布局"。居民出行分析及其与功能区关系的研究是本书的特色之一,不仅利用收集的国内国外许多城市的出行调查进行分析,而且利用本课题组在北京、大连、成都的调查问卷进行了多角度系统分析,是将交通与功能区布局相结合作为分析的切入点。①居民出行的基本性质和内容。进而分析了中国城市居民出行特征与结构。利用收集的多种类型城市居民出行数据。②本课题组在3城市1 600余份问卷调查,进行了多角度的分析,揭示了出行方式的差异。③通过调查数据和多种现象,进一步揭示了交通与城市功能区布局问题:不仅有直接的交通问题,而且由于功能区布局不合理引起了间接的交通问题——住职过度分离、中小学校不足、医疗设施不足、缺乏商业设施和娱乐设施等,为居民带来不便,引起了大量交通问题。提出了调整布局减少出行的途径。

第九章至第十三章选择了不同类型的5个典型城市,对城市发展与城市交通的紧密关联进行了分析和总结。主要内容有:城市发展阶段、城市空间结构演变、城市空间结构与功能区存在问题及其对城市交通的影响;交通网络的发展与布局特征;城市交通发展与城市功能区协调配合的经验和教训;交通发展战略。

北京为典型的中国城市模式,在原有的总体格局基础上功能区布局进一步演变,郊区化进程加速,郊区大型组团和新城迅速崛起。交通网形成了内方格—外放射式干线加环线的新格局,力求适应现代化交通的需求。天津虽然是在19世纪末和20世纪初建设的近代城市,但由于是在多国租界分别规划、缺乏总体布局的基础上建设而成,道路网互不协调,干道缺乏连接,城市交通诸多不便;近30年来通过改造和新建形成了较为完整的新体系。大连是通过规划建设的近代城市,近年在城市交通建设方面取得了显著成绩。香港城市交通长期严格限制私家车,是以公共交通为主的典型城市。洛杉矶是典型的低密度小汽车城市,有其特殊条件。

研究基础和编写分工

本书有着扎实的基础,是5年研究工作的积累。2002年我们获得了国家自然科学基金的资助,项目名称为"城市交通与城市功能区交互作用机理及其模式研究"[基金委编号40271039](起止年月:2003年1月～2005年12月)。该项目由中国科学院地理资源所牵头,协作单位包括香港大学地理系、中国城市规划研究院交通所、国家发改委地区经济发展司以及辽宁大学地理系。

随后,又获得了中国科学院地理科学与资源研究所资助,列为地理资源所创新项目,项目名称是"城市公共交通与城市空间结构协调发展及其优化模式研究"(起止年月:2004～2006年)[编号CXIOG-B04-03]。在2008年夏又获得了地理资源所的出版费资助。

我们衷心感谢国家自然科学基金委员会和中国科学院地理科学与资源研究所领导的宝贵支持,使这本专著能够顺利出版问世。

我们十分珍视这次机遇。在5年(2003～2007年)中开展了大量调查研究工作,努力进行分析总结,编写报告和论文。参加了多次全国地理学会和城市交通规划学术研讨会,与相关领域学者交流。5年间的研究成果达到期刊论文7篇、会议论文14篇。为使研究工作进一步深化和系统化,从2005年开始酝酿编写专著,数次开会研讨,商定提纲、内容、主要视角和切入点。在2年内先后完成初稿和修改稿。

前 言

本书是5个研究单位(中国科学院地理科学与资源研究所、香港大学、天津市城市规划设计研究院、中国城市规划研究院交通所、辽宁大学地理系)的13位作者通力合作完成的。各章完成者如下：第一章马清裕，第二章张文尝、林震、程颖，第三章戴特奇，第四章张文尝、马清裕、曹伯虎、李刚，第五章马清裕、张文尝，第六章李业锦，第七章程昌秀、杨育军，第八章张文尝、马清裕，第九章马清裕、张文尝，第十章王国良、曹伯虎、李刚，第十一章王利，第十二章王缉宪，第十三章戴特奇。全书由张文尝、马清裕完成统稿工作。

除张文尝、马清裕外，本书其他作者简介如下：

王缉宪：1954年～，香港大学地理系副教授，加拿大多伦多大学博士，从事专业：人文地理侧重于交通地理，发表论文30余篇。

程昌秀，女，1973年～，中科院地理科学与资源研究所副研究员，博士，硕士生导师，主要从事：空间数据库技术、GIS与RS技术在城乡规划管理中的应用研究，发表论文30余篇。

戴特奇：1980年～，北京师范大学地理学与遥感科学学院讲师，从事专业：经济地理侧重于交通地理，发表论文10余篇。

李业锦：1977年～，首都师范大学资源环境与旅游学院讲师，从事专业：经济地理，侧重于商业地理，发表论文10余篇。

程颖：1967年～，中国城市规划设计研究院城市交通所主任工程师，高级规划师，主持和参与城市交通规划30余项，发表论文10余篇。

王利：1965年～，辽宁师范大学城市与环境学院教授，发表论文10余篇，主编或参编学术著作3部。

王国良：1965年～，原天津市城市规划设计研究院副院长，现任天津市滨海新区管委会副主任，工学学士，正高级工程师，中国城市交通规划学术委员会委员，参与重点规划设计任务百余项，撰写多篇学术论文。

曹伯虎：1962年～，天津市城市规划设计研究院城市交通研究中心主任，工学学士，正高级工程师，注册规划师。多年来一直从事道路交通规划设计研究工作，先后参加或主持了天津城市综合交通规划、快速路系统规划等数十项重大规划项目，撰写发表多篇学术论文。

李刚：1975年~，天津市城市规划设计研究院规划科技信息中心总工，工学博士，工程师，主要从事：城市规划及规划信息技术分析等工作，发表论文十余篇。

林震：1977年~，北京交通大学交通运输规划和管理专业博士，从事专业：交通运输规划与管理，发表论文十余篇，现为北京泰雷兹交通自动化控制系统有限公司副总工程师、研发部总监。

杨育军：1974年~，长安大学建筑学院规划系讲师，硕士，从事专业：城市规划方法与技术，发表论文多篇。

此外，王成金博士、王娇娥博士、王先文博士、杨荫凯博士、钱志鸿博士在基金项目研究阶段，参与了部分调查和论文的编写，对于书中的一些重要观点形成和论据分析都起到了积极作用。

衷心感谢中国科学院地理科学与资源研究所所长刘毅教授、副所长葛全胜教授对于研究工作的指导与支持。

陆大道院士对于基金项目的指导和督促使我们的使命感倍增，我们始终抱定不达目的不罢休的决心，尽最大可能提高编写水平，增加创新点。

在5年工作期间地理资源所人地系统与区域发展研究室主任金凤君教授从多方面给予的帮助和支持是研究工作顺利开展和完成专著编写的重要保证。研究室王志辉工程师在编辑工作方面做了大量工作。

我和马清裕先生都已年过70岁，在有生之年有机会承担这项重要研究工作，完成专著编写，深感三生有幸。多位作者在百忙中完成编写任务，又得到领导、同事和青年学者们的全力支持，我们从内心深处表示感谢和敬意。

张文尝

2008年8月24日

Urban Transportation and Urban Development

Perface

On the basis of an intellectual overview of urbanization and urban transportation development, the authors of this book made an insightful analysis on the interaction between urban transportation, urban function zonings and urban spatial structure. The contents of this book are organized into several monographic studies, including the interaction between transportation and residential areas, the interaction between transportation and business centers or CBDs, accessibility, and studies on resident trips.

Main Contents

There are thirteen chapters in this book. The eight chapters in Part One deal with theoretical topics, including the process of urbanization, the evolution of urban transportation, the interaction between urban transportation, resident space and business centers, accessibility, the survey on resident trips. The five chapters in Part Two are five case studies, focusing on the relations between transportation and urban development.

Chapters 1 and 2 provide an overview of evolution of urbanization and urban transportation, which sets the starting point for further discussions in the book.

Chapter 1 of *basic features and trends of modern urbanization* introduces the basic characteristics of global urbanization and the zigzag path of China's urbanization. It includes an analysis on rapid growth of megacities, a discussion on the accelerating trends of suburbanization and re-urbanization, and the formation and evolution of global urban regions and megalopolis.

Chapter 2 of *evolution and development trends of urban transportation* has two parts. The first part introduces the development trends in developed and developing countries, such as the usage and ownership of vehicles, the evolution of public transportation, the situation of non-motorized transport. Typical problems of urban transportation are presented in a context of China, including traffic congestion, transport incidents and transport pollution. The second part describes the history of China's urban transportation chronologically: (1) the splendid accomplishment in ancient China and the modern urban transportation started quite late and made a slow progress; (2) from 1950 to mid-1990s, the networks of urban transportation, including roads and public transportation, were built in a rather fast pace; (3) since mid-1990s, the rapid urbanization and motorization brought out serious congestion in several cities. (4) policies and strategies for China's urban transportation are analyzed, including promoting public transport priority and developing comprehensive modern transport systems.

Chapter 3 reviews the research progresses in relationship between urban transportation and urban functional zones worldwide. This chapter consists of theories and cases. The former includes the impact of urban public transportation on values of real estate, the relationship between urban form and public transportation, optimization of public transport system, and the recent trends of urban transport planning. The case study includes: Freiburg and Chula Vista: sustainable transport and land development; Toronto and San Francisco: the impact of transport on land use and urban form; the evolution of land use and transport planning in Copenhagen; low-cost transit of Curitiba; and Stockholm, Singapore, Tokyo. These cases provide lessons for China.

Chapter 4 of *integration of urban transportation and urban development* is the core of the whole research work and the book, which is an outcome of five-year explorations from multiple perspectives. The first part of this chapter includes: (1) the inter-connections between elements of urban space, which depend on each other and need to coordinated together; (2) the importance of space of transport and the relationship with other spaces; (3) the principles in coordinating urban transportation construction and urban development. The theme of second part is the coordinated development between urban transport and urban structure, which includes: (1) the evolution of urban structure and the relationship between transport and mono-centric cities, multi-centric cities and etc. ; (2) the problems of Chinese cities' spatial structure: over-crowded centers, the type of spread out of city (it is often compared with expanding a pancake, Tan Da Bing in Chinese), the inadequate size of suburban cities and towns and the inadequate infrastructure; (3) the problems of existing urban structures are important sources of urban transport problems; (4) to improve the urban transport by improving the urban planning, which requires decentralizing the over-crowded centers, developing the satellite cities and towns in suburban, and choosing the proper transport modals, especially develop public transport. The third part is a case study on Tianjin from which we summarize a three-stage process of transport and urban development, that is, adapting, coordinating and orienting.

Chapter 5 focuses on the coordinated development of urban residential space and urban transport. The case and field survey approach is applied for this important theme, and then theories are deduced from these investigations. The main contents includes: (1) the current basic features of urban residential areas; (2) the characteristics of dynamic residential space; (3) the transport problems of resident areas and the coordinating development of residential areas and urban transportation.

Chapter 6 of *business center district*, *CBD and urban transport* is another important theme for our study, using the similar approach as that of chapter 5. The main contents includes: (1) the commerce layout and its relation to urban transport, especially relationship between transport and the location of large business centers and CBDs; (2) the effects of transport development on the large business centers; (3) the features of location of Beijing's large commercial districts, large supermarkets, warehouse-style markets and wholesale markets; (4) two surveys on the satisfactions of markets and their relations to the transport.

Chapter 7 focuses on accessibility, which is the hot topic of urban transportation study. We will discuss on (1) the conception and connotation of "accessibility", (2) the methods of accessibility assessments, (3) typical cases.

Chapter 8 of *transport trips and layout of functional zonings* is one of features of this book, based on the inquiry on several cities and the 1600 questionnaires in Beijing, Dalian and Chengdu made by the research group. The main contents includes: (1) the basic characteristics of trips; (2) the travel patterns in Beijing, Dalian and Chengdu, and their differences between these patterns; (3) based on the analysis on surveys, the problem of urban transportation and layout of functional zonings are revealed which includes the direct transport problems, and the transport problems caused by the unreasonable layout of functional zonings, such as over-separated places between work and residency, shortages of schools, medical treatment facilities, shops and entertainment facilities.

Chapters 9 to 13 are case studies which focus on five typical cities respectively. The main contents includes the histories of cities' development, their evolutions of spatial structures, the lessons and learning, the cities' transport strategies.

Beijing has the typical pattern of Chinese cities. Facing the rapid suburbanization and forming of large edge cities, Beijing is trying to improve its overall layout of functional zones. To meet the modern transportation, the transport network is designed to a new pattern which consists by checkered inside network, radial network and ring network. Tianjin is a modern city which formed its main frame in the late 1990s. At that time there were several concessions in Tianjin and their planning was done by the governors respectively, which caused many problems, for example, the roads built by different concession governors could not connect each other well. Reconstructing and constructing these roads to form a new and complete transport system took almost 30 years' after the founding of the P. R. C. Dalian is a city constructed according to the new planning, which brings a lot benefits on its urban transport system. Hong Kong is a transit oriented city, which is a result of a firm priority to public transport and the restrictions on private cars since the 1970s. Los Angeles is a car city with very low density, which lie in its special conditions, such as the national resources, earthquakes and multiple races.

Division of Writing and Acknowledgements

This book has a solid foundation of five years research work. In 2002 the project was first sponsored by National Natural Science Foundation of China (Project is a study on interaction between urban transportation and urban functional zonings, numbered by 40271039, from 2003. 1 to 2005. 12). We would like to acknowledge the supports from Institute of Geographical Sciences and Natural Resources Research (IGSNRR), assisting by Department of Geography in Hong Kong University, China Academy of Urban Planning and Design (CAUPD), Department of Regional Economy in National Development and Reform Commission, and Department of Geography in Liaoning University.

At the second stage, our project were sponsored by Institute of Geographical Sciences and Natural Resources Research, Chinese Academy of Sciences as

Frontier Research Project named as "a study on coordinating development of urban public transport and urban spatial structure" (from 2004 to 2006, numbered by CXIOG-B04-03). In the summer of 2008, we were sponsored by IGSNRR again for publishing. We thank for the support from National Natural Science Foundation of China and IGSNRR, which make the publishing of our book possible.

Through communications in the annual meetings of National Geographic Society, symposiums on urban transport planning, we shared our views by presentation of our research report and paper, and received lots of constructive feedbacks from other scholars. From 2003 to 2007, we published 7 papers in journals and 14 papers in conferences. And this book was started in 2005, and completed in two years later after several meetings among authors for further amendments.

This book therefore is a collaborated achievement by 13 authors from five institutions (IGSNRR, Hong Kong University, Tianjin Academy of Urban Planning and Design, China Academy of Urban Planning and Design, and Liaoning University). The chapter authors are: chapter 1, Ma Qingyu (IGSNRR); chapter 2, Zhang Wenchang (IGSNRR), Lin Zhen(Thales (Beijing) Automatic Control Transport System Co. Ltd.), Chen Yin (CAUPD) (Thales (Beijing)); chapter 3, Dai Teqi (IGSNRR); chapter 4, Zhang Wenchang, Ma Qingyu, Cao Bohu and Li Gang; chapter 5, Ma Qingyu, Zhang Wenchang; chapter 6, Li Yejin (IGSNRR); chapter 7, Chen Changxiu, Yang Yujun; chapter 8, Zhang Wenchang, Ma Qingyu; chapter 9, Ma Qingyu, Zhang Wenchang; chapter 10, Wang Guoliang(Tianjin Academy of Urban Planning and Design), Cao Bohu, Li Gang; chapter 11, Wang Li (Liaoning University); chapter 12, Wang Jixian (University of Hong Kong); chapter 13, Dai Teqi. The chief editor is Zhang Wenchang and the subeditor is Ma Qingyu.

Drs Wang Chengjin, Wang Jiaoe, Wang Xianwen, Yang Yinkai and Qian

Zhihong participated in some surveys and analysis.

We would like to thank Academician Lu Dadao, Mr Liu Yi, the director of IGSNRR, and Prof. Ge Quansheng for their encouragement and supports.

During the past five years, Jin Fengjun, the Director and Professor of Dept. Human & Geography System and Regional Development, IGSNRR, Chinese Academy of Sciences, helped us immensely in carrying out the research and editing this monograph. Engineer Wang Zhihui in this department also assisted the editing work.

As people who are over seventy years old, both Qingyu and I feel very fortunate that we have the chance to take this significant research and finally completed this monograph. And we would like to express our gratitude and respect from our very heart for the authors who accomplished the writing in time, and for the endless support from leaders, colleagues and youth scholars.

Zhang Wenchang

At the day when Beijing 29th Olympic Games closed victoriously (2008-8-24)

目 录

序
前言
第一章 现代城市化基本特征与趋势 ··· 1
　第一节 现代城市化基本特征 ··· 1
　　一、1950年代以来世界城市化快速推进 ···································· 1
　　二、城市化区域差异悬殊 ·· 5
　　三、大城市快速增长——城市数量和人口比重不断上升 ················ 9
　　四、城市郊区化 ·· 12
　　五、城市密集区的形成与迅速发展 ··· 17
　第二节 未来城市化发展趋势 ·· 21
　　一、世界未来城市化仍将继续加快推进 ···································· 21
　　二、特大城市将继续快速增长 ··· 23
　　三、大城市郊区化将呈继续发展态势 ······································· 25
　　四、城市密集区及城市连绵区将继续快速发展 ··························· 28
第二章 城市交通发展历程与趋势 ·· 33
　第一节 城市交通国际发展趋势 ·· 33
　　一、发达国家的城市交通发展趋势 ··· 33
　　二、发展中国家的城市交通 ··· 40
　　三、城市交通发展存在的主要问题 ··· 49
　第二节 中国城市交通发展 ··· 59
　　一、中国古代与近代城市交通发展 ··· 59
　　二、1950～1990年代中期城市交通网发展较为迅速 ···················· 62

三、1990年代中期以来城市化与机动化同步快速增长 …………… 67
　　四、中国城市交通发展方向 …………………………………………… 75
第三章　城市交通与城市发展交互作用国外研究综述 …………………… 78
　第一节　国外研究 ………………………………………………………… 78
　　一、概述 …………………………………………………………………… 78
　　二、国外学者对城市交通和城市功能区的专题研究 ………………… 79
　　三、国外城市蔓延背景下的交通和规划新趋势 ……………………… 100
　第二节　国外城市案例研究及其启示 …………………………………… 102
　　一、国外城市案例研究 ………………………………………………… 102
　　二、国外研究对中国的启示 …………………………………………… 117
第四章　城市交通与城市发展协调配合 ……………………………………… 122
　第一节　城市空间构成与交通 …………………………………………… 122
　　一、城市空间构成要素 ………………………………………………… 122
　　二、交通空间的作用及与其他空间的关系 …………………………… 124
　　三、城市交通建设与城市发展的协调配合 …………………………… 125
　第二节　城市空间结构演变与城市交通协调发展 ……………………… 127
　　一、城市空间结构演变及其与城市交通的关系 ……………………… 127
　　二、我国大城市空间结构存在的问题 ………………………………… 129
　　三、城市空间结构状况给城市交通发展带来的问题 ………………… 134
　　四、开展市域城镇空间规划，改善城市交通环境 …………………… 135
　　五、城市多中心结构的几种规划模式 ………………………………… 137
　第三节　典型城市天津的交通与城市发展 ……………………………… 140
　　一、天津城市布局的问题 ……………………………………………… 140
　　二、天津城市交通与城市空间布局协调发展的分期阐述 …………… 141
第五章　城市居住区空间变化与城市交通协调发展 ……………………… 147
　第一节　城市住宅发展历史及现状基本特征 …………………………… 147
　　一、城市住宅历史演变及规划布局基本理念 ………………………… 147
　　二、城市住宅发展与现状基本特征 …………………………………… 150

目 录

- 第二节 城市居住区空间变化影响因素及分布特征 156
  - 一、城市居住区空间变化的影响因素 156
  - 二、城市居住区空间分布特征 157
- 第三节 城市居住区存在的交通问题及与居住区协调发展 162
  - 一、居住区存在的交通问题 162
  - 二、城市居住区与城市交通协调发展 165

第六章 城市大型商业中心区、CBD发展与城市交通 168
- 第一节 城市大型商业区的空间结构特征与交通发展 168
  - 一、城市大型商业中心区及CBD的空间结构与交通的关系 168
  - 二、城市大型商业中心区及CBD区位选择因素及其机制与交通的关系 173
  - 三、北京市大型商业中心区发展与城市交通 176
- 第二节 不同商业中心区和商业业态的区位选择与交通发展 180
  - 一、不同商业中心区和商业业态的区位特征与空间布局 180
  - 二、北京大型商业中心区的区位选择与交通的关系评价 181
  - 三、北京不同商业业态的区位特征与交通发展的关系 190
- 第三节 北京市两个典型商业中心商业环境满意度调查与交通发展 191
  - 一、西单商业中心区商业环境满意度与交通发展 191
  - 二、中关村商业中心区商业环境满意度与交通发展 193
- 第四节 消费者需求对城市大型商业中心区与交通协调发展的影响 195
  - 一、消费者行为与商业区发展、交通发展的矛盾 195
  - 二、城市居民购物出行的影响因素分析 196
  - 三、城市大型商业中心区及CBD发展与城市交通的问题和协调对策 201

第七章 交通可达性评价方法的理论与实践 206
- 第一节 交通可达性理论 206
  - 一、交通可达性的定义 206
  - 二、影响交通可达性的因素 207
  - 三、可达性的分类 209
- 第二节 交通可达性的评价方法 210

一、顾及交通系统的评价方法 ……………………………………………… 210
　　二、顾及交通系统、土地利用的评价方法 ………………………………… 212
　　三、顾及交通系统、个人、土地利用的评价方法 ………………………… 218
　第三节　交通可达性案例研究 …………………………………………………… 220
　　一、基于拓扑度量法的地铁可达性评价 …………………………………… 220
　　二、日本地方城市道路网模式评价 ………………………………………… 223

第八章　居民出行与功能区布局 ……………………………………………………… 229
　第一节　居民出行研究 …………………………………………………………… 229
　　一、居民出行研究的理论概要 ……………………………………………… 229
　　二、中国城市居民出行特征与结构分析 …………………………………… 231
　第二节　典型居住区出行调查与分析 …………………………………………… 235
　　一、本课题组问卷调查与分析 ……………………………………………… 235
　　二、问卷分析 ………………………………………………………………… 237
　第三节　交通出行与城市功能区布局问题 ……………………………………… 239
　　一、新兴居住区居民出行调查,反映城市功能区的布局问题 …………… 239
　　二、居民各类出行与功能区布局的内在关联 ……………………………… 241
　　三、功能区空间结构调整 …………………………………………………… 247

第九章　北京市城市发展与城市交通 ………………………………………………… 249
　第一节　北京市城市空间结构与功能区变化 …………………………………… 249
　　一、新中国成立后至1960年代中期变化较大 …………………………… 249
　　二、1960年代中期至1970年代末期变化缓慢 …………………………… 255
　　三、1980年代以来重大变化 ……………………………………………… 257
　第二节　城市空间结构与功能区存在的问题及其对城市交通的影响 ……… 267
　　一、城市空间结构及功能区发展存在的问题 ……………………………… 267
　　二、城市空间结构及功能区存在的问题对城市交通的影响 ……………… 270
　第三节　北京城市交通网络的发展与布局特征 ………………………………… 273
　　一、旧北京市区道路系统 …………………………………………………… 273
　　二、新中国成立后市区道路建设(1949～1976) ………………………… 275

三、1970年代末至1990年代初北京市交通网建设 ……………………… 277
四、1990年代以来城市交通设施建设 ………………………………… 280
五、现状评估(2003年)与交通症结分析 ……………………………… 282
第四节 城市交通发展与城市功能区协调配合的经验和教训 …………… 283
一、1950~1970年代城市交通布局与功能区 ………………………… 283
二、1980年代以来城市交通布局与功能区 …………………………… 284
第五节 未来北京城市空间结构及功能区发展趋势 ……………………… 285
一、北京城市空间布局调整战略 ……………………………………… 285
二、北京中心城空间布局调整 ………………………………………… 288
三、发展新城——疏解中心城人口，集聚新兴产业，带动区域发展 … 290
第六节 北京市交通发展战略 ……………………………………………… 292
一、北京市交通发展战略 ……………………………………………… 292
二、交通发展策略 ……………………………………………………… 293
三、交通发展重点任务 ………………………………………………… 294

第十章 天津市城市交通发展与城市空间结构 …………………………… 298
第一节 城市布局与空间结构演变 ………………………………………… 298
一、城市空间形态演化趋势 …………………………………………… 298
二、居住空间结构的演变及特征 ……………………………………… 302
第二节 城市交通网络的发展 ……………………………………………… 307
一、城市道路网络基本格局演变 ……………………………………… 307
二、城市交通发展战略制定、实施与评价 …………………………… 310
三、交通发展战略 ……………………………………………………… 315
第三节 城市公共交通发展及出行结构 …………………………………… 317
一、公共交通发展现状评述 …………………………………………… 317
二、居民出行方式与结构演变 ………………………………………… 320
第四节 城市交通发展与城市功能区布局的协调配合 …………………… 322
一、城市住宅建设规划与城市交通发展的关系 ……………………… 322
二、城市交通发展与双核心建设的紧密关联 ………………………… 324

三、京津塘高速公路成为天津城市空间未来发展主轴 ……………… 326
　第五节　轨道交通对天津城市空间结构的影响 ……………………… 330
　　一、轨道交通网规划布局 ………………………………………… 330
　　二、快速路建设优化城市空间布局 ……………………………… 335

第十一章　大连市城市交通发展与城市功能区布局 ………………… 342
　第一节　大连市城市空间结构变化 …………………………………… 342
　　一、大连市城市发展 ……………………………………………… 342
　　二、建市以来大连市改善城市功能的主要举措 ………………… 347
　第二节　大连市城市交通发展与城市功能区调整的协调 …………… 352
　　一、城市功能区调整的模式 ……………………………………… 352
　　二、大力提高大连现有城市建成区道路通行能力 ……………… 353
　　三、强化现有功能组团之间的快速公交线路建设 ……………… 355
　　四、重点通过企业搬迁和功能园区建设寻求最佳的协调方案 … 360
　　五、"多管齐下"的区域差异化协调策略 ………………………… 362

第十二章　香港：发展城市公共交通优先体系的经济管理学 ……… 364
　第一节　香港的独特条件与其交通特征 ……………………………… 364
　　一、香港的独特条件 ……………………………………………… 364
　　二、香港的交通特征 ……………………………………………… 365
　　三、香港发展公交优先体系的过程 ……………………………… 367
　　四、香港发展公交优先体系的经验 ……………………………… 373
　第二节　仍需改进的问题与值得借鉴的经验 ………………………… 379
　　一、教训、改进和仍然存在的问题 ……………………………… 379
　　二、值得借鉴的经验 ……………………………………………… 382

第十三章　洛杉矶城市交通发展 ………………………………………… 385
　第一节　洛杉矶城市自然经济特点与交通发展 ……………………… 385
　　一、洛杉矶城市交通发展的背景与轨道交通 …………………… 385
　　二、城市快速发展时期：第一个汽车城市的出现 ……………… 390
　第二节　城市地区蔓延时期成为世界高速路之都 …………………… 396

一、城市不断扩展与高速公路建设 …………………………………… 396
　　二、洛杉矶城市蔓延的负面效应 ………………………………………… 400
　　三、对于城市蔓延和小汽车普及的各种不同见解 ……………………… 402
　第三节　城市结构的重构与交通 …………………………………………… 406
　　一、城市结构的重构：多中心化 ………………………………………… 406
　　二、1990年代开始的环境和公平交通 …………………………………… 409
　第四节　洛杉矶的经验教训与借鉴意义 …………………………………… 412
　　一、经验教训 ……………………………………………………………… 412
　　二、对中国的借鉴意义 …………………………………………………… 414

第一章

现代城市化基本特征与趋势

什么是城市化？简而言之，是乡村人口转变为城镇人口的复杂过程，伴随着这个过程，人们居住地点由分散的乡村转向城镇集聚，人们的职业由农业转向非农业、由乡村生活方式转向城镇生活方式，并逐步改变人们的思想观念。城市化的过程是生产力发展的必然结果，是人类社会发展的必然趋势。

第一节 现代城市化基本特征

一、1950年代以来世界城市化快速推进

自20世纪中叶以来，西方发达国家爆发了以微电子、电子通信和计算机等技术为核心的新技术革命，对产业结构、城市化和城市空间结构产生着越来越重要而深刻的影响。另一方面，广大发展中国家在"二战"后政治上纷纷取得独立，从而促进了经济和城镇的发展。因此，从上世纪中叶以来，世界城市化仍继续呈现蓬勃发展的趋势。1950～2003年的53年间，世界城市化水平由29.0%上升到48.7%[①]，城市化水平增加18.7个百分点，比上世纪上半叶要快些。但发达国家与发展中国家城市化具有不同特点。

1. 发达国家城市化相对趋缓

发达国家自工业革命以来经历了近一个世纪的城市化历程，到1950年代已

---

① 世界银行数据库。

达到很高水平。如 1950 年英国城市化比重已达到 84.2%，德国 71.9%、美国 64.2%、加拿大 60.8%、法国 56.2%。因此，从上世纪 50 年代以来，发达国家城市化增长速度比 20 世纪前半叶趋于缓慢，1950～2000 年城市化水平增加 20.5 个百分点。尤其自 80 年代以来，发达国家城市化已接近饱和，如到 1980 年，英国、澳大利亚、德国等国家已超过 80%，日本、加拿大、美国、法国等国家也均超过 70.0%，因此 80 年代以来发达国家城市化进程进一步放缓。

表 1—1　1950～2000 年发达国家的城市人口比重　　　　单位：%

地区	1950 年	1960 年	1970 年	1980 年	1990 年	2000 年*
大洋洲	74.6	79.7	84.4	85.3	85.0	89.9
北美洲	63.9	69.9	73.8	73.9	75.4	77.4
欧洲	52.4	58.0	64.6	69.4	72.1	73.4
发达国家	54.9	61.4	67.7	71.5	73.7	75.4

* 2000 年为预测数。

资料来源：高佩义：《中外城市化比较研究》，南开大学出版社，1992 年。

表 1—2　1950～2000 年主要工业国家的城市人口比重　　　　单位：%

地区	1950 年	1960 年	1970 年	1980 年	1990 年	2000 年
美国	64.2	70.0	73.6	73.7	75.2	77.2
加拿大	60.8	68.9	75.7	75.7	76.6	78.7
英国	84.2	85.7	88.5	88.8	89.1	89.5
法国	56.2	62.4	71.0	73.3	74.0	75.4
德国	71.9	76.1	79.6	82.6	85.3	87.5
意大利	54.3	59.4	64.3	66.6	66.7	66.9
澳大利亚	75.1	80.6	85.2	85.8	85.1	90.7
日本	50.3	62.5	71.2	76.2	77.4	78.8

资料来源：同表 1—1。

2. 发展中国家城市化速度加快

二战后，发展中国家的城市人口增长迅速，城市人口比重的提高快于发达国家（表 1—3）。1950 年发展中国家的城市人口占总人口的比重只有 17.8%，比发达国家同期的城市人口比重低37.1个百分点,只相当于发达国家19世纪70年代的水平。到2000年,发展中国家的城市人口比重已经达到40.4%,比重增加了22.64个百分点。1950~2000年,发展中国家城市人口同期只增加20.5个百分点。虽然从20世纪90年代以后,发展中国家城市人口的增长速度有所放缓,但仍然高于发达国家在20世纪50年代的发展速度。

表1—3　1950~2000年发展中国家的城市人口比重　　　单位:%

地区	1950年	1960年	1970年	1980年	1990年	2000年
亚洲	17.4	20.8	23.4	26.9	32.3	37.5
非洲	14.7	18.5	23.1	27.4	31.8	37.2
拉美与加勒比海	41.9	49.5	57.6	65.1	71.1	75.4
发展中国家	17.8	21.6	25.1	29.3	35.0	40.4

资料来源：United Nations. World Urbanization Prospects: the 2001 Revision. New York: United Nations Publication, 2002.

从表1—3看出,发展中国家中城市人口比重最高的地区是拉丁美洲与加勒比海地区,1950~2000年该地区的城市人口比重从41.9%上升到75.4%,与发达国家基本持平。1950~2000年虽然亚洲和非洲的城市人口比重保持了较高的增长速度,但到2000年,亚洲和非洲两个地区的城市人口比重仍然较低,分别为37.5%和37.2%,只相当于发达国家在20世纪初的水平,比发达国家落后了将近100年。

3. 中国城市化经历了曲折过程,20世纪80年代以来城市化加速推进

新中国成立以来的半个世纪里,城市有了很大的发展,城镇人口有了很大的增加,城市化进程快于历史上任何时期。1949~2004年的51年时间里,全国城镇数量由132座发展到661座,增加近4倍,城镇人口由5 765万人增加到54 283万人,增加9倍多,年均增长4.5%,这种增长速度在中外城镇化的历史上都是相当快的。但回顾我国半个世纪的城镇化历史,其复杂曲折的历程也是相当突出的,其发展大致可分为以下5个阶段：

(1) 恢复与发展时期(1949~1957)

建国后经过三年的恢复时期,城市经济迅速恢复,不但安排了大量的城市

失业人员,因战争和灾荒期间的外流人员也大批返城,1951～1953年平均每年净迁入率为33.1‰。从1953年开始国家第一个五年计划,国家进行了大规模的基本建设,为满足城镇劳动力的需要,"一五"期间从乡村调入城镇的劳动力有1 500万人之多,加上城镇人口的自然增长,至1957年底,全国城镇人口增加2 400万,年均增长7.22%,是新中国成立以来城镇人口增长最快的时期之一。

(2) 波动时期(1958～1965)

"二五"前期,"大跃进"使国民经济失去控制,大量农村人口盲目流入城镇,新设城镇也较多,达到22座,1960年全国城镇人口达到13 073万人,占全国总人口19.7%,超过了当时经济承受能力,因而1961～1965年间实行精简职工,压缩城市人口,城镇人口大量迁出,迁出率17.6‰,同时撤了前期设置的22座城市和一大批建制镇,1965年城镇人口比重下降为13.6%,比1960年下降6.1个百分点,波动起伏很大。

(3) 停滞时期(1966～1978)

"文革"期间社会动荡不安,经济濒临崩溃的边缘,城市化停滞不前。在"文革"前期城镇大批知青和职工下乡,城市人口大量迁出。20世纪70年代以后城市人口略有迁入,但城镇人口增长主要是自然增长,城市化进程十分缓慢。1965～1978年城镇人口年均增长1.56%,其间1966～1970年年均只增长0.68%,而不少省市(如江苏、浙江、上海等)城镇人口不但没有增加,反而下降了,城市化基本处于停滞状态。

(4) 恢复和发展时期(1978～1990)

70年代末至80年代前期是恢复时期。70年代末以来国家实行改革开放方针,经济建设稳步发展。在城镇发展方面,国家十分重视,制定了许多有利于城镇恢复和发展的方针政策,如市镇建制标准的调整和允许农民进城务工经商等政策,使城镇得到恢复和发展。新建了一大批城镇,至1990年全国城市已达到467座,比1978年的197座新增270座,增加了一倍多。同期城镇人口由17 245万增至30 191万人,城市化水平由17.92%上升至26.41%,平均每年增加0.71个百分点。快于建国以前。

(5) 快速城市化时期(1990年以来)

自上世纪90年代以来,我国社会经济以更快的速度发展,1990年全国人均GDP为1 634元,到2004年达到10 561元,14年间约增长6.5倍。根据世界城市化的历史经验,当一国人均国民生产总值达到1 000美元时,城市化的速度将加快发展,我国进入新世纪以来,人均GDP已接近这一指标,2002年已超过这一指标,达到1 026.8美元(按1∶8计),2004年达1 320.1美元。因此,城市化开始加速。1990~2004年,全国城市化率由26.41%提高到41.80%,14年间增加15.39个百分点,年均增加1.1个百分点,这个增长速度快于我国历史上任何时间,也大大快于国际上的城市化速度,1990~2003年间世界城市化水平由43.4%上升到48.7%,13年间增加5.3个百分点,年均增加0.4个百分点,比中国城市化速度慢得多。

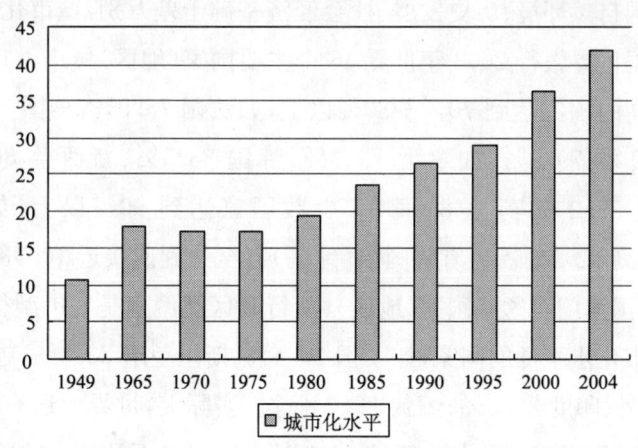

图1—1 中国城市化水平增长(%)

二、城市化区域差异悬殊

1. 世界各国(地区)城市化差异

表1—4 2003年世界主要国家(地区)城市人口比重　　　单位:%

城市人口比重	国家(地区)名称
<30	泰国20.4;斯里兰卡23.8;越南25.4;孟加拉26.8;印度28.3;缅甸29.2
>30~≤50	巴基斯坦34.1;中国大陆40.5;埃及42.9;印度尼西亚44.1;尼日利亚46.6

续表

城市人口比重	国家(地区)名称
>50～≤70	罗马尼亚 55.7；哈萨克斯坦 55.9；蒙古 56.8；南非 59.2；马来西亚 59.4；菲律宾 61.0；朝鲜 61.1；波兰 63.0；伊朗 66.1；土耳其 67.0；意大利 67.4；保加利亚 67.5；乌克兰 68.2；白俄罗斯 69.9
>70～≤80	俄罗斯 72.9；捷克共和国 74.7；墨西哥 75.0；法国 75.9；美国 77.9；西班牙 78.3；日本 79.2；加拿大 79.3
>80～<100	巴西 82.8；韩国 83.5；新西兰 86.1；委内瑞拉 87.6；德国 88.1；阿根廷 88.6；英国 89.2；荷兰 89.8；澳大利亚 91.9；以色列 92.1；中国澳门 98.8
100	中国香港 100；新加坡 100

资料来源：《国际统计年鉴 2004 年》。

世界各国自然环境、历史发展、社会经济基础千差万别，城市化水平区域差异悬殊。根据世界银行 2003 年世界 46 个主要国家(地区)城市人口比重资料，城市化水平高的国家达到 70%～80% 以上，如法国 75.9%、美国 77.9%、西班牙 78.3%、日本 79.2%、加拿大 79.3%、韩国 83.5%、新西兰 86.1%、德国 88.1%、英国 89.2%、荷兰 89.8%。少数国家达到 90% 以上，如澳大利亚 91.9%、以色列 92.1%。另有些国家(地区)甚至达到或接近 100%，如新加坡、中国香港、中国澳门等这些国家(地区)，从行政区类型上是城市型行政区，属特殊情况。城市化水平低的国家，如泰国 20.4%、斯里兰卡 23.8%、越南 25.4%、孟加拉 26.8%、印度 28.3%、缅甸 29.2% 等。实际上，世界上还有不少国家城市化水平比上述国家还低，如布隆迪、卢旺达、乌干达、不丹、尼泊尔等，目前虽然缺乏这些国家城市化现状数据，但从其社会经济和城镇发展水平看，这些国家现状城市化水平也是比较低的。

城市化水平的高低与社会经济发展水平密切相关，社会经济发展水平高的国家，城市化水平也相应较高，社会经济发展水平低的国家，一般城市化水平也相应较低。但也有少数国家例外，主要是拉丁美洲的一些国家，如墨西哥城市化达到 75.0%、巴西 82.8%、阿根廷 88.6%。但这些国家经济发展水平并不是很高。例如，巴西 2003 年人均国内生产总值为 2 660 美元，而美国为 37 648.6 美元，巴西人均国内生产总值只及美国的 7.06%，而城市化水平，巴西比美国高出

4.9个百分点。形成该国城市化与经济发展不协调问题的原因是多方面的,其中土地制度是重要原因,巴西土地集中程度很高,其耕地面积3.71亿公顷,其中1%农户占有50%的耕地,而53%的农户只占全国3%的耕地,此外,全国还有1 200万无地或基本无地的农民,这些少地或无地的农民便拥入城市谋生,造成城市大量失业或半失业人群和大量的贫民窟,出现了过度城市化现象[①]。

2. 中国城市化区域差异

中国是一个幅员辽阔、自然社会经济条件千差万别的国家,城市化水平区域差异很大。历史上,计算城市化水平采用城镇非农业人口的统计口径,自改革开放以来,由于大量农民进城务工经商,而城镇郊区的农业人口也有不少从事非农业劳动,按原来的统计口径已不能反映客观实际情况,因此近几次全国人口普查采用了新的市镇人口统计口径。我们采用五普市镇人口统计口径,对2004年城镇非农业人口作了调整。调整系数用下式求得:

调整系数C=2000年各省区五普市镇人口比重/2000年各省区城镇非农业人口比重

根据各省区的调整系数,求出2004年各省区市镇人口比重(未包括4个直辖市),根据计算结果,各省区城镇化水平可分以下4个等级(表1—5):

表1—5　2004年中国各省区市镇人口比重　　　　　　　单位:%

市镇人口比重	省区名称
<30	西藏21.6、贵州25.1、云南25.4、河南27.6、四川29.5、江西29.5、安徽29.9
≥30～<40	广西30.1、湖南30.1、河北36.3、宁夏36.3、陕西36.9、青海39.0、海南39.5
≥40～<50	山西40.1、内蒙古44.4、新疆46.7、湖北49.5
≥50	福建50.7、吉林51.4、黑龙江53.6、辽宁55.8、山东58.2、浙江58.3、江苏59.7、广东72.9

资料来源:根据公安部2004年城镇非农业人口统计,用"五普"市镇人口统计口径调整。

(1) 城市化<30%的省区。西藏21.6%、贵州25.1%、云南25.4%、河南

---

① 段敏芳等:"人口迁移流动对城市化进程的影响",载于《转型期的中国人口》,国务院人口普查办、国家统计局编,2005年。

27.6%、四川 29.5%、江西 29.5%、安徽 29.9%。这些省区城市化特点有所不同,其中西藏、贵州、云南等省区地处祖国西南边陲,自然条件复杂、交通不便,历史基础较差,这些不利条件对社会经济发展影响较大。河南、四川、江西、安徽等省历史上向来是我国重要的农业省份,改革开放以来,第二、三产业有了很大发展,但农业仍是这些省份重要的经济支柱,另外比重较高的农村人口所带来的高于城镇的人口出生率,对城镇化比重的提高也产生明显的影响。

(2) 城市化≥30%～<40%的省区。湖南 30.1%、广西 30.1%、宁夏 36.3%、河北 36.3%、陕西 36.9%、青海 39.0%、海南 39.5%。在这些省区中,宁夏和青海两省区历史上国营农垦和矿产开发较多,城市化较高,与历史基础有一定关系。其余各省区与上述豫、蜀、赣、皖等省特点差不多,原有农业比重较高,农村人口出生率较高,均对城市化产生一定的影响。

表1—6　1990～2004年各省区市镇人口比重增长指数　　　单位:%

增长指数	省区名称
<10	辽宁4.9;甘肃5.7;贵州6.2;黑龙江6.4;内蒙古8.3;吉林8.7;西藏9.0;江西9.1;四川9.2
≥10～<15	宁夏10.6;云南10.7;山西11.4;青海11.6;湖南11.9;安徽12.0;河南12.1;海南13.8;新疆14.8
≥15～<30	广西15.0;陕西15.4;河北17.2;湖北20.6;浙江25.5;福建29.4
≥30	山东30.9;江苏32.0;广东36.1

资料来源:(1) 1990年全国第四次人口普查数据;
　　　　　(2) 2004年数据采用2000年第五次人口普查市镇人口口径进行调整。

(3) 城市化≥40%～<50%的省区。山西 40.1%、内蒙古 44.4%、新疆 46.7%、湖北 49.5%,在这些省区中,山西和湖北两省是工业化程度比较高的省份,山西是我国主要的煤炭工业基地,煤炭的开采带动了电力、煤焦化工、建材工业及交通运输的发展。湖北省是我国重要的钢铁、机械等工业的省份之一。内蒙古和新疆维吾尔自治区是我国重要的国家林区(内蒙古)和农垦(新疆)省区,工矿业也有一定的基础。

(4) 城市化>50%的省份。福建 50.7%、吉林 51.4%、黑龙江 53.6%、辽宁

55.8%、山东 58.2%、浙江 58.3%、江苏 59.7%、广东 72.9%。在这些省份中，辽宁、吉林、黑龙江均是我国老工业基地，原有城市化水平已达到较高水平。其余各省均是改革开放以来迅速发展起来的省份，这些省份位于我国东部沿海地区，改革开放以来，充分发挥其地理位置优势，大力发展外向型经济，第二、第三产业得到大发展，城市化水平也大幅度提高。

三、大城市快速增长——城市数量和人口比重不断上升

1. 世界大城市的发展

在世界城市化的早期，社会生产力低下，城市功能单一，城市规模不大。例如诞生在美索不达米亚平原的最早城市，大约只有0.5万~2.5万人。到公元前五世纪，巴比伦、波斯、希腊、印度、中国等开始出现10万人口以上的城市。但在漫长的历史长河中，由于朝代的更替、战争频繁，城市发展极不稳定，兴衰更替，城市规模变化不定。但总的来说，大城市很少，大多数城市属中小城市。在经历了数千年的发展之后，直到1800年才出现世界上第一个100万人的特大城市(中国北京)。此后，世界进入了工业化社会，随着社会生产力的迅速发展，大城市也相应得到加速发展。1900年世界10万人以上的城市已增加到301个，100万人以上的特大城市增加到6个，并出现了500万人口以上的巨大城市(伦敦)[1]。1925年100万人以上的城市为31个，200万人以上城市10个，500万人口以上城市3个。

自1950年代以来，全世界大城市增长更为迅速，由于人口连续不断向城市集中，城市人口和规模不断扩大，大城市数量也不断增加。1900年，世界人口规模最大的10个城市中没有一个来自发展中国家，而人口规模最大的城市——伦敦的人口也只有650万人。到1950年，纽约的人口已经突破了1 200万人。到2000年，世界人口规模最大的城市——东京的人口已经超过了2 600万人，再如1950年世界800万人口以上城市只有纽约和伦敦两市，此后，特大城市数量迅速增加，1970年达到10个，1990年为20个，2000年达28个，其中以发展中国

---

[1] 周一星：《城市地理学》，商务印书馆，1995年。

家增长更快,1950年还没有出现800万人以上城市,到1970年达4个,2000年发展到23个(表1—7)。

表1—7 世界800万人口以上特大城市增长变化

年份	个数	按人口规模排序的城市名单
1950	2	纽约、伦敦
1960	3	纽约、伦敦、东京
1970	10	纽约、东京、上海、墨西哥城、伦敦、洛杉矶、布宜诺斯艾利斯、巴黎、北京、圣保罗
1980	15	东京、纽约、墨西哥城、圣保罗、上海、布宜诺斯艾利斯、洛杉矶、北京、加尔各答、里约热内卢、巴黎、大阪、汉城、莫斯科、孟买
1990	20	墨西哥城、东京、圣保罗、纽约、上海、洛杉矶、加尔各答、布宜诺斯艾利斯、孟买、汉城、北京、里约热内卢、天津、雅加达、开罗、莫斯科、德里、巴黎、大阪、大马尼拉
2000	28	墨西哥城、圣保罗、东京、上海、纽约、加尔各答、孟买、北京、洛杉矶、雅加达、德里、拉各斯、布宜诺斯艾利斯、汉城、天津、里约热内卢、达卡、开罗、大马尼拉、卡拉奇、曼谷、伊斯坦布尔、莫斯科、大阪、德黑兰、巴黎、利马、班加罗尔

资料来源:顾朝林等:《经济全球化与中国城市发展》,商务印书馆,1999年,2000年为预测数。

2. 中国大城市增长迅速,小城市比重下降

中国的城市化既具有自身的本质特点,也具有世界城市化的共同特征,大城市数量和人口数量的增长也十分突出。多年来尽管国家对城市规模的发展方针是:"控制大城市,合理发展中等城市,积极发展小城市",但实际上,大城市控制不住,大城市数量和人口比重不断增加,而小城市发展十分缓慢,其城市数量和人口的比重呈下降的趋势。根据相关资料显示,1990~2004年的14年间,城市非农业人口在100万人以上的特大城市数量由30座增加到50座,在全国城市总数中的比重由6.2%上升到13.5%,其人口数量由41.3%上升到44.5%。大中城市的数量和人口比重也呈增加的趋势,50万~100万人的大城市数量大幅度增加,由29座增加到85座,其比重由6.2%上升到13.5%,人口数量比重由13.4%上升到15.2%。20万~50万人中等城市数量由119座增至229座,比重由25.5%上升至34.6%,增长幅度也很大,但人口数量的比重则略有下降,由24.6%下降为24.3%。小城市数量略有增加,由289座增至297座,但小城市

数量比重下降幅度较大,由 61.9% 下降为 44.9%,小城市人口比重由 20.7% 下降为 12.4%。在各类规模城市中,小城市无论城市数或人口数的比重均呈大幅下降的态势。

小城市发展缓慢的原因是多方面的,其主要原因:其一是自 1990 年代中期以来的 10 多年时间里冻结了新城市设置的审批,这种长期冻结审批在新中国成立以来是前所未有的;其二是位于大城市郊区的小城市改为市辖区,随着大城市社会经济的快速发展,城市区域不断扩大,在大城市郊区的小城市不断被大城市吞并,1991~2004 年的 13 年间我国市辖区新增长 200 个,其中不少是小城市撤市改市辖区;其三,小城市基础设施、服务设施差,经济效益低,就业岗位少,这些条件难以与大城市相比,竞争力差,这是小城市地位日益下降的重要原因;最后,也是最重要的一点,即国家对小城市(包括建制镇)的政策,虽然国家的城市发展方针是积极发展小城市,但缺乏相应的扶持政策,小城市难以发展。小城市由于各方面条件差,缺乏自我发展能力,国家应在基础设施、服务设施、产业发展政策、税收政策、就业政策等方面给予大力扶持、实施优惠政策,为小城市创造良好的发展条件,同时小城市自身也应奋发图强,不断增强发展能力。

表 1—8 1994~2004 年中国城市等级规模变化

城市规模	1994年城市数	比重%	2004年城市数	比重%	1994年城市非农业数	比重%	2004年城市非农业数	比重%
全国城市	622	100.00	661	100.00	19 131.8	100.00	27 880.8	100.00
特大城市(>100万人)	32	5.14	50	7.6	6 820.6	35.65	12 420.5	44.5
大城市(50万~100万人)	41	6.59	85	12.9	2 786.6	14.57	5 239.9	18.8
中等城市(20万~50万人)	177	28.46	229	34.6	5 352.4	27.98	6 778.8	24.3
小城市(<20万人)	372	59.81	297	44.9	4 172.2	21.81	3 441.6	12.4

资料来源:(1)《中国设市预测与规划》,知识出版社,1997年;
(2)《公安部人口统计年报 2004 年》。

四、城市郊区化

城市郊区是指中心城外围城乡混杂、与中心城经济社会联系十分密切的区域。

郊区化(suburbanization),即中心城产业及人口等要素向郊区扩展的过程,在这个过程中,中心城产业结构由第三产业逐渐取代第二产业,人口数量及其在全市的比重逐步下降,郊区人口数量及比重逐步上升。

1. 世界城市郊区化

郊区化是城市发展到一定阶段的产物。随着城市工业和人口在城市高度集中,导致中心城一系列的城市问题的产生,如交通拥堵、环境恶化、地价高昂等,这些问题严重地阻碍了城市的可持续发展,于是从20世纪初叶以来,西方某些发达国家如伦敦、巴黎等大城市开始出现郊区化现象,向郊区寻找新的发展空间。到1960年代,随着小汽车和电信业的迅速发展,北欧、西欧、北美和大洋洲等地区的发达国家开始进入普遍郊区化时代。在郊区化过程中,首先出现的是人口(居住)郊区化,依次是制造业、商业服务和办公业。

随着人口从中心区向郊区的迁移,经济活动也开始向郊区迁移,郊区逐渐变成了就业人口的聚集地。1970年代,美国最大的15个城市中有72%的从业人员在郊区工作和生活,而只有28%的人仍然到市中心通勤。1970~1980年,美国的中心区减少了5%的蓝领就业岗位,而郊区却增加了20%;中心区增加了18%的服务业,而郊区却相应地增加了53%[①]。

在欧洲,英国、法国、德国、意大利、西班牙、丹麦以及北欧诸国也普遍出现郊区化,在亚洲则主要是日本。以英国伦敦的郊区化最早,但大规模人口郊迁是在"二战"以后,内伦敦的人口以东区人口减少幅度最大,1901~1971年人口减幅为25.96%,西区以伊斯林顿居住人口减幅最大。1961~1971年人口减少25.4%。而伦敦郊区人口迅速增长。"二战"以来,法国的郊区化进程也很快,

---

① 黄亚平:《城市空间理论与空间分析》,东南大学出版社,2002年。

表1—9 1980年代以来北京市人口的区域变化

区域	1982年总人口(万人)	1990年总人口(万人)	2000年总人口(万人)	1990年与1982年比较 增加人口数(万人)	1990年与1982年比较 人口增长率(%)	1990年与1982年比较 人口年均增长率(%)	2000年与1990年比较 增加人口数(万人)	2000年与1990年比较 人口增长率(%)	2000年与1990年比较 人口年均增长率(%)
全市总人口	923.05	1081.94	1356.9	158.89	17.21	2.00	274.96	25.41	2.29
中心城区	241.82	233.65	211.5	−8.17	−3.38	−0.43	−22.15	−10.47	−1.00
东城区	65.15	60.62	53.6	−4.5	−6.96	−0.90	−7.02	−13.1	−1.24
西城区	76.42	75.58	70.7	−0.84	−1.10	−0.14	−4.88	−6.9	−0.67
崇文区	44.03	41.77	34.6	−2.27	−5.14	−0.66	−7.17	−20.72	−1.90
宣武区	56.22	55.69	52.6	−0.53	−0.94	−0.12	−3.09	−5.87	−0.57
中心外缘区	284.00	398.92	638.89	114.92	40.46	4.34	239.97	60.15	4.82
朝阳区	102.23	144.84	229.00	42.61	41.68	4.45	84.16	58.11	4.69
丰台区	58.50	78.92	136.95	20.42	34.89	3.81	58.03	73.53	5.67
石景山区	23.50	30.88	48.94	7.38	31.39	3.47	18.06	58.48	4.71
海淀区	99.77	144.28	224.00	44.51	44.62	4.72	79.72	55.25	4.50
近郊区	276.64	314.51	367.94	37.87	13.69	1.62	53.43	16.99	1.58
门头沟区	25.94	27.03	26.74	1.1	4.22	0.52	−0.29	−1.08	0.11
房山区	69.12	76.64	81.4	7.52	10.88	1.30	4.76	6.21	0.60
通州区	53.48	60.26	67.4	6.78	12.68	1.50	7.14	11.85	1.13
顺义区	47.22	54.83	63.7	7.61	16.12	1.89	8.87	16.18	1.51
昌平区	38.00	43.39	61.5	5.39	14.18	1.67	18.11	41.74	3.55
大兴区	42.88	52.36	67.2	9.47	22.09	2.53	14.84	28.34	2.53

续表

区域	1982年总人口(万人)	1990年总人口(万人)	2000年总人口(万人)	1990年与1982年比较			2000年与1990年比较		
				增加人口数(万人)	人口增长率(%)	人口年均增长率(%)	增加人口数(万人)	人口增长率(%)	人口年均增长率(%)
远郊区县	120.59	134.85	138.8	14.26	11.83	1.41	3.95	2.93	0.29
平谷区	33.35	38.62	39.7	5.27	15.81	1.85	1.08	2.80	0.28
怀柔区	23.43	26.14	29.6	2.71	11.57	1.38	3.46	13.24	1.25
密云县	39.00	42.65	42.0	3.64	9.34	1.12	−0.65	−1.55	−0.15
延庆县	24.81	27.44	27.5	2.63	10.59	1.27	0.06	0.22	0.02

资料来源：引自1982年第三次人口普查，1990年第四次人口普查，2000年第五次人口普查资料。

如 1962～1968 年间法国大城市人口增长 11%,而中心城区仅增 4.6%,郊区地带则增长 17.8%。其中尤以巴黎最为突出,巴黎 1800～1970 年的 170 年间,人口从 200 万增至 800 万,其中城区人口从 180 万增至 320 万,增加了 77.8%,而郊区由 40 万增到 560 万,增加 14 倍,1948 年以前有 80% 的居民住在巴黎市区,到 20 世纪末市区居民只占全市的 30%。

2. 中国城市郊区化

我国郊区化的出现大约比西方发达国家要晚半个世纪,直至 1980 年代初,随着我国城市社会经济的迅速发展,特别是城市交通和电信业的发展,在我国东部经济发达地区的大城市如北京、上海、广州等开始出现了郊区化。直至 1990 年代后期以来,随着经济体制改革的深入发展,城市土地有偿使用制度的实施、住房制度由实物分配转为货币制度的改革,住宅建设投资的多元化以及郊区交通条件的逐步改善,郊区化逐渐成为普遍现象,并且速度大大加快。我国的郊区化以人口和第二产业的郊区化为基本特征,第三产业的郊区化近年来也开始出现。

(1) 人口郊区化

人口郊区化是我国郊区化的最主要内容之一。自 1980 年代以来,随着广大人民群众生活水平的不断提高,人们普遍要求改善居住条件,由于城区人口密集,可用地紧缺,新建住宅只好向郊区发展,由近及远逐步向外推开,人口外迁的规模也不断扩大。以下根据我国 1982 年以来三次人口普查的数据,以北京市为例,分析市区、近郊、远郊区三个区域层次人口变化特征。

① 1980 年代在经济发达的大城市开始出现郊区化。衡量郊区化的基本指标是,一个城市中心城区连续多年人口迁往郊区、中心城区出现人口下降现象,而郊区人口增长较快,即表明该城市出现了郊区化。根据 1982 年以来三次人口普查数据的分析,在我国东部经济发达的大城市,1980 年代已经开始出现了郊区化现象。例如在 1982～1990 年间北京市中心区人口年均递减－0.43%,与此同时,郊区人口增长速度加快,北京市中心边缘区年均人口增长 4.34%,远远高于全市平均增长速度。

② 郊区化规模越来越大。1990 年代以来,随着城市社会经济进一步加速

发展和各项改革的深入开展,特别是郊区交通条件的改善,旧城改造、外迁力度加大,以及居民经济收入的增长,所有这些变化有力地推动了城市郊区化,1990年代以来郊区化的规模比 1980 年代大,如 1990~2000 年,北京市中心区人口减少 22 万人,年均递减－1.0%,比 1980 年代递减幅度要大。

③ 人口外迁区域由近及远向外扩展。我国郊区化不同于西方国家的显著特点是:发达国家郊迁者大多为富有阶层,我国外迁的主体则是广大工薪阶层,上下班的交通工具主要靠公共交通,受城市交通条件的限制,外迁距离不可能远离中心区,人口外迁距离与城郊交通线网外延基本一致。因此现阶段人口外迁的主要区域在中心城边缘区或近郊区,这些区域人口增长很快而远郊区人口增长相比要慢得多,远郊区人口增长基本属于自然增长。

(2) 工业及第三产业郊区化

在西方国家,工业郊区化一般在人口郊区化之后,我国工业与人口郊区化基本上是同时出现。工业郊区化是经济和城市发展的必然要求。历史上我国许多大城市市区往往居住与工业混杂、环境恶劣,发展空间狭小,为了改善城市环境和寻求工业自身发展空间,许多大城市在 1980 年代着手将污染扰民的工业企业迁出市区。自 1990 年代以来,随着国家实施城市建设用地有偿使用政策,市区工业外迁规模日益加大。以北京为例,1985~1997 年北京市区工业企业迁出 91 个,腾出用地 59.23 公顷,其中中心区 41.78 公顷。从 1990 年代后期以来,工业企业外迁力度进一步加大,1995~1999 年,市区迁出企业达 60 个,腾出用地 171.8 公顷,腾出的土地主要用于发展第三产业。由于工业企业处迁,市区工业比重在逐步下降,1987~1995 年,市区工业产值和工业用地占全市比重分别下降 7.4 个和 3.7 个百分点[①]。

近年来,第三产业也开始在郊区发展起来。例如近年来北京在五环路周边已发展了一些大型超市,随着郊区人口的迅速增长,郊区服务业也将得到发展,但医疗、教育等服务设施的配套建设尚需一定过程。

---

① 冯健:《转型期中国城市内部空间重构》,科学出版社,2004 年。

五、城市密集区的形成与迅速发展

城市密集区(城市群)的形成与迅速发展,是当代城市化的重要特征之一,是城市化过程中出现的一种新的城市地域空间组织形式,是城市化进入高级阶段的一个重要标志。目前国内外关于城市集聚区还没有形成统一的概念和划分的标准,本书所指的城市密集区与城市群、大都市圈、大都市区等概念同义。城市连绵区或城市带则是城市密集区进一步发展的高级阶段。

城市密集区社会经济发展水平较高,人口众多,城镇密集,城镇间社会经济联系密切。城市密集区一般以一个或几个大城市为核心,与其周围若干规模不等、距离较近、联系密切的城市在地域上连成一片。如果说,郊区化是城市内部的空间扩散过程的话,城市密集区则是一定区域内城市的集中过程。

1. 世界城市密集区及连绵区

从 20 世纪上半叶以来,随着世界性城市化进程加快,城市地域空间组织也逐渐发生显著变化,催生着城市密集区的形成与发展,它首先出现在经济发达、城市化发展较早的国家,其中以美国城市密集区及连绵区最为发达、众多的城市密集区已发展成为规模不等的城市连绵区。主要城市连绵区有以下 5 个(表 1—10):①以纽约为核心的沿大西洋中部沿海城市连绵区,该连绵区北起波士顿、南至华盛顿,绵延 600 多公里,宽 100 多公里,成为世界上独一无二的世界城市连绵区。连绵区土地面积 6 万平方公里、城市人口 4 600 多万,共有大小城市 200 多个,核心城市除了纽约外,还有费城、巴尔的摩、华盛顿等。②以芝加哥为核心、沿五大湖南岸的城市连绵区,城市人口 4 500 万,有百万以上人口城市 11 个,核心城市除芝加哥外,还有匹兹堡、克利夫兰、底特律等。③以洛杉矶、旧金山为核心沿太平洋西岸加利福尼亚州城市连绵区。有城市人口 3 200 万,百万以上城市 8 个,50 万~100 万人口城市 4 个。④以达拉斯、休斯敦为核心的南部墨西哥湾沿岸城市连绵区,城市人口 1 700 万,有百万人口以上的城市 4 个。⑤以迈阿密、奥兰多为核心的佛罗里达州城市连绵区,有城市人口 1 400 万,百万人口以上城市 4 个。

表 1—10 世界大都市连绵区基本特征

国家	城市连绵区名称	核心城市	城市数	城市总人口（人）	土地面积
美国	大西洋中部沿海城市连绵区	纽约、费城、巴尔的摩、华盛顿	>100万：12个 50万~100万：8个	4 600万	6万 km²
	五大湖南岸城市连绵区	芝加哥、匹兹堡、底特律、克利夫兰	>100万：11个 50万~100万：6个	4 500万	
	沿太平洋西岸城市连绵区	洛杉矶、旧金山	>100万：8个 50万~100万：4个	3 200万	
	南部墨西哥湾沿岸城市连绵区	达拉斯、休斯敦	>100万：4个	1 700万	
	佛罗里达城市连绵区	迈阿密、奥兰多	>100万：4个	1 400万	
日本	首都大都市圈	东京、横滨	8个都县 >100万：3个 30万~100万：16个 10万~30万：58个	4 131.6万	3.69万 km²
	近畿大都市圈	大阪	8个府县	2 354.2万	3.73万 km²
	中部大都市圈	名古屋	9个县	2 146.4万	5.95万 km²

资料来源：张善余："世界大都市圈的人口发展与特征分析"，《城市规划》，2003年第3期。

在日本，城市密集区称为大都市圈，全国主要的大都市圈有3个：①首都大都市圈，由东京都及其邻边的7个县组成，土地面积36 884平方公里，总人口4 131.6万人。②大阪大都市圈，由8个府县组成，土地面积37 286平方公里，总人口2 354.2万人。③名古屋大都市圈，由9个县组成，土地面积59 523平方公里，总人口2 146.4万人。

在西欧，大型的城市密集区及连绵区有，英国的伦敦—伯明翰—利物浦—曼彻斯特城市连绵区。法国的巴黎—里昂—勒哈佛地区的城市密集区。

发展中国家城市密集区起步较晚，但发展较快，如墨西哥城及其周围地区，巴西圣保罗城市地区也已形成了城市密集区。

2. 中国城市密集区

中国城市密集区伴随着城镇化发展而形成发展，如前所述，中国自1980年代以来，在城市化加速发展的同时，在经济和城镇发达地区，城市密集区正在加速形成和发展。在东部沿海地区，现已初步形成珠江三角洲地区、长江三角洲地区、京津冀地区和辽中南地区4个大型城市密集区，此外，还有不少地区不同规模的城市密集区正在形成。

我国关于城市密集区的划分目前尚未形成统一的标准，但对于沿海已基本形成的4大城市密集区(即珠江三角洲地区、长江三角洲地区、京津冀地区、辽中南地区)所包含的地区范围的划分基本一致，也大致符合城市密集区的基本定义。4大城市密集区都具有高度发达的社会经济水平，人口密度高，发达的交通网；均具有2～3个的核心城市，城市之间社会经济联系十分密切，各城市密集区内城市间已连成一片，只有京津冀城市密集区内唐山市的玉田县及天津市的宁河、蓟县尚未相连，但京津唐区域之间社会经济联系十分密切，目前一般将唐山市划入京津冀城市密集区内(表1—11)。

表1—11 中国4大城市密集区基本情况

区 域	2004年总人口（万人）	人口密度（人/km²）	2004年GDP（亿元）	经济密度（万元/km²）	土地面积（km²）	人均GDP元/人	密集区内城市数 总计	其中地级以上城市	县级市
珠江三角洲城市密集区	2 356.35	649.9	13 211.51	3 643.9	36 257	56 067.7	18	10	8
长江三角洲城市密集区	6 617.26	909.0	25 670.84	3 526.5	72 794	38 793.8	38	15	23
其中：苏沪境内	4 850.87	1 084.1	19 288.53	4 310.7	44 746	39 763			
浙江省内	1 766.39	629.8	6 382.31	2 275.5	28 048	36 131.9			
京津冀城市密集区	2 404.3	937.0	8 448.5	3 292.7	25 658	35 139	7	4	3
辽中南城市密集区	1 840.48	568.9	5 903.1	1 824.8	32 349	32 073.7	15	7	8

资料来源：(1)《中国城市统计年鉴2005》；
(2)有关省区统计年鉴2005；
(3)地级以上城市只统计其市辖区地域范围。

① 珠江三角洲城市密集区(未包括香港及澳门)

该区以广州和深圳两市为核心城市,土地面积36 257平方公里,2004年总人口2 356.35万人(户籍人口,下同),2004年国内生产总值13 211.51亿元,区域内包括2个副省级市(广州、深圳)、8个地级市(珠海、佛山、江门、惠州、肇庆、清远、中山、东莞)、8个县级市(增城、从化、恩平、台山、开平、鹤山、高要、四会)。应该指出,从经济区划上,一般把清远市划入粤北经济区,但从城市密集区看,清远市区已与广州市相连,故将清远市区划入。

珠江三角洲城市密集区在全国4大密集区中,土地面积、人口规模、GDP总量和城市数量均居第二,仅次于长江三角洲城市密集区,而人均GDP则居首位,达到56 067.7元/人,这说明珠江三角洲城市密集区是沿海4大城市密集区中经济水平最高的区域。

② 长江三角洲城市密集区

该区以上海、南京及杭州3市为核心城市,土地面积72 794平方公里,总人口6 617.26万人,2004年GDP为25 670.84亿元。区域内包括1个省级市(上海)、2个副省级城市(南京、杭州)、12个地级市(镇江、扬州、泰州、苏州、无锡、常州、南通、嘉兴、湖州、宁波、绍兴、舟山)、35个县级市(扬中、丹阳、句容、仪征、江都、高邮、靖江、泰兴、姜堰、兴化、吴江、昆山、太仓、常熟、张家港、江阴、宜兴、金坛、溧阳、海门、启东、通州、如皋、临安、富阳、建德、平湖、海宁、桐乡、慈溪、余姚、奉化、诸暨、上虞、嵊州)。

长江三角洲城市密集区是沿海4大城市密集区中土地面积、人口规模和经济总量最大、城市数量最多的城市密集区,但人均GDP只有珠江三角洲城市密集区的69.2%,说明经济发展水平低于珠江三角洲城市密集区。

③ 京津冀城市密集区

该区以北京及天津两市为核心城市,土地面积25 658平方公里,2004年总人口2 404.3万人,GDP总量8 448.5亿元。区域内包括2个省级市(北京、天津)、2个地级市(唐山及廊坊)、3个县级市(三河、涿州、高碑店)。

京津冀城市密集区在沿海4大城市密集区中,土地面积最小,人口规模仅次于长三角,居第二,GDP总量及人均GDP均居第三,次于长三角和珠三角。京津冀城市密集区内虽然拥有2个省级城市,其中北京是我国的首都,而天津是我国北方经济中心和重要港口城市,社会经济实力十分雄厚,但这两大核心城市所处区域经济发展水平和城市化水平并不高,城市密集区地域规模小,城市数量少,经济总量也不很高。因此,如何发挥京、津两大中心城市对区域社会经济的带动作用,是十分重要的问题。

④ 辽中南城市密集区

该区以沈阳和大连两市为核心城市,土地面积32 349平方公里,2004年总人口1 840.48万人,GDP总量为5 903.1亿元。区域内包括2个副省级市(沈阳、大连)、5个地级市(鞍山、辽阳、抚顺、本溪、营口)和8个县级市(新民、海城、灯塔、大石桥、盖州、瓦房店、普兰店、庄河)。

辽中南城市密集区在沿海4大城市密集区中,土地面积小于长江三角洲和珠江三角洲城市密集区,居第三。人口规模、GDP总量及人均GDP均居末位,说明经济发展水平在上述4大城市密集区中,相对较低,其主要原因与京津冀城市密集区相类似,即中心城市经济发展水平很高,而周围区域经济发展水平较低,乡村地区第二、三产业及小城镇发展相对薄弱。今后发展同样面临着中心城市如何带动地区社会经济发展的问题。

第二节 未来城市化发展趋势

随着全球经济的进一步增长,今后30年内,无论发达国家还是发展中国家,城市人口仍将继续增长,城市化水平也将继续提高,特大城市数量及人口比重将继续较快增加;郊区化将加快向外扩展;与此同时,城市密集区迅速发展也将是未来城市化发展的一个重要趋势。

一、世界未来城市化仍将继续加快推进

1. 发达国家与发展中国家城市化发展趋势的差异

从总体上来看,未来世界城市人口仍将继续快速增长,城市化水平也将继续提高,但发达国家与发展中国家城市化发展将存在很大差异。发达国家城市化

水平已达到很高水平,城市化已走向成熟,因此,未来城市化发展速度将趋于缓慢。而发展中国家的城市化方兴未艾,城市化仍将保持较快的发展速度,但发展速度将存在很大差异。如拉丁美洲和加勒比海地区的城市化已达到很高水平,2000年其城市化水平已达75.4%,高于欧洲的73.4%,因此,未来城市化发展将放慢。而亚洲和非洲的城市化水平较低,2000年其比重分别只有37.5%和37.2%,据预测,未来亚洲和非洲的城市化将保持较高的发展速度,但仍将大大低于拉丁美洲和加勒比海地区的城市化水平。

2. 中国城市化将加速发展、地区差异将继续扩大

中国自1980年代以来,城市化走上了发展轨道,尤其自1990年代以来,随着我国社会经济的快速发展和各项改革的深入展开,城市化进程明显加快,1990～2004年的14年间,城市化率年均增加1.01个百分点,而"十五"前4年(2000～2004年)城市化率年均增加1.4个百分点,同期世界城市化率年均只增加0.38个百分点,我国城市化进程大大快于世界的城市化水平。根据世界城市化发展的历史经验,当一国经济增长达到人均GDP 1 000美元时,城市化率达到30%以上时,城市化进程将走上快速增长的轨道。

2005年我国GDP人均为14 040元,城市化率为42.99%,我国未来城市化将是加速发展的趋势。但从我国的国情出发,城市化不可能是直线上升的发展。我国是一个发展中国家,二元经济结构矛盾比较突出,如何处理好城乡协调发展,是关系到国家整体发展的重大问题。其次,我国原有城镇基础比较薄弱,而近10年来城镇发展十分迅速,导致城市中出现的各种问题日益突出,如城市生态环境压力逐渐加大,大城市交通拥堵,城市就业问题日益加大等,说明我国当前城市化水平与城市社会经济发展及城市基础设施等方面尚存在不相适应问题。因此,一方面要加大城市基础设施建设和环境整治,另一方面近期要适当调整城市化的速度。

根据上述我国城市化发展的指导思想,综合有关部门对未来城市化发展水平的预测,在今后5～10年内,我国城市化增长速度应低于"十五"期间前4年的发展速度。我国"十一五"规划提出2006～2010年间乡村劳动力转移总数为4 500万人,平均每年转移400万乡村劳动力,规划至2010年全国城市化率为47.0%,年均增长城市化率为0.8个百分点。在科学发展观的指导下,经过"十

一五"的发展,我国经济实力将进一步增强,经济、社会、环境之间将得到更加协调的发展,城市可持续发展的能力进一步提高,这些将对我国未来城市化进程起着积极的推动作用。因此,在2010~2020年间,全国城市化率将平均每年以1.0个百分点的速度推进,至2020年我国城市化率将提高至57%~60%。

未来区域城市化发展将仍存在显著的地区差异。我国三大地带区域经济发展不平衡,导致城市化存在区域差异。东部沿海地带地理区位优越、城镇发达,在未来全国社会经济发展中将起着龙头带动作用,城市化速度也将快于全国进程。

中部地带位于我国腹地,交通比较方便,矿产资源及土地资源比较丰富,农业基础较好。近年来国家对中部地带实施"中部崛起战略",经济和城镇发展较快,其增长速度处于东西两个地带之间,未来城市化增长速度将与全国同步增长。

西部地带在中央关于"西部大开发"的方针下,近年来发展较快,但受自然环境的制约和历史因素的影响,社会经济基础较薄弱,社会经济发展速度相对较慢。具有较强经济实力的大城市较少,中小城市发育水平也较低,未来城市化速度仍将低于东、中部地带。

二、特大城市将继续快速增长

1. 世界特大城市的增长

如上所述,世界城市化的一个显著特点是特大城市的迅速增长,这无论在世界范围内或我国均如此。特大城市之所以得到快速增长有其主客观因素在起作用。首先是自20世纪下半叶以来在全球经济一体化迅速发展的国际大背景下,世界范围内各国之间、各城市之间(尤其是特大城市)经济交往日益密切,从而为特大城市发展提供了有利的机遇,竞争也更加剧烈,成为特大城市发展的激发因素;其次,特大城市通常都具有其自身有利的发展条件,除了资源性城市外,大部地理区位优越,对外交通方便,是一定区域的中心城市;第三,特大城市具有雄厚的经济实力和城市基础设施条件,有较强的自我发展能力和竞争力,规模、集聚效益显著,这是中小城市无法相比的。因此,虽然多年来人们对特大城市的发展存在对环境、交通等诸多忧虑,但特大城市的迅速发展,在一定程度上反映了城市化发展的客观规律,它不以人们的意志为转移,但特大城市发展区域差异仍将很大。

如按世界人口规模 10 个最大城市排序的变动分析,以发展中国家的城市人口增长最快,如 1950 年,世界人口规模排在前 10 位的城市中发达国家有 7 个,发展中国家只有 3 个,上海、布宜诺斯艾利斯、加尔各答(表 1—12),而且在排序上排在后面,而据预测,到 2015 年世界最大城市将发生重大变化,在前 10 位城市中,发达国家只有东京和纽约 2 个城市,其余 8 个城市均属发展中国家。从排序上,东京将上升为第 1 位,而纽约由原来的第 1 位下降为第 7 位,这种现象说明,在未来的城市化进程中,城市规模的增长,发展中国家将起到先锋的作用。

表 1—12 1950～2015 年世界人口规模最大的 10 个城市

序号	1950 年 城市	人口(百万)	2000 年 城市	人口(百万)	2015 年 城市	人口(百万)
1	纽约	12.3	东京	26.4	东京	27.2
2	伦敦	8.7	墨西哥城	18.1	达卡	22.8
3	东京	6.9	圣保罗	18.0	孟买	22.6
4	巴黎	5.4	纽约	16.7	圣保罗	21.2
5	莫斯科	5.4	孟买	16.1	德里	20.9
6	上海	5.3	洛杉矶	13.2	墨西哥城	20.4
7	莱茵—鲁尔	5.3	加尔各答	13.1	纽约	17.9
8	布宜诺斯艾利斯	5.0	上海	12.9	雅加达	17.3
9	芝加哥	5.0	达卡	12.5	加尔各答	16.7
10	加尔各答	4.5	德里	12.4	卡拉奇	16.2

资料来源:同表 1—7。

2. 中国特大城市的增长趋势

如前所述,中国城市规模的发展变化是特大城市增长快速,而中小城市发展相对缓慢。从影响城市规模发展变化的各种因素分析,未来我国从政策措施上将努力促使大中小城市协调发展。首先,今后随着国力的不断增强,国家有可能拿出更多的投资,用于改善中小城市的发展环境,增强中小城市的自然发展能力;其次,在城市发展政策上有可能制定更多有利于中小城市的政策及措施,以落实城市化的方针,包括企业发展优惠政策、职工工资、福利政策、税收政策、城镇建设政策等;第三,我国自1990年代中期以来,冻结了新城市设置,这是小城市数量和人口增长缓慢的重要原因之一。实际上长期以来已有许多达到设市条件的城镇未被审批,这种行政手段和措施,限制了小城市的发展,不符合城市发展的客观规律。这种状况不可能长期延续下去,一朝国家解冻新市设置禁令,将有一大批建制镇上升为小城市,这将显著地改变目前小城市比重偏低的状况。即便如此,特大城市仍将沿着自身的发展规律快速发展。

目前我们尚难以全面预测我国未来特大城市的发展,但从某些城市人口增长状况可大致看出,至2020年,我国将有一批大城市先后进入特大城市的行列。例如大庆市,2004年市辖区人口已达95.3万人(城市非农业人口,下同),今后即便没有人口迁入,只是人口自然增长,至2020年也肯定进入特大城市。还有如厦门、新乡、淮南等城市,城市发展条件比较优越,2004年城市人口已分别达到91万、91.6万和92.5万,这些城市至2020年也将成为特大城市,此外还有些城市发展条件较好,目前人口也已达到80多万,如南通市84.34万、商丘84.47万、柳州85.92万、珠海市86.17万,这些城市也可能进入特大城市。

三、大城市郊区化将呈继续发展态势

世界郊区化至今已有半个多世纪的历史,直至20世纪中叶,大多数发达国家已普遍出现郊区化。发展中国家郊区化较晚,直至上世纪末在某些国家才始出现,并且以较快的速度向外扩展。由于各国郊区化的历史进程不同,未来郊区化将呈现不同的特点。

1. 世界城市郊区化趋势

郊区化主要出现在发达国家,发展中国家的郊区化差别较大,少数国家发展较快,大多数国家郊区化尚未出现。未来,随着发展中国家大城市的发展,将加速郊区化的进程。郊区化在改善中心城过度集中所带来的环境、交通等问题的同时,也出现了诸多问题:如中心城衰落以及郊区过于分散问题。因此自20世

纪后半叶以来,发达国家郊区化普遍出现以下两种趋势。

(1) 中心城衰落与再城市化

西方国家如美、英、法等国在大城市郊区化迅速发展的过程中,由于中心城区工业及人口外迁,随之第三产业也迁往郊区,因而中心城出现投资萎缩、经济发展缓慢、人口数量减少、就业岗位不足的景象。

中心城区的衰退给社会经济带来了诸多的消极后果,表现为中心城区的高失业率及人均收入大幅下降,犯罪率偏高,税收锐减,固定资产投资下降,市区资产贬值,物质性设施老化,生活质量及环境质量下降等。

为了扭转中心城区衰败趋势,各个国家先后制定了相关的政策,开展市区的重建工作,这就是所谓"再城市化"。其中美国开展此项工作较早,美国联邦政府以拯救中心城为目标,颁布许多政策,主要是加大政府对市区重建的资金支持,或直接贷款给政府,由其自主解决各类城市问题。英国自1980年起,重新检讨了过去向地方分散的政策,并从土地利用政策方面采取措施,土地搞活开始从地方转向中心城区,促进中心城区复苏,1970年开始设立中心城区补助金,从1980年代起,政府增加了中心城区投资。从一些国家实施中心城复苏政策以来,对振兴中心城区起到一定成效,但郊区化是城市发展的必然趋势。在郊区化的同时,如何保持中心城与郊区的协调发展,这是今后城市发展的重要问题[①]。

(2) 城市蔓延与新城市主义运动

城市蔓延,即郊区分散化是郊区化过程中出现的普遍现象。城市蔓延是以城市功能高度分散化为基本特征,人口密度极低,城市设施无限扩展。较为典型的美国式的城市蔓延多以高速公路为依托,形成"点"与"线"构成的城市外部空间结构。在"点""线"组成的区域内,存在着建筑服务设施和相互分离的次级开发,相邻的每一片段都是相对完整的,它们的连接和整体性都很弱。

城市蔓延造成土地资源、能源严重浪费和环境污染,如何控制蔓延成为各国政府部门、城市规划界和学术界共同关注的问题。各国有关部门主要通过制定土地政策、开展区域空间规划和都市区规划等来控制城市蔓延。有关研究就集

---

① 黄亚平:《城市空间理论与空间分析》,东南大学出版社,2002年。

中型城市与分散型城市的利弊进行比较,研究控制蔓延对策,最有代表性的是美国学者彼得·坎索普(Peter Cathope)于 1988 年提出步行邻里 PP(Pedestrian Pocket)、1993 年提出交通引导土地开发 TOD(Transit-Oriented Development),这些规划理念从都市区规划、新城规划、车站地区规划、新邻里规划四个不同区域层面来协调大都市区的整体发展,倡导建设紧凑型城市,控制城市蔓延[1]。

2. 中国城市郊区化规模将日益加大

随着我国城市社会经济的加速发展与城市经济结构的调整及市场经济体制改革的深入展开,城市化的进程将进一步加快发展,未来郊区化的规模也将更大、更加广泛,郊区化的布局也将更加合理。

(1) 郊区化的规模将更大,并由沿海城市向内陆城市发展

我国城市郊区化的历史不长,但发展很快,并且郊区化的规模日益加大。从未来发展趋势看,许多大城市的郊区化将是继续加快的态势,这除了城市社会经济发展的需求外,从城市建设的要求出发,城市必须向郊区寻找出路。我国许多大城市经过长期的历史发展,中心城区经济结构老化,人口密集,环境不佳,发展空间不足,不能适应未来发展的客观需要。目前不仅沿海地区的特大城市,在内陆地区的许多特大城市也已开始出现了郊区化,如哈尔滨、郑州、武汉、重庆、成都、西安等城市。

(2) 新城将成为郊区化的主要发展方向

我国自 1980 年代初开始出现郊区化以来的 20 多年里,对城市的发展起到积极的作用,在一定程度上缓解了中心城区发展空间过度拥挤的状况,但也出现了摊大饼和郊区过于分散的状况。所谓摊大饼,即郊区新建居住区距中心城区太近,再加之中心城区与郊区的绿化隔离控制不严,随着中心城区及郊区居住区的发展而连成一片,使郊区化不能起到分流中心城区的产业和人口的作用,如北京市历史上规划建设的郊区 10 大边缘集团,因距中心城区过近,现已与中心城区连成一片,形成更大的大饼。另外,北京市自 1980 年代以来郊区新建的居住区,除了少数规模较大以外,大多规模较小,这不利于城市服务设施的配套建设。

---

[1] 马清裕等:"北京居住郊区化分布特征及其影响因素",《地理研究》,2006 年第 1 期。

上述问题在我国许多大城市的郊区化过程中均不同程度地存在。为了克服上述问题,未来许多城市将十分重视远郊新城建设,在距中心城较远的远郊建设若干规模较大、城市设施较齐全、创造较多就业岗位、相对独立性较强的新城,这样,才能有效地起到分流中心城区的作用。

四、城市密集区及城市连绵区将继续快速发展

随着经济全球化与信息化的加速发展,城市与区域之间、城市与城市之间的联系将更加密切,城市与区域之间整体化、区域化的趋势将更加显著,各城市间资源互补,优势共享,从而促进了一定区域内众多城市的共同发展,显示了城市密集区发展的强大生命力,因此,未来城市密集区及城市连绵区将是继续快速发展的态势。但是由于世界各地城市密集区(城市连绵区)发展历史、发展水平不同,发展条件千差万别,因此未来的发展态势也具有不同特点。对于某些发展历史较早,人口规模和地域范围很大、发展较成熟的城市密集区(城市连绵区),其人口规模的增长将放慢,而主要是区内人口结构、产业结构的调整和区域性基础设施进一步建设的问题。而对正处于发展中的城市密集区则将较快发展。

1. 世界城市密集区及城市连绵区的发展趋势

发达国家大多数的城市密集区及城市连绵区经历了长期的发展,目前已经达到成熟的阶段,未来发展将进入相对平衡的低速发展期,人口变动、结构和分布将会出现新的特点,如法国学者丹梅特(Damete)在所著的《巴黎大都市圈》一书中做了如下的概括:①人口发展进一步趋缓;②"后工业化";③更多地向高层次第三产业倾斜;④居住、产业的低密集化、促使城市化地域进一步扩展;⑤每家每户要求自建住宅的势头更趋强劲,大城市周边地区越来越多地卷入城市化进程;⑥中心地域人口趋于减少;⑦老朽的建筑物迫切需要整修改建,对老城市再开发事业有所推动;⑧在大都市圈内,一批次级中心地逐渐成长,包括新镇、县城所在地、大型购物中心和大学所在地等;⑨上述新发展对高速公路等大型基础设施的建设也将提出新的要求[①]。

---

① 张善余:"世界大都市圈的人口发展及特征分析",《城市规划》,2003年第3期。

2. 中国城市密集区及城市连绵区的发展方兴未艾

城市密集区(城市连绵区)是城市化发展到高级阶段的区域表现形式,我国在"十一五"规划中已将城市群(城市密集区)作为城市发展的主要形态。中国的城市化虽然起步较晚,但改革开放以来发展迅速,并相应催生着一批城市密集区的形成和发展。如前面已述及,我国现阶段在东部沿海地区已初步形成珠三角、长三角、京津冀、辽中南4大城市密集区,还有一批城市密集区正在形成和发展中。

(1)沿海4大城市密集区基本成型,今后将以区内外协调发展为主要方向。沿海4大城市密集区,即珠三角、长三角、京津冀、辽中南城市密集区,是我国规模最大一级的城市密集区,实际上已形成为城市连绵区。目前这些城市密集区就其地域规模、人口规模、城市数量等方面而言,已基本定型,今后将主要在密集区内进行协调发展。

为了充分发挥上述4大城市密集区在我国社会经济发展中的作用,今后需要大力协调好各密集区内各方面的关系,包括产业之间、城市之间,区域性城市基础设施、区域生态环境等方面的关系,改变重复生产、无序竞争、基础设施在城市之间、区内外之间互不衔接、区内外之间相互污染的状况,以促进城市密集区走上良性循环的轨道。

(2)新城市密集区将快速形成和发展。

随着一些区域社会经济和城市的发展,将形成一批新的城市密集区,目前这些区域某些指标与已形成的上述4大密集区相近,有的区某些指标已经超过,但总体水平尚不如上述4区,属正形成中的城市密集区,且各区发展水平差异很大。根据某些区域社会经济和城市发展水平,用划分城市密集区的主要指标,以下区域将发展为城市密集区(表1—13)。

• 山东胶济、兰烟、京沪线城市带　该地带以青岛、济南为核心,土地面积58 674平方公里,总人口3 559.42万人,GDP总量为9 042.05亿元,共有城市32个,其中副省级城1个(青岛),地级市7个(济南、淄博、潍坊、烟台、威海、泰安、莱芜),县级市24个(章丘、胶州、即墨、平度、胶南、莱西、安丘、昌邑、高密、青州、诸城、寿光、栖霞、海阳、龙口、莱阳、莱州、蓬莱、招远、荣成、乳山、文登、新泰、肥城)。这是一个发展水平较高的区域,其区域面积和人口数仅次于长三角,城市数量也较多,但人均 GDP 则低于上述已形成的 4 个区域,而在未来发展中各区域除了哈尔滨地区外,属最高。从发展趋势看,该区交通方便、自然资源、劳动力资源丰沛,对外开放水平较高,发展潜力较大,将会较快形成城市密集区。

• 闽东南地区 该区域以福州、厦门为核心城市,土地面积 12 666 平方公里,总人口 1 219.37 万,GDP 总量为 2 812.49 亿元,共有城市 11 座,其中副省级城市 1 个(厦门),地级市 4 个(福州、泉州、莆田、漳州),县级市 6 个(福清、长乐、石狮、晋江、南安、龙海)。该区域虽然核心城市人口规模和经济实力不算高,但民营经济发达、港口条件优越,陆上交通条件近年来有很大改善,凭借对台湾有利的地理区位和人文优势,发展对台经济前景广阔,自 1990 年代以来,该区域社会经济和城镇发展迅速,未来将会较快地形成为城市密集区。

• 江汉城市地区 该区以武汉为核心城市,土地面积 32 438 平方公里,总人口 2 031.3 万人,GDP 总量为 3 256.98 亿元,区域内有城市 15 个,其中副省级城市 1 个(武汉市),地级市 6 个(鄂州、黄石、黄冈、孝感、咸宁、荆州),县级市 8 个(仙桃、潜江、大冶、麻城、应城、赤壁、洪湖、汉川)。该地区地处我国中心腹地,长江黄金水道与东西部地带相连,南北有京广、京九等多条铁路干线相通,水陆交通十分方便,素有"九省通衢"之称。江汉平原自然资源丰富,工农业基础好,城镇发达。近年在"中部崛起"的发展战略下,发展较快,未来该区域将会较快地形成为城市密集区。

• 中原城市地区 该区域以郑州为核心城市,土地面积 7 616 平方公里,总人口 833.32 万人,GDP 总量 2 457.1 亿元,区内有城市 8 个,其中地级市 2 个(郑州、洛阳),县级市 6 个(新郑、登封、新密、巩义、荥阳、偃师)。该区域地处中部地带偏北,是我国北部重要的交通枢纽,交通四通八达。中原地区是中华民族的发祥地,历史悠久,改革开放以来,特别是近年来社会经济发展很快,目前郑州与开封及新乡等市之间还隔着乡村,城市间未能连成一片,但随着区域社会经济的发展,将会较快地连成片,成为包括开封、新乡在内具有较大规模的城市密集区。

• 湘中城市地区 该区以长沙为核心城市,土地面积 10 740 平方公里,总人口 883.93 万人,GDP 总量 1 374.96 亿元,区内有城市 7 个,其中地级市 3 个(长沙、湘潭、株洲),县级市4个(济阳、湘乡、韶山、醴陵)。该区域地处中部地带偏南、通过长江水道及多条贯通南北和东西的铁路干线,与全国各地联系十分方便,虽然经济和城市发展水平尚不高,但发展前景广阔,未来将发展成为城市密集区。

表1—13 中国未来城市密集区的发展

地区	2004年总人口(万人)	人口密度(人/km²)	2004年GDP(亿元)	经济密度(万元/km²)	土地面积(km²)	人均GDP(元/人)	密集区内城市数 总计	地级以上城市	县级市
山东胶济—兰烟—京沪线城市地带	3 559.42	606.6	9 042.05	1 541.1	58 674	25 403.2	32	8	24
闽东南地区	1 219.37	962.7	2 812.49	2 220.5	12 666	23 065.1	11	5	6
江汉城市地区	2 031.31	626.2	3 256.98	1 004.1	32 438	16 033.9	15	7	8
湘中城市地区	883.93	823.0	1 374.96	1 280.2	10 740	15 555.1	7	3	4
中原城市地区	833.32	1 094.2	1 871.36	2 457.1	7 616	22 456.7	8	2	6
成都城市地区	962.96	240.9	2 819.18	705.1	39 980	29 276.2	8	2	6
重庆城市地区	612.04	404.9	1 426.56	943.7	15 117	23 308.3	4	1	3
哈尔滨城市地区	1 194.53	918.5	1 983.18	1 524.9	13 005	16 602.2	10	3	7
长春—吉林地区	1 484.49	570.4	1 763.18	677.5	26 025	11 877.3	5	1	4
关中城市地区	671.54	1 441.1	1 185.23	2 543.4	4 660	17 649.4	3	2	1

资料来源:①《中国城市统计年鉴2005》;
②有关城区统计年鉴2005。

除此以外,在成都城市地区、重庆城市地区、哈尔滨城市地区、长春—吉林地区,以及关中(西安)城市地区均处于经济比较发达、交通方便的地区,未来发展前景广阔。目前虽然核心城市经济实力较强、城市规模也较大,但其周围城镇发展薄弱,今后随着核心城市周围城镇的发展,上述这些地区也将形成城市密集区。

参考文献

1. United Nations. *World Urbanizaon Prospects*: *the 2001 Revison*, New York: United Nations. Publication 2002.
2. 冯健:《转型期中国城市内部空间重构》,科学出版社,2004 年。
3. 高佩义:《中外城市化比较研究》,南开大学出版社,1992 年。
4. 顾朝林等:《经济全球化与中国城市发展》,商务印书馆,2003 年。
5. 顾朝林等:《中国城市地理》,商务印书馆,1999 年。
6. 黄亚平:《城市空间理论与空间分析》,东南大学出版社,2002 年。
7. 胡序威等:《中国沿海城市密集地区空间集聚与扩散研究》,科学出版社,2000 年。
8. 汪光焘:"推进优先发展城市公共交通战略",《城市交通》2005 年第 4 期。
9. 周一星:《城市地理学》,商务印书馆,1995 年。
10. 朱铁臻:《城市发展研究》,中国统计出版社,1996 年。
11. 中国设市预测与规划课题组:《中国设市预测与规划》,知识出版社,1997 年。

本章执笔人:马清裕

第二章

城市交通发展历程与趋势

第一节 城市交通国际发展趋势

城市的形成、发展与演变取决于交通,城市的发展又促进了交通发展。交通发展与城市演变互相影响,兴衰与共,是不可分割的有机整体。城市交通系统是城市体系的主要组成部分之一。它为城市社会经济的发展创造必要的物质条件,是保证城市生产和人们日常生活运转的重要支持系统。城市化的迅速发展、经济活动的日益频繁、人口的迅猛增长和城市规模的扩大等都对城市交通系统提出了越来越高的要求。为了满足日益增长的交通需求,使城市系统顺利地运转,必然要求大力发展和进一步完善城市交通系统,使之与城市发展的规模相适应。

1950年代以来城市交通加速发展,发达国家的城市小汽车已普及到了千家万户,成为普遍应用的交通工具。由于经济的飞速发展,发展中国家的机动车拥有量也在迅速地增长。然而,从总体来看,发展中国家与发达国家的机动化与汽车化水平仍然有着相当大的差距。

随着城市机动车特别是小汽车的猛增,城市交通拥堵成为最为严重的社会问题,由于机动化带来的环境问题日益突出。通过大力发展公共交通,解决大城市交通拥堵、减少其对于环境的污染,成为共识。

一、发达国家的城市交通发展趋势

从总体来看,发达国家的小汽车拥有率在过去的几十年里持续稳步增长,小汽车在城市中占有极为重要的地位。在很多城市,特别是在西欧和日本的城市中,虽然公共交通仍然处于重要的地位,但随着小汽车拥有量和使用量的日益增多,公共交通的地位和竞争力逐渐下降。近年来,发达国家的非机动交通也呈现出上升的势头,这使城市交通现状进一步呈现出多样化的趋势。

1. 机动车拥有水平

近几十年来,发达国家的机动车拥有率仍然处于稳步上升阶段,其中部分国家的机动车拥有率(图 2—1)和小汽车拥有率(图 2—2)已呈现近饱和状态。

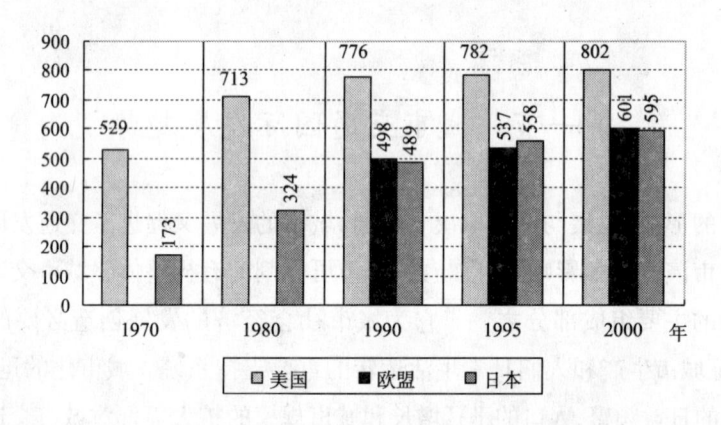

图 2—1　1970～2000 年美国、欧盟和日本每千人的机动车拥有率(辆/千人)

美国的机动车拥有率是全球最高的,到 2000 年美国的机动车拥有率已达到每千人 802 辆,小汽车拥有率高达每千人 475 辆[①]。实际上,从 1980 年代以来,美国的机动车拥有量总体上继续呈上升趋势,但每千人的小汽车拥有率却呈下降趋势,已经接近饱和状态。

西欧国家的机动车总量和小汽车拥有率也很高,部分国家的汽车拥有率甚至超过了美国,其机动车拥有率仍然在稳步上升。2000 年人均国内生产总值最高的卢森堡,其小汽车拥有率也是欧盟国家中最高的,高达每千人 623 辆,比 1970 年增加了 2 倍;而希腊的小汽车拥有率是欧盟国家中最低的,也已达每千

---

① 资料来源:1997 年 7 月,美国联邦公路管理局将部分小汽车重新归类,划归其他双轴—四轮车类中,造成小汽车拥有量有所下降。

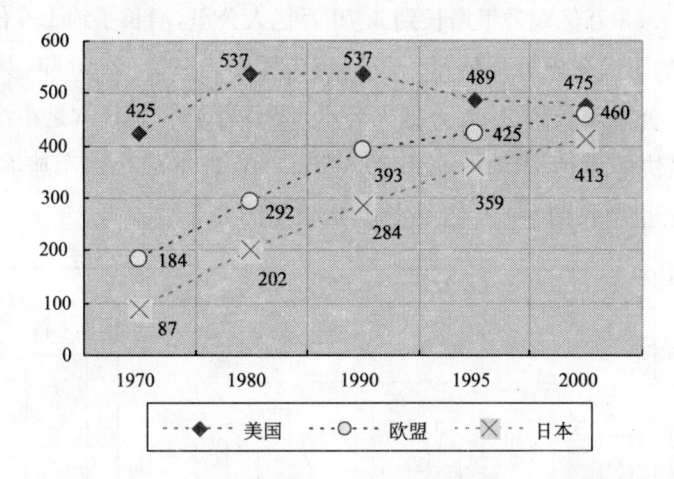

图2—2 1970～2000年美国、欧盟和日本每千人的小汽车拥有率(辆/千人)

资料来源：U. S. Department of Transportation. National Transportation Statistics 2002. Washington D. C.：Government Printing Office，2002；European Commission. European Union Energy & Transport in Figures 2002. http://europa. eu. int/comm/energy_transport/etif/index. html. Statistical Research and Training Institute. Statistical Handbook of Japan 2003. Japan Statistical Association. http:// www. jstat. or. jp/e_index. html. 本节中不加注释的上述3个国家和地区的数据均来自以上参考文献或计算得到。

人304辆。在欧盟国家中，希腊、葡萄牙和西班牙这3个人均国内生产总值较低的国家的小汽车拥有率增长最快，1970～2000年，希腊增长了约11倍，葡萄牙增长了约6倍，而西班牙也增长了约5倍。

与美国和欧盟国家相比，虽然日本的机动车拥有率只处于中等水平，但发展速度非常快。1990年，日本每千人的小汽车拥有率只有284辆，机动车拥有率也只有489辆。到2000年，日本的小汽车拥有率已达到每千人413辆，机动车拥有率也已经高达每千人595辆。从近年的发展趋势来看，日本的机动车拥有率仍然呈稳步上升趋势，平均每年每千人增加的机动车为10辆左右。

2. 机动车使用状况

(1)随着机动车拥有率的不断增长，发达国家的机动车使用率也在不断增加(图2—3)，1970～2000年，欧盟国家的小汽车旅客周转量以年均3.0%的速度增长,从 1.58 万亿人公里增长到 3.79 万亿人公里,增长了约 1.5 倍。与欧盟相比,美国的小汽车旅客周转量增长则较为缓慢,1970~2000 年,其周转量从 1.75 万亿人公里增长到 2.54 万亿人公里,增幅为 45%。日本是小汽车旅客周转量增长最快的发达国家之一,1970~2000 年,日本的小汽车旅客周转量从 1 813 亿人公里增长到 6 430 亿人公里,增长了约 2.5 倍。

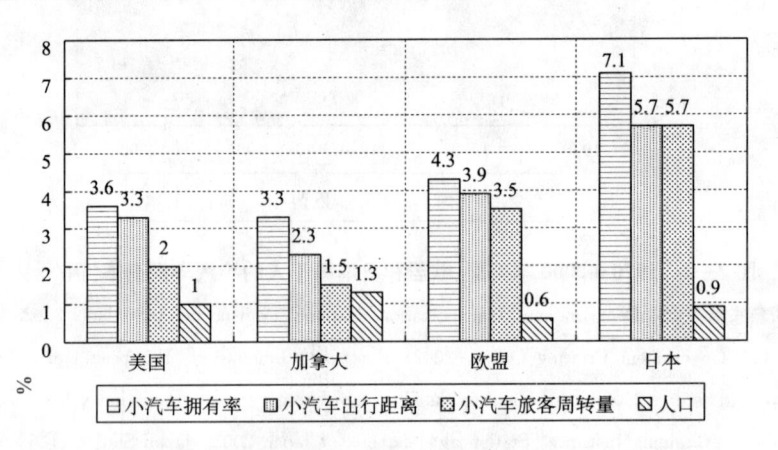

图 2—3 1970~1990 年部分发达国家小汽车拥有和使用的年增长率(%)

资料来源:U. S. Department of Transportation, Bureau of Transportation Statistics. Transportation Statistics Annual Report 1997. Washington D. C., 1997.

(2) 发达国家的机动车出行距离也在不断延长。1970~2000 年,欧盟国家居民的人均小汽车出行距离从 4 649 公里增长到 10 024 公里,增长了约 1.2 倍。2000 年,欧盟国家中人均小汽车出行距离最短的国家是希腊,仅为 7 310 公里;最高的是丹麦,高达 12 469 公里。美国的人均小汽车出行距离是发达国家中最高的,但其增长速度却比较缓慢。1970~2000 年,美国的人均小汽车出行距离从 13 758 公里增长至 14 548 公里,仅仅增长了约 6%。日本的人均小汽车出行距离是发达国家中最短的。1970 年,日本的旅客周转量中只有 31.1% 由小汽车完成,到 2000 年,也只有 45.3% 的旅客周转量由小汽车完成。因此,1970~2000 年,虽然人均小汽车出行距离从 1 732 公里增长到 5 066 公里,增长了约 2 倍,但与其他发达国家相比仍然较低。

(3) 机动车的平均出行距离有增有降。衡量机动车使用的另一个指标是机动车的平均出行距离。1970～2000 年,欧盟国家的小汽车车均出行距离从 12 527公里增长到 13 052 公里,增幅仅为 4.2%。同期,美国的车均出行距离从 16 058 公里增长到 19 269 公里,增幅为 20%,大大高于欧盟的发达国家。相反,日本的车均出行距离却从 13 735 公里下降到 9 562 公里,降幅为 30%。

3. 公共交通使用状况

发达国家大城市公共交通运量继续增长,但是在城市交通总量中的比重下降,地位衰落。1970～2000 年,欧盟国家的公共汽车旅客周转量从 3 190 亿人公里增长为 4 150 亿人公里,增幅高达 30%。同期,虽然美国的公共汽车旅客周转量从 660 亿人公里增长到 767 亿人公里,增长了 16.3%,但也只是 1945 年 2 092 亿人公里的 1/3 左右。与欧盟、美国相比,日本的公共汽车旅客周转量则呈下降趋势,从 1970 年的 1 029 亿人公里下降为 1997 年的 930 亿人公里。在发达国家,特别是在人口密度较大的大城市中,公共交通仍然占有重要的地位。然而,在大部分城市中,随着机动化和郊区化的发展,公共交通在城市交通中的地位却日趋衰弱(图 2—4)。

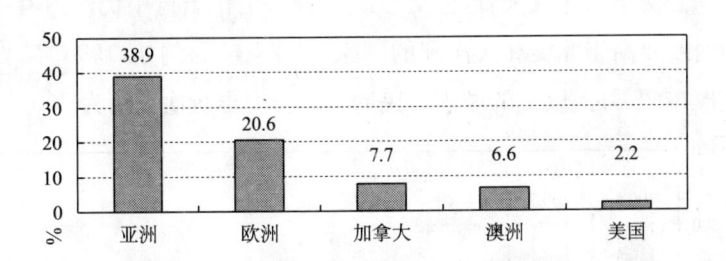

图 2—4 1990 年各地区城市公交出行比重(%)

资料来源:U. S. Department of Transportation, Bureau of Transportation Statistics. Transportation Statistics Annual Report 1997. Washington D.C., 1997.

公交旅客周转量增长缓慢或逐渐下降使公交系统在整个交通系统中的比重也逐渐降低。然而,在欧洲和日本的大城市中,公交系统仍然占有重要的地位。图 2—5 表明,在东京、巴黎和伦敦等特大城市中,公交系统在城市居民日常工作出行中占有超过 40% 的比重。而在以小汽车为主要出行工具的美国,纽约居民的日常工作出行中使用公交系统的比重也超过了 26%。即便是在小汽车盛行的洛杉矶,公交系统在工作出行中的比重也达到约11%。

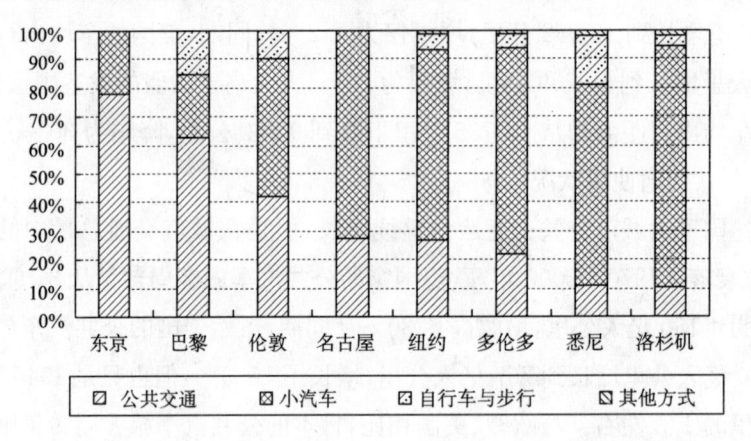

图2—5 2000年发达国家大城市居民工作出行结构

资料来源：http://www.publicpurpose.com. 其中东京、名古屋为机动车出行比重,不考虑非机动车和步行比重;多伦多数据为1996年数据;伦敦为1998年数据;悉尼和巴黎为1999年数据;纽约、洛杉矶、东京和名古屋为2000年数据。

从人均公交出行次数来看,公交系统在日常工作出行中仍然占有主要地位的日本和西欧要高于北美和大洋洲的国家(图2—6)。例如,1995年,西欧国家中人口规模在25万人以上的城市居民的人均公交出行次数约为200次;而以地

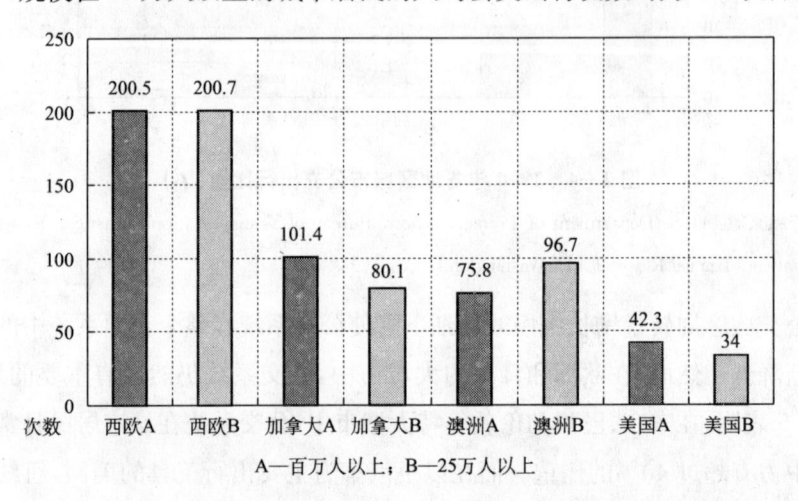

图2—6 1995年发达国家城市人均年公交出行次数

广人稀著称的美国、加拿大和澳洲居民人均公交出行次数均低于100次,美国的人均公交出行次数甚至低于40次。在图2—6所示的发达国家的特大城市中,除洛杉矶外,其他所有城市的人均公交出行次数都位于全球最高的30个城市中,大大高于发展中国家的许多特大城市。在这些特大城市中,日本和西欧的人均公交出行次数仍然要大大高于北美和澳洲的大城市。

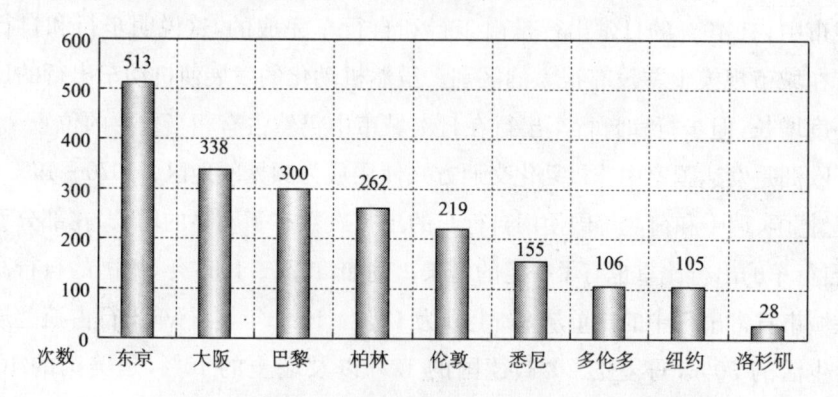

图2—7　1995年发达国家城市人均每年公交出行次数

城市	次数
东京	513
大阪	338
巴黎	300
柏林	262
伦敦	219
悉尼	155
多伦多	106
纽约	105
洛杉矶	28

资料来源:图2—6和图2—7数据均来自于http://www.publicpurpose.com。

在西欧和日本的许多大城市中都拥有大量的轨道交通系统,特别是西欧拥有发达国家中密度最大的轨道交通网络。在西欧和美国,公共汽车仍然是公共交通系统的主要组成部分,而在日本,轨道交通系统在公共交通系统中占有比公共汽车更大的比重。例如,西欧居民的人均轨道出行距离为美国的10倍左右,但只是日本的1/4。在美国,大部分的轨道交通出行是在特大城市中完成的,其中纽约的轨道交通出行就占了美国全国公交出行的1/3以上。在日本,轨道交通是特大城市通勤的最主要工具,仅仅东京大都市区的每天的轨道交通出行就超过了美国全国的公交出行[①]。

4. 非机动交通状况

在绝大部分城市中,步行仍然是短距离(1公里以内)出行的主要方式,而自行车在5公里左右的出行中也具有相当大的竞争力。在西欧的部分城市里,步

---

① 资料来源:World Business Council for Sustainable Development. *Mobility 2001*. http://www.wbcsdmobility.org.

行和自行车占有日常出行的很大比重,甚至超过 60% 以上。而在美国城市里,步行和自行车在日常出行中的地位则甚低,只占日常出行次数的 6.5% 和出行距离(161 公里以内)的 0.5% 左右①。

1987 年,对日本 131 个城市的调查表明,27% 的日常出行由步行完成,22.5% 由自行车完成,其余的 50.5% 则由机动车完成。而在人口超过 100 万的大城市中,有 49% 的日常出行是由步行和自行车完成的,这说明步行和自行车出行在城市规模上并没有很大的区别。虽然机动化的发展使机动车出行的比重大幅度增长,但步行和自行车出行在日本城市中仍然占有相当重要的位置②。

欧洲是发达国家中非机动化交通方式使用最为频繁的地区。1970~1995 年,丹麦、德国、瑞士和荷兰等国使用自行车的出行次数有了明显的增长,在部分城市里,自行车的出行比重也有了一定的增长。例如,1972~1995 年,德国的自行车出行在城市日常出行中的比重从 8% 上升为 12%。1997 年,自行车出行占荷兰居民日常生活的 30%,丹麦的 20%,德国的 12% 以及瑞士的 10%,是美国的 10 倍以上③。

二、发展中国家的城市交通

在发展中国家的大部分城市中,城市交通设施建设普遍滞后于运输需求,城市交通量的增长远远超过城市交通基础设施的承载能力。虽然发展中国家也投入了大量资金来建设城市交通基础设施,但与交通需求的增长速度相比,仍然存在着相当大的差距。

1. 机动车拥有水平

发展中国家的机动化存在如下特点:第一,机动化的发展速度很快,特别是两轮和三轮的机动车发展速度更快。第二,从总体来看,与发达国家相比,机动

---

① 资料来源:World Business Council for Sustainable Development. Mobility 2001. http:// www.wbcsdmobility.org.
② 资料来源:Hook W., Replogle M. Motorization and Non-motorized Transport in Asia: Transport System Evolution in China, Japan and Indonesia. *Land Use Policy*, 1996, 13(1).
③ 资料来源:Pucher J., Komanoff C., Schimek P. Bicycling Renaissance in North America? Recent Trends and Alternative Policies to Promote Bicycle. *Transportation Research Part A*, 1999, 33.

化还处于低级阶段(表 2—1,表 2—2)。第三,随着经济的迅速发展,对机动化的需求将持续增长。

表 2—1 亚洲与发达国家城市的机动车拥有率(每千人小汽车数)

城市	机动车拥有率(辆/千人)					年均增长率(%)			
	1960年	1970年	1980年	1990年	1993年	1960~1970	1970~1980	1980~1990	1990~1993
香港	11	27	42	43	46	1.6	1.6	0.1	1.4
马尼拉	—	38	55	66	79	—	1.7	1.1	4.3
雅加达	—	22	38	75	92	—	2.0	3.7	5.9
新加坡	39	69	64	101	110	3.0	−0.5	3.7	3.5
汉城	—	6	16	83	123	—	1.0	6.8	13.3
吉隆坡	46	72	86	170	206	2.6	1.4	8.4	12
曼谷	14	54	71	190	220	4.0	1.7	12.7	7.3
日本	10	85	202	285		7.5	11.7	8.3	
欧洲	122	243	332	392		12.1	8.9	6.0	
澳大利亚	223	321	443	491		9.8	12.2	4.8	
加拿大	274	348	447	524		7.4	9.9	7.7	
美国	376	460	547	608		8.4	8.7	6.1	

资料来源:World Business Council for Sustainable Development. *Mobility 2001*, http://www.wbcsdmobility.org.

表 2—2 1998 年部分发展中国家的小汽车拥有率(每千人小汽车数)

收入较高国家	小汽车拥有率(辆/千人)	收入较低国家	小汽车拥有率(辆/千人)
阿根廷	176	埃及	30
巴西	77	洪都拉斯	37
匈牙利	268	印度	7
利比亚	209	印尼	22
马来西亚	172	肯尼亚	14
墨西哥	144	莫桑比克	1
平均	174	平均	18.5

资料来源:World Business Council for Sustainable Development. *Mobility 2001*. http://www.wbcsdmobility.org.

1996 年,发展中国家的小汽车拥有率达到平均每千人 30 辆,其中大部分国家都已经达到了每千人 50 辆以上。在一些较为富裕的发展中国家,例如马来西亚、阿根廷、南非、墨西哥以及泰国等国,小汽车拥有率均已超过每千人100辆(图2—8)。从总体来看,拉美地区的小汽车拥有水平较高,亚洲次之,而非洲最低,到1996年这3个地区的小汽车拥有率分别达到每千人80、40与20辆[①]。

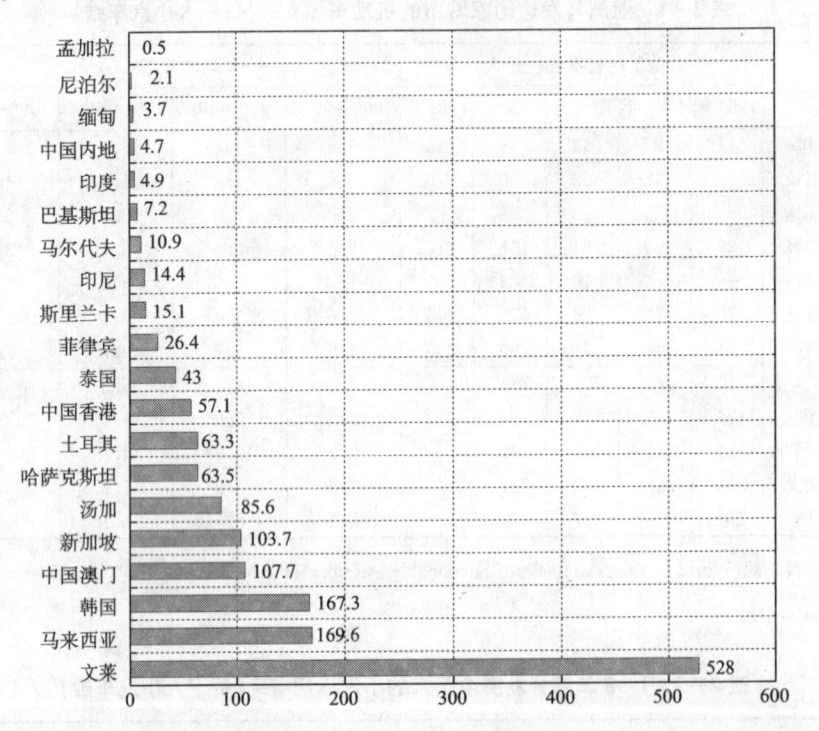

国家/地区	每千人小汽车数
孟加拉	0.5
尼泊尔	2.1
缅甸	3.7
中国内地	4.7
印度	4.9
巴基斯坦	7.2
马尔代夫	10.9
印尼	14.4
斯里兰卡	15.1
菲律宾	26.4
泰国	43
中国香港	57.1
土耳其	63.3
哈萨克斯坦	63.5
汤加	85.6
新加坡	103.7
中国澳门	107.7
韩国	167.3
马来西亚	169.6
文莱	528

图2—8　1999年亚洲部分国家(地区)的机动车拥有率(每千人小汽车数)

注:汤加、印度和中国内地为1997年数据,文莱、澳门、菲律宾、斯里兰卡、印尼、缅甸、尼泊尔和孟加拉为1998年数据,其他为1999年数据。

研究表明,小汽车拥有水平与收入水平的提高有着很大的关系。因此,经济的迅速发展一般伴随着机动化的迅速发展。近年来,中国的机动车拥有量以平均每年15%的速度递增,而小汽车的增长速度则高达25%。1991~1996年,菲律宾、泰国和柬埔寨等地的机动车拥有率增长速度超过每年20%。1985~1992

---

① 资料来源:World Business Council for Sustainable Development. *Mobility 2001*. http://www.wbcsdmobilits.org.

年,韩国的机动车拥有率以每年 23.7%的速度增长,到 1996 年,韩国的机动车拥有率已超过每千人 200 辆[1]。

在发展中国家,由于大城市具有强大的资本集聚和人口集聚功能,机动化的发展在城市里表现得更为明显。例如,在印度,拥有全国 5%人口的德里、孟买、加尔各答与班加罗尔却拥有占全国 30%的机动车。在伊朗、韩国、肯尼亚、泰国和智利等国,50%以上的小汽车都集中在首都。在哥伦比亚,首都波哥达的机动车拥有率已超过每千人 100 辆小汽车,比全国平均水平高 2 倍以上。在津巴布韦,1994~1998 年,首都哈拉雷的机动车拥有量从占全国的 37%上升到 45%[2]。

在部分发展中国家,两轮和三轮机动车的增长速度甚至要超过机动车拥有量的增长速度(表 2—3)。特别是在亚洲国家的城市中,两轮和三轮机动车在几

表 2—3　亚洲部分城市的摩托车拥有水平(每千人摩托车数)

	摩托车拥有率(辆/千人)					年均增长率(%)			
	1960 年	1970 年	1980 年	1990 年	1993 年	1960~1970	1970~1980	1980~1990	1990~1993
香　港	1	4	6	4	4	0.3	0.2	−0.1	0.0
马尼拉		6	4	6	42		−0.2	0.2	0.6
汉　城			6	18				1.2	
新加坡	12	51	49	45	42	3.9	−0.2	−0.4	−1.2
雅加达		32	66	98	113		4.2	3.2	5.0
泗　水		35	91	147	175		6.2	11.5	7.0
曼　谷	6	20	35	124	179	1.4	1.5	8.9	18.2
吉隆坡		50	65	180	201		2.1	11.3	6.0

资料来源:Barter P. A. An International Comparative Perspective on Urban Transport and Urban Form in Pacific Asia: The Challenge of Rapid Motorization in Dense Cities. Doctoral Dissertation, Murdoch University, 1999.

---

[1] 资料来源:World Business Council for Sustainable Development. *Mobility 2001*. http://www.wbcsdmobility.org.

[2] 资料来源:World Business Council for Sustainable Development. *Mobility 2001*. http://www.wbcsdftmobility.org.

乎呈指数增长。在泰国、马来西亚和印度尼西亚等国家,两轮和三轮机动车数量超过机动车拥有量的一半,其中泰国首都曼谷拥有超过200万辆的摩托车,越南的胡志明市和马来西亚的槟榔屿市平均每千人拥有大约300辆摩托车[①]。

2. 机动车使用状况

随着机动化水平的日益提高,人们对机动车的使用也日渐频繁。机动化的迅速发展使人们对出行的潜在需求日益释放出来,出行次数增加,出行距离增大。可以说,目前许多发展中国家城市所存的严重交通问题,一方面是因为机动车拥有量急剧增加,另一方面是因为机动车的使用更加频繁造成的(表2—4)。

表2—4 1960~1990年发展中地区的出行总量与人均出行距离 单位:km/人,km

地区	1960年 人均距离	总量	1970年 人均距离	总量	1980年 人均距离	总量	1990年 人均距离	总量
中东与北非	1 230	137	1 840	268	3 620	711	4 450	1 200
南 非	900	200	1 000	288	1 390	531	1 610	780
中 亚	150	108	180	161	310	341	630	796
南 亚	350	199	570	414	950	867	1 780	2 041
东 亚	590	129	1 120	305	2 060	726	3 560	1 514
拉 美	1 970	421	2 890	810	4 440	1 584	5 110	2 262
发展中国家	580	1 194	860	2 256	1 450	4 759	2 130	8 593
世 界	1 820	5 500	2 680	9 962	3 490	15 574	4 390	23 251

资料来源:Schafer A. The Global Demand for Motorized Mobility. *Transportation Research Part A*,1998,32(6).

与发达国家相比,发展中国家的人均机动车出行距离是相当低的。例如,1990年,吉隆坡、曼谷和新加坡等城市居民的人均机动车出行距离为3 000~5 000

---

① 资料来源:United Nations, Economic and Social Commission for Asia and the Pacific. *Review of Developments in Transport and Communications in the ESCAP Region 1996—2001*. New York, 2001.

公里。而其他城市,如汉城、雅加达、中国香港和马尼拉等的人均机动车出行距离更是低于 2 000 公里。同期,北美居民的人均机动车出行距离为 12 440 公里,而西欧也达到了 7 500 公里[①]。

按照机动车的平均出行距离来看,部分发展中国家城市与发达国家之间的差距较小,例如新加坡和香港机动车的车均出行距离甚至高于美国的 17 000 多公里(表 2—5)。当然,由于出租车在机动车当中占有比较重要的地位,其出行距离远远大于私人小汽车,因此,如果扣除出租车的出行距离,则机动车的车均出行距离就会有大幅度降低。也就是说,发展中国家的机动车出行距离与发达国家相比仍然存在较大的差距。例如,1990 年汉城的平均每辆小汽车的出行距离为 18 500 公里,但扣除出租车以后每辆小汽车的出行距离就剧降到 11 500 公里。

表 2—5　1990 年亚洲部分城市各种机动车的年均出行距离　　单位:km

城　市	机动车	小汽车	小汽车(扣除出租车)	摩托车
香　港	19 100	11 500		
新加坡	18 200	18 400		
汉　城	13 600	18 500	11 500	
马尼拉	11 000	10 200	8 300	
曼　谷	10 700	13 000	9 900	4 900
吉隆坡	10 800	14 900	13 800	5 700
雅加达	8 000	9 100	7 000	4 100
泗　水	7 100	6 600	5 100	5 500
亚　洲	12 300	10 800		5 000

资料来源:同表 2—3。

摩托车出行在发展中国家的机动车出行中占据着非常重要的位置。例如,在泗水,几乎有 60% 的机动车出行距离是由摩托车来完成的,而在吉隆坡、曼谷

[①] 资料来源:Barter P. A. An International Comparative Perspective on Urban Transport and Urban Form in Pacific Asia: The Challenge of Rapid Motorization in Dense Cities. Doctoral Dissertation, Murdoch University,1999.

和雅加达等城市中,摩托车出行都占有相当大的比重。

3. 公共交通使用状况

在发展中国家,公交系统仍然是客运市场的中坚力量(表 2—6)。虽然不同地区公共交通系统的比重和服务水平有一定的差异,但存在一个共同的特点,即公交方式当中有很大的一部分靠辅助交通来完成,而且该方式所占比重在日益增大。

表 2—6 1990 年部分亚洲城市的公共交通使用状况统计

城市	公交出行距离比重(%)	人均年公交出行距离(km)	工作公交出行次数比重(%)	人均年公交出行次数(次)
香港	82	3 784	89	570
马尼拉	62	5 501	66	481
汉城	54	2 468	74	460
新加坡	47	2 890	72	457
雅加达	46	2 775	47	238
曼谷	33	1 323	33	423
泗水	26	555	27	174
吉隆坡	20	1 577	31	227

资料来源:同表 2—3。

从客运周转量来看,虽然公交系统在发展中国家的城市里仍然占据着非常重要的地位,但整体呈下降趋势。表 2—7 表明,大部分城市的人均日公交出行次数从 1970 年代以来呈下降趋势,而只有香港、新加坡等公交系统运营状况较好的少数几个城市的居民人均公交出行次数有一定的增长。

表 2—7 发展中国家部分城市的公共交通比重

城市	早期 年份	早期 日出行次数	早期 占全部出行%	后期 年份	后期 日出行次数	后期 占全部出行%
香港	1973	1.08	85	1991	1.65	89
新加坡				1999	1.28	71
马尼拉	1984	1.50	75	1996	1.45	78
墨西哥	1984	0.92	80	1994	1.21	72

续表

城市	早期			后期		
	年份	日出行次数	占全部出行%	年份	日出行次数	占全部出行%
圣地亚哥	1977	0.95	70	1991	0.86	56
圣保罗	1977	0.95	13	1997	0.62	33
汉城	1970		67	1992	1.51	61
上海	1986	0.43	24	1995	0.29	15

资料来源：World Business Council for Sustainable Development. Mobility 2001. http://www.wbcsdmobility.org.

虽然公交出行次数和公交出行比重呈下降趋势，但居民的人均公交出行距离却呈上升趋势，这可能从侧面反映了近年来发展中国家城市规模的扩展趋势。从图2—9可以看到，1970～1990年，除马尼拉外，其他城市的公交出行距离都呈上升趋势，其中以香港和新加坡两个城市的增势最为明显。

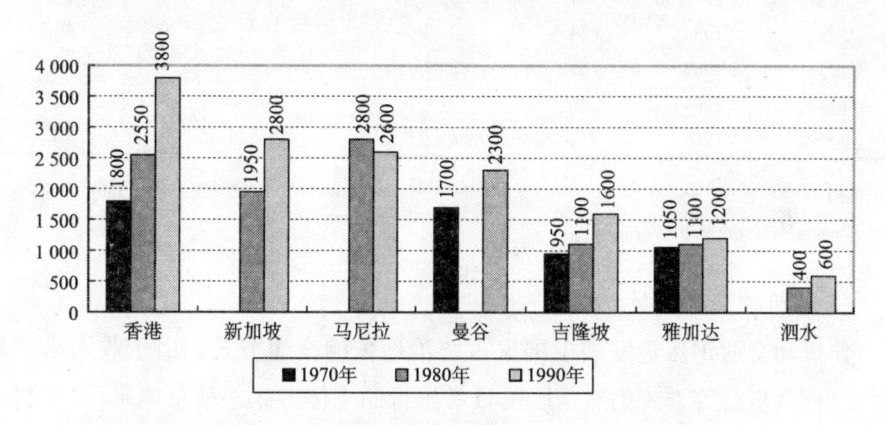

图2—9　1970～1990年部分城市的人均年公交出行距离(km)

资料来源：同表2—3。

1970年代以后，许多发展中国家都投放了大量的资金来发展轨道交通系统。轨道交通系统虽然在客流量较大的交通走廊上发挥了重要的作用，但从城市总体来看，它所发挥的作用还是较低的。例如，在圣保罗，轨道交通出行只占日常出行的5%，圣地亚哥占7%。虽然墨西哥拥有世界上最为强大的轨道交通系统,近年来,其使用率却日趋降低,轨道交通出行只占机动车出行比重的14%,占日常出行的比重则更低[1]。

虽然大部分城市仍在重点发展公共交通系统,但也有意识地发展一些辅助交通工具来完善整个公共交通系统(表2—8)。例如,在中国的很多城市都有出租汽车和小公共汽车运营,对公交系统起到了很好的补充作用。辅助交通系统在城市交通系统中所占的比重从达喀尔、台北和特拉维夫的5%到加拉加斯和波哥大的40%,在马尼拉和其他的一些东南亚城市里甚至达到65%以上[2]。

表2—8 发展中国家部分城市的交通方式比重   单位:%

城市	年份	小汽车	公共汽车	辅助交通	轨道交通	非机动交通
约翰内斯堡	1995	40	9	26	7	18
内罗毕	1989	25	50			15
墨西哥	1995	22	8	56	14	
圣地亚哥	1991	16	48	2	6	28
圣保罗	1997	31	25		7	36
曼谷	1984	24	60			16
雅加达	1984	21	39			40
吉隆坡	1984	46	42			12
上海	1986	4	24			72

资料来源:World Business Council for Sustainable Development. *Mobility 2001*, Appendix A-1. http://www.wbcsdmobility.org.

4. 非机动交通状况

非机动交通仍然是发展中国家占统治地位的交通方式。由于收入水平较低,自行车、步行等方式仍然是居民日常出行的主体方式。从总体来看,非机动交通在亚洲和部分非洲城市里使用率最高,在拉丁美洲则较低。1980~1990年,中国的自行车销售量从每年1 000万辆上升到4 000万辆。1990~1994年,

---

[1] Barter P. A. An International Comparative Perspective on Urban Transport and Urban Form in Pacific Asia: The Challenge of Rapid Motorization in Dense Cities. Doctoral Dissertation, Murdoch University, 1999.

[2] 资料来源:World Business Council for Sustainable Development. *Mobility 2001*. http://www.wbcsdmobility.org.

自行车出行占中国城市居民车辆出行的 50%～80%左右。1995 年,印度的自行车拥有量是机动车的 25 倍,自行车出行占全部出行的 10%～30%。即使是在机动化水平较高的拉丁美洲的一些城市里,步行仍然占日常出行的 20%～40%左右[①]。

从目前来看,许多发展中国家的城市仍然以非机动交通为主(图 2—10),然而,随着发展中国家城市化与机动化的迅速发展,非机动化交通由于自身存在的弱点,其使用将呈逐渐下降趋势。

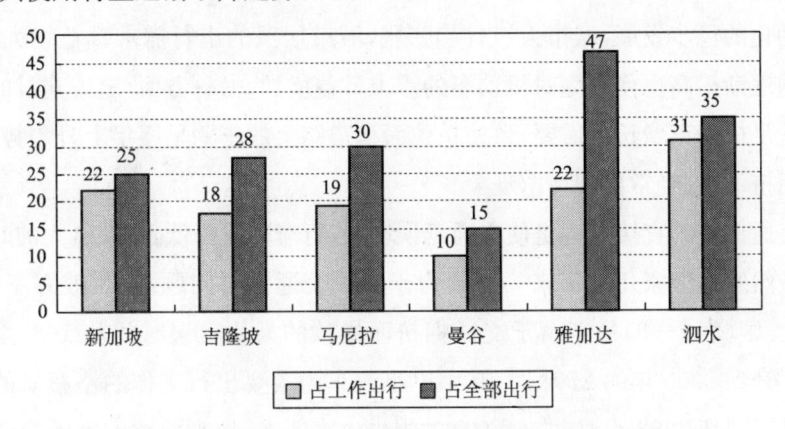

城市	占工作出行	占全部出行
新加坡	22	25
吉隆坡	18	28
马尼拉	19	30
曼谷	10	15
雅加达	22	47
泗水	31	35

图 2—10　1990 年部分城市非机动出行占工作出行与全部出行的比重(%)

资料来源:同表 2—3。

三、城市交通发展存在的主要问题

从全球范围来看,机动化和汽车化的发展在很大程度上提高了人们的机动性,进一步促进了城市经济的发展,使更多的人有机会参与到社会经济活动中去。然而,城市交通的发展也带来了许多严重的负面影响。例如,机动车拥有量的增长不但使石油能源的消费需求日渐增加,也使噪声和废气污染成为城市环境污染的主要来源,同时,机动车使用量的增加还使交通事故频繁发生,严重恶

[①] 资料来源:World Business Council for Sustainable Development. *Mobility 2001*. http://www.wbcsdmobility.org.

化了城市交通环境。在以小汽车为主要交通方式的城市中,必然存在部分社会成员由于过于贫穷无力购买、使用小汽车,或者由于不会驾车或因老龄而无法驾车,造成不同社会阶层之间的不公平,这些都给社会经济的良性发展造成了很大的障碍。

1. 交通拥挤

交通拥挤是城市交通中最为明显的问题,它破坏了使用机动车的中心目的——提高人与货物的可达性,使经济付出了极大的代价。一方面,随着城市化和机动化的稳步发展,城市人口日趋膨胀,城市居民的出行需求日益增大,生活水平的逐渐提高也使家庭对机动车的需求日益增加;另一方面,道路建设的发展无法满足机动车增长的需要,致使单位面积道路上的车辆呈逐年上升趋势,造成道路拥挤不堪、经常出现堵塞现象。

交通拥挤的直接危害是使交通延误增大,行车速度降低,带来巨大的时间损失。虽然发达国家几十年来一直致力于解决交通拥挤问题,但收效并不明显。例如,美国(表2—9)每年由于交通拥挤而导致的人均延误时间从1982年的7小时上升到2000年的27小时,其中以小汽车为主要出行工作的洛杉矶的人均延误时间则高达62小时[1]。OECD的报告也表明,近年来西欧国家的交通拥挤状况仍然在不断恶化,城市居民的出行时间在近20年来增加了2倍[2]。日本仍然是发达国家中交通拥挤严重的国家之一。日本首都东京有主要交通拥挤地点51个,首都高速道路最长拥挤长度(处于拥挤状况下的机动车排队长度)高达9.78公里,最长拥挤时间高达17小时,几乎是终日处于拥挤状态[3]。1999年,东京23区的平均行车速度只有17.5公里/小时,低于首都圈的25.1公里/小时,更是低于全国的平均水平35.0公里/小时[4]。

---

[1] 资料来源:U. S. Department of Transportaion. National Transportation Statistics 2002. Washington D. C. :U. S. Government Printing Office,2002. 单位:亿L(燃料损失),h(延误时间);原单位为加仑,换算系数:1加仑=4.404L。

[2] 资料来源:World Business Council for Sustainable Development. *Mobility 2001*. http://www.wbcsdmobility.org.

[3] 资料来源:陆化普:"大城市交通问题的症结与出路",《城市发展研究》,1997年第5期。

[4] 资料来源:日本 Road Traffic Census 1999。

表 2—9　美国各城市因交通拥挤造成的平均燃料损失和人均延误时间

年份	1982		1985		1990		1995		2000	
类别	燃料损失	延误时间	燃料损失	延误时间	燃料损失	延误时间	燃料损失	延误时间	燃料损失	延误时间
特大城市	4.008	10	5.769	14	11.406	28	12.155	28	15.414	35
大城市	0.396	4	0.617	6	1.233	12	1.850	16	2.686	22
中等城市	0.088	2	0.132	4	0.308	6	0.484	11	0.749	14
小城市	0.000	2	0.000	2	0.044	4	0.044	4	0.132	7
平均	0.705	7	1.057	10	2.070	19	2.510	21	3.303	27

资料来源：U. S. Department of Transportaion. National Transportation Statistics 2002. Washington D. C. ：U. S. Government Printing Office,2002.

注：单位：亿 L(燃料损失),h(延误时间)；原单位为加仑,换算系数：1 加仑=4.404L。

交通拥挤造成的低速行驶导致耗油量的增加,从而增加汽车尾气排污量导致环境状况恶化。2000 年,美国(表 2—9)75 个城市中每个城市因交通拥挤而造成的平均燃料损失为 3.3 亿升,其中人口规模大于 300 万的 9 个最大城市的平均燃料损失为 15.4 亿升,而洛杉矶则更是高达 52.4 亿升。

交通拥挤的加剧不但带来了出行者的时间损失,还会由于耗油量的增加,造成巨额的经济损失。2000 年,美国(表 2—10)由于交通拥挤而造成的经济损失约 670 亿美元,并以每年约 10%的速度增长,其中人口大于 300 万的 9 个最大城市的损失均超过了 10 亿美元,而洛杉矶的损失则更是高达 146.4 亿美元。日本东京的专业运输成本 1985 年和 1980 年相比,年度成本增加 842 亿日元,也主要是由于交通拥挤的加剧,货车日均行驶距离缩短、成本上升造成的。

表 2—10　美国各城市因交通拥挤造成的经济损失和人均损失　　单位：美元

类别	1998 年		1999 年		2000 年	
	经济损失(亿)	人均	经济损失(亿)	人均	经济损失(亿)	人均
特大城市	359.75	572	389.45	615	416.75	648
大城市	165.8	344	185.8	380	211.65	424
中等城市	31.7	218	36.5	248	40.75	273
小城市	3.3	90	3.8	102	4.4	115
合计	560.55	433	615.55	471	673.55	507

资料来源：U. S. Department of Transportation. National Transportation Statistics 2002. Washington D. C. ：U. S. Government Printing Office,2002.

发展中国家的交通拥挤状况则更为严重。以平均运行速度来看,吉隆坡和圣保罗高峰期的平均运行速度达17公里/小时,曼谷、马尼拉和墨西哥达10公里/小时,而汉城和上海则只有9公里/小时。平均出行时间的延长是交通拥挤带来的直接后果。雅加达居民通勤的单向出行时间高达80分钟,马尼拉更是高达2小时。世界银行的统计数据表明,在19个被调查城市中有12个城市的居民单向出行时间超过45分钟。虽然机动车同样受到交通拥挤的影响,但受影响最为严重的仍然是公共交通系统。巴西10个城市的调查表明,高峰期内公共汽车的平均运行速度比小汽车低30%~40%[1]。

北京每年仅公共汽车和电车的乘客时间损失,如以"五五"期间的车速为标准进行计算,经济损失就高达792亿元。还未包括其他大量机动车出行拥堵的时间损失、燃料费用损失和环境污染造成的经济损失[2]。

2. 交通事故

交通事故不但会给交通使用者的身心健康造成严重的危害,还会造成巨大的直接或间接经济损失。在许多发展中国家中,交通事故是经济活动中造成居民死亡的最主要因素。在部分发达国家中,交通事故是造成15~30岁居民死亡的最主要因素。世界卫生组织1999年统计资料表明,每年全球死于道路交通事故的人数达117万左右,在道路交通事故中受伤和残废的人数超过了1 000万。虽然发展中国家的机动车拥有量只占全球机动车拥有量的32%,但其死亡人数却占了75%左右。在道路交通事故中,65%的死者是行人,其中有35%是儿童[3]。

近年来,虽然发达国家的机动车拥有量和使用量仍然在持续增长,但道路交通事故却呈现出下降的趋势(表2—11)。从1970年开始,大多数发达国家的道路交通事故发生次数在逐年下降;道路交通事故死亡人数也呈现下降趋势,或者稳定在一定的水平。

---

① 资料来源:World Business Council for Sustainable Development. *Mobility 2001*. http://www.wbcsdmobility.org.
② 资料来源:陆化普:"大城市交通问题的症结与出路",《城市发展研究》,1997年第5期。
③ 资料来源:World Health Organization. World Health Report 1999. http://www.who.int.

表 2—11 部分发达国家和地区道路交通事故统计数据

类别		1970年	1980年	1990年	1995年	2000年
欧盟	死亡人数(人)	77 831	64 237	56 413	46 096	40 812
	事故人数(人)	1 388 500	1 379 500	1 293 500	1 262 200	1 295 600
	万车死亡率	8.9	4.8	3.1	2.3	1.8
	10万人死亡率	22.9	18.1	15.5	12.3	10.8
美国	死亡人数(人)	52 627	51 091	44 599	41 817	41 945
	事故人数(人)	1 346 800	2 053 000	6 471 000	6 699 000	6 394 000
	万车死亡率	4.7	3.2	2.3	2.0	1.9
	10万人死亡率	25.7	22.6	17.9	15.9	14.9
日本	死亡人数(人)	16 765	8 760	11 227	10 679	9 066
	事故人数(人)	718 080	476 674	643 097	761 789	931 934
	万车死亡率	9.0	2.2	1.4	1.2	1.0
	10万人死亡率	16.2	7.5	9.1	8.5	7.1

资料来源:美国数据来自 U.S. Department of Transportation. National Transportation Statistics. 2002. Washington D.C.; U.S. Government Printing office,2002;欧盟数据来自 European Commission. European Union Energy & Transport in Figures 2002. http://europa.eu.int/comm/energy_transport/etif/index.html. 日本数据来自 Statistical Research and Training Institute. Japan Statistical Yearbook 2003. Japan Statistical Association:http://www.jstat.or.jp/.

到1990年代后期,欧盟的道路交通事故发生次数基本稳定在130万起左右,而交通事故的死亡人数仍然在继续下降,到2000年,欧盟因道路交通事故造成的死亡人数为4.08万人。美国的道路交通事故发生次数和死亡人数是发达国家中最多的。1990年代后期,美国的道路交通事故发生次数基本稳定在630万起,而事故死亡人数也基本稳定在4.2万人左右。日本是发达国家中交通事故发生率和死亡率较低的国家之一,虽然日本的道路交通事故发生次数仍在增长,但交通事故死亡人数却呈逐年递减趋势。2001年,日本交通事故死亡人数达8 747人,创1960年以后的历史新低。与欧盟和美国相比,日本的万车死亡率和10万人死亡率都是非常低的。

由于机动化的迅速发展,发展中国家的道路交通事故发生次数仍然在持续上升,交通事故死亡人数也在不断增长。世界银行的统计资料表明,发展中国家的万车死亡率要远远高于发达国家,几乎是发达国家的80倍左右。例如,1970~2000年,中国道路交通事故的发生次数从55 437起增长到616 971起,增加了

10.1倍,而死亡率呈逐年下降趋势,但仍然是发达国家的10倍以上(图2—11)。

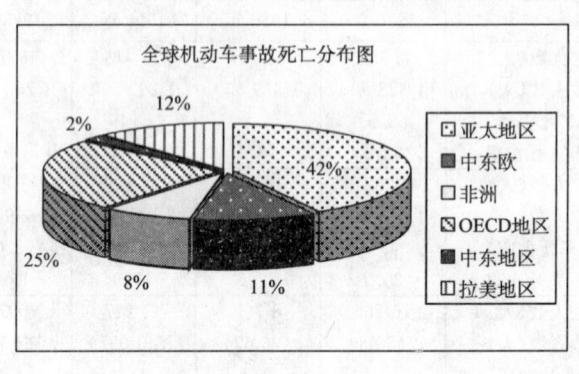

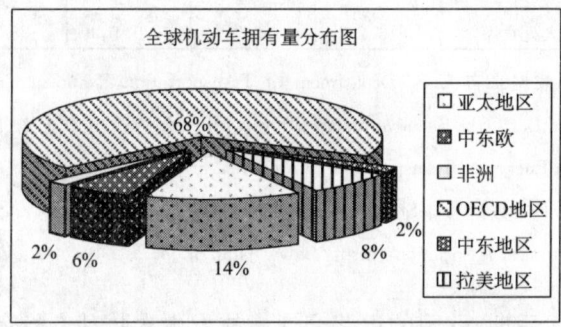

图 2—11　1999年全球道路交通事故死亡人数和机动车拥有量分布图

资料来源:The World Bank. 转引自:Global Road Safety Partnership, http://www.grsproadsafety.org/.

表 2—12　中国道路交通事故统计数据

类别	1970年	1980年	1990年	1995年	2000年
事故次数	55 437	116 692	250 297	271 843	616 971
死亡人数	9 654	21 818	49 271	71 494	93 853
万车死亡率	227.63	104.17	33.38	22.48	15.60
10万人死亡率	1.16	2 212.21	4.31	5.9	7.27

资料来源:国家统计局,各年度《中国统计年鉴》,中国统计出版社。

统计表明,发展中国家的交通事故发生次数和死亡人数较高与摩托车和非机动交通有很大的关系。发展中国家交通事故的主要受害者并不是机动车出行者,而是摩托车、自行车和非机动车使用者以及行人。在德里,摩托车、自行车使用者和行人在交通事故死亡人数中的比重明显高于其他交通方式。在圣保罗，虽然只有 6% 的交通事故与行人有关，但交通事故死亡人数中却有 54% 是行人[①]。

交通事故中死亡、受伤和财产损失的严重程度并不相同，对不同地区来说，交通事故造成的居民死、伤和财产损失也是不一样的。每年，全世界由于交通事故而造成的损失是十分巨大的（表 2—13）。按照发达国家的估算，每年由于交通事故造成的直接或间接的经济损失占国内生产总值的 1%～3%。例如，美国 1990 年道路交通事故经济损失约为 890 亿美元，占美国国内生产总值 2.5%。

表 2—13　1996 年部分发展中国家交通事故统计数据

国家	死亡人数	10 万人死亡率	万车死亡率	机动化水平
印度	59 927	6	20	31
泰国	16 782	28	10	294
印尼	10 990	6	8	73
马来西亚	6 304	31	9	362
巴西	26 903	16	10	162
阿根廷	6 473	18	12	155
南非	9 981	27	17	158
埃及	4 400	7	20	37

资料来源：Jacobs G., Aeron-Thomas A., Astrop A., Estimating Global Road Fatalities. Transport Research Laboratory 2000. 其中印度和印度尼西亚为 1995 年数据，南非和埃及为 1994 年数据。

英国运输与道路研究所（TRL）估算，在发展中国家，交通事故的经济损失约占国内生产总值的 1%。

1988 年，国际交通安全协会（PRI）在加拿大蒙特利尔召开的国际交通安全会议上提出，全世界道路交通事故每年的经济损失约为 3 500 亿美元[②]。2002 年，世界卫生组织认为全球道路交通事故每年的经济损失超过 5 000 亿美元，发展中国家的交通事故经济损失约占国内生产总值的 2%[③]。

---

① 资料来源：World Business Council for Sustainable Development. Mobility 2001. http://www.wbcsdmobility.org.
② 资料来源：杨浩、赵鹏：《交通运输的可持续发展》，中国铁道出版社，2001 年。
③ 资料来源：World Health Organization. World Health Report 2002，http://www.who.int.

表 2—14 道路交通事故经济损失及占 GDP 比重估计   单位:亿美元

国家	年份	比重	损失	国家	年份	比重	损失
巴西	1997	2.0%	156.81	赞比亚	1990	2.3%	1.89
越南	1998	0.3%	0.72	马拉维	1995	<5.0%	1.06
孟加拉	1998	0.5%	2.2	埃及	1993	0.8%	5.77
泰国	1997	2.3%	38.1	英国	1998	2.1%	288.56
韩国	1996	2.6%	125.61	瑞典	1995	2.7%	62.61
尼泊尔	1996	0.5%	0.24	挪威	1995	2.3%	36.56
印度喀拉拉邦	1993	0.8%	—	冰岛	1995	3%~4%	71.75
印尼	1995	—	6.9~9.6	德国	1994	1.3%	301.73
南非夸祖鲁纳塔尔省	1995	4.5%		丹麦	1992	1.1%	20.28
坦桑尼亚	1996	1.3%	0.86	新西兰	1991	4.1%	24.41

资料来源:杨浩、赵鹏,《交通运输的可持续发展》,中国铁道出版社,2001年。

3. 交通污染

城市环境问题的恶化与城市交通污染之间密不可分,交通污染不但影响了本地区的生态环境,也给全球环境造成了严重的影响。城市交通所产生的废气、噪音与扬尘已经成为城市环境污染的主要来源。世界各国的大城市中,机动车排出的废气是空气中最大的污染源。

在过去 30 年里,发达国家采取了许多积极的措施来控制车辆的废气排放,防止城市环境继续恶化,其中车辆排放控制措施的实施使车辆的废气排放大幅度降低(表 2—15)。1990~2000 年,欧盟交通部门的废气排放有了大幅度下降,其中 NO_x 和 SO_2 的排放量占总排放量的比重虽然没有显著的变化,但排放量均有大幅度下降。CO 与 VOC 不仅排放量有了大幅度的下降,占总排放量的比重也有大幅度的下降。1990~2000 年,美国交通部门的废气排放也有大幅度的下降。除了 NO_x 的排放量和比重均有一定幅度的增长外,其他废气的排放量和比重均有显著的下降。OECD 的预测表明,2005~2010 年,HC 和 NO_x 的排放量将持续大幅度下降。然而,如果按照现有的趋势发展,随着机动车拥有量的继续增长,到 2030 年,HC 和 NO_x 排放量仍超过 2000 年的水平,而 CO 排放量将持续下降,而后逐渐稳定,随后开始继续增长。

表2—15 部分发达国家和地区道路交通污染统计数据   单位：百万 t

类别		1990年 总量	1990年 比重	1995年 总量	1995年 比重	2000年 总量	2000年 比重
NO_x	欧盟	6.303	47%			4.607	46%
	美国	6.54	29.8%	7.22	31.8%	7.39	32.7%
	日本	0.916		0.963		1.02	
CO	欧盟	31.707	63%			19.552	57%
	美国	53.02	59%	49.72	58.3%	43.97	44.3%
	日本	2.044		2.01		2.009	
VOC	欧盟	5.862	39%			3.373	31%
	美国	5.84	30.6%	5.28	27.8%	4.57	24.7%
	日本	0.241		0.227		0.229	
SO_2	欧盟	0.535	3%			0.177	3%
	美国	0.51	2.4%	0.28	1.6%	0.28	1.7%
	日本	0.186		0.095		0.099	
CO_2	欧盟	626.7	20.3%	677.7	22.2%	749.5	24.0%
	美国	1 583.4	31.9%	1 678.8	31.9%	1 887.8	32.5%
	日本	205.6	18.3%	240.3	19.7%	251.4	20.4%

资料来源：美国数据来自 U.S. Department of Transportation. National Transportation Statistics 2002. Washington D.C.：U.S. Government Printing Office，2002；欧盟数据来自 European Commission. European Union Energy & Transport in Figures 2002. http://europa.eu.int/comm/energy_transport/etif/index.html. 日本数据来自 Statistical Research and Training Institute. Japan Statistical Yearbook 2003. Japan Statistical Association：http://www.jstat.or.jp/. 表中欧盟 2000 年数据除了 CO_2 之外均为 1999 年数据，日本 2000 年数据为 1997 年数据。

  据统计，交通部门的 CO_2 排放量约占全球 CO_2 排放量的 28%。在欧盟国家中，交通部门是 CO_2 排放量仍然在持续增长的少数几个部门之一，占欧盟 CO_2 排放量的 24% 左右。北美交通部门的 CO_2 排放量的比重比欧盟高一些，占 33% 左右。美国的 CO_2 排放量占全球 CO_2 排放量的 24% 左右，其中交通部门的 CO_2 排放量占全球 CO_2 排放量的 8% 左右[1]。

  发展中国家的废气污染（表 2—16）与发达国家几十年前的情况极为相似，可以说，发展中国家是在重复发达国家走过的路。在这些国家中，车辆使用年限

---

[1] 资料来源：World Business Council for Sustainable Development. *Mobility 2001*. http://www.wbcsdmobility.org.

较长、车辆技术标准较低以及车辆维护和使用状况较差等因素使交通污染日趋严重。

表 2—16 部分发展中国家城市道路交通污染占空气污染的比重 单位：%

城市	年份	CO	HC	NO$_x$	SO$_2$	SPM
北京	1989	39	75	46		
	2000	84		73		
德里	1987	90	85	59	13	37
孟买	1992			52	5	24
布达佩斯	1987	81	75	57	12	
拉各斯	1998	91	20	62	27	69
墨西哥	1990	97	53	75	22	35
	1996	99	33	77	21	26
圣地亚哥	1993	95	69	85	14	11
	1997	92	46	71	15	86
圣保罗	1990	94	89	92	64	39

资料来源：World Business Council for Sustainable Development. *Mobility 2001*. http://www.wbcsdmobility.org.

近年来，香港的空气质量开始大幅度恶化，道路附近的环境污染主要由机动车造成，产生的废气和有害颗粒物都超过了世界卫生组织的标准。1999 年，圣保罗的烟雾中有 90% 来自机动车排放的废气，这是由于该地区的道路路况较差，汽油价格全球最低使大量效率低下的机动车上路行驶造成的。雅加达是全球污染最为严重的城市之一，其污染主要由以每年 15% 的速度递增的机动车造成。2000 年，雅加达大气中的铅污染物达 1.3μg/m³，大大超过了世界卫生组织 0.5～1.0μg/m³ 的限制[1]。

随着城市经济的发展，第二次世界大战以后噪声污染被公认为是城市环境中仅次于大气污染和水源污染的第三大公害，成为一个严重的社会问题。现代城市噪声主要来源于交通运输、工业生产和公共活动，而交通运输特别是道路交通仍然是造成城市环境噪声的最主要因素。许多国家的研究结果表明，城市环

---

[1] 资料来源：Energy Information Administration. International Energy Outlook 2002, http://www.eia.doe.gov.

境噪声中有70%左右来自交通噪声[①]。

1980~1990年,欧洲国家中生活在高噪声等级(噪声声级65dB,时间超过24小时)环境下的人口比重从15%上升到26%。大约有65%的欧洲人口遭受超过24小时,声级为55~65dB的噪声的干扰[②]。

1989年的调查表明,圣地亚哥有80%的人口生活或工作在噪声水平较高的城市干道附近,有70%的居住区是噪声水平较高而不适于居住的地区。在秘鲁首都利马的主要街道上,噪声声级比世界卫生组织的标准高2倍左右,有的交叉口的噪声声级甚至可以导致听觉系统的永久性损伤。在斯洛伐克,有7%的城市居民受到对身体有很大伤害的强噪声的干扰。在越南胡志明市的道路上,平均的噪声声级超过世界卫生组织标准的26%~40%。

第二节 中国城市交通发展

一、中国古代与近代城市交通发展

1. 我国古代城市交通的辉煌成就

中国城市交通建设历史悠久。城市交通线网布局自古形成棋盘式格局,起源于周代。《周礼·考工记》记载:"匠人营国,方九里,旁三门,国中九经九纬。经纬涂九轨,环涂七轨,野涂五轨。"即城市道路分为经纬、环、野三个等级,宽度分别为16.56米、12.9米、9.2米。这是我国和世界上最早的城市道路建设规范。以这一图型为基础不断发展,形成了棋盘式道路网布局形式。它已成为国内外城市交通网的典型布局形式之一。唐长安城和明清北京城的道路网,宋平江府(今苏州)的道路与水道网是其典型代表。陆上城市交通方式包括:车辆、轿、骑马;在平原水网地区城市市内河道密布,大多利用船舶为主要交通工具。

2. 20世纪上半期近代交通在中国城市兴起

---

① 资料来源:World Business Council for Sustainable Development. *Mobility 2001*. http://www.wbcsdmobility.org.

② 资料来源:同上。

(1) 城市道路建设仅限于部分城市,道路技术水平甚低

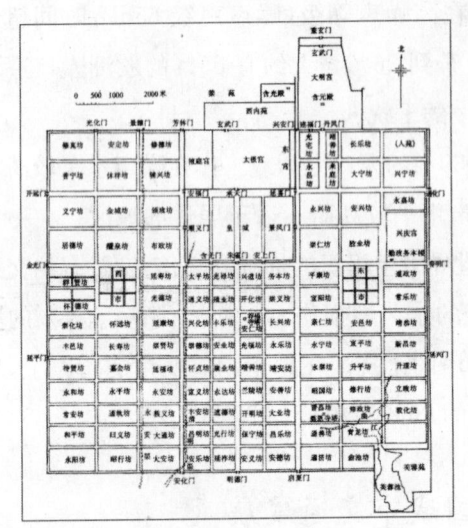

唐长安城复原图
资料来源:《中国建筑史》。

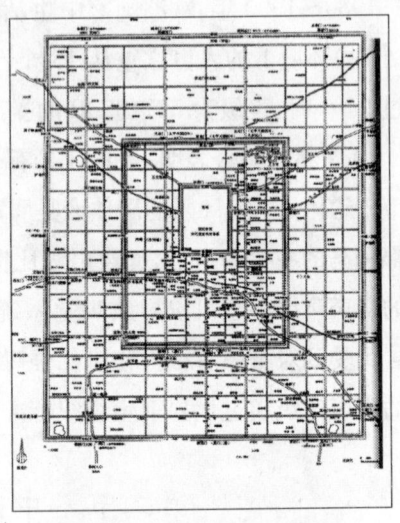

北宋东京汴梁城(今开封)复原图
资料来源:《中国城市建设史》。

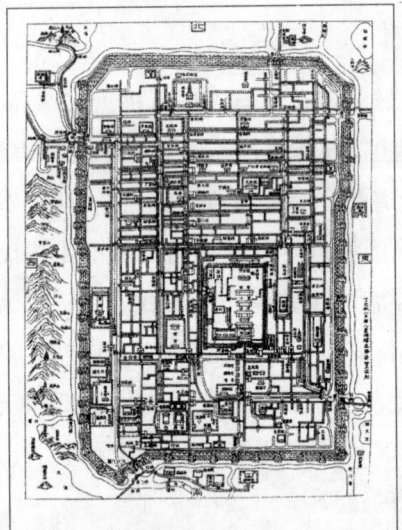

宋代平江府图碑刻(今苏州)
资料来源:《中国城市建设史》。

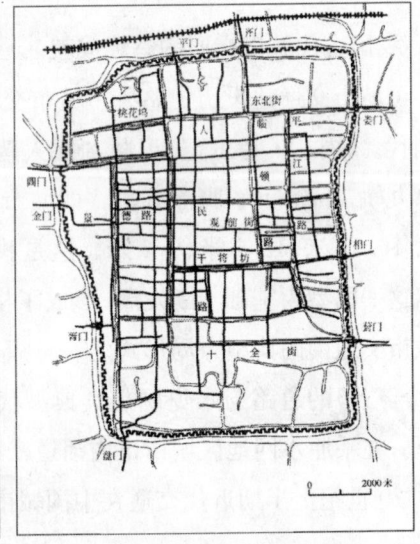

苏州城图(1949年)
资料来源:《中国城市建设史》。

图 2—12 中国古代城市道路

20世纪初,电车和汽车等近代交通工具以及自行车、人力车和三轮车等车辆在中国城市兴起,促进了城市道路的改建和兴建,一些城市开始修建车辆与行人分离的道路。在上海、天津等市的租借区和青岛、大连等新兴城市,开始按照当时西方的道路规范修建铺装道路。我国许多老城市也陆续开始改建旧路和修建铺装道路。在建设中对道路网布局也做了一些调整,如开通主干道等。就总体看,20世纪前半叶城市道路建设进展缓慢。到1949年全国仅有130个城市建有铺装路面的道路,而建有较高级路面道路的城市仅有79个,总长仅2 903公里。当时城市道路的基本状况是:数量少,标准低,路面窄,质量差,普遍没有排水和照明设施,路面大多坎坷不平。

上海道路与租界图(1930年代) 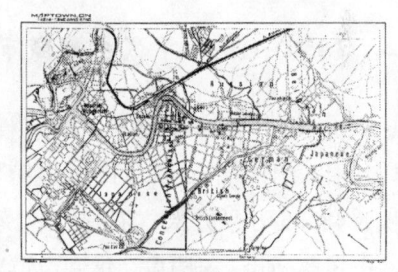　　天津道路与租界图(1912年)

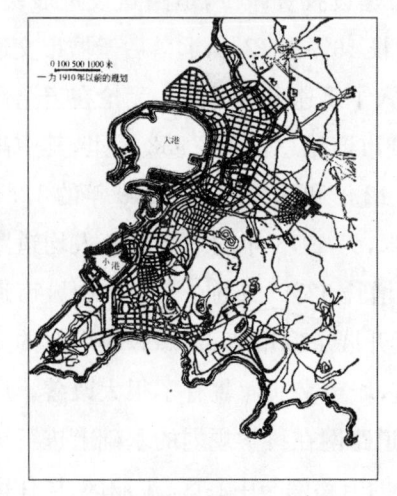

青岛城市规划图(1910年) 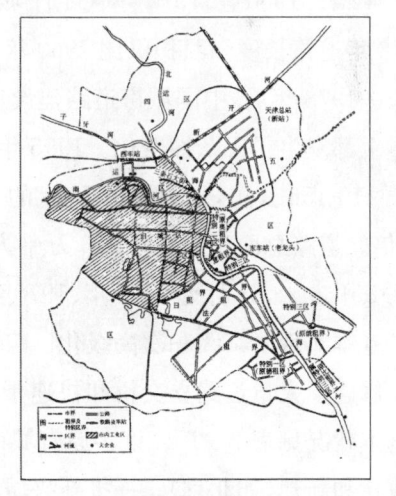　　天津市租界与主要道路(1936年)

图 2—13　中国近代城市道路:上海、天津、青岛

(2) 公共交通起步晚，发展极为缓慢

中国城市公共交通始于 20 世纪初。1906 年天津建成了第一条有轨电车线。上海自 1908 年建成有轨电车线后，又于 1914 年建成了我国第一条无轨电车线路。1924 年上海、天津相继开办了公共汽车运营。其后又有一些城市先后建立了公共交通，然而其发展却十分缓慢。到新中国成立的 1949 年，设市城市 157 个，其中有公共交通的城市数（26 个），仅占城市总数的 1/6（不包括台湾，下同）。其中 7 市有有轨电车，1 市有无轨电车。公共交通营运线路总长仅有 722 公里，仅有破旧车辆 2 292 辆。步行和人力车、洋车（两轮）、三轮车等是当时市民的主要出行方式。

二、1950～1990 年代中期城市交通网发展较为迅速

1. 城市道路网建设大规模开展，1980 年代道路数量和质量发生了飞跃变化

1949 年新中国成立时全国设市城市 157 个，共有铺装道路 1.1 万公里，道路面积 8 431.6 万平方米。随着大规模城市建设的展开，按照城市总体规划开展了城市道路建设。到 1960 年城市道路总长度和总面积比 1949 年增长了 1.1 倍和 1.4 倍。1960 至 1970 年代由于城市建设投资减少，道路建设进展缓慢。到 1978 年道路长度和面积仅比 1960 年增长 16% 和 12%，远落后于城市交通量的增长。1978 年后，中国城市道路建设进入了迅速发展时期。无论在道路数量和质量上都发生了飞跃性变化。1995 年城市道路总长 137 953 公里，其中高级道路长 110 156 公里，分别为 1978 年的 5.12 倍和 6.9 倍，是 1949 年的 12.4 倍和 37 倍。道路总面积达 140 046 万平方米，为 1978 年的 6.2 倍。人均道路面积达 2.8 平方米，分别比 1949 年、1978 年增长 92%、51%。全国大中城市道路铺装已基本实现了高级和次高级化。广泛开展了城市道路规划，建设新的交通体系。修建了大量道路立交桥和快速干道，城市交通面貌有了很大改善。历年道路基本状况见表 2—17。许多原有城市道路网在科学规划的基础上进行了大规模改建和新建（如北京）。一批新兴城市的道路网与中心区、工业区、居住区统一规划，开展了建设（如洛阳）。

第二章 城市交通发展历程与趋势 63

表2—17 1949～1995年中国城市道路增长状况

年份	铺装道路长度(公里) 总长度	其中:高级路	道路面积 (万平方米)	人均道路面积 (平方米)	建有铺装路 城市数(全部城市)
1949	11 127	2 903	8 431.6	1.46	130(157)
1960	23 255	6 023	20 068	1.70	195(199)
1972	21 676	10 041	18 885	1.72	181(181)
1978	26 966	15 959	22 539	1.85	188(191)
1980	29 485	19 641	25 255	1.88	223(223)
1985	39 159	28 720	36 781	1.75	324(324)
1988	88 634	645 700	71 409	2.40	434(434)
1990	94 820	69 526	89 160	2.66	467(467)
1995	137 953	110 156	140 046	2.80	640(640)

资料来源:(1) 城市建设统计资料汇编;
(2)《中国城市统计年鉴》。

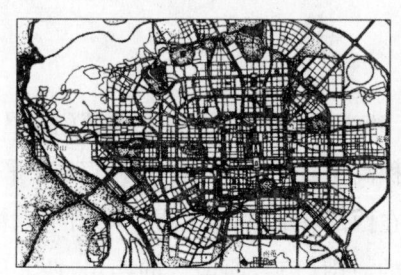

北京市城市规划图(1957年) 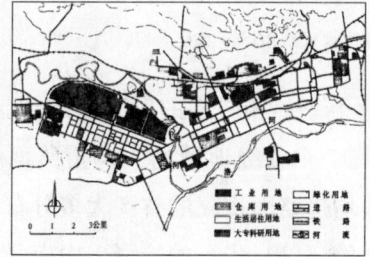　　新兴工业城市——洛阳主要道路与用地

图2—14 新中国城市道路:北京、洛阳

2. 城市道路分布特征分析

(1) 城市规模不同道路分布比和拥有率有差异。按城市规模分析,1995年大中城市道路面积所占比率大,高于其人口比;小城市道路面积较少,低于其人口比。以人均道路面积分析:大城市(50万～100万人)最高,达4.8平方米,比平均值高70%。特大城市(100万人以上)较高,比平均值高50%。中等城市与全国水平相同。小城市(20万人以下)低约1/3(表2—18)。

表 2—18　1995 年城市铺装道路分布

项目	城市合计	超大城市(200万人以上)	特大城市(100万～200万人)	大城市(50万～100万人)	中等城市(20万～50万人)	小城市(20万人以下)
城市数(个)	640	10	22	43	192	373
城市人口分布比(%)	100	10.1	8.1	8.6	30.2	43.0
城市道路长度(千公里)	137.95	21.28	17.49	22.65	42.17	34.37
道路总面积(千万平方米)	140	21.25	17.73	21.28	42.35	36.60
道路分布比(%)	100	15.3	13.0	15.3	30.1	26.3
人均道路面积(平方米)	2.8	4.2	4.4	4.8	2.8	1.7

资料来源:《中国城市统计年鉴》,1996 年。
注:城市规模按市区非农业人口计。

(2) 新增城市较多的省区道路拥有率较高。在 30 个省级地域(省、区、直辖市)中有 17 个省级地域的人均道路面积高于或等于全国平均值(2.8 平方米/人)。人均道路面积高的省区大多分布在西部和北部,它们是:华北的京、津、晋、蒙,东北的辽、黑,华东的皖、鲁,中南区的海南(琼),西南区的四川,西北区除陕西以外的 4 省区(甘、青、宁、新),见表 2—19。

表 2—19　1995 年省级地域人均铺装道路面积和公共汽电车

省区(市)	城市(个)	人均道路面积(平方米/人)	人均公共汽车电车(辆/万人)	省区(市)	城市(个)	人均道路面积(平方米/人)	人均公共汽车电车(辆/万人)	省区(市)	城市(个)	人均道路面积(平方米/人)	人均公共汽车电车(辆/万人)
京	1	*4.0	*7.3	浙	34	*3.0	2.2	琼	7	*3.8	*5.0
津	1	*5.8	*3.6	皖	20	2.4	1.9	川	36	1.9	2.1
冀	33	*2.8	1.6	闽	23	*3.0	*2.7	黔	12	1.6	*4.4
晋	20	*3.2	2.1	赣	20	1.8	1.3	滇	16	2.0	2.6
内蒙古	19	*3.3	*3.0	鲁	47	*3.1	1.5	藏	2		

续表

省区(市)	城市(个)	人均道路面积(平方米/人)	人均公共汽车电车(辆/万人)	省区(市)	城市(个)	人均道路面积(平方米/人)	人均公共汽车电车(辆/万人)	省区(市)	城市(个)	人均道路面积(米²/人)	人均公共汽车电车(辆/万人)
辽	30	*3.2	*3.5	豫	36	2.0	1.5	陕	13	2.1	*2.5
吉	27	2.2	2.5	鄂	34	*3.0	*2.7	甘	13	*2.9	1.5
黑	30	*4.3	2.4	湘	28	1.6	*3.5	青	3	*5.0	*4.9
沪	1	*3.8	*11.1	粤	53	*3.1	1.8	宁	4	*5.0	2.3
苏	43	2.0	1.9	桂	17	2.4	1.0	新	17	*5.7	*7.8

注：(1) 全国平均值为 2.8 米²/人，2.5 辆/万人，全国共 640 市；(2) *号表示高于、等于全国平均值。
资料来源：《中国城市统计年鉴》，1996 年。

3. 城市新的公共交通方式 1980 年代后才有所发展

(1) 中国地下铁道发展起步晚、步伐慢。轨道交通是解决现代大城市交通的重要方式，但是由于认识不足，又受财力不足制约，长期没有得到足够重视。在 1950 年代相继拆除了仅有的城市路面有轨电车。直到 1965 年北京才开始兴建中国第一条地下铁道，1969 年初步建成，当时主要从备战角度考虑。1974 年 1 线地铁(长 23.6 公里)全线贯通并试运营，1981 年正式运营。北京二期地铁环城线(16.7 公里)1984 年投入试运营。1、2 线地铁实行联运。成为西郊和环绕市中心区(二环路)的主干交通线，发挥了重要作用。天津地下铁道 1984 年建成，长 7.4 公里。1990 年代初仅京津二市建有地下铁道。自 1980 年代中起上海、广州、武汉等大城市相继开始规划论证和筹建地铁。1994 年上海地铁开通运营，全长 17 公里，采用了"市区地下、郊区地面"的布局方式。

(2) 中国的城市出租汽车直到 1990 年代才加快发展。1978 年前出租车一直处于停顿状态。到 1978 年仅有 11 市，1 628 辆出租车。1980 年代迅速发展，到 1988 年已有 300 多市开办了出租汽车业务，共有出租车 8.2 万辆，主要服务于旅游业。由于运价过高，未能成为居民大众有能力享用的代步工具。1990 年代城市出租车迅速发展，1995 年已有 52 万辆，逐步成为大众出行的交通方式。

4. 1950年代以后公共交通发展加快

(1) 1950年代以后城市公共交通有了较快发展。建有公共交通的城市迅速增多：1960年达126市，占城市总数（199市）的63%；1978年达187市，占城市总数（191市）的98%；到1990年已有377市建立了公共交通，占城市总数（467市）的81%。公共交通成为广大市民出行的主要方式。同时由于道路路况改善，例如机动车和非机动车分离的"三块板"式道路的兴建，使得自行车成为市民主要出行方式，自行车流也成为中国特色的城市交通景观。

(2) 公交营运线路不断增长。1995年城市公共交通（汽、电车）营运线路里程为317 652公里，比1949年增长274倍，比1978年（46 384公里）增长5.8倍。目前，每万人平均拥有公交线路6.32公里。1978年至1985年拥有率上升，从3.65公里增至4.88公里；其后有所下降。一因城市数增长快，二也反映公交线路发展滞后。1990年代有所增长，达到6.32公里/万人。

(3) 公共交通运量有所增长，人均乘坐率升而复降。1995年城市公交客运量（汽、电车）为280.2亿人次，比1949年增加70倍，为1978年（132.28亿人）的2.12倍。按市区人口计，每年人均乘坐次数先升后降，1960年为46次/人，1985年达到118次/人后一直呈下降趋势，1995年降至56次/人。反映出公交事业发展慢，再加大量流动人口涌入城市，使得"乘车难"的矛盾更加尖锐。1990年代出租汽车迅速发展，1995年达到51.95万辆。1990年代城市汽车增长加快，1995年达500万辆。但是城市道路建设相对滞后，交通堵塞的状况和停车场地少的矛盾日益尖锐（表2—20）。

表2—20 中国城市公共交通发展

项目	单位	1949年	1960年	1978年	1985年	1990年	1995年
城市总数	个	157	195	191	324	467	640
有公交城市数	个	26	130	187	284	377	520
其中：公共汽车	个	26	130	187	284	377	520
有轨电车	个	7	7	4	4	3	3
无轨电车	个	1	19	23	26	26	26
公交车辆数	辆	2 292	9 838	25 839	45 155	62 215	125 616
万人拥有率	辆/万人	0.40	0.83	1.98	2.09	1.81	2.50
其中：公共汽车	辆	1 260	7 255	22 464	40 312	53 849	131 634
公交营运线路	公里	1 154	11 210	47 451	105 581	120 780	317 652

续表

项目	单位	1949年	1960年	1978年	1985年	1990年	1995年
其中:公共汽车	公里	722	10 843	46 384	104 245	119.327	316 028
无轨电车	公里	93	458	998	1 267	1 407	1 518
万人平均营运线	公里	0.20	0.94	3.65	4.88	3.60	6.32
公交客运量	亿人	3.70	55.01	132.28	255.37	260.20	280.20
其中:公共汽车	亿人	0.78	35.99	99.02	206.35	216.19	
有轨电车	亿人	2.27	9.82	3.88	4.69	3.33	
无轨电车	亿人	0.47	9.20	29.38	44.33	40.68	
城市人均乘次	次/人	6.42	46.2	101	118	78	56

资料来源:《城市统计资料汇编》;《中国城市统计年鉴》(1991年、1996年)。

到20世纪末中国城市已初步形成了以公共汽、电车为主体,以出租汽车、地下铁道、轮渡为辅的公共客运交通体系。在管理上也已形成多家经营、协调发展、统一管理的新格局。但由于财力不足,公交客运发展滞后于居民的出行需求,更不能适应流动人口不断增加的新形势。据调查目前流动人口占城市人口的1/10,他们的出行率高于常住人口。

表2—21　中国城市公共客运方式构成变化　　　　　　单位:%

年份	公共汽车	无轨电车	有轨电车	年份	公共汽车	无轨电车	有轨电车
1949	21.0	17.5	61.5	1972	68.6	24.9	6.5
1953	48.3	8.9	42.8	1978	74.9	22.2	2.9
1957	61.2	9.8	29.0	1980	79.2	18.5	2.3
1960	65.4	17.9	16.7	1985	80.8	17.4	1.8
1965	60.5	27.1	12.4	1990	83.1	15.6	1.3

注:按5种方式计,1990年为汽车80.71%,无轨15.19%,有轨1.23%,轮渡1.40%,地下铁1.47%。
资料来源:根据历年城市建设年报汇总整理。

三、1990年代中期以来城市化与机动化同步快速增长

1. 城市化进程加快、人口日益向大城市集中是城市交通需求猛增的主要原因

改革开放以来我国城镇化进入了快速发展阶段。1978～1990年城镇化水平年平均增长0.71个百分点,1990～2004年达到1.08个百分点。今后20年

预计可达 0.8~1.0 个百分点。

到 2005 年末共有设市城市 661 个,建制镇 2 万余个,城镇人口已达 56 212 万人,城镇化水平达到了 43%。预计 2010 年城镇化率将达 46%~48%,2020 年 55%~58%。现在中国每年有 1 800 万人从农村迁往城市,未来 15 年约有 3 亿~3.5 亿农村人口进入城市。每年城市新增建筑面积大约有 10 亿平方米,城市化的速度很快。

人口日益向大城市集中。中国现有 100 万人口以上的大城市 40 多个,只占城市总数的 7%,而大城市人口接近 2 亿,占城市人口总数的 40% 左右。

2. 城市进入汽车化时代,交通需求增长迅猛

中国以小汽车为主的机动化发展迅猛,大中城市开始进入汽车化社会。虽然主要大城市机动车增长速度各异,但发展趋势相同,以小汽车为主的机动化发展逐步加快。中国民用汽车增长特点有三点。第一,增长率加快。1990 年代 11.13%、2000~2005 年 14.45%。第二,年均增加量不断上升,1990 年代 54.5 万辆,2000~2005 年 244.5 万辆,2005~2006 年增加 485 万辆。第三,私人汽车比重迅速提高,1996 年超过 1/4,2003 年超过 1/2,2006 年已达 63%。中国发达的大城市已经开始进入汽车化社会。预计 2020 年中国将超过美国成为世界最大的汽车市场。

表 2—22　中国民用汽车数量动态变化

年份	民用汽车(万辆)	私人汽车(万辆)	私人汽车比重(%)
1978	135.84		
1980	178.29		
1985	321.12	28.49	8.9%
1990	551.36	81.62	14.8%
1995	1 040.00	249.96	24.0%
2000	1 608.91	625.33	38.9%
2005	3 159.66	1 848.07	58.5%
2006	3 690.40	2 333.32	63.2%

资料来源:历年《中国统计年鉴》,中国统计出版社。

表 2—23　中国民用汽车增长分析

年份	民用汽车 年均增长率(%)	民用汽车 年均增加(万辆)	私人汽车 年均增长率(%)	私人汽车 年均增加(万辆)
1980 年代	11.95	37.3	23.4	10.6
1990 年代	11.13	105.7	22.6	54.4
2000～2005	14.45	310.15	24.2	244.5
2005～2006	16.80	530.74	26.26	485.2

资料来源：历年《中国统计年鉴》，中国统计出版社；作者计算分析。

3. 城市交通基础设施建设得到加强

（1）近10年随着城市经济实力增强，开展了大规模的城市基础设施建设。道路建设有了较大改观，不少大城市建设了一批环路、大型立交桥、高架道路、地铁，部分地改善了交通出行。1995~2005年城市道路长度和每万人道路长度分别增加了90%、82%，达到24.7万公里和6.9公里。道路面积和人均道路面积分别增加了188%和148%，达到39.2亿平方米和人均10.9平方米。

（2）明确提出优先发展公共交通。1990年代下半期，公共交通在城市居民出行中的比重不断下降，为此在"十五"计划时期（2000~2005年）国家更加重视城市交通规划建设。开始倡导以公共交通为主导的城市发展模式。提出：优先发展公共交通，特大城市规划建设地铁、轻轨等轨道交通，大城市建立地面准快速公共交通优先网络系统，提高公共交通的运输能力，完善和发挥城市交通的功能。

（3）公共交通有所发展。1995~2005年间城市公共交通运营车数从13.7万辆增加到31.3万辆，增加了128%；每万人拥有率增加了140%，达到8.6辆/万人。公交营运线路里程增长了166%，公交客运量增加了73%。许多城市也在积极进行公交体制的探索与改革，以期提高公共交通的建设、运营、管理和服务水平。

（4）开始推广公交专用道。自1997年北京市在长安街开辟第一条公交专用道起，在国内大城市开始普及。到2004年底已有230个城市陆续开设了1300条公交专用道。北京、上海、昆明、济南等众多城市正在推进大容量快速公交系统建设。

（5）轨道交通建设在一些特大城市展开。为了实现"公交为主"的目标，开始建设轨道交通网络。到2005年底，中国内地已有北京、上海、天津、广州、长春、大连、武汉、深圳、重庆、南京10个城市的城市快速轨道交通系统投入运营，总运营里程440公里。目前国务院已批准8个城市65条轨道交通线规划，总长

1 700公里;还有15个城市的轨道交通线路规划待批。

表2—24　1995～2005年城市交通设施增长

年份	1995	2005	对比
建成区面积(平方公里)	19 264	32 521	169%
城市人口密度(人/平方公里)	322	870	270%
市政设施			
道路长度(万公里)	13.0	24.7	190%
每万人拥有道路长度(公里)	3.8	6.9	182%
道路面积(亿平方米)	13.6	39.2	288%
人均拥有道路面积(平方米)	4.4	10.9	248%
公共交通			
公共交通运营车数(万辆)	13.7	31.3	228%
每万人拥有公交车辆(标台)	3.6	8.6	240%
公交客运线路里程(公里)	59 961	159 711(2004年)	266%
公交客运量(亿人次)	280.2	483.7	173%
出租汽车数量(万辆)	50.4	93.7	186%

资料来源:《中国统计年鉴》(1996年,2006年)。

(6) 若干典型城市道路网

天津市是我国近代道路网建设最早城市之一,由于当年多国租界内的道路各自为政,又分别以弯曲的海河岸线为基点修建,因此主干道路互不衔接,网络杂乱。1980年代经过统一规划,建设了"三环线十四放射线"的格局;近年随着市区扩大与塘沽连片,规划建设了更加便捷的干线道路网(图2—15)。

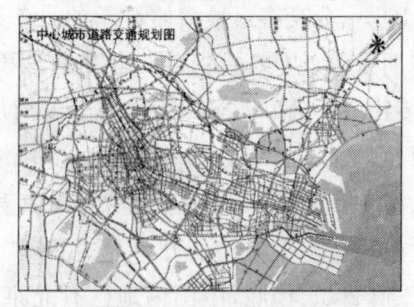

天津市区道路规划图(2004年)

图2—15　2004年天津市道路网规划图

成都市老城区是典型的方格式道路网,随着城市的发展,规划建设了环行放射式道路网。它是中国平原地区特大城市道路网的基本形式,对于中心区与郊区联系、机动车和非机动车的行驶都相当便利(图2—16)。

4. 机动车数量迅猛增长,小汽车进入家庭,城市交通拥堵迅速蔓延

一方面,城市高速度、高密度的开发带来城市交通需求的快速增长;另一方面,随着经济收入的增加,以小汽车为主的机动化发展逐步加快,小汽车正在迅速进入家庭。

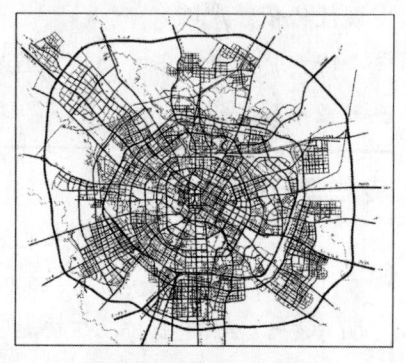

成都市道路网规划(2002年)

图2—16 2002年成都市道路网规划图

根据预测,2005～2010年中国的私人汽车需求将按10%～15%继续增长。预计2020年中国将超过美国成为世界最大的汽车市场。机动化与城市化、工业化同时进入高峰期,使得中国城市的交通问题与环境问题更加复杂。

尽管目前中国城市人均道路面积与5年前相比增长了48%,但由于机动化快速发展、城市布局形态扩张和城市功能的聚集,使得城市交通出行总量、出行密度、出行距离大幅度增长,交通拥堵正在中国大多数大城市中迅速蔓延。

5. 公共交通发展仍然滞后于交通需求,大城市交通堵塞、出行不便等问题日趋严重

以公共交通为主导的城市交通系统还远未形成。虽然城市公交车辆、线路长度普遍增长,地铁建设加大了力度,形成了一定规模。但总体上还处于较低的水平,万人拥有公交车辆距国家标准12.5辆还有相当大的差距。全国城市轨道交通总量仅相当于伦敦一个城市的规模。在中国的大城市中,公交出行只占居民出行总量的10%～25%,公共交通尚未成为城市居民日常出行的主要交通方式。面对城市化和机动化进程加快,显现出公共交通不能适应交通需求增长的严重问题。未来5～10年各大城市面对小汽车交通挑战,公交

发展任务依然严峻。

特大城市机动车增长尤为迅速,城市道路交通拥堵现象最为严重,参见专栏2—1、2—2、2—3。

> **专栏 2—1**
>
> ### 20世纪末北京市机动车快速增长纪实
>
> (1) 机动车增长迅速:1994～2000年6年间民用汽车增长1.25倍,年均增长14.5%。2000年底私人汽车已达85.5万辆,占51.8%;其中小汽车43.4万辆。
>
> (2) 机动车日出行次数从143万车次增长到465万车次,增长了2.25倍,年均增长率高达21.7%。其空间分布未发生变化,仍然为:城区16.3%、近郊区67.7%、远郊区16%。仍然是高度集中的态势。因此严重拥堵路段仍然集中在中心区。
>
> (3) 道路设施增长虽快,但是远远赶不上交通需求的快速增长。从"九五"计划起,北京市的交通设施投资大幅度增加。6年间道路长度从3 315.6公里增长到4 125.8公里,年均增长率3.7%;道路面积从3 469.6万平方米增长到4 921.4万平方米,年均增长率6%。对比可见难以跟上上述机动车增长势头。

表2—25　1994～2000年北京市车辆及其出行情况对比

项目	1994年	2000年	6年增长幅度	年均增长率
民用机动车(辆)	669 222	1 506 711	+125%	14.5%
其中:客车(辆)	276 931	805 724	+191%	19.5%
货车(辆)	189 328	219 137	+15.7%	2.5%
出租车(辆)	56 124	65 127	+16%	2.5%
客车平均行驶速度(km/h)	21.4	11.57	−46%	−10.8%
货车平均行驶速度(km/h)	21.2	20.33	−4%	−0.7%
道路长度(km)	3 315.6	4 125.8	+24.4%	3.7%
道路面积(万 m²)	3 469.6	4 921.4	+41.8%	6.0%
车辆日出行(万车次/日)	143	465	+225%	21.7%

资料来源:北京市城市规划设计研究院:《2000年北京交通综合调查报告》,2001年。

专栏 2—2

北京市"十五"期间机动化进程加速，主干路交通流量不断增长，车速继续下降

(1) 城市化与机动化同时步入快速发展期

城市化进程加快。主要表现在城市建设用地迅速扩展，中心城建设规模不断扩大。近年每年建设规模超过3 000万平方米，其中80%在中心城区。房屋施工建筑面积和竣工面积"十五"期间分别是"九五"期间的1.8倍和2倍。

机动车保有量迅速增长，私人机动车快速进入家庭。北京市机动车保有量从2000年151万辆发展到2005年的258.3万辆，总量增加107.3万辆，年均增长11.3%。私人机动车179.8万辆（其中私人小客车134.3万辆），年均增长率16%。

(2) 交通需求空前增长，交通发展面临严峻挑战

经济高速增长刺激了交通需求快速增长，居民出行总量大幅度提高。"十五"期间每日出行量年均增长率达4%。机动车使用率很高，小客车年均行驶里程——私人小客车3万公里，公车4万公里，是发达国家大城市的2倍以上。目前258.3万辆机动车产生的交通负荷相当于国外500万辆机动车的交通负荷。

交通需求增长速度和幅度空前。北京市中心城区东西向和南北向每日交换交通量2002年353.9万辆/日，增加到2005年507.9万辆/日，三年间增加43.5%，年均增加12.8%。

(3) 主干线流量不断攀升，车辆运行速度连续下降，拥堵路口增加

北京市各快速路及主干道一直是承担交通运行的主要通道。道路流量不断攀升，车辆运行速度逐渐降低。从2001年至2005年二环主路全日平均流量增加了73 700辆，增幅达65%，日均车速下降了7.8km/h；三环路日均流量增加了108 468辆，增幅108%，日均车速下降了10.3km/h。次干路下降更多。经常拥堵路口1980年代中期33个，2003年达到76个。北京市四环路2000年底贯通，按照原设计5年后达到饱和，贯通两年后北四环和东四环已经出现拥堵。

2004年二环、三环、四环、五环主干路全天流量都超过20万辆。与2003年对比增幅超过45%的主干路：二环路东、北路段，三环路西、南路段，北四环。

绝大部分路段小汽车超过80%。

表 2—26 主干路车辆速度变化

	2003 年	2005 年	增减幅度
二环主路	56.6km/h	51.3km/h	−5.3km/h
三环主路	59.4km/h	57.7km/h	−1.7km/h

资料来源：北京市交通发展研究中心：《2005、2006北京交通发展年度报告》。

专栏 2—3

塞车——上海的噩梦

据 2004 年上海城市综合交通发展报告显示：2003 年，在高峰时期，浦西中心区大约 42%的干道拥挤；而被调查的 22 个主干道交叉口中，高峰时段大约 50%的路口处于严重拥堵状态，30%的路口处于较紧张状态，仅 20%的路车流通行情况较好。

在被调查的 21 条道路中，近 74%的路段车速在 20 公里以下，29%的道路车速低于 15 公里，最低的路段车速仅为 9 公里/小时。主要干路上平均车速在 10~18 公里/小时。

在密如蛛网的中心城区干线，上下班时一下子涌出如此多的车辆，车速如蜗牛爬行，已是无法避免的每日惯例。

2003 年年底，上海机动车总量 174.8 万辆，比 2002 年增加了 3 万多辆，增幅为 23.9%；实际上，上海机动车拥有量远远高于统计数据。因为在现有的拍牌制度下，不少上海人选择了外地上牌。

交巡警总队的另一项数据更能说明问题：2003 年，上海共有 222.58 万名机动车驾驶员；加上外地迁入的 2 万多人，新增驾驶员 33 万多人。这几十万有证无车的人士都是未来的潜在车主，上海车牌制度一旦放开，让潜在的车主实现其汽车梦，上海就会进入更为严重的"交通噩梦"。除了私车增长之外，上海交通拥挤现象的日益严重，一定程度上也是伴随着上海人口增长而来的。

资料来源：《交通恶化，上海透支现"畸形"》，2004 年 07 月 23 日 亚太经济

6. 公共交通发展面临的问题

首先，交通投资结构不协调。投入增加主要用于轨道建设，公共汽电车投入并无明显改善。面对机动化冲击，各城市开始加大对于交通设施投入，但是主要用于城市道路建设，公交投资大多小于 10%。例如北京市"八五"期间道路投资（含公路）与公交投资（含地铁）比例为 7∶3，"九五"降至 8.2∶1.8。近几年随着轨道交通建设，几个大城市公交投资比重有所提高，但是投资重点都是轨道交通，公共汽（电）车系统建设投资并无明显改善，一直处于低水平。例如上海 2003 年公交投资的 88%用于轨道建设，北京市 2004 年交通投资只有 21%用于公共汽（电）车系统发展。由于没有明确的公交优先发展政策和公交市场化运营体制，使得公交投资渠道不畅，未能吸引足够的社会资金进入公交市场。在城市

政府层面,往往重视具有明显"政绩效应"等重大工程,而忽视公交系统的建设投入。

其次是公交系统的问题:①各种交通方式缺乏整合:各种公交方式之间分工、运力配置、网络布局、换乘体系等等方面缺乏整体协调规划。无法形成功能明确、级配合理、换乘便利的公交网络。②公共交通各种方式之间缺乏有效衔接。各种方式的票制、票价相互独立,不能为乘客提供便捷出行条件。③重视运力规划、忽视运输组织与服务规划。

四、中国城市交通发展方向

1. 进一步落实公交优先发展战略

(1) 优先发展城市公共交通战略的必要性。根据中国能源短缺、环境污染严重以及土地资源紧缺的基本国情,在城市推动公共交通优先发展,是解决关系人民群众切身利益的现实问题,是建设资源节约型、环境友好型社会和实现可持续发展的重要途径。

(2) 公交优先政策的发布和执行。建设部在"十五"期间开展了大城市公共交通问题调查研究,按照城市化发展进程的规律,比较国内外经验,总结提出了《关于优先发展城市公共交通的意见》,并于2004年作为重要政策向全社会发布,要点是:优先发展城市公共交通,不仅是缓解城市交通拥堵的有效措施,也是改善城市人居环境,促进城市可持续发展的必然要求。公共交通优先即"人民大众优先",为广大城市居民提供安全、方便、舒适、快捷、经济的出行方式。2005年国务院办公厅转发建设部"关于优先发展城市公共交通的意见"以来,各地积极探索优先发展公共交通的措施和办法,取得了比较明显的效果。2006年12月,建设部会同国家发展和改革委员会、财政部、劳动和社会保障部等四部委印发了《关于优先发展城市公共交通若干经济政策的意见》,从加大公共交通投入、保持低票价、完善补贴补助机制等方面进一步明确了公共交通公益性属性和企业经营的关系。经济政策的出台,从根本上奠定了优先发展公共交通的基础。

(3) 公交优先的对策与目标。通过规划调控城市公共交通健康有序发展,完善公共交通基础设施,优化公共交通运营结构,大力发展公共汽(电)车,有序发展城市轨道交通,适度发展大运量快速公共汽车系统。按照因地制宜、统筹规划、分步实施、协调发展的要求,坚持政府主导、有序竞争、政策扶持、优先发展的原则,加大投入力度,采取有效措施,争取用五年左右的时间,基本确立公共交通在城市交通中的主体地位。公共汽电车平均运营速度达到20公里/小时以上。站点覆盖率按300米半径计算,建成区大于50%,中心城区大于70%。特大城市基本形成以大运量快速交通为骨干,常规公共汽电车为主体,出租汽车等为补充的城市公共交通体系,公交的比重达到30%以上。大中城市基本形成以公共汽电车为主体的公交系统,公交比重在20%以上。

2. "十一五"期间综合交通体系发展的基本思路

(1) 城市交通成为国家交通建设重点。"十一五"期间将全面提升综合交通体系有效供给能力和服务水平。城市交通建设包括:认真解决大城市交通堵塞现象,重视城市轨道交通的建设;加强城市群间快速旅客运输专线的建设和经济圈内城际快速轨道交通系统的建设;加强交通枢纽和综合交通信息网络建设,构建现代化的智能交通系统。

(2) 按照建设资源节约型和环境友好型社会的要求,推动城市建设发展模式的转变。在交通方面,全面推进公共交通优先发展战略的实施。开展或修订城市综合交通体系规划、城市公共交通建设规划和城市轨道交通建设规划。进一步加强城市公共交通基础设施建设。推行公交专用道、智能交通系统的建设。组织抓好大型公共交通综合枢纽和场站建设以及快速公交系统(BRT)示范工程建设。继续实施"畅通工程",积极开展"绿色交通示范城市"创建工作。

(3) 进一步建设和完善城市道路系统。大中城市结合新区开发、旧城改造,调整路网结构,提高道路密度,建立快速机动车系统,使城市道路呈网络化、层次化,改善道路网络布局。

(4) 加快大城市轨道交通建设和快速公交系统发展。中国已建成轨道交通线路总长440公里,在建线路总长超过370公里。根据各地报送的轨道交通建设规划统计,有20多个城市正在建设或规划建设轨道交通项目,近期规划建设

55条线路,总长约1 500公里。与此同时,一些城市结合城市道路网络改造,积极发展大运量的城市快速公交系统(BRT)。

参考文献

1. 陈航、张文尝、金凤君等:"中国交通地理",《城市交通》,科学出版社,2005年。
2. 国家发改委:《全国"十五"交通计划简介》、《全国"十一五"交通计划简介》,发改委网上公布信息。
3. 建设部建设司2004年、2005年总结,2006年工作重点。
4. 建设部建城[2004]38号文件《关于优先发展城市公共交通的意见》。
5. 仇保兴:"中国城市发展展望",2006年11月在世界智能交通大会(北京)的发言,刊载于"城市交通网"。
6. 全永燊:"优先发展公共交通若干问题反思",在2005年城市交通规划会上的发言,2006年出版。
7. 汪光焘:"推进优先发展城市公共交通战略",《城市交通》,2005年第4期。
8. 王静霞:"城市发展新时期交通规划的作用与思路转变",2005年11月中国城市规划学会21次年会(南京)报告,刊载于会议论文集(2006年),中国建筑工业出版社。

本章执笔人:张文尝、林震、程颖

第三章

城市交通与城市发展交互作用国外研究综述

第一节 国外研究

一、概述

中国经济在过去30年间快速增长,城市面貌日新月异,但是城市交通拥堵却成为十分突出的矛盾。尽管在此期间城市交通建设规模是可观的,却仍然赶不上交通需求的增长。一方面表现在城市公共交通跟不上城市化;另一方面随着经济持续高速发展,居民收入水平不断提升,小汽车进入家庭的进程大为加快,在许多大城市交通拥堵日趋严重。

类似的许多城市交通问题在发达国家也出现过,甚至目前也未很好地解决。但他们的经验、对策和研究进展对我国的决策者和研究者都具有重要参考价值。

国外学者对城市交通和城市发展交互作用机理及其模式的研究广泛而深入,进入了量化和计算机模拟阶段,而且通过强调和市民身体健康的关系引起了公众的参与并形成影响交通和城市规划的实质性力量,比如新公共交通和新城市主义(New Urbanism)。其研究背景主要是放在了城市蔓延过程中,伴随着小汽车的使用,城市郊区(新开发区)所面对的交通问题和城市问题。

他们提出的解决方案很多都和"非传统规划"或者"新城市主义"相联系,而其他一些则作为地区空气质量改善战略而提出。一些计划比较宏大,如严厉限制小汽车在大城市某些地区的使用或者几倍地增加驾驶成本,还有文献集中讨论了如何减少驾驶距离,同时增加有活力的替代性交通模式。

国外的研究按照针对交通和城市问题的不同解决方法来分类可以分为以下几种:一种是侧重于城市交通和房地产价值关系的研究,这部分研究试图通过量化的研究来指导城市结构的优化而指导规划建设;一种是重点关于小汽车和城市交通和城市形态的综合性研究,其切入点是城市交通的小汽车问题;还有一种是交通模式的改变和创新。总的说来,其研究比较注意考察交通需求的形成和如何用交通来引导土地利用。

二、国外学者对城市交通和城市功能区的专题研究

国外主要的研究工作侧重关注交通基础设施对土地利用和城市形态的影响,最近的一些研究也表明了土地利用规划对交通需求的影响。其中,公共交通导向的开发和"新城市主义"的政策尤其引人瞩目。这两个政策的目标很多,但是主要是减少城市蔓延、交通阻塞和改进轨道公共交通,以及增加步行街导向的街区。他们在城市设计和环境政策讨论中很有影响,而且已经影响了数个主要城市的规划。

(一) 城市公共交通对房地产价值的影响

大量的实证研究是关于地产价值和到车站距离的关系。使用的研究方法有实际调查、收集统计数据和使用模型。

研究最多的轨道系统是旧金山海湾地区电气火车快速运输系统(BART)和华盛顿地区的地铁等等。这些研究表明轨道车站对周围地产的影响是多样的,甚至对同一个车站的研究有不同的结果,多数是正影响。也有研究集中讨论了亚特兰大的捷运,使用了一个人口和从业人员跟踪普查的同步模型来研究亚特兰大市捷运系统服务(Atlanta's MARTA rail transit system)的经济影响。结果表明 MARTA 对车站地区的总人口或者从业人口没有明显的影响,但是它把这一地区的职业改变为公共部门。

传统的研究主要是经验性调查轨道车站对周围房地产价值的影响,车站可能通过减少通勤成本或者把零售活动吸引到附近来提高周围地产的价值。最近

的研究已经开始侧重于定量关系的确定,提出的模型是针对街区犯罪和零售业活动的享乐主义定价模型和辅助模型。结果表明这多个因素在定义地产价值和车站之间关系的时候都起到一定作用,但是关系的重要性随着到市区和中产阶级街区的距离而变化。

(1) 车站与犯罪的研究

帕兰诺(Plano)对巴尔的摩(美国马里兰州)地铁系统的研究没有发现犯罪率和开发车站的强关系。波斯特(Poister)对亚特兰大的捷运使用了时间序列数据,发现地理"事件研究"对街区犯罪的描述说明车站对犯罪没有太大的影响。他作了简单的回归模型,不能说明车站导致了犯罪率上升。然而他忽略了其他可能相关的解释变量,只使用了犯罪和车站开放的数据。

(2) 商业开发研究

旧金山海湾地区快速运输系统(BART),亚特兰大的捷运,华盛顿地铁的研究表明有小的正影响。除了某些研究加入了非车站的控制变量外,以上研究都是简单比较车站开发前后和车站与无车站地区。

以上研究都狭窄地集中于轨道车站对零售业开发的影响,有学者的研究也估计了亚特兰大地区零售就业方程,没有发现车站的影响。而在加入车站邻近性和亚特兰大中心商务区(CBD)的距离因子后,模型产生了一个正影响。

(3) 研究结论

一些大城市正在和都市蔓延作斗争,它们选择了轨道车站周围高密度居住区模式作为整个战略的一部分。以上研究显示,高密度开发应该考虑车站正负两方面的影响。如果没有市场干预,市区的车站将吸引居住区开发。直接的影响和零售业影响是正的,而犯罪的影响很小。但是,增加车站周围的密度和更靠近车站开发可能需要政府的干预。在低收入地区,焦点是缓和车站导致的负外部性,而在高收入街区应该优先考虑减少交通产生的犯罪。

对于轨道线路的研究不多,已有的研究表明轨道邻近性对房地产有很强的作用,尤其在轨道线 100 米距离之内。轨道交通的负面效应有:噪音和振动(类似飞机)、障碍(类似高速主干道,尤其在两个交叉口之间,对居住区儿童形成危险)、美学。一个可能的正效应是增加了轨道车站周围居民的可达性。来自于享乐模型价格研究最主要的结论是在房地产价格和到轨道距离之间有很强的关系，这一关系通常在更远的距离迅速消失。这表明轨道线的影响在100米的一个带形地段。研究对房地产经纪人的调查也表明，房屋价格只在100米范围有影响。

(二) 城市形态和公共交通

在北美、大部分欧洲，甚至在发展中国家，公共交通都在努力与小汽车竞争，但仍然在失去市场。一方面是政府对公共交通管制的原因，更主要的是因为强大的空间和经济趋势。其主要原因是多方面的：个人收入上升导致的小汽车所有率上升；停车费的实际降低；城市与地区的逆中心化；公司和个人对低密度环境的偏好等。

虽然郊区化造成的蔓延式开发不利于公共交通（旅行的起点与终点布满地图，更适合自由的小汽车），郊区化并非在所有地方都削弱了公交，新加坡和哥本哈根都靠轨道交通取得了协调发展，轨道交通能够缓解土地稀缺，实现交通的可持续发展，保留开放空间。而它们的成功实际上与在车站节点集中式的规划设计相关。

还有一些地方的适应方式不同：有的是低密度、市场驱动的土地布局；有的采用柔性的公共交通来仿效小汽车；有的采用中间路线，一方面努力构建适应公共交通的城市景观，另一方面公共交通努力把人们送到更接近终点的地方。

然而，用达尔文的观点讲，适应性是它们的共同点：在有限资源下生存，适应预算、文化、生活习惯、技术和个人价值。抵制个人偏好的行为是短视的，而且经常被证明是无效的。交通和政府必须适应变化，比如郊区化、电信的冲击、人们越来越多的连锁出行等趋势。

在罗伯特(Robert Cervero)的研究中，把各个城市作了分类：其研究的城市背景是"二战"后的逆中心化，强调在地区(region)的尺度而不是地方(local)的尺度的交通与城市化。纽约、伦敦、巴黎、香港、莫斯科和多伦多等不包含在内，因为公共交通投资很早，情况也比较极端。他集中考虑自由市场经济背景，不包括中国和其他计划经济体制国家。他认为可以分为4类：

▶ 适应性城市。城市采用公共交通导向，主要投资在轨道交通以引导城市蔓延。特点是高密度、混合用途的郊区社区和轨道节点周围集中的新城镇。包括斯德哥尔摩、哥本哈根、东京和新加坡。一般用轨道把CBD像珍珠一样连接起来,CBD往往和轨道车站周围混合用途的开发结合,城市呈现放射状,并结合保护性绿带。

▶ 适应性公共交通。它们接受了蔓延的低密度模式,寻求与之适应的公共交通新技术和服务创新,如卡尔斯鲁厄、阿德莱德和墨西哥城等。其公共交通努力模仿小汽车的门到门优势,主要有3种办法:一是基于技术的,比如路导向的公共汽车(track-guided bus),到了郊区轨道;二是基于服务改革的,主要是减少等待和运输时间(timed-transfer services),公共汽车只有3~5分钟的延迟;第三种使用柔性路线辅助交通服务(flexibly routed paratransit services),迷你巴士(Jitneys)有篷货车是关键性的工具,提供近似的门到门服务。郊区公共交通所面临的挑战类似于全球市场的货物移动,后者在运输中引入了JIT和零差错系统,城市交通服务应该保证类似的水平。一味迎合开发的交通可能导致无休止的蔓延和不可持续的发展模式。但关键在于应该关注人和地点(people and place),而不是交通,交通实际是大多数人想避免的。因此,交通规划应从属于综合土地利用规划和更广泛的目标,这个目标是针对人和地点的。因此,我们不应该创造城市环境来适应交通,那样就把交通这个大车放到了土地利用这匹马前面。交通投资如果不能把小汽车使用者转移到公共交通,那么对于能源、人口和阻塞就都没有什么贡献(图3—1)。

▶ 强核心城市。包括苏黎世和墨尔本,得益于一体化的交通模式,地铁在复兴中心的过程中起了重要作用。

▶ 混合型。适应性城市和适应性公共交通。慕尼黑、渥太华和库里提巴都是这一类型。它们在中心化发展和沿主要交通走廊开发适应蔓延的郊区和远郊区之间找到了平衡,其开发模式部分是公共交通导向的,但公共交通也部分地去适应土地布局。与强核心相比,这种类型是多中心主义,参见图3—2。城市分为若干等级,城市中心(圆圈)由主干道(长实线)连接,并有支线(短线)服务。

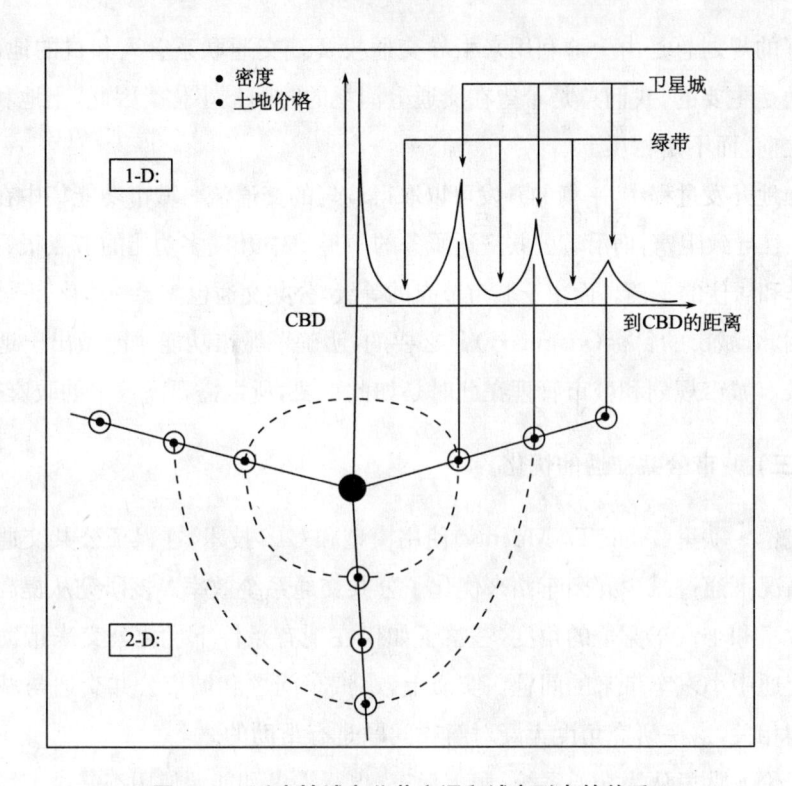

第三章 城市交通与城市发展交互作用国外研究综述 83

图 3—1 适应性城市公共交通和城市形态的关系

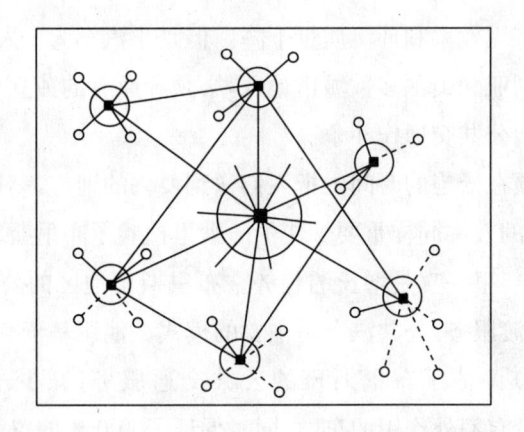

图 3—2 公共交通和多中心城市示意图

注：圆圈为不同规模的城市，长实线为交通主干线，虚线为交通支线。

好的规划总是由土地利用来引导交通投资。交通联系着人和目的地，但是目的地是主要的，我们总是希望在交通上消耗的时间最小化。因此，土地利用在交通之前，而不是相反。

土地开发过程中，平衡的开发可以取得均匀的交通流。城市功能集中在一个核心往往导致阻塞，而沿着公共交通服务的廊道集中开发多功能的节点很容易取得工作和居住的平衡。而由于城市节点的等级，公共交通也需要一体化和等级制。

因此，城市的目标（visionary）是必要的，明确了城市功能才能做出土地利用的前景。城市规划和城市管理在此时是如此重要，所以需要高效率的政府行为。

（三）城市公共交通的优化

艾伦·默里（Alan T. Murray）使用模型和 GIS 技术，在保证公共交通可达性的情况下通过减少冗余车站来优化了公共交通系统效率。该研究从提高公共交通效率和小汽车竞争的角度，考察了如何在现有条件下优化公交来帮助解决城市交通中小汽车带来的问题。实质上，小汽车问题和城市公共交通与城市形态密切相关，这一研究角度无疑对解决问题是有帮助的。

艾伦·默里认为交通系统、城市形态、出行需求和能源使用都是城市增长提出的极为重要的问题。这可以归因于当前技术条件下，与过多的使用私人交通工具相联系的经济无效率和环境质量下降。但是小汽车为个人提供了更多的自由和弹性。澳大利亚和美国多数城市地区，必须和原有的独立小汽车竞争，也要和私人迟钝地转向公共交通作斗争。

公共交通必须在恰当的时间内把人们送到要去的地方。对公共交通服务而言，可达性和系统的效率同样重要。艾伦·默里检验了布里斯班（澳大利亚东部港市），它过去 20 年里一直是增长的趋势。布里斯班地区的公共交通主要有公共汽车、轨道和轮渡服务，公共汽车是主要的模式。他用基于空间分析技术的地理信息系统（GIS）评估了布里斯班的公共交通服务，减少了布里斯班地区 84.5% 对可达性没有额外作用的车站，同时保证了 400 米的覆盖有效性。

虽然该地区使用了公交优先政策，但是公共交通使用率目前占不到总出行的 7%。"二战"后，随着高速路的开发和连接，私人小汽车的可达性增加而西部城市公共交通系统衰落了。这段时期,公共交通被证明是不营利的,这反过来导致了服务水平的下降。政府机构提供传统性的津贴来保证某种程度的移动能力,比如为穷人和老人服务,或者是为了提供阻塞地区通勤者一个替代工具。

和许多城市一样,布里斯班的地铁系统在1960年代末期被拆除了,取而代之的是柔性的公共汽车系统。这些决定是短视的,现在地铁和轻轨再次风行全世界。然而,英国的实践表明没有多少消费者被吸引到新的公共交通系统。

一种可持续的模式是增加私人交通工具使用的价格来增加公共交通的使用。经济学家声称,减少阻塞的办法是向机车使用者收取他们造成的边际社会成本。道路收费制度已经成了新加坡的现实,电子道路收费已经在香港和洛杉矶等城市试行。澳大利亚检验了其首都的道路收费制度,发现使用道路的高成本可以减少私人交通工具的使用。然而,政治现实使得道路收费制风险很大,且不说可行性,它本身就不会有多少支持者。

通过公共交通系统来减少私人交通工具的使用至少要求:

- 更有效的价格结构
- 增加交通舒适度
- 更合适和方便的服务——质量
- 减少交通时间——效率
- 增加服务可达性。

公共交通的一个关键因素是到车站的时间或者距离。这分为起点和终点两种,前者是从出发点到最近车站的可达性。后者是终点车站到目的地的可达性。前文提到的布里斯班地区,其交通规划的目标是为90%的人提供到起始车站400米的可达性。经过GIS计算,实际400米的服务区内的人口占86%。

战略性地区规划倾向于公共交通可达性,虽然公共交通的覆盖率在提高,但过去10年里公共交通的使用比例并没有提高。很明显,提高公共交通的使用率不仅只要求可达性。实际上,公共交通的效率被认为是更关键的,它要和小汽车的出行时间竞争。

个人是否选择公共交通还要考虑出行时间。因此,基于公共汽车的系统必须开发合适的路线来进行有效的服务。车站越少,速度越快,越能够和私人交通工具竞争。但是，更少的车站会减少公共交通的可达性。为了使车站个数最小化，公共交通的速度需要通过专门的路线或者整合到更高速的轻轨系统来进一步提高。

一种办法是优化掉特定可达性标准以下冗余的或者对可达性贡献很小的车站。另一种方法是托格斯(Toregas)提出的定位覆盖问题(LSCP)，用于衡量公共交通车站的冗余度和无效性。

i＝服务地区指标(集合全体为I)；
j＝当前车站数量(集合全体为J)；
S＝可达距离或者旅行时间标准；
d_{ij}＝地区 i 和车站 j 之间最短的距离或者旅行时间；
$N_i = \{j \mid d_{ij} \leq S\}$；

$$x_j = \begin{cases} 1, \text{如果交通车站 } j \text{ 保留在服务系统内} \\ 0, \text{其他} \end{cases}$$

LSCP 最小化 $Z = \sum_j x_j$ ， (1)

s. t.

$$\sum_{j \in N_i} x_j \geq 1 \quad \forall i, \tag{2}$$

$$x_j = (0,1) \quad \forall j \tag{3}$$

LSCP 中(1)的目标是满足服务地区的可达性覆盖的条件下最小化交通车站的数目。限制(2)指出了每一地区具体被哪个车站服务，这保证了在减少车站条件下的可达性。限制(3)是强加的整数化的决策变量。

在埃德蒙茨(Edmonds)和罗思(Roth)的研究中，LSCP 表述为集合覆盖问题(或者最小化覆盖问题)的空间变量，二者的差别除了空间应用背景外，主要是目标函数。集合覆盖问题在目标函数的决策变量中加入了一个非负权重：

$$\sum_j a_j x_j$$

车站布置有效性的评价可以在 ArcView3.2 中用 Fortran DLL(动态链接库)处理，可以进行实时用户交互式解释型空间数据分析，在这一过程中还使用了被证明很有效的拉格朗日启发式(Lagrange relaxation heuristics)。

（四）城市公共交通技术

解决城市交通问题的另一个方向是技术的创新。目前可预见的技术方案主要是使用轨道交通。城市大运量公交体系较多，就快速公共交通系统（MRT）而言，有快速巴士、地铁、市郊铁路和轻轨交通系统（LRT）4种。公交系统需要与其他交通方式结合成为一个整体，诸如轿车、自行车、步行等。

对于发展中城市来说，通常城市人口超过200万就可以大力发展轨道交通。高峰人流量每小时2万人以上发展地铁；1万人左右适宜发展轻轨交通。就造价而言，地铁每公里5亿～6亿元，轻轨1亿～2亿元；从工程造价来说，快速巴士系统每公里100万～1 000万美元，地铁及轨道为每公里2 000万～18 000万美元。目前除香港以外，世界上几乎所有轨道交通的经营都是亏损的。

1. 新城市公共交通系统

许多城市越来越关注小汽车独立性和环境改善的要求。方法之一是组建新型的公共交通系统，在世界许多城市已经开始了规划和建造。

小汽车因为比公共交通更快速和更有弹性而被个人购买，但它同时影响了其他人的生活。这种影响倾向于一种循环累积过程，因为它导致了公共交通的收入减少和服务质量的降低，导致小汽车进一步增长。长期来看，小汽车可达的地区将兴旺而公交服务的地区将衰退。

研究者武奇（Vuchic）和纽曼（Newman）认为以轨道为基础的系统对帮助城市战胜小汽车带来的问题有重要的作用。现在的新型城市公交系统（new urban public transport system）趋于轻轨，但它们也可以是基于公共汽车的。多数讨论基于新型城市公交系统可察觉的影响。但是，应该考虑更远一些，比如对小汽车所有者、环境和土地开发的影响。

2. 新城市公共交通系统的目的

"改善公共交通"是最直接的目标。通常也与某个社会目标相联系，比如说"为没有小汽车的人们提供更好的可达性"。还有一个相关的观点是更好地服务城市中心。亚特兰大和巴尔的摩就是这样的例子。另外一个有趣的不同的例子是为内城的高失业人口提供新的地区工作市场，这种提供其他地区工作获得可达性的例子有巴尔的摩、伯明翰、克罗伊登、泰恩河系统的纽卡斯尔。最一般的理由是减少交通阻塞,而新型系统在环境改善上的作用是最近才意识到的。城市开发的刺激是修建新型系统最主要的理由。

在港口住宅区轻轨和哥本哈根系统里,还有中止的伯明翰系统,轻轨是整个大区域再开发的一部分,伯明翰轻轨系统最初潜在原则的一部分是重建伍尔弗汉普顿周围的黑农村(Black Country)。伦敦港口住宅区的超轻轨系统(the ultra light rail system)是为了帮助一个城市乡村(urban village)的开发。洛桑系统把城市西南部一个新开发和城市中心联系了起来,包括一个新大学和一个工艺学校。悉尼轻轨体系提供了到达林港口新开发区的可达性。对于布里斯托尔、克罗伊登、利兹(轻轨)、达拉斯和卡尔加里系统,目标是通过提供到城市中心区更容易的可达性来刺激城市中心的开发。两个城市循环系统(孟斐斯和迈阿密的搬运者)也试图刺激城市中心的活动。通常引用诺丁汉、堪萨斯市和巴尔的摩作为一般性促进城市地区经济开发的例子。对于堪萨斯市这个例子,鼓励开发是唯一显著的目标。

显然,这些系统会刺激开发。然而,尚不清楚这一过程的机制。一般性的回答是"前景"、"信心"之类的词汇。唯一的证据是在利兹这个案例中,对商人的调查显示他们中的许多人支持在新型公共交通系统上投资。显然,如果开发了这样一个系统,利兹市中心就会有主要商店链的扩张。

与旅行需求开发有关的有趣例子是达拉斯,那里新型轻轨系统用来使公司可以选择位置而减少雇员使用的小汽车数量,同时达拉斯也使用这一原则来促进达拉斯成为"世界城市(World City)",逻辑是所有的"世界城市"都有一个现代公共交通系统,因此达拉斯也要有一个。类似的例子是,英国一个城市的领导看到法国里尔有新型自动地铁系统,于是决定自己的城市也要有一个。这意味着不是所有的轻轨体系的启动逻辑都是理性的。

开发这样系统的另一个目的是为了减轻铁路线沉重投资负担,比如泰恩河边的曼彻斯特和纽卡斯尔。

3. 新城市公共交通系统的影响

最直接的影响是公共交通乘客人数。实际上,公共交通系统的主要目的就是要减少小汽车使用和减少交通阻塞——实际上，在亚特兰大、伯明翰（地铁）、孟斐斯和迈阿密（地铁和轻轨）已经发生，这在长期将刺激开发。相反，阿德莱德、曼彻斯特、圣何塞的系统，并没有发生这种情况。在卡尔加里某些地方观察到了交通速度的上升，但是这可能是因为公共汽车的减少，高速路瓶颈的突破和信号协调的升级。也找到了明显的证据说明在洛桑、曼彻斯特、谢菲尔德和图卢兹由小汽车到新型系统的转移。进一步，在生态环境上，这将对空气质量、噪音的改进有正作用。

UTOPIA 调查中，也有少数例子说明了对城市开发的影响。有一些公司的区位选择在轨道线附近（圣何塞），围绕车站开发（阿德莱德、范库弗峰）。孟斐斯和迈阿密（地铁）系统已经促进了城市开发。维也纳地铁已经鼓励了人们居住在城市里。预期布里斯托尔、利兹市（轻轨）、达拉斯和堪萨斯市的体系将促进城市中心区的经济活动，在另外一些城市则可以预期工作的可达性增加。

因此，新型系统将影响交通需求、环境和城市开发。

4. 英国轨道交通历史回顾

20 世纪前 15 年里，电车是英国城市地区交通的主要交通模式。从那之后其地位衰退直到 1960 年代，电车实际上已经消失了。对轻轨的兴趣在 1970 年代再次出现，原因是从 1970 年代开始，由于小汽车使用量的持续升级，道路不能容纳更多的交通，而地铁的成本较高，伴随着空气质量下降，城市蔓延，需要支持内城再开发等问题，导致了欧洲大陆再次关注轨道电车对城市交通问题的作用。尤其在加拿大、法国和美国，轨道电车的概念又被提出。

许多第一代有轨电车已经升级，新老两代电车的共同点有：比公共汽车更大的运量，制造商在生产上已有改进，越来越多的采用分离式车轨（segregated track），对城市规划有全盘性的作用等等。

国外的研究表明，交通模式的发展和政府对它的政策密切相关。比如对英国的研究表明，英国第一阶段电车的衰退是因为面对变化却用静态和规划的义务加在运营者身上导致的持续的财政损失。第二阶段发生在 1920 年代，财政已经弱化的运营者在变化的交通需求和经济条件气候下不得不更新资产。而道路和道路交通工具不断地改进，人口扩张，更划算的选择变成了汽车和无轨电车。

尽管政府对轻轨越来越有兴趣，但轻轨的发展依然困难。政府管制的放松和轻轨的服务质量对未来的扩张非常重要。政府的角色对轻轨的未来依然关键。

研究表明影响英国第一代轨道电车的主要因素有：
① 过时的应用和不合适的立法，加上可以替代的道路交通模式；
② 缺乏总体交通政策和城市规划过程的战略目光；
③ 缺乏支持轨道的工业。

第二代轨道电车的研究中认为轻轨的劣势有：
① 政府过程仍然繁重，而且不适应新的需求；
② 面对没有限制的竞争；
③ 对地方基础设施的依赖性很强；
④ 资产更新的预备不充分。

另一方面，也有一些有益的变化：
① 运营者可以自由定车票价格；
② 地方政府的对它强加的义务购买权力消失了；
③ 维护道路等附加义务没有了，虽然新的附加任务依然繁重；
④ 现在是一个竞争的现金交易的供给市场。

仍然有两个问题难以解决：其一，高架线还是一个公众关注的问题；其二，现金交易中的腐败问题。

5. 超轻轨系统

超轻轨(ultra light rail)系统是小规模的轨道电车，它是利用能源储存而不是电气化，提供非常划算而有吸引力的城市公共交通方式。

实际上轻轨首先在英国出现时，它们的尺度和造价只适合最繁忙的商业走道。而美国不是很多人意识到苏黎世非常成功的轨道电车网络的车宽只有2.2米。小规模系统有时候更和传统的电车接近，并容易接受技术进步。

2000年5月，英国代理首相约翰·普雷斯科特(John Prescott)宣布轻轨系统是21世纪的公共交通方式。但是公共汽车和现代轻轨系统之间有很大的差异。工业和创办者已经开始考虑"中间模式"(intermediate mode)。中间技术已经应用于伊普斯维奇(Ipswich)和利兹(英国英格兰北部城市)的路沿导向公共汽车(kerb guided bus)和千年圆顶(Millennium Dome)的电子导向的公共汽车。然而,政府已经渐渐意识到公共汽车为基础的系统可能和轨道系统一样昂贵,因为它们也有自己的轨道成本。

(1) 选项分析

简单讲,城市短程公共交通有3个选项:公共汽车系统、轨道系统和创新系统(novel systems)。

公共汽车系统容易引入,而且有"弹性",但是要避免阻塞它们需要自己的专用道,这可能会比新轨道基础设施的造价还贵。只有在阻塞非常严重的地区才需要,但是,没有导向,公共汽车很难提供全部的服务。路沿导向公共汽车(kerb guided bus)能起作用,但有很大的限制,完全不适于步行街地区,比如,不能应付急转弯。电子导向前景很好但尚在开发的初级阶段,而且相对昂贵。

轨道系统,包括电车轨道,能够提供排他性的道路规避阻塞,而且能满足环保目标。在英国,经验显示人们偏好轨道交通而不是公共汽车,而且轨道电车在步行地区、古典建筑和街景等处特别易于融入城市意象。连续的导向保证了对所有人的高质量可达性,而轨道又不显著妨碍其他道路使用者。

创新系统(novel system)使用完全新的基础设施,看起来有吸引力,但是有最大的风险。新技术的使用也面临安全问题。很明显,尽管过去几十年出现了新的交通系统,但是没有出现可以作为城市永久选项的技术。

(2) 为什么选择超轻轨

超轻轨系统的主要特征是:①小运载量;②简单的轻轨/电车轨道技术;③使用存储能源。小运载量源于市场需求,因为对于交通流来说,在如下的选择中,那是第三种选择:

① 使用传统轻轨工具,2/3空载,显然不经济;

② 使服务的发车时间间隔长3倍,这将使服务不再有吸引力;

③ 使用较小的工具,比如超轻轨。

较小的工具较轻(意味着可以到达地铁服务联系,它们就不需要转换,而且如果部分线路靠近地铁服务,转弯是可能的),基础设施也比较简单和便宜,拐弯可以更急,使得路线更有弹性,路线的弹性又可以节约成本,也意味着可以减少部分街道的问题。

另外,电气化是昂贵的,超轻轨可以避开它。

但是,轻轨和电车轨道不是一场革命。超轻轨特别适合城镇中心环境,而且并不像想象中那么昂贵,每千米只需要1百万~2百万英镑,包括车辆的投资。这不比相应的工程化公共汽车系统(engineered bus)贵。

(3) 回顾和展望

超轻轨并不是直接因为市场的需要而发展起来。最开始是由约翰·帕里(John Parry)提出的概念,MBE是为了解决城市的乡村开发问题而被提出,但是很快被其他人意识到它更靠近居住地的时候更有价值。

在英国,超轻轨已经在吸引兴趣上取得了压倒性的优势。但需要有人走出第一步。因此,布里斯托尔的试验是重要的。其他国家正在期待英国应用这项"没有试过的技术"后的效果。

在美国,在小城市或者城市中心,电车轨道交通已经实现了其重要的交通角色,建设了大量的线路。其他这种类型的新电车轨道已经在斯德哥尔摩(瑞典首都)、克赖斯特彻奇(新西兰南岛东岸港市)和其他地方出现。它们都使用"有轨电车"这份遗产,既不建造新轨道,也不把老的放入博物馆,它们应该使用超轻轨。

这项技术也是"前轻轨(pre-LRT)"的理想角色,可以作为购物中心的分布式系统以及旅游交通的系统。超轻轨是个简单但很有效的概念,有很大的潜力,最近的发展已经把它带到了实现的阶段。

(五) 城市小汽车依赖性

小汽车依赖性用小汽车所有、使用、交通服务和使用的相对水平来表示,它在国际上不同的城市变化很大。美国城市对小汽车有高度依赖性,澳洲和加拿大城市紧随其后。欧洲和亚洲的城市一般是公共交通导向,步行和自行车的水平很高。这种模式的不同不是因为城市的财富水平的不同,而是因为土地利用模式的不同。汽车每千米的固定成本和可变成本也与城市对小汽车的依赖相关,但是没有土地的影响大。数据显示,大多数小汽车依赖性较大的城市,其财富水平不如其他一些公共交通导向的城市,它们在交通运营成本恢复上更糟糕,道路修建和维护成本更高,花费在乘客运输上的财富比例更大但是获得的上班交通出行时间大致一样,而且距离更远。这些模式暗示了一种政策含义,应该强调战略性重塑城市土地利用的重要性,应该在增加小汽车所有和使用的真实成本基础上强调投资非小汽车的基础设施建设,保证物理规划战略的目标是减少小汽车依赖性并与经济政策相协调。

不论是低密度蔓延的城市,还是高密度基于公共交通的城市,城市政策的中心之一总是如何更好地管理小汽车。

肯沃斯等在世界银行资助下经过 7 年时间考察了 1990 年世界 46 个城市。试图回答:
- 描述城市交通和土地利用模式的主要因素是什么?
- 城市交通、土地利用、经济发展和对小汽车依赖性之间的关系是什么?
- 从数据分析我们能导出什么政策暗示?

1. 研究对象的选择

研究表明,城市规模(人口和面积)对于理解交通模式的意义比理解城市形态和交通系统基本构架要小。

多伦多土地利用和交通模式处于美国模式和欧洲模式之间,这在其他人的研究中也提到过。入选的 3 个新的美国城市(波特兰,萨克拉曼多,圣地亚哥)都安装了轻轨,加入它们是为了看看轻轨带来了什么变化。加入堪培拉是因为对前面的研究的一个批评是没有小城市。最后选了亚洲发展中地区的 6 个城市来看看不同背景下的交通模式及其发展。

2. 交通工具的所有、使用和财富

美国的小汽车使用比最近的对比者要高 70%,而澳大利亚和加拿大比欧洲更富裕的城市要高 2.5 倍,同时 7.5 倍于亚洲城市。但是,美国等城市的这一倾向在小汽车实际所有量上面的体现并不像使用量那么明显。这并不是贬低小汽车所有量上美国等城市和其他城市的区别,但是,是汽车使用而不是所有主要决定阻塞、燃料使用和释放,而且使用的变化比所有的变化要大(表 3—1)。

数据显示,当城市到达高水平的小汽车拥有财政能力之后,实际的小汽车使用水平变化很大。比如,美国的城市负担了更多的为小汽车修建道路的义务,而且由于长距离交通和对有效的公共交通或者其他模式而言不够集中,导致了其他模式缺乏活力。另外,美国不少城市公共空间的许多问题使得人们不愿意把自己暴露在物理和社会因素的威胁之下。

3. 公共交通的服务和使用

美国城市的交通供给和使用都处于较低的水平。尽管亚洲城市在交通服务上从国际上看还做得不错,但是它们与亚洲更富有的近邻再次出现显著不同。它们一般没有高质量高容量的城市轨道交通系统,因而似乎不能有效和小汽车竞争,虽然它们居民的收入比起新加坡、东京和香港要低得多。

单位面积轨道交通密度和公共交通使用在国际上有个明显的关系:低的公共交通服务的城市轨道交通服务也低。随着公共交通使用的增加,亚洲富裕城市的轨道交通随之上升,但是在亚洲发展中城市又开始下落。例外的是苏黎世,它是继香港之后使用公共交通第二的城市。

公共交通服务份额比例越高其服务越好,其轨道交通的比例越大。在亚洲发展中城市和富裕的邻近城市比较,有个所谓的"轨道缺口"。

4. 上班模式

在欧洲城市,用公共交通上班比例最小的地方步行和自行车使用最大。亚洲发展中国家城市也有类似现象,比如苏腊卡尔塔。

为了减少出行时间,扩大了道路的容载量,但导致了燃料的使用和释放。最近一些有深度的研究表明新道路引发了额外的交通,而不是缓解了阻塞。也有研究表明修建高速路没有节约燃料和减少释放。历史上也有研究表明,轨道交通如何导致城市的蔓延和加长出行距离,因而不是节约出行时间。今天,修建新的轨道系统的时候通过战略制定做了很多努力,集中于开发车站周围的多功能开发,用高密度节点减少蔓延和减少小汽车的使用,有的城市比较成功。

5. 交通运营的经济性

有些讨论不是集中在交通对移动人们的贡献上,而是更强调交通消耗的社区的补贴。来自票价收入的成本恢复和小汽车依赖性有很大关系。

公共汽车成本恢复有效的条件是大量的长期使用者。在发达国家,因为这些系统内在的高结构成本(高劳动力投入,低的单位服务收入),因此不能达到那样的成本恢复。而且城市的公共交通服务无效,导致螺旋形的使用下降和卖票收入。更基本的方法是逐渐开发一个更为公共交通导向的城市系统,城市结构更支持公共交通的使用。轨道交通的影响和便利此时就很重要了。

小汽车成本的地方的依赖性更大。也有一些例外,比如多伦多。亚洲发展中国家的城市汽车的成本很大。

表3—1　国外城市交通指标比较

对比项目	指标定义	美国	澳大利亚	加拿大	欧洲	富裕的亚洲城市	发展中亚洲城市
交通服务和出行	每天公交出行次数	6	4	2		1.4(马尼拉尤其高)	
	城市公共交通服务份额	3%	8%	10%	23%	64%;香港82%	40%
上班模式	非小汽车上班比例		14%~19%			80%	56%
	上班出行时间			30分钟			
	城市居民平均出行速度	35km/h	30km/h	多伦多为27km/h	22km/h	16km/h	14km/h
公交盈利情况	成本恢复		20%左右			7个盈利城市都在亚洲,从曼谷到汉城恢复率到达93%~97%,马尼拉122%	
道路支出	单位资金的道路长度	6.8米	8.3米	4.7米	2.4米	1.8米	0.7米
城市财富	GRP	以美国为标准	1.36**		0.85	1.26;1.19倍于东京大都市	
小汽车使用量		以美国为标准	1.66		2.41	7.3;2.17倍于东京大都市	

资料来源:Jeffrey R. Kenworthy and Felix B. Laube 1999, Patterns of Automobile Dependence in Cities: An International Overview of Key Physical and Economic Dimensions with Some Implications for Urban Policy. *Transportation Research Part A: Policy and Practice 33.*

注:"1.36"表示美国GRP是澳大利亚的1.36倍。

6. 交通、土地利用和经济因素之间的关系

城市密度是影响交通模式的一个关键性因素,因为它影响出行距离和公共交通的生存能力以及非摩托化交通模式。

小汽车使用量于城市土地利用之间也发现强统计模型(表 3—2)。小汽车所有量和城市密度的关系更强。而且不论是否包含发展中城市,随着密度增加,小汽车的所有和使用都下降。

一般认为社会越富裕,越是小汽车导向,公共交通的使用越是下降。但是这对于苏黎世很难成立,它是最富裕的城市之一,但公共交通的使用也是最高的之一。而城市形态对公共交通的影响要大得多。城市密度增加似乎公共交通使用也增加。

另外一个经常出现的论点是私人交通的成本是影响它使用的一个主要因素,因此要收入较高的费用(尤其是燃料)能更真实地反映社会成本,是减少小汽车使用的关键方法。但是,区分小汽车固定成本和可变成本的研究显示:

① 不依据城市财富进行调整分析发现没有什么关系;

② 进行城市财富的调整之后,小汽车的拥有量和使用量都随着成本的增加而降低;

③ 如果只分析发达城市,那么不像整个样本那样,汽车的原成本和汽车使用或者所有量之间有较强的关系,虽然变差解释量只有 32%~46%;

④ 最后,如果考察汽车每千米调整后的使用成本和汽车拥有量和使用量之间的关系,只考虑发达城市,关系比③要增强,变差解释到达 56%~65%。

小汽车每千米总成本需要根据城市财富进行调整才和汽车的所有量、使用量显示出较强的关系,发达城市要弱一点,但是不如和城市密度的关系强烈。同时小汽车成本越大公共交通使用量越大。

表 3—2 小汽车和公共交通的相关分析(R 平方值表)

相关关系项	不包含亚洲发展中城市	包含亚洲发展中城市	解释
小汽车使用量和财富	0.070	0.445 (因为低财富水平导致低的汽车使用)	小汽车使用量、所有量和财富关系较弱。包括了发展中城市则有改善
小汽车所有量和财富	0.159		

续表

相关关系项	不包含亚洲发展中城市	包含亚洲发展中城市	解释
小汽车使用量和城市土地利用	0.753（不含香港为 0.706）	0.821（含香港 0.838）	拥有、使用与土地利用的关系强烈。
公共交通使用量和财富	0.033（只包含发达城市）	0.180	公共交通使用量与城市形态的关系明显强于和城市财富的关系。
公共交通使用量和城市形态	0.744	0.757	
小汽车使用量和小汽车成本	0.458(0.652)	0.049(0.709)	括号内为按城市财富进行调整后的数据。
小汽车所有量和小汽车成本	0.316(0.561)	0.049(0.652)	
公共交通的使用和小汽车成本	0.386	0.345	正相关。按财富调整成本后关系加强，但公交和城市密度关系更强。

注：城市土地利用、城市形态的指标用大城市尺度的城市密度衡量。

对乘客运输的总成本的研究表明：

① 低财富的发展中城市有较大的比例投入到交通上。

② 以上结论不适于财富水平相当的发达城市，数据显示，城市的小汽车依赖性越高，花费在乘客运输上的财富比例就越大。小汽车使用和乘客运输成本正相关（r 平方 0.597），公共交通所占比例与之负相关（r 平方 0.708）。

③ 所有发达城市小汽车的可变成本都不和交通投入显著相关。

④ 在发达城市，城市密度增加则乘客交通投入的财富减少，r 平方为 0.620。也就是说，低密度城市蔓延要为乘客交通支付更多。应该注意的是，如果除去高密度的香港也不能太大地改变这一趋势，r 平方为 0.586。

7. 结论和对城市政策的建议

美国城市的小汽车依赖性是最高的，澳大利亚、加拿大、欧洲和亚洲富裕城市依次降低，亚洲发展中城市有所反弹，虽然它们的财富水平较低，土地利用的特点本质上适合公共交通和非摩托化模式。研究得出以下的一些关键点和政策总结：

① 城市财富并不单独形成对小汽车依赖性的解释。

很多分析倾向于认为城市居民越富有就越能承担小汽车。同样地，公共交通由于人们越来越具备负担私人交通的金融能力而衰败。小汽车接管城市交通的整个过程和公共交通的衰败是被看做是因为"不可抵挡的力量"。然而，这里驳斥了小汽车依赖是"不可避免的"这种观点，因为在财富可比的发达城市之间，小汽车的使用、所有和公共交通的使用，与财富的关系并不明显，即使包括发展中城市，离散度仍然很高，r 平方很低。很清楚的是，一些富裕的城市，尤其是欧洲和亚洲，小汽车很好地被控制住了，而且公共交通相对于小汽车取得了很好的竞争地位和结果。公共政策在这些城市看起来能够把城市系统塑造成为很少小汽车依赖的形态。

② 与城市财富相比，城市形态，尤其是高城市密度与小汽车所有和使用低水平、公共交通水平的高水平、很低的城市乘客交通系统的总成本密切相关。

亚洲城市已经是置身于世界上密度最大的城市，可以预计它们面临的挑战是保持公共交通导向和非摩托化模式。因为小汽车和摩托车所有增长而要求要修建西方风格的低密度和严格分区，这一目标受到了持续增长的压力。相比之下，低密度更为小汽车导向的城市需要找到增加密度的战略。这可以在城市中心、内城和交通节点周围发生，以方便公共交通和非摩托化模式，也可以在外城通过越来越集中的新开发和公共交通导向的概念实现，比如新城市主义（New Urbanism）。城市向外的蔓延需要制止，也许绿带和城市界限的帮助可以做到这一点。

通过意识到城市密度的重要性，城市地区可以逐渐再塑造它的交通模式，办法有战略性开发地区和使中心更密，土地使用更复合和更为公共交通导向和非摩托化导向。这样的过程不涉及大规模的郊区再开发，因而相对较快，比如范库弗峰（北美洲）。

③ 用每千米总固定成本和可变成本表示的小汽车成本是减少小汽车依赖性的一个重要的政策因子。

小汽车成本越高拥有越少，公共交通的地位越高。但是这一关系没有城市密度那么强，也不像城市密度那样与城市花费在乘客运输上 GRP 相关。

就政策而言,应该寻求对小汽车所有和使用收取更多的费用。新加坡、香港和东京是这样的好例子,多年来它们的小汽车成本很高,而且强调了公共交通、步行和自行车导向的开发模式。然而,召集这样的政治意愿在任何一个城市政府的机制上都是难以琢磨的。尽管试图通过价格机制减少小汽车所有和使用的真实努力面对不少问题,土地利用和经济政策不能忽略对方,而且如果它们协调起来,减少小汽车依赖性是可能的。

④ 发展小汽车没有取得好的经济效果,美国和澳大利亚城市尤其明显。

GRP 和交通出行时间没有因为更高的小汽车依赖性而明显变化。相反却面对更长的出行距离、成本恢复更糟糕、道路修建和维护的支出更大。

⑤ 欧洲和亚洲富裕城市似乎都是最有经济成本效益的和可持续的城市交通系统。

⑥ 与亚洲富裕城市相比,亚洲发展中城市被认为是更不具有经济成本效益和更不可持续的城市交通系统。

主要的理由是:它们内城的交通系统基于公共汽车,面对严重的交通阻塞,而不是新加坡、东京和香港那样的轨道系统;交通基础设施程序强调主要干道的修建;非摩托化交通的地位迅速恶化;缺乏像亚洲富裕城市那样对小汽车的经济限制。

然而,积极的方面是它们仍然是公共交通导向的城市形态,有很强的开发走廊,对于高容量的公共交通系统是非常理想的。新加坡、东京和香港已经证明了公共交通在高密度城市环境中的作用。所有数据都显示,未来亚洲发展中城市如果取得更大的经济、环境和社会成就,就需要发展高质量公共交通和小汽车竞争。而且还要创造使用非摩托交通的更舒适的环境。它们看起来更有潜力快速转换为更持续的模式。

⑦ 在交通系统中拥有更高服务水平的轨道交通的城市一般有更优的公共交通和更低的小汽车依赖性。

对美国城市的分析显示,有轨道的城市,公共交通出行是每人每年出行 117 次,而没有轨道交通只有公共汽车的是 30 次。这并不破坏公共汽车在公共交通中的关键性地位,包括那些轨道交通很强的城市。然而,发达城市和发展中城市的交通战略都应该仔细考虑轨道交通,如果它们是要减少小汽车依赖性的话。因为轨道交通对小汽车的竞争力很强,能提高公共交通的速度。

⑧ 在经济和环境考虑上非摩托化交通是重要的,步行和自行车几乎不增加城市交通成本,而且几乎没有环境成本。

实施这种规划的城市在中长期可以看到收益。这种战略包括步行道体系和自行车体系。

总之,国际的比较暗示小汽车依赖性的增加和公共交通、非摩托化模式的衰败不是不可避免的。相反,它们与公共政策密切相关,政策应该寻求有效的土地利用规划、交通基础设施建设和服务递送政策,政策导向应该是非小汽车模式的,而且通过经济政策对小汽车所有和使用征收更高的费用。

三、国外城市蔓延背景下的交通和规划新趋势

(一) 新公共交通系统

新公共交通系统也曾被认为是解决城市交通中小汽车依赖的重要手段,但是其有效性在近年也受到质疑。有研究表明,新公共交通乘客人数的预测总是大大超过实际,大多数例子不到预测价值的一半,不超过资金成本 50%。

罗格·马科特(Roger L. Mackett)和玛丽昂·爱德华(Marion Edwards)认为导致差距有 3 个因素:政治、金融和分析手段。

修建轻轨被认为是分流小汽车的积极措施,新型系统在大多数情况下是清晰分立的项目,完成者可以宣称完成了一项显著的政绩。尽管有学者认为地方居民选择轻轨而不是公共汽车并愿意支付费用,那么就应该这么做。但是另外一些研究认为选民被政治家和交通规划者所欺骗,他们之所以热衷于修建轻轨是因为可以从上级部门获得预算支持。实际上,选民所得到的关于新型公共交通系统的优点并不是那么回事。即使系统已经运营了许多年,政治家仍然在一件事情中扮演主要角色,他们保证系统在继续提供小汽车的替代品。

有研究表明,新型轨道系统对环境不会产生大的影响,因为它的市场份额有限。联系新公共交通系统和经济开发复苏的机制并不清楚。伦敦这样城市的城

市形态已经强烈地被公共交通的开发所影响，所以可以期待新城市公共交通系统也会发挥类似的作用。但是，必须清楚地记住，新系统不得不和小汽车竞争，而且只能占有小部分份额，因此，影响要比过去的小。一个新的轻轨或者地铁可能用于对一个特定地区的开发起导向作用，并作为市场的焦点而吸引新的公司区位。但是，应该加上两个告诫：第一，开发不是新生的（generate），而是再定位（relocate）；第二，轻轨系统很昂贵，而如果目标是刺激特定地区的开发，更直接的刺激方法可能更有成本效益。

还有导致不一致的原因是分析方法的使用。模型一般假设新系统会导致交通模式的转移，但是没有考虑转移发生后，释放的新的道路空间会鼓励其他人使用新的小汽车交通模式。另外，使用者和非使用者的时间价值和生活质量价值之类的价值更是难以量化。人口和雇员的估计也可能是错误的。一些城市却倾向于建造"高技术"的解决方案，而事实上，公共汽车快速交通（bus rapid transit）不仅投资更低，而且能提供更有效的公共交通服务。

世界上许多城市开发了新城市公交系统，尤其是轻轨。但是技术创新很少。其主要目的是要减少小汽车的使用、道路阻塞和环境污染。许多案例中也期待能刺激开发。罗格等的研究表明，一般而言这种影响在尺度上是非常有限的。现实和预期的差异产生的原因主要是因为通常忽略了小汽车使用的潜在需求以至于易于预测偏高的新系统的乘客量，预测了过大的小汽车使用的减少量和相关后继影响。文献显示，美国有大量的案例都是地方政治家和规划者的热情压过了理性的判断。而且过高的预测也压制了创新和其他更有成本效益的系统的使用。现在已经有迹象表示，从地铁到轻轨的热情转移之后，出现了轻轨到公共汽车的转移。显然，需要有一个更便宜的技术和更合适的方法来解决小汽车问题。

（二）新城市主义运动

在美国出现了新城市主义运动。其兴起主要原因是处于对健康的关注。研究表明65%的美国人有肥胖症，原因不仅仅是过多看电视、使用计算机、过度饮食和快餐，而且认为和小汽车化的社会有关，它排斥了步行和自行车。因此，新城市主义运动试图扭转这一趋势，塑造更为行人友好的城市。

新泽西州罗格斯(Rutgers)大学城市规划学教授里德·尤因斯(Reid Ewing)认为城市蔓延与肥胖和高血压相关,那里的社区没有为步行设计。而生活在紧密环境中的人们往往做日常的路线步行,可以少6~7磅。

许多城市开始建设适意有趣的村庄,在那里有积极的街道生活,这甚至发生在市中心。俄勒冈州波特兰市在市中心建立了拒绝小汽车的步行廊道。南佛罗里达也开始建设行人友好(pedestrian-friendly)的商店、餐厅、公园、公寓、古罗马的圆形剧场,甚至博物馆。北卡罗来纳州夏洛特(Charlotte)市虽然完全基于小汽车,但也在做这方面的努力。

这一运动的主要阻碍在于主街道风格的街区和单家庭的住宅所有模式。因此该运动认为降温开车的热情是必要的,它强调阻塞造成的时间损失、空气污染和其他与健康相关的联系。

虽然该运动的一些倡导者认为他们还不是主流,但是表示这一生活方式的需求在不断增加。他们也承认新城市主义如果不是要改变城市,也是要改变生活习惯,但这是一个漫长的过程,因为目前的居住环境是经过50年建设而成的,建设紧密的社区需要时间。

第二节 国外城市案例研究及其启示

一、国外城市案例研究

下面介绍国外一些有意义的案例研究,内容来自《交通城市》(*The Transit Metropolis*)一书和英文文献。值得注意的是,国外的成功是不能照搬的,它们有自己的特殊情况,而且并非所有成功都是精心规划的结果,也有运气的造就。比如库里提巴的公共汽车道路得益于1943年规划所保留的充足的可通行道路,而阿德莱德(澳大利亚港市)和渥太华公共汽车道路相对低的成本则部分是因为线性河岸道路的可获得性。

同样,我们应该注意这些背景,即大多数例子交通投资发生在地区经济高扬的时候,保证了交通和城市增长的密切联系。

(一) 弗赖堡(Freiburg)和丘拉维斯塔(Chula Vista):可持续交通和周边土地开发

谢里·瑞安(Sherry Ryan)和詹姆斯·斯罗格莫顿(James A. Throgmorton)考察德国弗赖堡和加利福尼亚的丘拉维斯塔两个城市的土地开发,并比较了它们的交通和土地利用规划机构、过程和对可持续的理解。两个城市都寻求可持续,但弗赖堡与交通结合使用了高密度土地开发,而丘拉维斯塔追求低密度、小汽车导向的土地开发模式。

其不同来源于弗赖堡希望延续它丰富的文化和建筑遗产,而丘拉维斯塔对历史的感觉要弱得多,已经从街区模式转向了其他城市设计特点,让出了老一些的街区形式。这些不同在新区开发中更为显著。

从交通方式上看,主要是因为:它们对私人汽车交通工具和公共交通、自行车、步行的偏好不同;对低密度、单家庭居住单元和高密度多家庭结构的偏好不同;开发设计中对收入和土地利用的模式偏好不同;对低收入房主能够承担的房屋单元的供给也不同。

1. 弗赖堡和新开发区里施菲尔德(Rieselfeld)社区

弗赖堡促进可持续的主要努力集中在把小汽车交通推出城市中心并维持关键的公共交通系统。由于担心交通阻塞增加导致家庭和零售业向郊区边缘移动,弗赖堡在1970年代中期就开始改善城市中心的生活质量。最开始是对摩托化交通关闭了主要的南北交通路线,关闭迅速包括了整个城市中心。目前只有地铁、公共汽车和行人能够进入那一地区。而且使用高停车费用和禁止修建新的多层停车场。在步行区的入口修建了大的自行车停车场,而且连接了密集的自行车道。

弗赖堡和德国其他轨道公司和几个公共交通公司成立了"地区一体化交通系统(RVF)",RVF各个方面进行了统一,包括交通术语、道路、单一车票等。效果是显著的,尽管小汽车数量从1979年的62 000增加到了1989年的78 286,但是每天的小汽车出行量仍然平稳地保持在232 000。而公共交通的乘客量从1980年到1995年增加了136%,过去20年里面,更多的交通乘客转移发生在新区,那里扩展了城市高质量电车地铁系统。

弗赖堡边缘的新区开发的规划和城市公共交通系统高度协调,而且加强了公共交通系统。Rieselfeld 是城市西部边缘新开发的,是这一努力的关键。里施菲尔德规划为 12 000 人口,其中 4 500 人在公寓居住。土地为城市所有,地方委员会决定保留 800 英亩中的 175 英亩作为保留自然地,这意味着居住区密度要相当的高(68.5 人/英亩),也提供一些单家庭的房屋。尽管密度高,但是没有建造超过 5 层。

为了保证高密度开发不会被小汽车交通淹没,规划要求从城市中心延伸了一套电车地铁线,而且沿地铁线提供了商店、市场和办公室。为了避免由于社会经济地位和土地利用导致的隔离引起的社会问题,规划也提倡在低收入和高收入居民间、房客和单元户主之间、居民和地区雇员之间进行社会平衡。开发包括了小学、中学、儿童护理中心和 3 个护理学校。在边上还修建了两个教堂,也为办公室保留了用地。

实际上,里施菲尔德从邻近地区吸取了教训。官员们总结出,高层公寓(high-rise apartment)缺乏城市纹理,强迫集中居住的低收入家庭产生了一个有许多地区社会问题的街区。因此,里施菲尔德只有 30% 的住宅是针对低收入者。建筑涉及在节能、方便残疾人等方面也因为高密度而有突出的成就。

2. 丘拉维斯塔及其新开发区东湖(Eastlake)

研究对比了丘拉维斯塔新开发区东西两部分不同的特点。它们大小相似(8 500 英亩、7 300 英亩),但开发模式显著不同。

丘拉维斯塔新开发区的密度比老区要低(东部 5.5 人/英亩,西部 12.2 人/英亩)。东部居住区开发密度也更低(2 居住单元/总英亩和 5 居住单元/总英亩)。开发商的文献显示了社区居民的美国式期望:安静、安全、和平和半乡村的环境,接近周围的城市,享受其中的方便和适意。

地方政府进行交通和土地利用规划中提到,单家庭分散式房屋街区是城市的目标。甚至试图在中心区降低密度,并且限制从单家庭住宅转向多家庭住宅(multi-family)。

东西两边居民的出行行为有所不同。东部(80%)自己开车上班的人口比西部(70%)多10%。东部不到2%的居民使用公共交通上班,西部超过5%。东部使用其他交通工具(自行车、合伙使用汽车、步行)的人更少(东西对比是18.2%对24.4%)。有趣的是,东部上班的路程只比西部多一点(22.3分钟对21.3分钟)。这说明东部更依赖于小汽车交通,但是东部交通阻塞并不比西部明显严重。这是一个成就:增加了小汽车而没有增加交通阻塞。

城市对新增长的开发区的管理有助于解释这一结果。在1989年实施了《增长管理纲要》,对新的开发做出了最低标准,包括交通、给水排水和其他公共服务,保证了蔓延地区的生活质量。结果,东部许多道路网络的特点适合小汽车交通,而其他模式反而不方便。东部有多条6车道的主干道,而开发的地区一般只往主干道开一个口。街区之间的内部联系不多。这些因素使得行人沿主干道到公共交通车站的可达性降低。另外,小汽车在干道上的高速度使得自行车和行人感到不舒适。

相比之下,西部没有一条显著的主干道;它是高密度、互连而容量较小的街道网络。西部有210里可通行的街道,而主干道只有2里。而东部是125里的街道,18里的主干道。低汽车容量和速度,更大的网络连接性,使得西部的非摩托化交通更容易。

由于城市在东部的土地利用规划上的努力,交通系统和城市的目标协调发展:没有交通阻塞的新开发。这也许是一个地方性的成功,对可持续更广义的暗示可能不是积极的。

丘拉维斯塔好像在新开发区维持了较高的种族和宗教一体化。但是,东部中产阶级显著比西部高50%。

1990年代之后,东部二氧化碳释放水平比西部显著要高,目前城市正在提议减少二氧化碳的规划,城市似乎要调整交通规划和土地利用规划。

3. 未来

两个城市都希望保持城市的特点。弗赖堡有美丽自然框架,较大的大学,拥有主要基于健康、旅游和教育的经济。很大程度上基于这个原因,使得弗赖堡有一个既定的商业兴趣去追求环境良好的开发模式,至少在地区的层次是这样。居民愿意在不伤害自然适意性的前提下繁荣经济。因此,弗赖堡寻求结合充满活力的城市生活和由于容易到达林地、花园和山坡的放松的节奏。为了持续这些品质,它创造了高密度的城市步行中心,激烈地改善地铁和公共汽车系统,极大地扩展自行车道网络。开发的里施菲尔德是一个高密度、混合作用(mixed-used)的项目,大量保留自然地段,30%是社会性房屋,有电车地铁服务。丘拉维斯塔安静、安全、和平和半乡村的环境,接近周围的城市,享受其中的方便和适意。为此可持续,它迅速开发了东部。相比之下,只有14%的交通是公共交通或者自行车,而弗赖堡是57%。它们分别侧重于单家庭模式和多家庭模式。里施菲尔德有30%是社会性房屋,东湖只有10%的类似房屋。

它们都解决了交通阻塞问题,寻求地方性的可持续。然而,丘拉维斯塔的交通和土地利用可能在全球视角来看不是可持续的,尤其是它们的交通规划虽然解决了地方交通阻塞问题,但是新区对小汽车的依赖与全球可持续发展目标相矛盾。同样地,弗赖堡有昂贵的房屋、高的土地成本、高失业率和高税收。它还从其他地方输入电力来保证地铁,即把部分交通成本转嫁给了其他地区。但是,当引入全球视角时弗赖堡走在前面。

(二) 多伦多和旧金山:交通对土地利用和城市形态的影响

山姆·巴斯·沃那等(Sam Bass Warner, et al.)所做的传统工作跟踪了20世纪初波士顿、旧金山地区和南加利福尼亚的电动路面电车线往郊区的扩展如何导致了这些地区的分散化。这一趋势导致了工作和居住地的分离和社会阶层的物理分离。

理论上,交通与城市形态互相影响。比较显著的是在车站周围的紧密型、多功能社区,离轨道车站0.5千米左右但只有5分钟步行的路程。交通是一个磁体和胶水,吸引各种有效率的城市活动到界限分明的步行区,同时导致地租的增加。

大多数研究表明交通投资会对城市景观产生有意义的影响,但是必须要公共部门和私人部门紧密合作。

1. 多伦多:通过前设的规划进行交通投资的杠杆作用

多伦多是北美关于轨道交通对城市塑造能力最好的例子。一个经常引用的统计数据是第一期地铁的运营中,一半的高层公寓和 90% 的办公建筑物在到轨道车站 5 分钟的步行距离之内。其公共交通导向的土地利用节点工作如此成功的原因在于:

• 外部因素

多伦多有两件事情是幸运的:一件是地铁在 1951~1971 年经济快速增长时期修建,因此轨道交通取得了引导经济增长的不同寻常的有利位置;第二件是正好处于移民时期,而移民多来自交通服务良好的欧洲和美国,他们在票价箱和投票箱上都支持公共交通。

• 内部因素

更主要的因素是精心设计的公共政策:税收、没有美国那样的联邦高速路计划、省级高速路受到抗议、主动的合作性的土地利用规划和管理。对最后一点而言,采取了如下 4 步来最大化 TTC 车站周围的开发潜力:高密度(建造比率 15:1)、限制停车、可以转卖开发权、追加土地获得权(与美国不同,多伦多允许为了更大的公共利益征收私人土地)。

2. 旧金山海湾地区:BART 系统

与多伦多相比,旧金山地区缺乏地区规划,快速公共交通系统(BART)几乎主要靠自由市场力量形成。规划者希望 BART 能够引导城市沿着放射状轨道发展,形成星形的多中心城市形态。下面是"BART@20"研究的摘要:

• 强化中心

1973~1993 年有将近 3/4 的办公建筑在 BART 车站 0.5 千米半径之内。中心区和多伦多一样是就业中心。

• 分散化

在中心区之外,BART 所表现的分散化力量要强于中心化。在郊区化的过程中,郊区的车站并没有导致车站周围的集聚。

• 一些成功的子中心

与多伦多的例子相比,由于市政规划的前摄性作用导致的郊区车站周围的集聚(cluster)不多。办公围绕车站集聚典型成功的例子有核桃溪(Walnut Creek)和适意山(Pleasant Hill),离市中心(downtown)35 千米左右的边缘城市

（edge cities）。适意山 BART 车站地区是美国郊区公共交通导向开发最好的例子之一。其原因与上面谈到的多伦多的内部因素类似。

• 内城再开发

内城再开发并非一帆风顺，它的成功与失败揭示了公共义务的深度和一个严酷的事实：诱使私人资金进入风险投资是多么的困难。奥克兰是一个成功的例子，私人资金因为租金、前摄性开发政策和良好的交通服务跟随公共资金进入。其他地方却并不因为内城车站开放引来内城的再次开发，比如里士满（Richmond）车站，尽管政府尽了力，但是疲软的地方经济和犯罪问题阻碍了再开发。

3. 从多伦多、旧金山和其他地方得到的教训

- 对地区而言，与其说公共交通起到创造增长的作用，还不如说是再分配作用。它引导已发生的增长，经常是从一个放射廊道（比如高速路）到另一个（轨道）。
- 前提条件是健康的区域经济，不论城市规划和公共部门投入，弱区域经济下交通对地区将产生负的土地利用影响，比如布法罗（Buffalo）轻轨投资后土地利用变化不大。
- 当交通投资正好在区域经济增长高涨之前，土地利用的影响是最大的，城市增长通常符合弱 S 曲线（图 3—3）。车站周围前摄性规划会导致随后几年快速增长的地区包括雅加达、曼谷和上海。
- 放射状轨道系统能加强城市中心。多伦多、旧金山、华盛顿和巴尔的摩的经验表明了这一点。

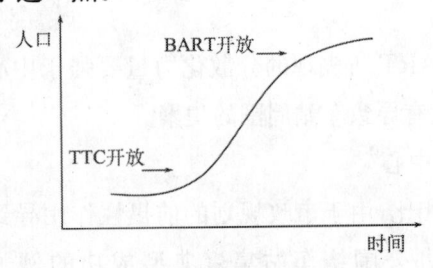

图 3—3　区域增长和公共交通投资的时机

区域交通投资通常加强分散化趋势,比如高速公路通常在某种程度上鼓励郊区化。
- 如果分散化增长采取亚中心的形态,那么规划是必要的。
- 在合适的条件下,公共交通能刺激中心城市再开发。
- 其他前摄性措施必须伴随公共交通投资,最重要的措施有:许可和刺激分区制,比如密度奖金;附近空地和可开发小块的可获得性;当地居民对土地用途变化的支持;完善的物理环境;辅助性公共改进等。
- 对小汽车的均衡有利于车站地区土地利用的变化。

就以上例子和世界其他例子看来,紧密的、混合型土地利用的开发是高质量公共交通的活力源泉。

(三) 斯德哥尔摩

斯德哥尔摩第一代新城的目标是促进使用轨道向市中心的通勤和新城自我控制,后者实际没有实现。斯德哥尔摩新城和地区移动能力的成功不是因为平衡的土地利用或者自我控制,而是因为受到补贴的轨道服务能有效地连接郊区。

斯德哥尔摩的形态——一个强的地区性核心为公共交通村庄(transit villages)所环绕——对小汽车的依赖比旧金山要小得多。但是,斯德哥尔摩的经验显示,在蔓延地区散布公共交通村庄的景观不能显著地产生移动能力和环境收益,只有当基于社区的规划和设计与之连贯地实现——可能需要区域性框架——才能造就一个可持续的公共交通大城市形态。

(四) 哥本哈根:土地利用和交通规划的演变

哥本哈根过去半个世纪的区域规划毫不含糊地支持土地利用和交通规划结合的原则。哥本哈根的手形城市景观是1947年规划及其后续更新指导下仔细的一体化轨道交通和城市开发的结果。城市沿着5个手指蔓延,绿带没有被侵犯。同时沿着手指市中心保持了可达性,由于轨道交通和中心区对停车的限制,公共交通成为明智的选择。但是哥本哈根的成功并不只是沿着手指修建了轨道导向的新城镇,它加强了一体化轨道交通和城市开发(图3—4)。

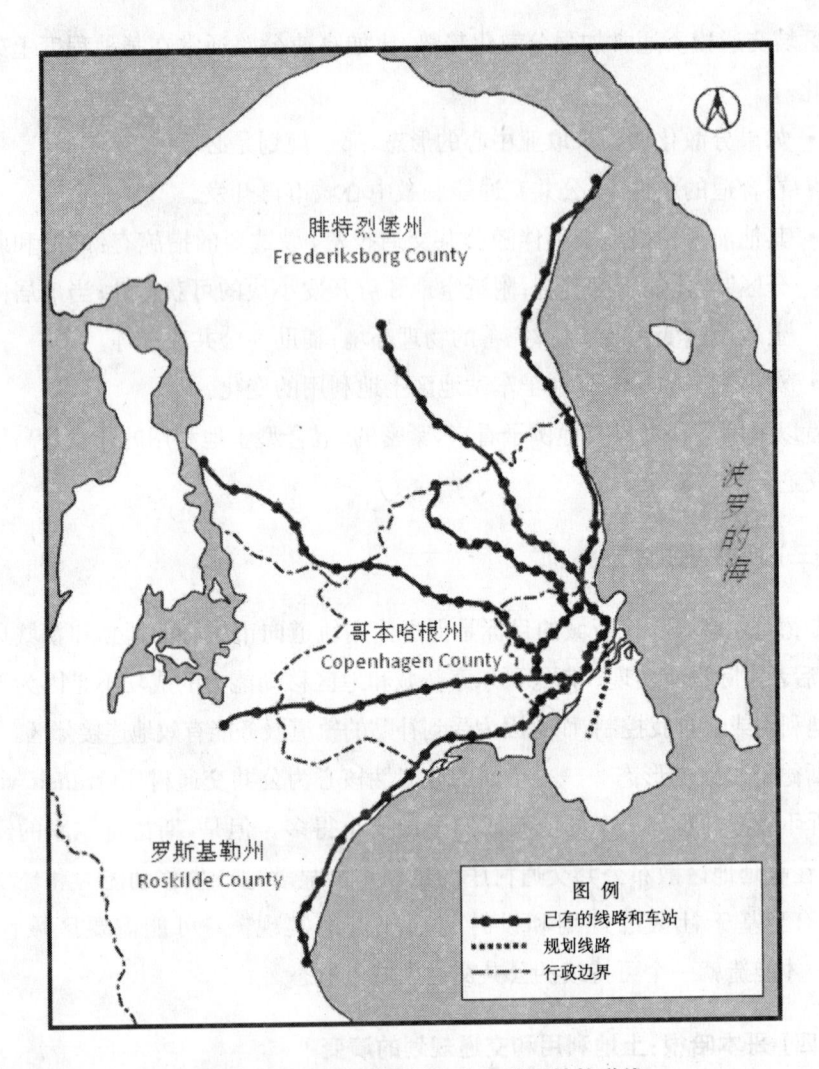

图 3—4 哥本哈根的县、市和地区性轨道线

"二战"后哥本哈根作为首都地区人口超过了 100 万。受到英国城镇规划的影响，但是最终的指形规划却不像英国的大伦敦规划。通过廊道地区的劳动力可以通过轨道到达工作地，保持中心活力，在指间安排的绿带保留了自然栖息地，限制了基础设施开发成本。指形规划及其后续的更新都放在了地区可达性和可持续性的框架之中，这些目标后来得到广泛的承认，比如减少交通距离和时

间,提供接近劳动力的工业布局,减少交通阻塞,在建成区和开放景观地之间保持平衡。对外行而言,指形发展的逻辑是简单而且雄辩的,这很大程度上解释了公众对这一规划支持的基础(图3—5)。

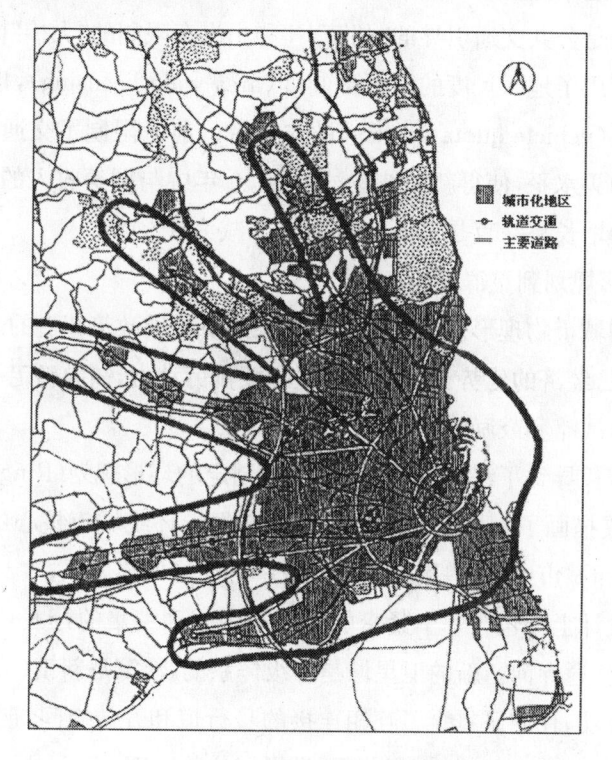

图3—5 哥本哈根的"手形"城市规划

"多中心城市"受到美国风格的城市蔓延的影响,地区也试图转变为小汽车的模式。但是世界范围的石油禁运和生态运动印封了哥本哈根的小汽车多中心规划运动。

(五)新加坡

新加坡有一个世界级的轨道公共交通系统,是其多中心模式的骨架。通过高度中心化的规划,结合奇怪的市场经济政策混合物,在外部增长的核心被组织起来,形成集中的、多功能的中心,并有效地由高容量的公共交通服务(主要是轨道)联系起来。规划者在车站附近有意地使用了高层住宅和办公楼,以图最大化可达性和最小化小汽车的使用。

新加坡的远景星群规划倡导了一个包含 50 个轨道服务的城镇中心的等级模式。其政策是公共交通引导的"胡萝卜"和小汽车限制的"大棒"同时使用。新加坡第一个使用了地区尺度的许可证制度(area-wide licensing),也是交通工具购买配额体系(vehicle quota system)的先行者。前者限制了交通流量,后者限制了小汽车购买水平,使得新加坡在过去数 10 年中与同等收入的城市比较,小汽车拥有量的增长率一直是最低的(并从 6%减为 3%)。

1. 从环形规划到星群规划

新加坡的城市物理形态最初是由于国家经济发展政策塑造的。新加坡独立后,认识到自己经济的优势在于港口位置和廉价劳动力,领导确定了外向型制造业工业化发展战略和鼓励跨国投资进入。

快速的增长导致了综合的规划,1971 年制定的环形规划(Ring Plan)为城市 20 年内的发展描画了一个多节点的蓝图。它倡导环绕城市核心的高密度居住地、工业布局和城市中心,并用大容量高效率的交通网络联系。

新城的设计上都包含一个紧密的多功能中心和密集的行人—自行车网络,换言之,公共交通导向。新的卫星城是等级体系的,淡滨尼新镇(Tampines New Town)尤其成功,住宅区贯穿了互相连接的步行道和开放空间,被誉为"绿色连接器"(green connector),1992 年获得"世界居住奖"(World Habitat Award)。

在成功建设基于出口的制造业经济后,新加坡现在的目标是成为"亚洲的瑞士",不但出口商品,而且出口技术和服务。如今的新加坡拥有受过良好教育的劳动力和商业化的政府,它希望能吸引地区性总部和跨国公司,成为全球信息时代的城市,要比 1970 年增加 3 倍的人口从事财政和商业服务。因此,星群规划取代了环形规划。地区中心环绕核心 CBD,而更小的中心又环绕它们。几乎所有移动交通工具,包括公共汽车将限制在城市中心区的边缘,而将要出现的是全电动的等级化的大容量交通网络——MRT 和 LRT。而且与环形规划比较,星群规划更强调工作和居住的均衡分布,而不是集中在城市核心。它试图创造一个更为自给自足的社区,包含交通岛屿的通勤(图 3—6)。

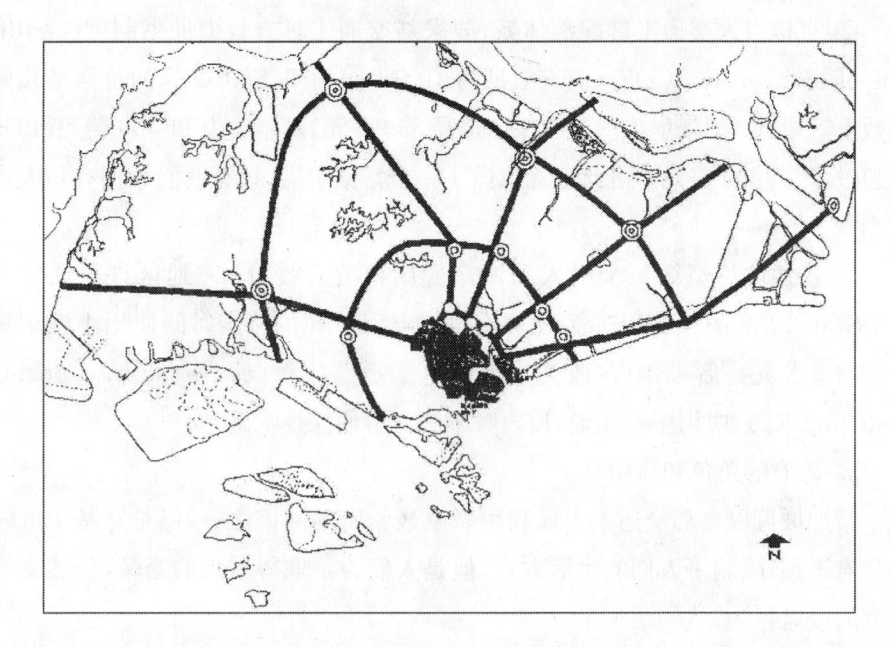

图 3—6 新加坡远期轨道交通规划

注：星群规划包含了 5 条长距离 MRT 线，从中心区放射出来，有 3 条围绕中心区的环线，目前 48 个 MRT 车站将增加到 130 个左右。

2. 新加坡的城市交通

一方面，新加坡大力建设公共交通。其人均道路面积是东南亚其他大城市的 3 倍左右，比如曼谷、雅加达和马尼拉。由此形成了高质量的公共交通服务。就 MRT 列车而言，速度、效率和可达性指标如下：速度平均为 40 公里/小时，比小汽车在交通高峰时的速度快 25%；到站时间与列车表相比，误差 1 分钟之内的概率为 99.7%；大约有一半的新加坡人口居住在轨道车站 1 公里范围内。

另一方面，新加坡对私人汽车所有严厉限制。

① 以收费和收税从个人财力上限制小汽车拥有：1948 年道路税高达 3 500 美元；1960 年代小汽车进口附加税是其市场价值的 45%；1980 年一次注册费用为 670 美元（1996 年价），在 1980 年代针对收入增加额外的注册费用达到小汽车市场价值的 175%，而且目前仍然保持在 150%。尽管如此，还是有 30% 的家庭拥有小汽车。

② 直接引入交通工具配额体系，要求新交通工具有权力证书制度（certificate of entitlement，COE），其有效期为 10 年。由于限额，COEs 的价格呈几何级数上升，1990 年豪华小汽车的保证金是 330 美元，两年后为 11 400 美元，1995 年超过了 70 000 美元。由此也标志出了一个富豪阶层，只有他们才拥有私人小汽车。

③ 新加坡甚至第一个引入和汽车使用相关的收费——地区许可证体系（ALS，area licensing scheme）：比如在"限制性地带"的特定时间使用小汽车每天收费 2 美元。后来 ALS 改为成熟的电子道路收费（electronic road pricing system，ERP），应用了智能卡、波段频率和光学侦探技术。

3. 政府的角色和作用

新加坡可以自称交通—土地利用联系最紧密的城市之一，但是它基于严峻的政府干预，限制了人们的生活方式，但是人们为了取得城市的繁荣，仍然支持过度的政府行为。

有远见的规划使得新加坡成为一个多中心、有世界级公共交通系统的大城市。和斯德哥尔摩、哥本哈根不同的是，虽然生活水平都很高，但是由于限制使用小汽车，新加坡无论贫富老少，甚至残疾人都能获得便宜的可达性。新加坡限制小汽车、建立紧密的公共交通导向的社区、保证各种条件的可获得性等等措施是有力的。当然，新加坡政府比北美或者欧洲政府的权力要大，而且决策层次更少，同时有智囊团，政府行为更受尊重和少有挑战。所以，历史和地缘政治使得新加坡的成功较难复制，而且公共交通规划的大城市有其成本所在，人们的生活不得不去适应标准化住宅，紧密的生活条件等等。

（六）东京

东京经验的重点是一体化轨道和社区发展的企业方法。最重要的是新城镇的发展，由利润驱动的新城和轨道投资。私人投资造成了公共部门的仿效，比如多摩区。日本给美国的提示是，利润驱动的企业行为和关注社区的政府行为的结合能够使公共交通和私人小汽车竞争，美国轨道工业可以仿效日本和收费公路竞争。

(七) 库里提巴:低成本的世界级公共交通

巴西库里提巴的公共交通从 1974 年 65 公里的公共汽车线和 45 000 的日乘客量开始,到 1995 年公共交通网络扩展到了 1 200 公里,1 300 辆公共汽车和 1 600 000 日交通段(daily trip segments)。公共汽车都在 ITN(一体化公共交通网络)上运营:18 条高速路(红色公共汽车,车站频繁),115 支线(橙色公共汽车),7 条区间线路(绿色公共汽车)和 11 条直达线(direct-line,灰色公共汽车,有限的车站)。

- 地上的地铁

由于一体化的主干道——支路服务,库里提巴的 ITN 就像区域性地铁系统一样,只不过在地面上。当地规划者已经开始叫这一系统为"地表地铁"。

高速路服务是地表铁路的核心,车辆容量有 105、170 和 270 人 3 种(单节或双节)。每条线每小时为 13 500 人的运力,比轻轨服务还高。

直达线服务平均速度为 32 公里/小时,比高速路快 16 公里/小时。快速的公共汽车为外郊区的低收入居民提供了高水平的服务(车辆容量 110 人,一般都能有座位)。理论上每条线每小时为 9 000 人的运力,在和高速路并列的地方二者总运力超过每小时 15 000 人,可以和里约热内卢的地铁相比。

辅助服务的区间车连接了低密度地区,所以将近 70%的库里提巴居民生活在距离车站半公里的地方。

- 换乘车站(transfer stations)

20 个封闭式换乘车站使得 ITN 像钟表一样地工作。乘客由地下通道进入圆筒车站,车站每侧只有一个方向。

- 组织和管理

目前有 10 家私人公司运营城市和郊区公共汽车路线,对公司的补贴是按照运营路线长度而不是乘客数量,这保证了服务的完全展开和公司间对顾客的竞争。公共汽车的投资也能获得 1%总开销的补偿,年开销的资金补偿达到 12%。这也极大地解释了为什么在 3 年之内库里提巴拥有了巴西——如果不是全世界——最新的公共汽车系统。

图 3—7 库里提巴的公共汽车站

上左:斜坡道使得可以水平上下车。上右:相互连接的管道使得乘客在不同路线中间换乘。下左:市中心管道支持 5 个门的停靠。下右:市中心的管道看起来和实际功能都像一个地铁车站。

• 盈利

最终衡量的标准是公共交通工具乘客数,尤其是从小汽车转移过来的数量。1974 到 1994 年公共交通乘客数平均年增长率为 15%,3～4 倍于人口增长率,同期公共交通的市场份额从 8%增长到了 70%。调查显示,ITN 每年减少的小汽车使用量为 2 700 万次出行,与巴西类似规模的城市比较人均燃料消费减少了 25%。

详细的规划、巧妙的决策和具有灵感的领导是库里提巴成功的原因。市领导敢于实践勇于冒险,他们勾画了一个远景,构建了社区支持,并逐步实施高度创新和一体化的公共交通网络,现在已经为别人所嫉妒。

最初的目标是移动市民而不是去掉小汽车,市领导不是寻求交通的"解决方案",而是考证什么是最有成本收益的交通投资,而且要和线性城市的建造协调一致,同时的目标有保存内核区,改善环境质量和保持合适的成本。因此交通成为一体化的概念:住房、土地利用、道路网络、多功能商业区、历史建筑区保护和公共空间。

教训也有,主要一点是库里提巴开始于小的现实主义的长期目标,这些目标被保留下来用于指导后面 30 年的不断变化的现实。

二、国外研究对中国的启示

(一) 国外学者对中国的一些研究

发展中国家的城市化往往导致城市的地理蔓延,最终的平均旅程长度一般还要大于发达城市。比如内罗毕和墨西哥城,前者平均旅程在 1.5~2.8 英里之间,而后者在 3.5~6.0 英里之间。而在为一个空间分散的市场服务时,公共交通工具的效率很低,导致小汽车用得更多。

亚洲的一些城市虽然财富水平比新加坡、香港和东京要低,但是小汽车使用已经到了一个更高的水平。研究分析认为原因在于,缺乏对小汽车拥有和使用的经济限制,落后的公共交通选项(几乎没有轨道系统),过于强调通过大规模道路建设来解决交通阻塞问题。

外国学者研究认为,中国城市规划者现在把城市公共轨道交通看做是解决阻塞的唯一办法,而且给予了最高优先级。因此他们认为今后几十年是中国城市轨道交通大发展的年代。

但是,从成本看,尽管中国有较便宜的劳动力和建设材料,由于技术和设备的引入费用,使得目前中国的轨道建设成本相对高,目前约为每公里 6 亿~8 亿人民币。当然,政府已经意识到地铁生产本地化的重要,这也将对中国轨道发展产生影响。

从体制看,地铁和汽车道路系统正处于历史的顶峰,而且轨道管理正在进行深刻的改革。和铁路线不同,地铁和汽车道路的立项和资金投入主要取决于地方政府和相关的弹性政策,但是它们都显出了强烈的发展倾向。相比较而言,中国的铁路系统管理缺乏效率、弹性和竞争力。

总体而言,轨道、地铁和高速路必须互相补充和竞争。中国由于人口众多、领土广大和经济不发达,轨道至少在最近的将来仍然只是中程和远程交通模式。但是,如果能够增加速度和线路质量,轨道交通将占有很大的市场份额。

(二) 国外研究对中国的启示

1. 中国当前城市公共交通建设的紧迫性

(1) 城市化的加快导致城市蔓延趋势,导致交通供需失调,不能引导城市发展。

一般认为城市化到了 30% 后会有一个急剧的加快,而 1999 年中国城市化水平已经达到 30%。城市化的急剧增长,城市有迅速蔓延的趋势,由此导致出行距离加长,而人们愿意保持出行时间为半个小时左右,由此构成对快速交通方式的强烈需求。

但是,我国城市公共交通,尤其是轨道交通在改革开放 20 年来建设明显滞后城市化,形成供给不足的局面,各大城市普遍出现了从未有过的交通堵塞。其中产生的较严重的问题是我国城市交通对城市发展的引导不足,尤其对大容量快速轨道交通重视不够。改革开放 20 年来,城市人口增长 1.5 倍,百万人口以上城市从 13 个增加到了 37 个,但是地铁线仅建成 5 条,88.9 公里,其客运量仅占全国公交客运总量的 1%。城市交通补贴虽然数额不小,如北京 1998 年公交系统补贴为 12 亿元,但是长期处于被动满足需求的地位,供给没有发挥主动引导作用,导致形成以北京为代表的环路建设模式,甚至走入了车多修路、修路引发更多的车的恶性循环。

(2) 人均收入的增加导致购买力增强和汽车的价格降低,将会引发小汽车增长。

加入 WTO 之后,一方面我们面对中国人均收入的增加,另一方面却面对世界市场上小汽车工业所提供的便宜的私人汽车。虽然国外研究表明小汽车使用与财富水平的关系不如与城市形态的关系密切,然而,在如此强烈的背景下,新的私人汽车增长高潮是可以预期的。

中国出租车的方便性远高于国外,事实上说明了中国的机动化刚起步,私人轿车的增长已经到了临界阶段。当人们居住在郊区,上班出行需要的快速公交不能得到满足的时候,只要购买力许可,小汽车将会因为其自由便捷成为首选。

(3) 人口众多的国情

我国人口密度是世界平均水平的3.4倍,美国的5倍,欧洲的1.8倍。公交优先引导高密度的多中心城市形态是我国资源和环境条件下最优的选择。因此,正确的城市规划和交通引导是当务之急。案例研究表明,公共交通切入的时机非常重要,在城市形态初步形成和人们交通出行方式已经形成之后,公共交通的建造对改变高度小汽车依赖的交通模式的作用是有限的,这也是为什么旧金山和多伦多虽然都建造了公共交通系统,而城市形态大相径庭的原因——旧金山的公共交通建造在城市规模形成之后,多伦多则在城市规模起飞的时候。而库里提巴的成功有力地说明了发展中城市能够通过有效的公共交通组织良好的城市形态。

总之,从城市化阶段和小汽车增长的时间双重紧迫性来看,目前是公共交通介入引导最好的时机。

2. 中国城市公共交通应该与土地利用结合

国外的研究表明,经济发展虽然对小汽车使用量有推动作用,但是,城市低密度蔓延不是不可避免的。高密度的城市形态结合有效的公共交通已经证明了它的有效性,其重点又在于新城区的车站开发。

3. 政府行为和相关产业的发展

交通模式的选择不仅仅取决于城市规划和交通规划,也和政府行为和对相关产业的政策密切相关,英国轨道电车的发展充分证明了这一点。正如有的学者所指出的,轨道交通在中国的高成本已经限制了其发展。只有相关工业发展,才能获得廉价的交通模式。

参考文献

1. Alan T. Murray, 2001. Strategic Analysis of Public Transport Coverage, *Socio-Economic Planning Sciences*, 35(3).
2. Brian Hoyle and Richard Knowles, 1998. *Modern Transport Geography*, 2nd, rev. ed., Chichester ; New York : Wiley&Sons.

3. Christoph E. Mandl, 1980. Evaluation and Optimization of Urban Public Transportation Networks. *European Journal of Operational Research*, 5(6).
4. Christopher R. Bollinger and Keith R. Ihlanfeldt, 1997. The Impact of Rapid Rail Transit on Economic Development: The Case of Atlanta's MARTA. *Journal of Urban Economics*, 42(2).
5. David A. Hensher and Tu Ton, 2002. A Transportation, Land Use and Environmental Strategy Impact Simulator for Urban areas. *Transportation*, 29(4).
6. David R. Bowes and Keith R. Ihlanfeldt, 2001. Identifying the Impacts of Rail Transit Stations on Residential Property Values, *Journal of Urban Economics*, 50(1).
7. I. A. Souter, 2001. An Analysis of the Development of the Tramway/light Rail Concept in the British Isles, Prov Instn Mech Engrs, Part F: *Journal of Rail and Rapid Transit*, 215(3).
8. Joyce M. Dargay, 2002. Determinants of Car Ownership in Rural and Urban Areas: A Pseudo-Panel Analysis. *Transportation Research Part E: Logistics and Transportation Review*, 38(5).
9. Kenworthy, J. and Laube, F. 1999. Patterns of Automobile Dependence in Cities: An International Overview of Key Physical and Economic Dimensions with Some Implications for Urban Policy, *Transportation Research Part A: Policy and Practice*, 33(7-8).
10. Kim K. S., Benguigui L. etc., 2003. The Fractal Structure of Seoul's Public Transportation System, *Cities*, 20(1).
11. Neil Paulley, Richard Balcombe, etc., 2006. The Demand for Public Transport: The Effects of Fares, Quality of Service, Income and Car Ownership, *Transport Policy*, 13(4).
12. Peter Hall, 1998. Cities in Civilization: Innovation and Urban Order. London: Weidenfeld & Nicolson.
13. R. Kitamura, S. Nakayama, etc., 1999. Self-reinforcing Motorization: Can Travel Demand Management Take Us out of the Social Trap? *Transport Policy*, 6(3).
14. Ralph Gakenheimer, 1999. Urban Mobility in the Developing World. *Transportation Research Part A: Policy and Practice*, 33(7-8).
15. Randall Crane and Richard Crepeau, 1998. Does Neighborhood Design Influence Travel?:

A Behavioral Analysis of Travel Diary and GIS Data, *Transportation Research Part D: Transport and Environment*, 3(4).

16. Robert Cervero, 1998. *The Transit Metropolis: A Global Inquiry*, Island Press.
17. Roger L. Mackett and Marion Edwards, 1998. The Impact of New Urban Public Transport Systems: Will the Expectations be Met? *Transportation Research Part A: Policy and Practice*, 32(4).
18. Sherry Ryan and James A. Throgmorton, 2003. Sustainable Transportation and Land Development on the Periphery: A Case Study of Freiburg, Germany and Chula Vista, California, *Transportation Research Part D: Transport and Environment*, 8(1).
19. Strand J. and Vågnes M., 2001. The Relationship between Property Values and Railroad Proximity: A Study based on Hedonic Prices and Real Estate Brokers' Appraisals, *Transportation*, 28(2).
20. Susan Hanson, 1995. *Geography of Urban Transportation*, 2nd ed., NY: The Guilford Press.
21. T. Griggin, 2001. Ultra Light Rail Developments, Prov Instn Mech Engrs, *Part F: Journal of Rail and Rapid Transit*, 215(3).
22. Thomas A. Rubin, James E. Moore II, etc., 1999. Ten Myths about US Urban Rail Systems, *Transport Policy*, 6(1).
23. Wener R. E., Evans G. W., etc, 2003. Running for the 7:45: The Effects of Public Transit Improvements on Commuter Stress. *Transportation*, 30(2).
24. X Xue, F. Schmid, R. A. Smith, 2002. An Introduction to China's Rail Transport Part 2: Urban Rail Transit Systems, Highway Transport and the Reform of China Railways. Proceedings of the Instn Mech Engrs Part F: *Journal of Rail and Rapid Transit*, 216(3).

本章执笔人：戴特奇

第四章

城市交通与城市发展协调配合

第一节 城市空间构成与交通

一、城市空间构成要素

1. 城市空间构成的历史基础

随着城市发展，其构成要素逐渐多元化——即城市空间结构多元化。著于春秋战国时代的《周礼·考工记》就制定了都城建设的规划制度——"匠人营国，方九里，旁三门，国中九经九纬，经涂九轨，左祖右社，前朝后市，市朝一夫。"该书反映了周代都城布局理念。而且这种理念一直是中国城市建设的基本图形，无论是其后的汉唐时代的长安城，还是元大都、明清北京城都是在这一理念的框架基础上进一步发展和充实，建成了所在时代世界最繁华和发达的大都会。这种城市布局形式，以中轴线为基准的对称布局，平面组合规则，道路系统形成棋盘式格局，主干道和支路（胡同、街巷）排列组合有序，主干路顺直宽敞、支路便捷清静；不仅规划了天子的"前朝后寝"、"外朝内庭"，也为士大夫的宅第所效仿为"前堂后寝"；还有序地规划建设了成片的街坊居住区（如保留至今的北京阜成门内锦什坊街就是元大都时期建设的居住区），形成了合理有序的商业中心（明清北京城形成了6个商业集中区——前门、鼓楼、东单、西单、东四、西四）。我国许多城市历史基础极其厚重，既有诸多有利因素，也为城市发展和交通建设带来许多棘手的问题。

2. 城市空间构成要素

随着经济社会发展,城市活动日益多元化,居民工作和生活更加多样化。城市功能进一步复杂化和细化,满足着人们的各种需求。城市空间结构不断发展,各种功能区在城市空间的分布勾画出各种形态,如何使其更加合理高效,成为城市规划和管理的主要研究内容。

功能性是对城市空间的第一要求,艺术性只是在功能性基础上发展起来的。历史上形形色色的城市空间适应着人们的各种使用要求,具有相应的功能。城市空间形态的发展变化主要是基于功能上的要求。

1933年国际现代建筑协会发表《雅典宪章》,认定现代城市的4大功能:居住、工作、游憩、交通,城市空间相应地分为4类空间:居住空间、工作空间、游憩空间、交通空间。

当代学者将四类空间进一步细化,发展出如下10种空间:城市道路空间,广场空间,带形、环形、半环形游憩空间,生活小区空间,文体科技展览中心的活动空间,商业娱乐空间,园林名胜空间,标志性建筑物及其周围空间,生产集散等工业交通空间,鸟瞰城区的综合视野空间。

3. 城市空间的分化与复合

依据功能原则划分并安排城市空间是现代城市规划的基本原理,然而几十年的实践表明,绝对化的功能分类割裂了城市的有机联系。

1977年的《马丘比宪章》对城市空间的简单分化倾向作出了修正:"不应当把城市当作一系列孤立的组成部分拼在一起,而必须努力去创造一个综合的、多功能的环境。"《雅典宪章》的城市空间分类原则与《马丘比宪章》的城市空间功能复合要求共同指明了未来的趋向:城市空间功能分化与复合的结合。应该更加注重各种空间的整体效应,才能提高效率,更好地满足居民多种生活与社会需求。

对于有些空间,要强化它的功能的纯净性。比如交通性空间,要尽量避免其他活动的干扰,在其内部可以进一步分化,如人车分流、快速机动车道的设立、独立的自行车道系统、独立的步行道系统等。

二、交通空间的作用及与其他空间的关系

1. 交通空间的作用

交通空间与人们的交往空间相互交融是实现城市空间整体化的基础。戈登·卡伦通过对什鲁斯伯里(Shrewsbury)城镇的分析,表明城镇存在两种交通体系:一种是遍布于城镇中的交通线路,到处充斥着商店和汽车;另一种是以步行为主的相互交往系统,具有神秘性(宁静)的院落与广场的组合体。两种体系相互交织在一起,处于一种非平衡状态,车辆穿梭于任何开敞空间内,结果分割了步行系统,尽管各部分相当完美,但是由于缺少有机联系的网络,使得城市空间十分松散。

应该使两种有机联系,彼此沟通,将使空间既有利于人们的出行,又有利于人们的交往,使城市空间结构变得清晰可见。规划的实质在于确保两种体系都能充分发挥各自的功能,并以最佳景观特性相互交融。

2. 通过空间立体化解决交通与出行

城市空间立体化,即空中、地面、地下的立体开发是当代大城市实现空间整体化的重要手段之一。它可以解决城市交通空间与人们活动空间相互交融的问题,从而保证城市空间的整体化发展。

在欧美国家由于汽车的普及,城市的车行道不断加宽,人行道越来越窄,导致居民生活不便,城市中心区逐步衰落。为了改变这种局面,逐步对中心区进行改造,其主要手段是城市空间立体化,建立完整的车行系统和步行系统。空中步行系统是通过单独的步行体系将各个街坊串联起来,各街坊之间采用过街楼相连,形成一套独立于外部街道的步行街,并设想把这种步行系统扩展为整个城市的步行体系。

1960~1970年代欧美许多新城建设都采用人车分流的立体布局方式,在城市交通方面大力发展公交系统,并且采用下沉式等等手法和城市中心区保持便捷联系。英国胡克(Hook)新城的规划使整个城市具有完整的步行系统,用来联系中心区和周围的住宅区,城市中心为线性的步行系统,城市主要交通干道从步行甲板下面穿过。巴黎的德方斯新区A区是高效的现代化综合贸易中心,A区

中央是占地 48 公顷的步行广场,广场下面是城市交通道路。欧美的这种车行系统和步行系统的交融,保证了城市环境的整体效果,也保证了商业等部门的经济效益。在我国一些城市商业集中地段,如郑州二七广场、上海南京路与西藏路交叉口——都通过空中走廊连接周围的大型商场和商厦,初步形成了空中步行系统。

3. 各类空间互为依存的条件,功能上需要相互匹配,交通对于各类城市空间的相互联系具有重要作用

各类城市空间具有不同的功能,在分布上各有一定的要求和规律,但是相互之间需要紧密联系,主要依靠交通系统承担。因此交通系统成为支撑城市的骨架和连接城市的脉络,必须互相匹配,并且随着发展不断调整、改善。

① 交通空间为城市居民的各种活动提供必要条件　城市形态的演变与交通的发展也密切相关。交通干道和枢纽要避免有大量人流集散的建筑,以免影响交通。同时要注意优化城市交通条件,并且创造良好的城市环境。

城市空间需要在以下几个方面配合建筑:交通、停车、通风采光、安全、休闲、观赏等。当建筑类型不同时,又特别需要其中的某些要求,需要城市空间密切配合。

② 商业服务类建筑、文娱体育类建筑、行政类建筑　需要城市空间要特别注意满足交通、机动车和自行车的停放、安全隔离、市民休闲、观赏等要求。

③ 居住类建筑　城市空间要特别注意满足通风采光、安全隔离、居民交往等要求。

④ 教育类建筑　城市空间要特别注意满足安全隔离、与城市交通干道之间的缓冲等要求。

⑤ 医疗类建筑　需要城市空间要特别注意满足交通、安全隔离等要求。

⑥ 市政工程类建筑　需要城市空间要特别注意安全隔离等要求。

三、城市交通建设与城市发展的协调配合

1. 城市交通建设规划的重要性及其应该遵循的原则

城市建设与发展交通需要先行。做好城市交通规划,交通网建设先行,是

城市发展的先决条件。道路网是城市骨架,一般是先修通重要道路,后建房屋和公共建筑。欲建城市或者城市大规模扩建,道路网合理规划建设至关重要,它可以保证城市各项活动正常运转,否则后患无穷。

城市交通系统规划,特别是城市道路系统规划,应该遵循以下原则:

首先要考虑与城市用地规划相结合。单纯的土地使用规划难以保证交通的合理性,而城市交通系统规划也难以体现总体规划的意图,致使土地利用(功能区布置)与道路系统、交通组织脱节,现状城市中的许多交通困境多是由此产生的。同时,从规划布局着手解决交通问题往往可以事半功倍。例如城市建成组团式多中心格局可以大大减少跨区交通量,大幅度缩短出行距离,并使交通均衡分布。

其次,处理好城市布局结构与道路系统的合理关系。按照不同的交通需求和不同性质交通的功能要求,合理布置不同类型和功能的道路,组织好组团内的交通、跨组团交通、生活性交通,形成道路系统与功能区规划结构的合理配合关系。

再次,各空间层次之间的交通要有机配合和连接。市际交通与市区交通的衔接,中心城与其周围影响区域的联系,市内交通之间的联系。此外还应考虑与大交通的衔接配合(铁路、空运、水运)。综合考虑城市与所在区域、近期与远期、局部与整体、客运与货运等方面的关系。

2. 交通网络建设布局与功能区配合的主要方面

随着经济社会发展,机动车普及,城市交通的内容更加广泛。对于城市交通系统建设以及道路网改造应该从城市总体布局的高度和广度出发,既要保证城市交通运输通畅、经济、合理,又应做到交通建设与城市发展紧密配合。必须处理好以下关系:

① 主要交通干道先行开拓建设,形成骨架,逐步充实、改造、提高,形成合理的道路系统。

② 城市各功能区之间,如市中心、工业区、居住区、车站、码头等都应有便捷交通联系。

③ 通向城市各组成部分要有必要的干道数。还要注意城市对外交通联系

保有机动性和留有发展余地。

④ 在道路系统规划中应该保留必要的自行车道、步行街。

⑤ 从交通组织着眼,对于城市布局不合理现象采取对应措施加以扭转。如按照"住职就近"安排工作,错时上下班,适度分散商业中心,减少交通流。

⑥ 交通干道系统的规划用地和两侧的建筑必须严格控制。特别要严格控制将会为主干道带来大量人流和车流的公共建筑。

⑦ 大力发展公共交通。为了扭转私人小汽车过度膨胀引起的交通严重拥堵,需要采取积极重大措施,大力发展公共交通,在地面大力推广公交专用道,大力建设以地铁为主体的轨道交通系统。

⑧ 要为日常组织和管制交通创造良好条件。

第二节 城市空间结构演变与城市交通协调发展

一、城市空间结构演变及其与城市交通的关系

1. 引言

城市空间结构决定城市交通源、交通量、交通方式及路网布局;而城市交通系统布局则引导城市空间结构发展方向,这两者是相互作用、相互反馈的关系。但在以往的研究中,关于城市交通对城市空间结构作用的研究较多,而城市空间结构对城市交通作用的研究甚少。在此重点阐述城市空间结构变化对城市交通的作用。1980年代以来随着大城市郊区化加速发展和旧城改造大规模开展,城市空间结构发生了重大变化,对城市交通正发生日益重要的影响。

根据社会生产力发展水平和城市自然社会经济特征,城市空间结构可分为单中心、多中心和网络型3种演变类型。不同类型的空间结构对城市交通影响不同。现阶段,我国大城市空间结构正处于由单中心向多中心转变时期,集聚与扩散并存。大城市中心城过分集中给城市交通及生态环境等带来诸多问题,需要加速调整城市空间结构,疏解大城市中心城过度集中状况,解决中心城发展空间不足、生态环境恶化问题,也是解决大城市中心城交通问题的根本措施。

2. 城市空间结构演变类型

城市空间结构受社会生产力发展和城市自身自然社会经济因素的影响,形成3种空间结构类型:即单中心集中型结构、多中心空间结构和网络化空间结构。不同的城市空间结构对城市交通具有不同的影响。

(1) 单中心集中型结构

城市只有一个中心,城市空间发展沿建成区边缘向外摊大饼扩展,或沿主干道(或河流)延伸成带型结构,均属单中心集中型结构。国外发达国家在20世纪上中叶以前,我国在1980年以前城市空间发展主要属于此类型。在城市处于中小规模时,单中心类型具有其合理性。城市集中紧凑布局具有许多的优点,可以节省用地,节约能源,防止城市蔓延。对城市交通发展来说,有利于发展公共交通,且可缩短上下班距离。但当城市规模较大时,产业和人口过分集中,则将产生一系列的城市问题,如交通拥堵,地价高昂,发展空间狭窄、拥挤,生态环境恶化。国内外城市发展历史充分证明了大城市过分集中所带来的诸多弊端。从城市交通来说,由于交通流过分集中而道路停车场地受用地限制,建设困难,形成交通需求与供给尖锐矛盾,交通问题十分突出。

(2) 多中心空间结构

19世纪末至20世纪初,随着科学技术和生产力的迅速发展,世界上许多大城市迅速膨胀和高度集中,由此带来一系列的"城市病"。在上述城市社会经济背景下,人们努力寻找大城市的出路。早在19世纪末英国人霍华德提出的"花园城市"的理论,即是一种防止大城市过分集中的理想化的规划理论。后来,英国和法国规划师先后提出建设郊区卫星城的理论,1945年城市地理学家哈里斯(C. D. Harris)和乌尔曼(E. L. Ullman)提出了城市多核心模式,与此同时,伦敦、巴黎、莫斯科等城市进行了郊区卫星城的规划和建设。但早期的大多数卫星城距主城太近,规模太小,功能不配套,属主城的卧城,因此卫星城的建设没有起到分流主城的作用,反而增加了通勤人口,加重了中心城的交通压力。

长期的实践使卫星城规划理论和建设逐步成熟。自1960年代以来,在伦敦、巴黎、莫斯科和东京等城市开始应用多中心理论来指导规划实践,在郊区建设新城(反磁力中心或副中心),其基本观点有以下3点:首先,卫星城距主城不宜太近,规模不能太小,有比例相当的工业和居住区,有成套的生活服务设施,为当地居民创造良好的就业机会和生活环境,使卫星城具有较强的独立性;其次,对主城应有严格的控制,避免摊大饼蔓延,主要措施是建立绿带;第三,中心城与卫星城之间应有快捷大容量的公共交通,加强中心城与卫星城间的联系。

经过长期的建设实践,现阶段国外不少大城市已经基本形成多中心的空间结构和相应的交通网络。多中心结构是一种平衡发展的结构,对改善城市布局,减轻中心城的交通压力起到重要的作用。

(3) 网络化空间结构

当前,世界经济发达国家已经面临信息社会的到来。我国现阶段仍处于工业社会,但在经济发达的大城市,信息产业在国民经济中比重正迅速提高,信息技术在各种产业和人们社会生活的应用日益广泛,网络化结构是未来城市空间结构的发展趋势。现阶段一些经济和技术发达的国家,某些大城市如东京已将网络空间结构作为城市规划的目标。在信息社会,信息化是城市发展的原动力,准确快捷的信息和通讯网络,使交通可达性因素对产业区位作用在减弱,虽然现代城市交通在信息社会中仍不可被代替,但其地位在下降。信息社会的网络化特征,将改变传统城市竖向空间结构的特征,城市土地利用强度不再是由里向外递减,中心区产业和人口密度将下降。对可达性要求很高的商务、商业活动及其他办公业务,将不再都集中于 CBD。大城市内部空间结构从整体上将趋于分散化、均衡化,这将从根本上消除大城市中心区交通拥堵、环境恶化的状况。信息社会生产的无害化、轻型化以及小型化特征,将为生产、流通、办公、居住等多功能的兼容性提供可能,这将导致多功能综合性社区的形成,大规模的通勤人流将不复存在。

二、我国大城市空间结构存在的问题

改革开放以来,我国城市化进程加速发展,与此同时,在经济发达的大城市内部,空间结构也发生急剧变化,但我国大城市历史上形成的单中心空间结构,产业和人口过分集中及郊区城镇过于分散的状况尚未发生根本变化。

1. 城市中心区产业和人口过分集中

当前,我国大城市中心城产业和人口过分集中的问题仍相当突出。如北京市中心城区土地面积占全市土地面积8.2%,而行业人口占61.4%,总人口占62.7%。中心区土地面积占全市0.5%,二、三产业行业人口占13.3%,总人口占15.6%,人口密度高达2.43万人/平方公里(五普人口),其中某些街道的人口密度更高,如崇文区天坛街道高达5.3万人/平方公里,宣武区椿树街道4.98万人/平方公里,还有一些街道人口密度超过4万人/平方公里。其他一些大城市如天津、上海、广州等城市中心城的产业和人口也相当集中(表4—1)。

表4—1 京、津、沪、穗4市产业、人口分布状况

城市区域名称		国土面积比重(%)	二、三产业行业人口比重(%)	采掘、制造、建筑业行业人口比重(%)	第三产业行业人口比重(%)	总人口比重(%)	人口密度 人/km²
北京市	市域总计	100.0	100.0	100.0	100.0	100.0	807.3
	(1)中心城	8.2	56.6	58.7	55.8	62.7	6 207.0
	中心区	0.5	13.3	10.7	14.4	15.6	24 282.0
	中心外缘区	7.7	43.3	48.0	41.0	47.1	4 979.7
	(2)近郊区	44.5	19.4	29.9	15.2	27.1	487.1
	(3)远郊区县	47.3	24.0	11.4	29.0	10.2	174.6
天津市	市域总计	100.0	100.0	100.0	100.0	100.0	839.7
	(1)中心城	17.4	65.9	65.1	66.7	56.7	2 732.3
	中心区	1.4	46.7	42.6	50.5	39.0	23 263.6
	中心外缘区	16.0	19.2	22.5	16.2	17.7	928.8
	(2)滨海区	18.9	15.0	15.0	15.1	11.4	504.4
	(3)远郊区县	63.7	19.1	19.9	18.2	31.9	421.0
上海市	市域总计	100.0	100.0	100.0	100.0	100.0	2 587.8
	(1)中心城	12.8	56.3	49.0	59.6	56.9	11 490.7
	中心区	0.8	11.8	8.9	13.2	12.6	40 135.8
	中心外缘区	12.0	44.5	40.1	46.4	44.3	9 548.9
	(2)近郊区	19.7	21.6	19.3	22.6	19.5	2 567.4
	(3)远郊区县	67.5	22.1	31.7	17.8	23.6	905.2

续表

城市区域名称		国土面积比重(%)	二、三产业行业人口比重(%)	采掘、制造、建筑业行业人口比重(%)	第三产业行业人口比重(%)	总人口比重(%)	人口密度人/km²
广州市	市域总计	100.0	100.0	100.0	100.0	100.0	1 337.3
	(1)中心城	19.4	66.2	55.2	76.4	62.2	4 281.7
	中心区	1.7	26.6	16.9	35.6	26.3	20 341.3
	中心外缘区	17.7	39.6	38.3	40.8	35.9	2 715.1
	(2)市郊区、市	80.6	33.8	44.8	23.6	37.8	627.8

资料来源：根据2000年第五次人口普查数据整理，其中行业人口为10%抽样统计。

注：各市行政区划说明：

北京市：中心城包括东城、西城、崇文、宣武、朝阳、海淀、丰台、石景山共8区，其中前4区为中心区，后4区为中心边缘区。近郊区包括门头沟、房山、通州、顺义、昌平、大兴共6区；远郊区县包括平谷、怀柔、密云、延庆4区县。

天津市：中心城包括和平、河东、河西、南开、河北、红桥、东丽、西青、津南、北辰共10区，其中前6区为中心区，后4区为中心边缘区；滨海区包括塘沽、汉沽、大港3区；远郊区包括武清、宁河、静海、宝坻、蓟县共5区县。

上海市：中心城包括黄埔、卢湾、静海、虹口、徐汇、长宁、普陀、闸北、杨浦、浦东新区共10区，其中前4区为核心区，后6区为中心边缘区；近郊区包括闵行、宝山、嘉定3区；远郊区县包括金山、松江、青浦、南汇、奉贤、崇明共6区县。

广州市：中心城包括东山、荔湾、越秀、海珠、天河、芳村、白云、黄埔共8区，前4区为中心区，后4区为中心边缘区；市郊区为番禺、花都、增城、从化。

如天津市中心区人口密度为2.33万/平方公里，上海市中心区为4.01万/平方公里，广州市中心区为2.03万/平方公里。

与世界上几个国际性大都市相比，可看出我国京、津、沪、穗四市人口密集状况。众所周知，纽约、巴黎、东京等城市是世界上人口密度很高的城市，据1990年资料，纽约曼哈顿区(70平方公里)人口密度20 237人/平方公里，巴黎市区(105平方公里)人口密度20 476人/平方公里，东京市区(390平方公里)人口密度13 800人/平方公里。相比之下，我国京、津、沪、穗中心区人口密度均高于上述3市，其中上海市中心区要高出2~3倍。

应该指出,以上京、津、沪、穗4市人口密度系常住人口密度,实际上由于城市中心区不但是人口居住集中地,也是第三产业的主要分布地,白天有大量人流到中心区上班、办事、购物,如果考虑到通勤和流动人口,则白天人口密度将更高。

从人均用地状况也说明了中心区集中的程度。我国城市建设用地国家规定指标:一级(下限)60.1~75 平方米/人;二级(中限)75.1~90 平方米/人;三级(上限)90.1~105 平方米/人(含停车场)。而京、津、沪、穗4市中心区人均实际用地依次为 41 平方米/人、43 平方米/人、25 平方米/人及 49.2 平方米/人,分别只及国家城市建设用地指标下限的 54%~68%、57.3%~71.7%、33.3%~41.7%及 65.6%~82.0%。可见其空间拥挤程度。

2. 中心城区在地域上的集聚——摊大饼扩展

中心城摊大饼扩展是城市集中发展在空间形态上的表现。1980年代以前我国大城市空间发展主要采取这种形式。1980年代以来在郊区化过程中,中心区人口外迁主要在近郊,由于对中心城地域范围缺乏有效的控制,以致近郊发展起来的新居住区逐渐与中心城建成区相连,形成更大的大饼。例如北京早在1950年代就规划建设郊区10大边缘组团,1982年北京城市总体规划再次重申这一规划原则,但因缺乏与中心城的隔离措施,现多数边缘组团已与中心城相连。类似的问题在天津、上海和广州也同样存在。因此,1980年代以来中心城仍继续摊大饼向外扩张。如上海市建城区1986~2001年15年间共扩大2.73倍,同期广州市扩大2.30倍,北京市扩大2.05倍,天津市也扩大1.5倍。建成区扩张规模大于1980年以前,如北京市1949年建城区面积仅109平方公里,至1978年建成区面积340平方公里,29年间年均扩大8平方公里,2000年建成区面积扩大到781平方公里,1978~2001年23年间年均扩大19平方公里,建成区年均扩张规模是1978年以前的2倍,城市建成区无限扩张给城市交通和环境带来了一系列的问题。

综上所述,通过对京、津、沪、穗4市中心区产业和人口分布状况的分析,说明这些城市目前中心区仍过分集中,虽然多年来各市在改善城市布局方面作了很大的努力,有大量工业和人口外迁,但与这种努力相比,中心区产业和人口密度下降得比较缓慢,如北京市中心区 1982 年人口密度为 27 029 人/平方公里,2000 年人口密度下降为 24 282 人/平方公里,18 年间每平方公里人口密度下降只有 2 747 人,平均每年下降 153 人/平方公里。究其原因主要有以下几点:①1980 年代以来中心城功能实行"退二进三"政策,搬迁出第二产业,发展第三产业,实行城市功能置换,这无疑是正确的,但第三产业也不能无限制在中心区发展。改革开放以来,新兴第三产业发展迅速,如商务、办公、金融、贸易、信息咨询、房地产业、高级商业等,这些行业要求较高的可达性区位条件,大都摆在城市中心区,与此同时,原来老第三产业也继续发展。第三产业开发密度比第二产业还高,并引来更多的流动人口,增加了中心区的人口压力。②当前旧城改造中房地产开发一般由开发商承担,开发商为了追求过高的回报率,往往违规增加建筑密度或楼层层数,使容积率超标的现象甚为普遍,因而在一些地段建筑密度不但没有降低反而提高了。③城市中心区人口外迁缺乏统筹规划和布局,郊区居住区建设多在近郊区,加上缺乏对建成区蔓延的控制措施,以致建成区不断外扩,形成更大的大饼。④郊区城镇在就业、上学、医疗、购物和城镇设施等方面条件不如中心城,吸引力差,未能很好起到分流中心城产业和人口的作用。由于上述诸方面原因,以致中心城人口和产业密度下降比较缓慢。

3. 郊区城镇规模小,经济实力及城镇设施水平较低

郊区卫星城少数人口规模较大,如塘沽 44.5 万、宝山 34 万、大港 27.5 万、通州 26 万,但大多数卫星城人口在 10 万上下。

目前卫星城普遍存在的问题是经济实力不强,就业岗位不足,教育、医疗水平较低。在卫星城工作者,大都不愿在当地落户,每天长距离通勤上班,增加了城市交通压力。即便像塘沽这样大的卫星城,目前仍有一半的从业人员居住中心城,每天通勤上班,相距 45 公里,路上往返约 4 小时。广州经济技术开发区(黄埔),距中心城 27 公里,大部分人也仍居住中心城。北京亦庄经济技术开发区 2002 年从业人员已达 4 万多,但在此落户人口只有 3.7 万(五普人口)。

至于郊区建制镇规模也多数较小,如北京建制镇 131 个,平均每镇人口 2.47 万人,天津建制镇 102 个,平均人口 2.69 万,上海建制镇 201 个,平均人口 3.9 万人,广州建制镇 79 个,平均人口 5.6 万人。应该指出,上述人口并不是集

中在镇驻地,而是分散在镇域内的居委会中,实际的人口分布比较分散。此外1980年代以来大量新建的开发区、居住区,其中除了少数较大设立建制镇外,绝大多数均形不成建制镇,分散蔓延于广大郊区中。

三、城市空间结构状况给城市交通发展带来的问题

综上所述,目前我国大城市中心城区过分集中,而郊区过于分散,这种城市分布格局,给城市交通发展带来诸多不利的影响。

1. 中心城过分集中对城市交通的不利影响

(1) 中心城过分集中导致交通流量的过分集中

单核心的城市形态必然导致大量车辆涌入中心城。例如北京在1990~2001年,市区交通流量平均每年递增超过15%,在高峰时,二、三、四环路平均每小时每车道通过1 666~2 166辆汽车,接近甚至大于高速公路的饱和汽车量。截至2002年底,北京地铁的运营创造了满载率和单车年均载客量的两项世界第一。大量交通量集中于中心城给城市交通带来巨大的压力,目前全市道路90%以上处于饱和和超饱和状态,早晚流量高峰期,整个城区的道路基本处于拥堵状态,交通拥堵的点段达65处,特别是二、三、四环和各环路间的联络线。

(2) 中心城向外摊大饼或带状蔓延对城市路网的影响

过分集中的城市布局,必然形成摊大饼的布局形态,而摊大饼的布局形态,通常只好采用放射+环状的路网格局。在国外许多大城市随着城市布局的改善,环路建设已越来越少。放射+环形路网存在如下问题:①放射交通线将交通量引向市中心,增加市中心的交通压力;②交叉路口多,极易造成车辆拥堵。如北京已建成的五环路全长近100公里,大小立交桥多达70余座,由于大多是全立交,对交通影响较小,而二环至四环路由于受建设条件限制,不少路口是平交或半立交,这是中心城交通堵塞的重要原因之一。

(3) 中心城空间狭小、用地紧缺,给交通建设带来困难

大力发展运能大、速度快、噪音和污染小的城市轨道交通系统,是解决大城市交通问题的重要途径,但在人口密集的中心城只好建设耗资巨大的地铁。在北京建设每公里地铁的基建投资约需7亿~8亿元,而在郊区则可采用地上轨

道或大容量快速的公交系统,其建设投资分别只及地铁的 1/7 和 1/10。其次,中心城受用地供求矛盾的制约,停车场建设也很困难。据对北京、深圳、上海和青岛等城市的调查,停车位的满足率只有 20%,这固然与城市规划考虑不足有关,但用地紧缺、建设费用高昂也是重要原因。按国家规定,停车场用地总面积按规划人口每人 0.8~1.0 m² 计算,一个 100 万人口的城市,仅停车车位的建筑面积就需 80 万~100 万 m²,这在寸土寸金的中心城,停车场建设必然要付出巨大代价。

2. 郊区城镇过于分散对城市交通的不利影响

分散蔓延是城市郊区化过程中普遍存在的问题。产业和人口分布过于分散,不但浪费土地资源,消耗能源,也极不利于城市公共交通的发展。公共交通发展需要足够的且相对稳定的乘客客源,如人口密度太低,或城镇人口规模太小,没有足够的乘客数量,公共交通的运营就难以维持,尤其是对大容量的轨道交通影响更大。国外有研究者提出人口密度或建筑密度对城市交通的影响,我国应根据本国的实际、研究不同交通方式与人口密度(建筑密度)或城镇人口规模的关系,以减少郊区交通网建设中的盲目性。

四、开展市域城镇空间规划,改善城市交通环境

城市交通问题涉及的面很广,既有城市路网布局、交通方式、交通管理等交通自身的问题,也有城市布局、管理体制及市民的交通意识等方面的问题。因此治理城市交通要采取综合措施,这里仅从调整城市空间布局方面提出一些基本对策。

1. 建立多中心城镇结构,疏解中心城过度集中的产业和人口

如前所述,近半个世纪以来,国外许多大城市通过建立多中心结构,改善城市布局,分散中心城功能,这不但改善了城市生态环境,并从根本上缓解大城市的交通难题。我国自 1980 年代以来,随着城市化的迅速发展,也已认识到城市过分集中带来的问题(包括交通问题),并从规划和实践上控制中心城,发展郊区城镇,改善城市布局。但因措施不力,目前许多大城市空间布局仍存在许多问题,多中心结构尚未建立起来,需要采取强有力的措施。

2. 分散中心城功能，控制中心城摊大饼发展

应继续疏散中心城工业，将那些污染扰民、占地多、运输量大的工业逐步搬出，适量发展轻型、无污染的城市型工业和第三产业。第三产业也不应无限制发展，尤其是中心区，应有选择地发展。一些对可达性要求高的新兴第三产业，如商务、金融、咨询、信息、高档商业等可摆在中心区，其他适宜分散的产业应分散分布。中心区的居住功能也不应过分集中。要研究中心城和中心区人口合理容量问题，如有的研究，通过对南京市主城用地潜力的分析和人口发展预测，提出主城人口发展合理容量及实施措施。再如上海市中心城（外环线以内）人口已达911万，人满为患，目前地价昂贵，交通问题很突出。上海市提出在未来17年内，通过在郊区建设新城等疏解措施，将中心城人口控制在800万人以内。

其次要严格控制中心城摊大饼发展，根据国内外成功经验，防止摊大饼的有效方法是在中心城周边建立绿化隔离带。近年来，我国一些大城市也开始建设绿带，今后应加强监督，绿带应受法律保护，侵犯绿带要受法律的惩罚。但为了减轻建设绿带的经济负担，在绿带内可适当建设一些休闲娱乐设施。

3. 大力发展郊区卫星城和中心镇

如前所述，我国大城市郊区城镇，经过多年来的发展，现已形成一定基础，郊区城镇分布的框架已基本形成。但目前发展不平衡，少数城镇已形成较强经济实力和较大人口规模，在分担中心城压力方面已起到一定作用，但多数城镇经济实力不强，人口规模不大，城镇基础设施和服务设施较差，吸引力较小，需要大力发展。

首先应加强卫星城的经济发展，这是卫星城发展的决定性条件，只有强大的经济实力，才能为城镇发展提供坚实的物质基础，提供更多的就业机会，起到反磁力中心的作用。要将中心城外迁工业企业和人口与卫星城发展结合起来，根据外迁企业性质和布局要求，迁到相关的卫星城中去，既可增强卫星城经济实力，也可避免郊区工业分布过于分散。

在服务设施建设方面应重点加强教育和医疗方面的建设，大力提高教育水平和医疗水平，这是增强卫星城吸引力的重要条件。

卫星城建设应有重点，集中力量建设几个经济实力较强、规模较大的新城。

如上海市今后将重点发展松江、临港和嘉定——安亭三个新城,大力建设一些重大的产业项目和市政基础设施,其中临港将建成上海中心城的辅城,成为上海未来城市新的发展空间。

除了发展卫星城外,要改善郊区建制镇过于分散的状况,通过规划建设,重点发展地方中心镇,增强经济实力和人口规模,是郊区多中心城镇体系建设的重要环节。

4. 优先发展快速、大容量的公共交通,将中心城、卫星城和中心镇连接成多中心城镇体系

便捷、快速、安全的交通条件,是多中心城镇空间结构形成和发展的重要条件。快速大容量公交包括地铁、轻轨、快速公交系统(BRT)和高速公路。要根据客源和交通建设条件,采取不同的交通方式,并将各种交通方式衔接起来。例如中心城的地铁要与郊区的轻轨连接起来,并向外延伸到周围的卫星城。

五、城市多中心结构的几种规划模式

根据城市自然条件、历史发展基础和社会经济因素的差别,多中心结构可采取不同的规划模式,主要有圈层式多中心结构,分区平衡结构以及发展轴组团结构等。

1. 圈层式多中心结构

城市地处平原地区,城市空间发展不受地形、河网阻隔,市域社会经济条件差异较小,交通网分布较均匀,中心城向四周扩展,郊区城镇环绕中心城发展,由放射加环形路网将城镇连接起来,形成圈层式多中心结构。

北京市域城镇空间分布可视为这种结构的较典型例子。北京历史上城市空间发展呈圈层结构,目前在郊区已形成内外两个城镇圈,内圈由10大边缘组团组成,即清河、北苑、酒仙桥、东坝、定福庄、垡头、南苑、丰台、石景山、西苑。现已建成的五环路将这些组团串起来。由于以前与中心城缺乏隔离措施,现大多数组团已接近中心城建成区。北京外圈城镇由各区县驻地组成,即昌平、顺义、通州、大兴、房山和门头沟。规划建设的六环路将把这些城镇连接在一起。北京向外辐射的多条高速路分别通过这些城镇,交通四通八达。

在国外,伦敦城镇空间分布也属圈层式多中心结构。大伦敦地区经过长期的发展,在其周围现已形成许多新城,如克劳莱、贝雪尔顿、哈罗、赫德菲尔德、威尔文花园城、汉密尔、汉泼斯坦、斯蒂文内琪、勃莱克耐尔等。

圈层式多中心结构随着城市空间发展条件或因素变化,城镇空间平衡发展的格局可能被打破,而沿着有利于城镇发展的空间发展。如北京市目前西部和北部的发展空间已有限,而东部、南部则发展空间广阔,对外交通方便,今后将是北京主要发展的方向。

2. 分区平衡结构

这是体现多中心结构的一种规划思想和规划方案。其基本规划目标是从市域范围内,依据各地区基本条件,制订城市土地利用分区方案,拟定各区产业、人口和城镇发展和布局,以求得各区在生活、工作和游憩等方面的平衡,从而达到全市平衡发展。当然所谓平衡不可能是绝对的,这只是规划努力的方向。

在国外,前苏联莫斯科1971年制订的城市总体规划方案即体现这种规划思想。规划将全市划分为8个综合规划区(片),克里姆林宫、红场所在地区为核心区,其余7个区环绕核心区四周,每区人口60万~100万,各区建设有市级的高等级服务设施和公共中心,规划要求各区自成体系,各具特色,为各区居民创造就地工作和居住的条件,形成既独立又相互联系的结构体系。全市规划设2条绿化环带和6条楔形绿带,保证各区有良好的生态环境。在上述规划的指导下,莫斯科的城市建设取得了显著进展,市中心区的人口趋于减少,郊区得到发展,环境改善,公共交通比较方便。自上世纪80年代中期以来,根据城市人口的增长和经济体制等方面的变化,当地政府采取各种措施,寻找新的分区平衡发展。

我国自1980年代以来,随着大城市郊区化的迅速发展,城市区域化趋势日益显著。为适应客观发展的需要,许多城市开展城市体系规划,并在规划内容上有所拓展。开展了空间发展规划,力求明确区分出鼓励、引导、控制、限制或禁止开发的区域,在此基础上进行市域及分区城镇体系规划,拟定城镇功能定位、发展规模和布局,这种规划实际上体现了分区平衡的规划思想。

3. 发展轴组团结构

轴线组团结构是多中心结构的另一种规划模式。它以主干快速交通线为轴线,城镇沿轴线组团式布局,形成葡萄串式的形态。较大的城市通常都有数条向外辐射的发展轴线,因而也形成数条向外伸展的轴线城镇组团。

在国外有的大城市采用这种布局形态。如早期丹麦哥本哈根编制的"指状规划"及瑞典斯德哥尔摩编制的"星状放射规划",均属这种规划模式。美国首都华盛顿于1962年提出了"放射形长廊规划",以现有城市为中心,向外建设6条主要的放射交通线,即长廊地带。这些长廊宽6.4～9.6公里,长32～48公里,在长廊地带上隔一定距离建设一个居住区或卫星城,规模大小不等,这些长廊可安排500万居民。规划同时强调控制中心城,长廊与长廊间留作绿地或农用地。

我国目前尚未形成发展轴组团结构的较典型城市,广州可视为采取这种规划方案的城市,现尚处于实施阶段。广州市早期是沿珠江发展的带形城市,1980年代以来,为了改变城市过分集中的布局,城市开始向北花都、向东黄埔和向南番禺南沙3个方向发展,以高速公路、地铁和轻轨为轴线,在轴线上建设城镇。

发展轴组团结构的优点是城镇发展与交通的结合更加紧密,有利于改善城市交通条件。其次,在发展轴之间形成的楔形绿地可深入到中心区,有利于改善中心区的生态环境。但应采取有力措施,防止轴线上的城镇间相连和各轴线之间绿地被蚕食。

4. 改善公共交通站点地区布局

上述多中心规划系从市域层面上构筑城镇平衡发展,避免中心城过分集中,而公交站点地区规划则是通过站点地区功能合理组合,适度集中,为居民提供良好的工作、居住环境和方便的出行条件,也为公交运营提供充足客源,将城市发展与交通发展紧密结合起来,是目前国外较流行的规划理论,近年来我国城市规划界也开始关注此问题。作为公交站点,是人流的集散地,为方便人们购物、商务活动以及居民出行,在公交站点周围步行范围内(或区内公交联络线,自行车),集中布置商业、商务、居住,构成公交站点地区的核心区,在核心区外依次布置休闲娱乐设施和城市型制造业,尽可能为当地居民创造工作和游憩条件。在布局上,核心区实行高密度开发,将节省的用地用于绿地建设,由核心区向外,土地开发密度渐次降低。

公交站点地区规模大小取决于公交站点不同类型,大型综合交通枢纽站地区或卫星城站点地区规模较大。如北京西直门综合交通枢纽,改造后将国铁(北站)、地铁、轻轨、多条公交车站集于一地,每天有大量人流集散,城市规划将以枢纽站为核心,提高土地开发强度,目前各项城市功能正与枢纽站建设同步进行,在枢纽站周围合理布置商业、商务、公园区、居民区、科技园区。

据报道国外关于公交站点地区规划实施取得良好效果,除了合理开发利用公交站点地区宝贵的土地资源、改善居民出行条件和生活居住条件、增加绿地外,对促进公共交通的发展,也起到重要的作用。由于乘公交车较方便,使区内居民乘公交车人数上升,是一般社区的4倍,乘小车的人数下降,有力地支持公共交通的发展,步行与自行车使用量是一般社区的2倍。

第三节 典型城市天津的交通与城市发展

一、天津城市布局的问题

天津城市最早是沿海河布局,八国联军入侵后,城市被分割为九国租界,城市布局变得支离破碎。解放后,从1950年开始进行总体规划,着手对旧社会遗留下来的破烂摊子进行改造。但由于天津的隶属关系几经变化和其他种种原因,总体规划长期没有确定,整个城市建设仍然盲目性很大。"文革"时期,城市规划陷入停顿,1976年唐山大地震,使得之后的几年里城市布局更加混乱,可以说是旧伤未愈,又添新痕。进入20世纪80年代,天津城市的布局不合理状况仍未得到改善,突出表现在:一是工厂包围住宅,住宅包围工厂。市区1 000多个居民委员会界内都有工厂,生产和生活互相影响,工厂污染扰民,住宅密集制约工厂的发展。二是不同行业的厂点混在一起,同一行业的厂点又分散四方。一个工业区内既有要求净化的工厂,又有排放大量烟尘的企业。纺织行业的纺和织大部分在市区的东南部,而染和整则分散在市区的西北部和东北部,前后工序被割裂,穿越市区往返运输。三是城区用地十分紧张,郊县大片荒滩闲置未用。全市40%的人口居住在1.5%的土地上,而海河下游地域广阔,适于建设工厂,却没有很好开发。四是道路主要沿着海河两岸与河道平行及垂直,道路尚未形成较完善的路网系统,道路负荷接近了极限,1984年当时的交管部门的一份调查资料表明:交通高峰时,全市主要干线122处路口严重堵塞,交通干线机动车平均时速不到10公里,仅为经济时速的17%,出现了自行车比汽车快的怪现象。

二、天津城市交通与城市空间布局协调发展的分期阐述

1. 第一阶段——交通适应城市的发展

1980年代中期,天津市的国民经济进入了快速发展阶段,交通设施的落后与交通需求的增长之间的矛盾日益突出,日益恶化的城市交通给经济发展、城市建设和人民生活造成了严重的影响。

1985年天津市政府颁布了《关于综合治理城市交通的决定》,提出"平衡、限制、疏导城市交通总量,谋求城市交通建设与交通需求之间的相互协调,逐步建立起以城市公共交通为主、个体交通为辅、快速交通为骨干与多种常规交通相结合的现代化城市综合交通系统"的总体发展战略,这是首次在天津提出综合治理交通的口号,标志着天津城市道路交通建设进入适应城市发展的阶段,开始纳入科学的发展轨道。

1986年天津市总体规划编制完成,面对城市中心区居住和工业布局混杂、环境差、交通不畅、用地紧张等种种问题,防止城市无序蔓延式发展,规划确定了"一条扁担挑两头"的城市布局结构,首次明确了天津的城市空间结构由单核心向双核心发展,提出了"全市工业布局向沿海地区转移"的重要思路,交通规划是按铁路、公路、港口与内河航运、民航、城市道路交通、城市公共交通等六个专项,面对城市发展对交通需求的增长,确立了"三环十四射"的市内道路框架。干道系统主要由内、中、外三个环线和东南、西北两个半环,以及十四条放射形干线组成。其中中环线的建设就是交通适应城市发展的实例。随着中环线的建成通车,长期被河流、铁路分割的地域连成一个整体,提高了过去长期交通闭塞地区的区位优势,强化了城市的整体性,扩展了城市用地范围,为旧市区改造、工业布局的调整,提供了宝贵的土地资源。中环线的建成还促进了沿线的土地开发,带动了产业结构的调整,促使大量的市中心区人口向市区外围转移。

1986年总体规划的交通专项虽然基本包括了对外交通和城市交通的各个专项,但当时由于条块分隔,各个专项自成系统,相互之间缺少衔接,没有体现综合交通规划的特点。同时还属于计划经济的模式,对规划的实施考虑较少,使得1986年总体规划的交通各专项提出的许多目标都没有实现。但是86年版总体规划中的交通规划对1986~1996年10年间的交通基础设施的建设起到了规划控制引导的作用,其间依据总体规划编制了《天津港总体布局规划》,这是我国第一部海港总体规划。规划明确提出天津港是首都的海上门户,担负着京津地区和华北、西北部分地区进出口物资吞吐、中转任务,是我国以外贸和杂货为主的主要港口之一。另外编制了《天津铁路枢纽总体规划》,提出了如京山三线、东南环线等对天津铁路枢纽功能具有重大作用的规划内容。

到1994年底,除个别射线外,"三环十四射"路网骨架逐步形成,道路设施的整体供给能力全面提高,初步解决了城市各区被河流、铁路分割的局面,使市区路网形成一个有机整体,基本消灭了定时阻塞路口,机动车平均车速提高近40%,非机动车平均车速提高近15%,使"自行车比汽车快"的现象得到基本改变,交通建设基本适应了城市的发展。

2. 第二阶段——交通与城市的发展相协调

进入20世纪90年代中期,天津市进一步加大了对交通等基础设施的建设,围绕着建设北方经济中心、现代化国际港口城市的战略目标。建立以港口为中心、海陆空一体化的立体交通运输网络,扩建和完善铁路枢纽,提高枢纽到达与通过能力,与国家联合建设铁路东南环线,配合国家改造津蓟铁路、建设北塘西编组站和京沪高速铁路天津段,并改造和扩建天津西客站,改扩建地方铁路多条。按照国家公路网规划,开始建设连接北京、沈阳、山东、河北等省市的高等级公路天津段,形成以高等级国道为主干,市级干线为骨架的公路网,建设公路客货运输枢纽站场。对外交通的建设大大增强了城市载体功能,促进了城市对外发展。

1994年开始的天津"危改工程"对城市空间结构布局产生了重大结构调整,被称为"以路带房,以房促路"的建设模式具有中国特色的城市更新形式,可看成是一种典型的交通与城市发展相协调的过程。结合城市大片的危改工程和成片的经济适用房建设修建了 38 条规划的城市道路,建设立交(桥梁)17 座,使规划路网得到进一步完善,截至 1999 年基本完成了 836 万平方米市区成片危陋平房的改造,30 多万户、110 万居民改善了居住生活条件,中心城区的空间布局更为合理,极大促进了城市的发展。

1997 年国务院批复修编后的天津市城市总体规划中进一步明确了中心城区"继续完善道路系统,建立一个以快速路系统为骨干,大容量公共交通为主体的现代化城市交通综合体系"的城市交通发展战略,交通建设以支持和保障未来城市社会、经济和环境的持续发展,明确提出交通要与城市发展相协调一致。

3. 第三阶段——交通引导城市的发展

进入 2000 年,天津进一步扩大对外交通建设。铁路建成蓟港铁路和黄万铁路,京津沪高速铁路、津秦高速铁路以及京津城际铁路正在建设,直通西部、北部腹地的铁路运输通道的建设将形成欧亚大陆桥新的通道,同时完善了市域铁路枢纽,强化枢纽环线功能,提高我市铁路枢纽综合运输能力。公路基本建成了以高速公路为骨架的公路网络,已建成津蓟高速等 6 条高速公路,在建京津塘二线等 5 条高速公路,基本建成了以高速公路为骨架的公路网络,实现与干线公路相衔接,有力缓解京津塘现有通道的交通压力。高速公路对高新技术产业起到强大吸附力,如称为北方"黄金通道"的京津塘高速两侧就已形成 8 个相当规模的高新技术产业区。到 2006 年天津港已建成年煤炭通过能力 3 500 万吨的神华天津煤炭码头,30 万吨级原油码头、25 万吨级航道一期工程、集装箱物流中心、散货物流中心和东疆保税港区正在建设,疏港交通网络正在完善,天津港已形成南散北集的格局,吞吐量大幅提升,由 2002 年的 1.3 亿吨,提升为 2006 年的 2.58 亿吨,集装箱吞吐量达 595 万标准箱,位居世界综合性港口前 10 位,天津港服务和辐射的范围也扩大到包括京津冀及中西部地区的 14 个省、市、自治区,总面积近 500 平方公里,占全国面积的 52%。天津机场的建设带动了以机场为中心的高附加值航空物流及加工基地的发展。对外交通的建设极大增强了作为港口城市的天津对外辐射的范围,加强了京津冀与长三角、东北地区等经济和都市群的联系,促进了环渤海区域经济的增长。

2006 年 7 月国务院批准的《天津市总体规划(2005～2020)》,确定了"一轴两带三区"的市域空间布局结构,其中一轴两带就是围绕京津塘高速公路、京津公路、津蓟高速、津围公路、津蓟铁路和海滨大道等交通走廊形成的城市发展轴和发展带。

虽然到2000年核心区110万居住人口外迁至中心城边缘区,但城市的土地利用和空间布局发生了巨大的变化,机动化的快速发展,中心城区出行总量持续增加,天津市现有交通网络承受的压力加大,主干道机动车运行速度逐年下降,机、非干扰严重。交通调查显示,机动车主通道与客运主通道在"三环十四射"路网骨架上重合,干道交通功能混杂,加之机非混行,严重影响了道路的通行能力。

为此2000年10月组织实施的迄今为止天津市规模最大的一次综合交通调查的基础,在此基础上编制完成了《中心城区综合交通调查分析报告》和《中心城区道路交通现状分析报告》,2001年编制《中心城区道路交通近期建设规划》,2003年5月市政府批准实施《天津市中心城区综合交通规划》,2004年编制《中心城市道路网调整规划》,以及《高速公路和干线公路网规划研究》、《公共交通系统规划研究》、《停车场规划》等多项专项规划的编制和研究工作。

《天津市中心城区综合交通规划》确定了中心城区立体交通网络由快速路、主干道、次干道及支路与8条地铁和1条轻轨线路组成,中心城区快速路系统由两环、两横、两纵和两条联络线组成,全长220公里,轨道交通长度为230公里,同时结合快速路建设200公里的快速公交主通道。

作为天津首个综合交通规划,提出了城市TOD发展模式,即快速路和轨道交通引导城市空间发展。快速路的建设提高了城市道路网络整体的通行能力,缓解城市中心的压力,将城市各功能区连接起来,促进城市沿着交通走廊向外发展。地铁强化了城市核心区、市区边缘及大型居住区之间的联系,地铁线提升沿线和两端的土地价值,带动各大传统商圈和新商圈升级改造,改变人们的居住观念,疏解市中心区人口,促进中心城区边缘的发展,使市民减少开车出行,减少交通拥挤,促进城市环保。快速路和轨道的规划从根本上疏解了中心城区的交通压力,促进了城市空间沿交通线轴向发展,提高了城市用地集约化水平,优化城市空间布局。

2003年《天津市中心城区综合交通规划》的内容纳入《天津市总体规划

(2005~2020)》,提出了城市道路交通系统建成以"双快"(快速路、快速轨道)为骨架的城市综合交通运输体系。

随着天津道路的建设,城市道路网及整体交通容量大幅提升,基本建成了适应交通需求的中心城区干道路网体系,路网密度、道路面积率和人均道路面积与国内特大城市基本保持同一发展水平。快速路已经建设 160 公里,轨道交通建设 76 公里,公共交通已建成 100 公里公交专用道和 45 处公交枢纽和公交场站,开通快速公交线路,引导和疏解以自行车为出行方式的人群,居民公交出行环境得到较大改善,市容市貌明显改观,公交分担率已经达到 18%。以快速路和快速轨道为城市道路网络的骨架,标志着天津中心城区开始进入了交通开始引导城市的阶段。

参考文献

1. 曹伯虎:"智能快速路构建天津中心城区交通大动脉",《天津建设科技》,2005 年第 1 期。
2. 国家建设部编写组:《国外城市化发展概况》,中国建筑工业出版社,2003 年。
3. 黄亚平:《城市空间理论与空间分析》,东南大学出版社,2002 年。
4. 胡序威:"我国区域规划的发展态势与面临问题",《城市规划》,2002 年第 2 期。
5. 李侃桢等:"南京主城人口合理容量研究",《城市规划》,2003 年第 5 期。
6. 吕福明:"我国停车位满足率仅 20%",《汕头日报》,2003 年第 10 期。
7. 马清裕等:"大城市内部空间结构对城市交通作用研究",《经济地理》,2004 年第 2 期。
8. 潘海霞:"容积率超标建设现象及其对策探讨",《城市规划》,2003 年第 7 期。
9. 潘海啸等:"上海市轨道交通发展与公共交通运输导向开发区简介",《城市规划汇刊》,2002 年第 4 期。
10. 孙世界等:"信息化城市的特征",《城市规划汇刊》,2002 年第 1 期。
11. 同济大学城市规划教研室:《中国城市建设史》,中国建筑工业出版社,1982 年。
12. 《天津市城市总体规划(1986~2000 年)》,1986 年。
13. 《天津市城市总体规划(1996~2010 年)》,1996 年。
14. 《天津市城市总体规划(2005~2020 年)》,2006 年。
15. 《天津市中心城区综合交通规划(2003~2020 年)》,2003 年。
16. 《天津市滨海新区综合交通规划(2006~2020 年)》,天津城市规划设计研究院,2006 年。

17.《天津市中心城区综合交通规划——道路交通现状分析报告》,天津市城市规划设计院,2003年。
18.《天津市国民经济和社会发展"十五"计划》。
19.《天津市中心城区控制性详细规划(2000~2005年)》,2001年。
20. 王进:"上海将建新城分流人口",《北京晚报》,2003年第11期。
21. 王远:"北京的路还可能更拥堵",《北京晚报》,2003年第9期。
22. 魏后凯:"中国大城市交通问题及其对策",《城市发展研究》,2001年第2期。
23. 徐海贤等:"国外大都市区空间结构及其规划研究进展",《现代城市研究》,2002年。
24. 杨威:"四大举措建言北京交通",《北京晚报》,2003年第1期。
25. 张水清等:"上海中心城区的职能转移与城市空间整合",《城市规划》,2001年第12期。
26. 周一星:"对城市郊区化要因势利导",《城市规划》,1999年第4期。

本章执笔人:张文尝、马清裕、王国良、李刚

第五章

城市居住区空间变化与城市交通协调发展

第一节 城市住宅发展历史及现状基本特征

城市居住区是城市重要的功能区之一,在城市土地利用构成中,生活居住用地约占城市总用地的 40%~50%,1993 年《雅典宪章》提出"工作、居住、交通、游憩"为城市四大基本功能。长期以来,人文地理学界与其他许多学科对城市居住区的发展进行了大量的研究。现代随着电信和城市交通的迅速发展,城市居住区发展及其空间分布出现很大的变化。研究其变化的趋势及与城市交通的协调发展,是城市可持续发展的一个重要问题。

一、城市住宅历史演变及规划布局基本理念

(一) 城市居住区历史演变

城市居住区是城市居民集聚地的通称,是城市布局结构中的一项功能区。在城市总体规划中,居住区包含功能、结构、土地利用形态等多方面的规划涵义。按照我国的规定,居住区构成依次是居住区—小区—组团等三级。在大城市还可以由多个居住区组成居住地区。

在漫长的历史中,居住区经历了一个发展与演变过程。在我国居住区作为一个独立的功能地域,并有意识地加以组织的,被称为里坊,其历史非常久远,唐代的长安城即有里坊达 108 个,至两宋时逐渐形成较为开放和自由的街巷制,代

替了原先较为严整的街坊制。以后在北方又演变为胡同(如北京),在南方又演变为里弄等。

至二十世纪初在城市规划理论中出现了一种新的规划理念,被称为邻里单位,由美国城市规划专家创立。它是以学校和教堂为核心,以小学生上学不穿越交通干道作为规模控制的居住生活基本规划单元,配以日常所需的公共服务设施和绿地,并将这些设施安排在步行范围内,不受外来交通的干扰,使居民有一个舒适、方便、安静、优美的居住环境。

1950年代,前苏联城市规划学者引用邻里单位原则,发展了居住小区规划的理论。居住小区面积一般在20公顷上下,由城市干道包围,配置一套基本的生活设施,成为一个规划单元和生活单位。居住小区的理论在50年代中期被我国应用,结合国情加以不断完善与改进,几十年来作为我国居住区规划的基本单位,得到广泛的应用和实践。

(二) 居住区规划布局基本理念

我国于1994年制定的关于可持续发展战略的《中国21世纪议程》中提出,中国人类住区发展的目标是:建设规划布局合理、配套设施齐全、有利工作、方便生活、居住环境清洁、优美、安静、居住条件舒适的人类住区。这是我国住区建设的基本指导思想。具体体现以下诸方面:

(1) 重视区域协调。居住区的发展与建设,必须以城市区域规划为指导,与城市总体规划、城市分布规划及城市交通网规划相协调。

(2) 功能复合。以居住区为中心,在步行距离半径范围内布局商店、公共服务设施、中小学校、活动中心、绿地。在居住区及邻近地区尽可能创造更多的就业岗位,为居民营造方便、舒适、优美的居住环境和就业机会。

(3) 紧凑、节约。通过适当的容积率、紧凑度及人口密度,形成有活力的社区,提高土地与基础设施的利用效率,防止居住区布局分散蔓延所造成的土地资源和能源的浪费以及基础设施利用效率低下等问题。

(4) 重视环境建设。居住区的环境建设,不仅体现在建设优美的自然环境,而且十分注重人文环境的建设。居住区从总体规划、设计和建设出发,要为建立和谐社区创造条件,并注重历史人文环境的保护。

(三) 居住与交通

1. 居住与交通在空间上的紧密关联

《雅典宪章》认定现代城市的四大功能:居住、工作、游憩、交通,城市空间相应地分为四类空间:居住空间、工作空间、游憩空间、交通空间。当代学者将四类空间进一步细化,发展出十种空间。依据功能原则划分并安排城市空间是现代城市规划的基本原理,然而几十年的实践表明,绝对化的功能分类割裂了城市的有机联系。

各类城市空间服务于居民的不同活动。居住空间是城市的主要组成部分,形成相对集中的居住区。居住区是居民的主要生活地和每日活动的起始点以及结束点;居民必须外出工作、购物、就医、就学、休闲娱乐,因此居住空间与交通关系最为密切。居住区与其他城市功能区的联系完全依靠交通系统实现。

交通空间与其他城市空间的区别与关联在于,交通型空间属于开放型的、形状呈线形的空间;而生活空间、游憩空间及一些工作场所空间大都属于封闭型的,形状呈点状、团状的空间,可以称之为聚留型空间。交通型空间有功能专门化的趋势,聚留型空间则有功能复合化的倾向,以满足人的活动的多样性和选择性。交通空间,要尽量避免其他活动的干扰,在其内部可以进一步分化,如人车分流、机动车与非机动车分流、快速机动车道的设立、公交车专用道的设立、开辟独立的自行车道系统和独立的步行道系统等。城市设计的关键在于如何在空间安排上保证各种活动的交织。交通空间与人们的交往空间相互交融是实现城市空间整体化的基础。

交通设施网络是城市空间结构的骨架,城市道路和轨道线路构成通道系统,交织成网,像黏合剂一样在功能和社会两方面把城市的各个部分紧密结合起来。交通空间为城市居民的各种活动提供必要条件,同时城市形态的演变也与交通的发展密切相关。交通干道和枢纽要避免有大量人流集散的建筑,以免影响交通。同时要注意优化城市交通条件,并且创造良好的城市环境。

2."住职就近"

"住职就近"是城市居住区规划布局的基本原则,是城市交通合理组织的出发点。不论何种时代"住职就近"都是居民的最大愿望,因为居民的日常出行中以工作出行比例最大。因此城市总体规划布局应该尽可能地实现住职就近,并且随着时间推移注意不断改善大部分居民的住职空间距离,从而为居民提供最为重要的便利条件。

我国在计划经济时代的城市规划中十分注重做到"住职就近",并且取得了明显效果。无论在新兴工业城市还是在老城市新兴郊区、工业区、卫星城的修建中都十分注重这个原则的贯彻实施。大型工矿企业和机关事业单位一般都就近建设居住区;而且在平时还经常实行相同工种、专业的人员对换以便就近上班,极大地方便了居民上下班,减少了城市交通流量。但是,遗憾的是在转入商品经济时代以来,许多大型居住区的布局却忽略了这个问题。在作者的出行调查中发现了诸多问题,例如北京北郊的大型居住区——天通苑和回龙观居民大部分远距离上班。南郊的大型开发区亦庄的附近建设了大片高档住房,缺少经济适用房。本书第八章的出行调查问卷分析将对本问题作详细说明,希望引起规划者和管理部门的应有关注,切实加以解决。

二、城市住宅发展与现状基本特征

(一) 推动城市房地产发展的主要因素

改革开放以前,在"重生产、轻生活"、"先生产、后生活"的经济建设指导思想下,住宅建设长期得不到发展,广大居民住宅极其困难。例如北京市1979年城市人均居住面积只有4.57平方米。改革开放以来,国家十分重视经济与社会协调发展,城市住房建设得到迅速发展。推动中国城市房地产业发展的主要因素如下:

(1) 城市化加速发展,城市人口增长迅速。我国自1980年代以来,城市化得到加速发展,1978年我国城市化率只有17.92%,至2004年已达到41.8%,23年间城市化率提高了23.88个百分点,新增城市人口3.7亿人。大量人口进入各级城市,对城市住宅的发展起着极大的促进作用。

(2) 国家出台了一系列有关城市住宅改革的政策。如城市住宅分配制度改革、城市土地有偿使用制度等,房地产建设投资多元化政策的改革,对城市住宅的发展起着极有利的作用。

(3) 城市经济迅速发展,财政实力不断增强。旧城改造和城市基础设施投入不断增加,尤其是城市交通的大发展,为城市住宅建设创造了条件。

(4) 随着广大城市居民生活水平的不断提高,人们消费观念正在产生显著的变化,购房已成为当前居民重要的消费热点之一。

(二) 中国城市住宅基本特征

1. 城市住宅发展迅速

在上述多项有利因素的促进下,改革开放以来,我国城镇住宅发展迅速,特别是自1990年代中期以来,城镇住宅发展进一步加快。1995~2005年的11年间,全国城镇住宅年竣工面积由1993年37 489.1万平方米,到2005年达到66 141.9万平方米,年竣工面积比1995年增加1.76倍,年均递增5.84%。目前全国已拥有一支实力雄厚的建筑队伍,2005年全国城镇房地产开发企业共有5.63万个,从业人员151.62万人,完成投资额达到15 909.2亿元,房地产已成为国民经济重要的一个支柱产业。

在房地产业的发展中,住宅是主要的组成部分,并且在城市的功能结构中显示它的重要性。以北京市为例,改革开放以前,在历年新建房屋的面积中,大多数年份住宅建筑面积占40%以下,而改革开放以来,住宅建筑面积逐步提高,全国城镇住宅竣工面积占房屋的比重大多数年份在56%~60%之间(图5—1)。在许多大城市其比重已接近或超过60%,如2005年北京住宅竣工面积占房屋的比重达到75.4%,天津为62.3%,上海为59.2%,广州为59.7%。说明住宅建设在房地产建设中的重要地位。

2. 大城市高层楼房发展迅速

随着城市可用地日益紧缺,特别是大城市可用地更为紧缺,地价昂贵,从节约用地以及城市功能合理布局角度考虑,改革开放以来楼房层高日益加大,在许

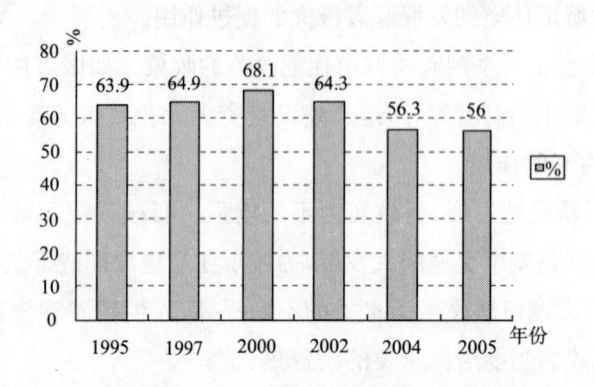

图 5—1　全国城镇住宅竣工面积占房屋比重

多大城市,特别是人口密集、可用地资源紧缺的城市,高层楼房发展十分迅速,但各市发展状况较大的区别与城市规模及地理等因素密切相关。以北京为例,新中国成立前的老北京,平房面积高达 90% 以上,基本上是一个平房的城市。新中国成立后,由于人口激增,为解决城市用地不足的问题,在中心城区已基本不再建平房。其发展特点是由低到高,1949～1952 年 3 年恢复时期,除了应急建了一些平房外,新建的是 3～4 层的低层楼房;在 1950～1960 年代新建楼房层高略有增高,基本上为 4～5 层;在 1960～1970 年代楼层层高普遍提高 6 层;从 1970 年代后期以来,楼层不断增高,出现了十几层以至二十几层的高层楼。

上海市住宅楼层高度建设也反映了这一趋势。在 1980 年代以前,上海市的楼层以低层和多层为主,此后低层和多层楼房比重日渐下降,高层楼房比重不断上升,1980 年全市 8～10 层楼房幢楼占 8 层以上楼房的 64.5%,2000 年下降为 15.2%,2005 年进一步下降为 13.9%;11 层以上楼房比重不断上升,11～15 层楼房由 1980 年的 27.3% 上升为 2005 年的 38.7%;16～19 层的楼房比重由 1980 年 5.8%,2005 年上升为 20.1%,20～29 层的楼房由 1980 年的 2.5%,2005 年上升为 20.8%,30 层以上楼房由 1980 年为零,2005 年上升到 6.5%。以上状况说明,楼房建设呈现增高的趋势,以 2005 年与 1980 年的比重相比,8～10 层高的楼房下降 50.6 个百分点,其余各组楼房比重均有一定增幅,其中以 20～29 层高的楼房增加 18.3 个百分点,增幅最大,其次是 16～19 层高的楼房增幅为14.3个百分点,11～15层高的楼房增幅11.4个百分点,30层高以上楼房1980年还没有,2005年为6.5%,增幅相对较慢,由此说明,16～29层高的楼房是上海市楼层高度的主流趋势。

表5—1　上海市主要年份8层以上房屋建设情况　　单位:幢,%

	1980年		1990年		2000年		2004年		2005年	
	幢数	比重	幢数	比重	幢数	比重	幢数	比重	幢数	比重
总计	121	100.0	748	100.0	3 529	100.0	8 470	100.0	10 045	100.0
8～10层	78	64.5	207	27.7	536	15.2	1 225	14.5	1 394	13.9
11～15层	33	27.3	244	32.6	684	19.4	3 151	37.2	3 889	38.7
16～19层	7	5.8	145	19.4	831	23.5	1 671	19.7	2 020	20.1
20～29层	3	2.5	137	18.3	1 266	35.9	1 850	21.8	2 090	20.8
30层以上	0	0	15	2.0	212	6.0	573	6.8	652	6.5

资料来源:《上海统计年鉴2006》。

3. 众多中小型居住区与少数大型居住区发展并存

居住区的形成发展是工业化和城市化的产物。在工业化以前,由于居住无法脱离生产场所,居住和工作单元并没有出现明显的地域分异现象。在工业化后,工厂开始脱离居住单位,居住区开始形成。1949年后,我国大城市居住区逐渐发展起来,经历了由小到大的发展过程。例如北京市在1953年上报的总体规划中采用了"大街坊"的建设模式,规划用地为9～15公顷,后来引入了前苏联城市规划"小区"模式,这一理念曾长期广泛应用于我国的城市规划实践中。居住区的建设规模由1950年代的几公顷、十几公顷扩大到现在的几十公顷,甚至上百公顷。居住区总建筑面积由几万、十几万平方米提高几十万,以至数百万平方米、上千万平方米的大型、特大型居住区。居住区的人口毛密度,也从1950年代的每公顷不到400人,增加到800人以至更高密度。以下以北京市1980年代以来相继开发的几个特大型居住区加以说明:

方庄居住区　1990年代初建成,现由6个社区组成,占地147.6公顷,总建筑面积302万平方米,居住人口7万。该组团地处南二环与南三环间,交通十分方便,地铁5号线、10号线、亦庄支线在此交会,出行更为方便。社区公共服务设施配套齐全,有市级大型区院、大型超市、中小学等,属成熟社区。

望京居住区 位于东北四环与五环间,其东北有京承高速、东南有机场高速,城铁 13 号线从西部通过。1996 年始建,现占地 860 公顷,住宅建设已超过 1 000 万平方米,大多为高层建筑,是北京最大的居住区之一,入住人口约 14 万。该区西南靠 CBD,东靠顺义新城,区位优越,发展前景好,规划人口 30 万。

天通苑居住区 位于立水桥之北,距亚运村 7 公里,是北京市重点建设的经济适用房之一,始建于 1990 年代后期,已建成南苑、东苑和西苑三个小区,总建筑面积 600 万平方米,入住人口 11.0 万。规划人口 18 万。天通苑距 13 号城铁较远,又没有高速路,并且在其主要出行路口处,受立水桥、北苑等居住区的拥堵,出行极为困难,目前地铁 5 号线的建成可基本解决该处的交通问题。

回龙观居住区 位于京昌路东侧,始建于 1990 年代中期,以经济适用房为主,是旧城改造搬迁基地之一,不少人在中关村和上地科技园区工作。规划总建面积 1 000 万平方米,分 6 期建成,规划人口 30 万。

自进入新世纪以来,新开发的大型居住区已越来越少,如近年来北京市新建居住区数量不断增加,但规模日趋小型,2004 年新开楼盘 93 个,比上年增加 40 多个,其中普通住宅楼盘规模普遍偏小,20 万平方米以下的楼盘占 68.75%。2004 年在售楼盘达 1 641 个,其中 100 万以上的楼盘不到 20 个。形成上述特点的原因之一是体制,房地产投资体制的多元化,建设企业日益增多,必然产生分散状况;另一原因是土地的分散性,随着房地产业的发展,连片大面积可用地已越来越少,一般的开发商难以征到大片土地,但根本的原因在于缺乏全面统筹规划和管理。居住区小而分散不利于公共服务设施的配套建设和公共交通运营组织,也不利于节约土地和能源。

4. 居住区类型由较单一向多样化发展

新中国成立以前,在我国的城市中,居住分异特征十分显著,一般城市存在高级聚居区、中产阶层聚居区和一般居民聚居区。新中国成立后,城市实行社会主义改造运动,阶级差异为社会分工所代替,贫富差异消失。同时政府花费大量资金改造一般市民的居住条件,因而旧社会遗留下来的居住分异现象逐渐消失。但自改革开放以来,随着城市政治、经济体制改革,城市功能结构的转变,外国直接投资及流动人口的涌入等,城市中居住分异日趋显著。

当前,在我国的大城市中,普遍出现了以下三种居住区基本类型:普通型居住区、别墅型居住区和综合型居住区。

(1) 普通型居住区

这是最主要的居住类型,其居民主要是工薪阶层。包括普通商品住宅和经济适用房,北京市这两部分住宅共占全部新建住宅的 79.2%(2003 年),这一类型内部也存在一定的差异。其中大部分是普通住宅,如北京的经济适用房居住区(天通苑、回龙观居住区),居住着工薪阶层人群,但也有些居住区内居住一些白领阶层,其房屋质量高于普通住宅,如望京居住区,因靠近北京 CBD,居住着较多的白领阶层,其中不少是外籍员工。北京经济技术开发区的居住区也属此类,居住区以普通住宅占多数,也有一定数量的别墅型居住区。

(2) 别墅型居住区

如上所述,新中国成立后,我国新建的居住区基本上是普通居住区,别墅型居住区基本不存在。改革开放以来,在多种因素和机制的作用下,别墅区类型逐渐发展起来。虽然我国从节约土地资源等方面考虑,对别墅区的建设作了一些限制,但别墅区建设仍得到一定的发展,这反映了客观的需求。如北京市 2003 年别墅居住区竣工准销售面积占全部商品住宅竣工面积的 2.3%。上海市 2005 年住宅建设总量中,花园式住宅占 3.6%。

(3) 综合型居住区

这是一种融居住、办公、商业等多用途的房屋类型,包括商住两用房、写字楼、公寓等。这种类型的房屋大多位于城市中心区繁华地段的商业中心区、CBD、高新技术产业园区、金融街、高等学校等区域的周边地区,地域分布上并不像上类居住区类型那样集中连片。根据 2003 年统计,公寓准销售面积占商品房面积 7.7%,写字楼占 1.2%(表 5—2)。

表 5—2 2003 年北京市新批楼盘分类

类型	项目数(个)	比重(%)	准销售面积(万 m²)	比重(%)
总计	428	100.0	2 300.79	100.0
住宅	339	79.2	1 883.20	81.9
公寓	32	7.5	176.00	7.7
别墅	11	2.6	51.90	2.3
写字楼	9	2.1	30.10	1.2
其他	37	8.6	159.70	6.9

资料来源：北京市统计信息咨询中心：《北京市房地产行业研究报告》，2004 年。

第二节 城市居住区空间变化影响因素及分布特征

一、城市居住区空间变化的影响因素

(一) 城市人口郊区化加速推进

人口的空间变化是居住区空间变化的基本因素之一，自 1980 年代初以来，随着城市社会经济的迅速发展，在我国东部经济发达的大城市旧城改造的同时，开始出现了郊区化，中心城居民向郊区迁移。如北京市在 1982～1990 年中心城区人口外迁，人口年均递减 0.43%，中心外缘区人口年均递增 4.34%，此后，人口外迁规模进一步加大，1990～2000 年中心城区人口年均递减 1%，而中心外缘区年均递增 4.82%。

(二) 中心城区土地资源紧缺，土地价格高昂

城市土地资源是制约居住区发展的基本因素之一。随着城市的发展，城市中心城区可用地资源越来越少，地价十分昂贵。如北京市中心城区人均用地只有 41 平方米，只相当于国家规定的城市建设用地下限的 54%～68%。多年来中心城区建设用地主要靠旧城改造中腾出的土地，现四环路以内已没有可用地资源，城市建设只有向外围发展。

(三) 城市交通快速发展

城市交通和居住区的发展是相互促进、相互制约的关系。我国自 1990 年代以来,城市交通有了很大的发展,这是居住区空间变化的重要因素。如北京市自 1990 年代以来对城市交通投入很大,城市四环路、五环路相继开通,六环也即将建成,与此同时,多条向外辐射的高速公路为城市居住区向外扩展创造了极有利的条件。

二、城市居住区空间分布特征

(一) 由内向外,由近及远,逐步向外扩展

我国自 1980 年代以来,随着城市社会经济的发展和旧城改造力度日益加大,在我国东部经济发达地区的大城市开始了郊区化现象,随后郊区化的规模越来越大,并在内陆的许多大城市也开始出现了郊区化。我国的郊区化与西方国家不同之点一方面在于郊迁居民的主体是广大工薪阶层,上班靠公共交通,这就决定了外迁地点不可能远离中心城区。另一方面,新建的居住区总是尽可能靠近中心城区,尽可能就近利用中心城区的市政服务设施,减少居住区服务设施配套建设投资。在这种背景下,居住区的建设总是尽量靠近中心城区。但是随着中心城区边缘地带可用地资源日益减少,地价越来越昂贵,居住区建设不得不向外发展。

以北京为例,在 1950 年代,由于北京被定为新中国的首都,以及"一五"和"二五"期间北京经济的大发展,人口激增。为了解决居住问题,进行了大规模的住宅建设。这一期间,根据建设用地的可能条件,居住区建设由里向外推进,在旧城区内可用地很少,只建设了少量居住区,如在虎坊桥、范家胡同、幸福村、右安门内建设了规模不等的居住区。大部分居住区主要建在二、三环路间,如垂阳柳、左家庄、真武庙、三里河、百万庄等地均建设了规模较大的居住区。另在三、四环及四环外也建了一些居住区,如呼家楼、羊坊店等。少数居住区位于四环外,配合郊区工业区的建设,如酒仙桥、通惠河两岸、石景山、清河等居住区(表

5—3)。

表5—3 1950年代北京市主要新建居住区空间分布

二环路内	二、三环间	三、四环间	四、五环间
范家胡同、体育馆路、虎坊桥、龙潭、夕照寺、白纸坊、右安门内	阜成路、羊坊店、垂阳柳、白家庄、安乐林、左家庄、分钟寺、三里屯、永安里、九王坟、三里河、真武庙、百万庄、和平里、幸福村	呼家楼、六里屯、北太平庄、水碓子	酒仙桥、通惠河北、通惠河南、石景山、清河

北京居住区建设大发展是自改革开放以来，在1980年初，北京旧城区内已无地可用，新建居住区主要向二环路以外发展，这从北京市1996～2003年各区县房地产开发投资比重的变化中可以得到反映。从表5—4可以看出，中心城区房地产投资比重大幅下降，由1996年的50.9%到2003年下降为21.1%，与此同时，中心外缘区及近郊区投资比重大幅上升，分别由40.2%上升至56.0%及由7.5%上升至20.8%。远郊区县房地产开发投资的比重也有较显著的上升，由1.4%上升至2.1%。由此反映出1990年代后期以来，北京市房地产业的发展主要在中心边缘区和近郊区。

表5—4 "九五"以来北京市各区县房地产开发投资、竣工面积比重变化

单位：%

	房地产开发投资比重			房屋竣工面积		
	1996年	2000年	2003年	1996年	2000年	2003年
全市	100.0	100.0	100.0	100.0	100.0	100.0
中心市区	50.9	37.2	21.1	39.4	33.9	16.2
东城区	21.0	12.3	7.7	14.3	6.5	7.5
西城区	19.3	14.1	6.0	15.9	15.0	1.6
崇文区	4.4	5.5	3.4	3.1	5.6	3.9
宣武区	6.2	5.3	3.9	6.1	6.8	3.1
中心外缘区	40.2	44.7	56.0	44.5	40.1	44.7
朝阳区	25.6	20.1	25.4	24.9	16.0	16.6

续表

	房地产开发投资比重			房屋竣工面积		
	1996年	2000年	2003年	1996年	2000年	2003年
丰台区	4.1	4.2	7.9	5.3	4.9	9.6
石景山区	1.7	0.7	1.6	4.2	2.1	2.8
海淀区	8.8	19.7	21.1	10.1	17.1	15.8
近郊区	7.5	15.3	20.8	10.8	19.3	34.3
门头沟区	0.1	0.8	0.5	0.7	1.2	1.3
房山区	0.1	1.2	1.0	1.7	0.9	3.1
通州区	0.5	1.6	3.5	0.4	3.6	4.7
顺义区	1.9	2.3	1.7	2.1	2.7	3.2
昌平区	1.6	4.6	7.9	2.2	5.8	14.0
大兴区	3.3	4.6	6.2	3.7	5.1	7.9
远郊区县	1.4	2.8	2.1	5.3	6.8	4.8
平谷区	0.6	0.7	0.6	1.8	0.8	0.8
怀柔区	0.4	0.5	0.1	0.6	1.3	0.1
密云县	0.4	0.4	1.1	2.5	1.5	3.1
延庆县	0.06	1.3	0.4	0.4	3.2	0.9

资料来源：(1) 北京市统计信息中心：《北京市房地产研究报告》，2004年。
(2) 北京市统计局：《北京市建设领域发展统计资料》，1991～2000年。

从居住区建设趋势变化也说明了这一点，1980年代新建居住区主要在三环路以内，如西坝河、方庄、潘家园等，部分居住区建设跨出了三环路，如马家堡、祁家豁子等。1990年代北京新建居住区加速向外扩展，已扩展到四环路以外，后期已扩展五环外，如望京、天通苑和回龙观等大型居住区的建设。

新世纪以来郊区新建居住区继续向外扩展，如2001年四环路以内新开楼盘占全市51.9%，四环外占48.1%，至2004年四环以内比重下降为47.0%，四环外比重上升为53.0%，其中五环外占31.1%（表5—5）。

表 5—5　北京市各环路新建楼盘比重变化　　　　单位：个，%

环路	2001 年 新楼盘数	比重	2004 年 新楼盘数	比重
二环内	67	9.0	72	6.8
二、三环间	143	19.3	173	16.5
三、四环间	174	23.5	249	23.7
四、五环间	138	18.7	230	21.9
五环外	214	29.5	327	31.1
总计	736	100.0	1 051	100.0

资料来源：马清裕等："北京市居住郊区化分布特征与影响因素"，《地理研究》，2006 年第 1 期。

（二）沿向外辐射的交通主轴线扩展

新建居住区沿向外辐射高速路或轨道交通线两侧发展，是郊区居住区发展的另一显著趋势，这是平衡交通条件与房价的另一种选择。沿交通主干道，交通方便，即便离城区远些，交通可达性仍较好，且房价也相对便宜。因此，自 1980 年代以来，北京在向外辐射的主要交通线两侧形成了多条重要居住带，主要有老四带（京昌路、安立路、机场路、京通路）和新四带（京沈线、京津线、京开线、京承线）。

① 京昌（平）路居住带。由四环路起算（以下各线同）沿线已形成苇子坑、南沙滩、北沙滩、清河、小营、西三旗、回龙观等居住区，是发展相对成熟的居住带。由于地处城市上风上水，环境好，交通方便，距中关村、上地等科技产业基地较近，1990 年代以来沿线新建大量住宅，其中不少属经济适用住宅，如回龙观等。

② 安（慧里）立（水桥）路居住带。已形成安慧里、亚北、北苑、立水桥、天通苑等居住区，该地带土地资源较充足、环境好，靠近奥运村，是 1990 年代以来发展最快的居住带之一，现有城铁 13 号线穿过。随着奥运村的建设，将带动该地带交通和公共服务设施的建设。

③ 机场路居住带。沿线已形成酒仙桥、望京、东郊农场等居住区。该地带距 CBD 和天竺工业园区等较近，现有城铁 13 号线穿过。近年新建楼盘较多。

④ 京通(州)路居住带。现有八里庄、十里堡、甘露园、定福庄等居住区。该居住带西靠CBD，东与规划重点建设通州新城相连，由于京通快速路和地铁八通线相继开通，极大地促进沿线居住区的建设，近年来新楼盘如雨后春笋般地涌现。

⑤ 京沈(阳)线居住带。现有岱头居住区。沿线土地资源较丰富，距CBD、通州和亦庄等新兴产业基地较近，又是北京通往唐山、北戴河、秦皇岛等地的主要通道，发展前景广阔。

⑥ 京津线居住带。现有亦庄开发区居住区。亦庄是国家级高新技术开发区，近年发展迅速并带动房地产业的发展。2004年春亦庄在售新楼盘21个。受开发区的影响，其周边(尤其是四、五环间)居住区建设正日益显示发展的势头。

⑦ 京开(封)线居住带。近年随着京开高速的开通，沿线居住区发展很快，在新发地、西红门、大兴工业开发区等地新建了一批居住区。京开线是中心城与黄村新城最重要的交通干线，沿线土地资源较丰富，绿化好，未来居住区将有较大发展。

⑧ 京承(德)线居住带。尚在建高速路，现有来广营居住区。该线环境好，土地资源较丰富，近几年新建了一些高档别墅区。随着京承线的全线建成，沿线居住区将加快发展。

(三) 不同类型居住区分布特征

不同类型居住区具有不同特征，其分布区位具有显著区别。普通住宅要求交通较方便，房价适中；别墅型居住区则把环境好、人口密度低等条件摆在首位；商住两用房、公寓、写字楼则主要依附于商业中心、现代产业园区、科技、教育园区等。因此，不同类型居住区其空间分布具有鲜明的区位特点。

从2003年居住区竣工面积来看，普通商品房主要在四、六环间，其中五、六环间占28.5%，四、五环间占21.9%，六环外占15.5%。分布区域主要集中在东部，其中朝阳17.9%，东城9.0%，通州6.6%，顺义4.5%；其次是南部，其中丰台11.3%，大兴9.6%。

经济适用房主要供应旧城拆迁户及低收入阶层，主要分布在房价较低而交通尚算方便的五、六环间，其比重达79.2%，其次是四、五环间，占11.2%。六环路以外,虽然房价较低但受交通限制,经济适用房比重很低,只占 1.3%。公寓主要分布在中关村科技园区、CBD 及金融街等地区及其周边区域。别墅主要分布在居住环境好、人口密度较低的区域,如西山、小汤山、温榆河、潮白河沿岸等地(表 5—6)。

表 5—6 2003 年北京市各类住宅竣工面积各环路分布 单位:万 m²

	合计		二环以内		二、三环间		三、四环间		四、五环间		五、六环间		六环以外	
	面积	%	面积	%	面积	%	面积	%	面积	%	面积	%	面积	%
商品住宅	2 080.7	100	230.1	11.1	150.1	7.2	265.1	12.7	422.2	20.3	750.8	36.1	262.4	12.6
经济适用房	322.8	100	0	0	2.1	0.7	24.6	7.6	36.3	11.2	255.7	79.2	4.1	1.3
公寓、别墅	127.9	100	8.2	6.4	14.7	11.5	0	0	37.5	29.3	50.7	39.6	16.8	13.2
写字楼	76.1	100	22.4	29.4	7.9	10.4	29.4	38.6	10.9	14.3	5.5	7.3	0	0

资料来源:北京市统计信息中心等《北京市房地产行业研究报告 2004 年版》。

第三节 城市居住区存在的交通问题及与居住区协调发展

一、居住区存在的交通问题

城市居住区的交通问题与该城市交通的总体状况密切相关,城市交通总体状况的优劣决定了居住区交通状况的优劣。关于城市总体交通状况,我们在本课题的其他章节中进行论述,本节针对居住区中的有关交通问题作专门的论述。

(一) 郊区新建居住区规模小,分布分散,给城市公共交通带来不利影响

如前所述,当前在城市郊区化过程中,新建居住区普遍出现规模过小、地域分布分散的问题,这对城市交通的发展产生不利的影响。

1. 居住区规模过小,不利于就业岗位设置和城市服务设施配置,增加居民外出交通量

首先,居住区规模小,不利于就业岗位设置,大量居民远距离上班,给城市交通带来压力。1990 年代以来在北京郊区新建的大型居住区中,问题十分普遍,

其中以天通苑居住区问题最为突出,根据问卷调查,天通苑就地就业(在本居住区)占问卷总数只有3.7%,就近上班(本地区内)只占2.8%。到相邻地区上班占60.4%,到邻区以外地区上班的占33.9%(表5—7)。

表5—7　北京郊区新建居住组团居民上班地点比重(问卷调查)

组团名称	有效问卷(份)	本组团(%)	所在地区(%)	相邻地区(%)	邻区外主要地区(%)
方庄	100	12.0	19.0(丰台)	40.0(朝阳25.0,崇文15.0)	29.0(海淀9.0,西城5.0,东城3.0,石景山3.0)
望京	93	12.9	52.7(朝阳)	21.5(东城12.9,海淀8.6)	12.9(崇文3.2,西城2.2,宣武2.2)
天通苑	102	3.8	1.9(昌平)	60.4(朝阳41.5,海淀18.9)	33.9(东城11.3,西城5.7,丰台3.7,崇文2.8,顺义2.8)
回龙观	107	6.5	4.7(昌平)	56.1(海淀40.2,朝阳15.9)	32.7(西城13.1,崇文5.6,东城4.7,通州2.8)

资料来源:马清裕等:"北京市居住郊区化分布特征与影响因素",《地理研究》,2006年第1期。

在城市服务设施配套建设方面,根据城市规划关于城市居住区服务设施规模指标,居住区人口规模达到5万人以上,各项服务设施可基本配套,包括幼儿园、医院、商业服务业、游乐设施等。目前绝大多数新建居住区小于这一人口规模。即便在较大型的居住区中,各项城市服务设施也很薄弱,这主要是由于某些开发商在建设过程中,没有认真落实居住区的各项规划要求,私自砍掉或故意拖后服务设施的项目建设。如北京市郊区新建的一些大型居住区均有相应的服务设施配套规划,但不少居住区建设并没有认真执行规划的要求,以致居住区服务设施的建设大大落后于居民的实际需要。例如根据我们对方庄、望京、天通苑和回龙观4个新建大型居住区的调查,其中方庄居住区建设年代较早(1980年代末),各项服务设施配套较全,其余3个居住区服务设施建设均十分薄弱。例如天通苑2004年居住人口已达11万,只有1所中学和若干所小学,1所社区医院,没有供居民休闲活动的场所,各项城市服务设施未能配套,居民上班、上学、求医、休闲等活动均需外出,不但居民生活不便,也给城市交通造成很大的压力。

表 5—8　北京郊区新建居住组团公建配套建设状况

居住组团名称	建设年代	居住人口（万人）	教育机构（公办）小学（所）	教育机构（公办）中学（所）	医疗机构（公办）社区医院	医疗机构（公办）区级医院	医疗机构（公办）市级医院	休闲活动场所	商、饮、邮、金融、环卫
方庄	1990年代初建成，成熟社区	7.6	4	3	1	0	1	社区体育公园	已配套
望京	1990年代中期始建，现发展中	14.0	若干所	1	1	0	1（分院）	社区公园	未配套
天通苑	1990年代后期建，现发展中	11.0	若干所	1	1	0	0	缺	未配套
回龙观	1990年代中期建，现发展中	14.5	若干所	1	1	1（农场办）	0	社区公园	未配套

资料来源：同表 5—8。

2. 居住区规模小，分布分散，不利于城市公共交通的组织与运营

城市公共交通线网的建设需要一定的人口密度和居住区的人口规模，人口密度太低或居住区人口规模太小，不利于公共交通线网的建设，也不利于公共交通的运营。国外有关研究认为，当建筑密度为 1 英亩 7 栋住宅时，公共交通的适应性极低；1 英亩 7 栋住宅是一个门槛，在达到该门槛后，公共交通利用率大幅上升，当密度达到 1 英亩 60 栋住宅时，一半的居民出行将以公交的交通方式来实现，说明公交利用率最大。我国目前尚缺乏这方面的研究，应根据我国不同城市的实际情况，探讨人口密度或居住密度与公共交通发展的关系。

（二）郊区居住区与中心城区之间、郊区居住区之间交通联系不便

随着郊区化的日益发展，中心城区与郊区之间的社会经济联系越来越密切，尤其在当前郊区居住区功能过于单一的情况下，郊区居民上班、上学、就医、购物等都要到中心城区，导致中心城区与郊区之间的交通量越来越大，中心城区与郊区之间的交通联系已成为城市交通的主要流向和流量。解决中心城区与郊区之间的交通联系，已成为城市交通的重要问题。

现阶段，我国许多大城市中心城区与郊区之间的交通联系普遍比较薄弱，尤

其是轨道交通和快速大容量的交通很不足。因此,中心城区与郊区之间的交通成为当前许多大城市最突出的交通难点。以北京郊区1990年代新建的大型居住区为例,无论是天通苑、回龙观,还是望京等居住区,与中心城区的联系均不方便。其中以天通苑和回龙观等居住区最为突出。如天通苑居住区,2004年居住人口已达11万,但与中心城区的道路联系只有一般干道汤立路一个出口,且天通苑往南进城的安立路沿线还分布有北苑、亚北等大型居住区,每逢早晚上下班乘车高峰时段,交通拥堵十分严重。回龙观2004年人口规模已达14万,而进城道路虽有2个进城出口,但交通流量均很大,上下班高峰均十分拥堵。

除了进城交通不便外,郊区各居住区之间的交通联系更为薄弱,以上述3个居住区为例,它们之间的交通联系均很不方便,各居住区之间的公共交通运营线路很少,而且需要绕道很长的路程,出行很不方便。

(三) 城市路网结构不合理,次、支路少,居民乘车不便

在以往的城市路网建设中,往往干线建设多,次、支线路建设少,路网结构不完善,以致居民乘车步行距离较长。例如北京虽然目前在旧城区外五环路以内的177个小区中有153个小区通公交车,只有24个居住区尚未通公交车,但大多数居住区公交车线路不进入居住区内,公交线路深度不够,对于一些大型居住区而言,居民要走很长的路才能搭乘公交车。这虽然可保持居住区良好的环境,但合理处理好居住区环境与居民乘车方便的关系也很重要。

二、城市居住区与城市交通协调发展

城市居住区与城市交通是相互促进和相互制约的关系,要协调好这两者的关系,首先要从全市的大环境考虑,全市的交通环境是前提条件,只有全市交通环境得到改善,居住区的交通问题才能得到解决。其次,解决居住区的交通问题要从两方面着手,一方面要改善居住区的建设和布局,另一方面则要从改善城市交通的发展和布局方面考虑。

（一）改善居住区的城市基础设施和服务设施的配套建设，减少居民出行，方便群众生活

居住区的建设和布局，对改善交通问题关系极大。首先，居住区的功能要尽量避免过于单一，避免居住区成为"睡城"，要建设城市生活服务设施较为齐全的居住区，并尽可能为居民就近创造更多的工作岗位，为居民创造舒适、方便的生活环境，也可减轻居民因大量外出上班、上学、购物、就医等方面给城市交通带来的压力；其次居住区的规模不能太小，以城市服务设施的配套建设要求出发，应建设规模在数万人以上的居住区，这也为城市公共交通的发展和合理运营创造良好的条件；再次，居住区的布局不能过于分散，要充分考虑城市主干道网的布局，居住区的布局尽可能靠近轨道交通和城市主干道，为居民出行创造良好条件。

（二）加强城市次、支路的建设，发展社区公共交通

社区居民是城市公交的基本服务对象，城市公交应尽量为城市居民创造良好的乘车环境，大力发展社区公交，最大限度地方便居民乘车。例如北京市从2006年起先后开通40余条社区公交线路，2007年有1 500辆社区公交车投放到各社区公交线路上，2008年北京市开通100条社区公交线路，7 000人以上的居住区全部开通公交线路，大大方便居民乘车。

（三）倡导沿轨道交通站点建设居住区

沿着城市快速轨道交通站点建设居住区的布局形式，是一种将居住区建设与城市交通布局相互协调较好的布局形式，这种布局形式在国外许多城市已较常见，近年来我国也提倡这种布局形式。这种布局是沿轨道交通（或快速路）站点附近，在步行许可地区范围内，集中建设密度较高，居住区人口规模较大，配以商业、公共服务设施，在附近地区尽可能发展一些产业，以提供就近就业的机会。这种布局形式既方便居民外出，也为居民日常生活创造良好的环境和生活条件，在有条件的地方，值得提倡。

参考文献

1. 陈燕凌等:"北京大容量快速公交系统的发展思路和初步行动",《城市交通》,2001 年第 2 期。
2. 马清裕等:"北京市居住郊区化分布特征与影响因素",《地理研究》,2006 年第 1 期。
3. 田银生、刘韶军编著:《建筑设计与城市空间》,天津大学出版社,2001 年。
4. 吴启焰等:"南京市居住空间分异特征及其形成机制",《城市规划》,1999 年第 12 期。
5. 许安之:"城郊快速交通站居住区模式探讨",《现代城市研究》,2002 年第 1 期。
6. 闫小培等:"广州市及周边地区商品房的开发与分布",《地理学报》,2001 年第 9 期。
7. 赵杰等:"北京市公共电、汽车线网系统规划",《城市交通》,2004 年第 1 期。
8. 张文忠等:"北京市住宅区位空间特征研究",《城市规划》,2002 年第 12 期。
9. 张辉:"我国城市住区可持续发展的现实选择",《城市规划汇刊》,2001 年第 1 期。
10. 张文尝等:"居住郊区化与交通出行",《中国地理学会 2004 年年会论文集》。
11. 中国城市规划学会:《城市规划读本》,中国建筑工业出版社,2002 年。

本章执笔人:马清裕、张文尝

第六章

城市大型商业中心区、CBD发展与城市交通

第一节 城市大型商业区的空间结构特征与交通发展

一、城市大型商业中心区及CBD的空间结构与交通的关系

城市大型商业中心区及CBD的发展与城市交通具有紧密的联系,通过国内外文献收集整理和对北京市西城区和海淀区12个大型商业中心区的实证分析表明,城市交通是城市大型商业中心区及CBD发展的重要影响因子,城市交通轴线、主要交通交叉点、轨道交通的站点、停车场的完备程度等成为影响商业中心区发展的重要因素,而商业中心区的发展类型以及商业业态的区位选择也会推动城市交通的发展。

1. 国外学者的有关研究

城市商业中心区发展与交通关系的研究早在国外1930年代就开始有涉及,当时的研究主要是针对商业活动地域类型划分,而交通作为商业活动类型发展的影响因子来研究,此后相继提出的城市商业空间结构理论以及商业区的区位选择因素都与交通紧密相关。

商业中心结构的发展受到交通区位与交通便捷性的影响,商业活动空间类型划分就重点考虑了交通因子。普劳德富得(M. J. Proudfood)将美国城市的商业地域划分为中心商业区、外围商业区、主要商业街、近邻商业街和孤立商店群五种类型。此后针对城市商业活动空间布局研究,贝利(Berry)1963年利用

多变量分析方法分析提出了一种城市商业发展空间结构图,认为城市商业地域存在 3 种商业类型区(图 6—1),即商业中心(Centers)、商业地带(Ribbons)和专业化的商业功能区(Specialized Functional Areas)3 种类型,这 3 种商业类型区与交通发展具有紧密的联系。商业中心包括了中心商业区、居民区级商业中心、小区级商业中心、邻里级商业中心和便利店。带状商业网点包括城市传统的商业街、主要城市干道两侧连续分布的商业网点、在郊区新形成的商业带、高速公路沿线的带状商业设施;专业化商业功能区包括汽车业集中地区、印刷品专业区、娱乐专业区、古董市场、家具专业区和医疗区等城市中十分专门化的商业地域。这些类型划分充分考虑了交通发展与这些类型的关系。

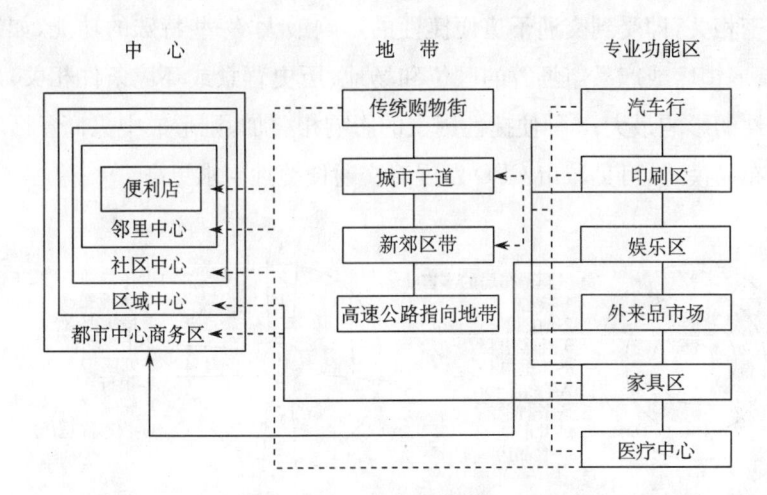

图 6—1　贝利的都市商业类型区理论与交通的关系

根据研究,交通便捷性和土地价格是影响城市 CBD 形成和内部结构变化的两个重要因素。1955 年,墨菲、万斯和爱泼斯坦(Epstein)通过对 CBD 内部商务活动分布的研究提出了商务中心内部结构的圈层论。受交通便捷性和土地价格的影响,在圈层分布中,由内向外第一圈是零售业集中区,主要为大型百货商场和高档购物商店,围绕地价峰值区(PLVI)分布;第二圈层主要分布着零售服务业,同时也是底层金融、高层办公的多层建筑的集中分布区;第三圈则以办公机构为主,旅馆也多见;第四圈多为商业性较弱的商务活动,如家具店、汽车修理厂、超级市场等。同时他们还进一步指出，在CBD内部结构中，关联性较强的行业在地域上总是相邻的。这些研究表明，城市内外交通轴线的延伸或叠加是影响城市CBD的重要因素之一。

不同的交通便捷性对不同商业中心区的发展类型影响也不一样，一般便捷性、交通干道便捷性与特殊便捷性等3种便捷性因素的影响叠加形成了城市CBD。戴维斯(Davies)1972年针对中央商务区的布局，提出了商业综合结构模式（图6—2）。他认为零售业的区位决策受3个相互独立的便捷性因素的影响。传统的城市中心购物活动受一般便捷性影响最大，呈圆形分布以体现其等级状况及相关的潜在利益；其他商务，如汽车修理厂、咖啡馆等与进入市中心的交通干道紧密相关，即受到交通干道便捷性的影响最大；一些特殊的功能，如娱乐设施、家具展销店或产品市场等的区位和场地、历史背景或环境条件相关，即受特殊便捷性的影响最大；3种便捷性因素的影响相叠加，则形成中央商务区零售业的综合布局模式，可见城市CBD发展对交通便捷性要求更高。

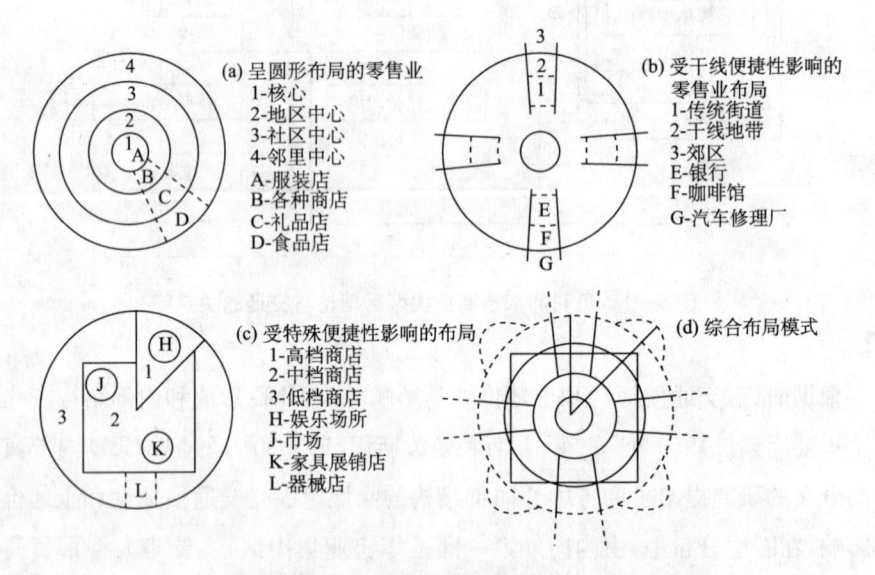

(a) 呈圆形布局的零售业
1-核心
2-地区中心
3-社区中心
4-邻里中心
A-服装店
B-各种商店
C-礼品店
D-食品店

(b) 受干线便捷性影响的零售业布局
1-传统街道
2-干线地带
3-郊区
E-银行
F-咖啡馆
G-汽车修理厂

(c) 受特殊便捷性影响的布局
1-高档商店
2-中档商店
3-低档商店
H-娱乐场所
J-市场
K-家具展销店
L-器械店

(d) 综合布局模式

图6—2　戴维斯的城市中央商务区零售业布局模式

加纳（B. J. Garner）按照地价的高低、从市场地域的中心到边缘区依次分布着区级、社区和邻里级商业中心。因描述了具有不同承租能力的零售商业活动单位的空间侵袭、排斥与迁移过程，加纳的地价模型具有动态描述能力。城市发展初期的中心性较低，在交通的交叉部分分布最低等级的邻里商业中心。随着市场规模的增大，城市中心性增强，竞标能力较高的社区中心职能的介入使邻里中心职能被迫外移。同理，城市中心将逐渐由区级商业中心职能垄断，以致最后形成CBD。但是，这个模型隐含着城市中心用地空间无限弹性的十分不现实的假设，事实上，中心区商业空间由高级中心职能垄断，低等级服务被排斥于该中心之外的外围地区。

涉及城市商业中心区和城市CBD结构与交通的关系的研究，还有郝沃德和鲍伊德（Horwood and Boyoce）提出的核心—边缘模型最具代表性（图6—3），其核心部分是包括商业、金融、咨询、保险等事务行在内的高度土地集约地区，功能分化作用不明显；边缘部的土地利用集约程度相对较低，功能分布相对明显，围

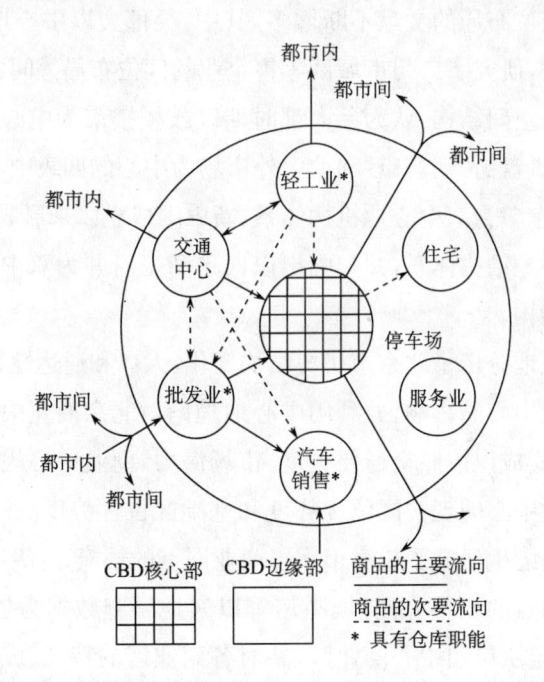

图6—3　郝沃德和鲍伊德的核心边缘（Core-frame）模型

绕核心部有交通站点、轻工业、批发业、汽车销售和修理业、特殊服务业、居住区等相对独立的功能地域单元。它们向内与核心部,向外与城市中间地带和城市边缘带,甚至城市体系密切联系。该模型中除了阐述商业功能的地域分化以外,还表明了交通因子,包括停车场、交通中心等,是各个商业地域之间的职能联系的重要影响因素与商业地域重要组成部分。

2. 中国学者的有关研究

从我国的研究来看,商业空间结构研究一直是商业地理学研究的热点,对商业空间的探讨、中心地理论的应用和验证贯穿了近20多年来的研究历程,而商业空间结构与交通关系的研究往往是其重要的组成部分。

徐放根据历史因素、人口密度和交通易达性将北京主要商业服务重心划分为五个等级;宁越敏首次建立了界定商业中心的一套指标,并采用多因子聚类分析方法,探讨了上海市的商业中心区位,以及商业中心的等级结构、市场空间分布等,他的研究成果对我国城市内部商业区位研究具有划时代的意义。之后关于城市零售业区位布局的文献不断增多,其中,吴郁文以中心地理论为基础,也采用类似的方法,研究了广州市城区零售企业的区位布局等问题;高松凡分析了历代北京城市场空间结构,认为元大都时期以鼓楼楼市为中心是三级中心地结构、明清时期以棋盘街"朝前市"和前门外市场为中心的四级中心地、民国时期以前门、王府井—东单为双中心地机构体系,新中国成立以来形成西单、王府井、前门三中心的中心地结构体系,并勾画出以西单和王府井为双中心的现代北京城市场的六边形结构。

杨吾扬系统地分析了北京市历史结构变化、人口和通达性、城市空间发展趋势等对北京商业中心的影响,并利用中心地理论对北京商业中心进行了中长期的预测和模拟;安成谋按照交通便利度、市场潜力、商业中心规模等区位因子分析了兰州市商业中心的现实区位优势度和基础区位优势度,并分析了各商业中心发展趋势。刘继生研究了长春市零售商业网点的规模、等级和布局等问题,提出了零售商业网点的调整方向;闫小培等以实地调查数据为依据,采用高度指数、强度指数界定了广州中心商业区,并对各商业区的特征、成因和发展进行了研究;刘继生等对长春市消费者购物行为及其限制因素进行研究;张文忠分析了哈尔滨市消费行为与商业中心地系统的关系；陈忠暖等对昆明市市区部分进行地域单元的单元划分，实地调查获得市区商业活动基本单位的业种类型和区位，构建多因子指标体系，分析昆明市商业活动空间结构等问题；杜德斌等研究了地价和上海商业分布格局的关系；张文忠系统总结和评述了国外商业区位理论发展历程和特点；仵宗卿以北京市为例系统研究了城市商业活动空间结构的理论方法。仵宗卿和柴彦威、王德分别研究了天津市和上海市的消费者行为空间结构。仵宗卿、戴学珍划分北京市商业中心结构为超一级（西单）、一级（王府井、前门）、中间型（朝外）、二级（东四北新桥、复兴门、天桥、双榆树、公主坟）的四级结构。朱枫、宋小冬以营业面积作为衡量商业设施规模的指标，划分为市中心商业区、区域商业中心和居住区商业三个等级。在这些研究中交通通达性或交通便捷性成为划分商业中心区空间结构的重要考虑内容。

二、城市大型商业中心区及CBD区位选择因素及其机制与交通的关系

1. 城市大型商业中心区的区位选择因素

关于商业中心区区位选择因素的研究，在前面的商业中心结构分析中已有涉及，从国内外的研究来看，决定商业中心区区位选择的因子主要有3个。①市场（这里的市场是指消费者的集合，包括消费者的数量、收入、人口构成和生活方式等）。克里斯泰勒中心地理论和若斯顿的模式图解释了人口规模于零售业区位分布的密切关系。②空间的接近性（一般指空间距离和交通条件）。空间需求曲线很好地解释了消费者克服空间距离的作用所付出的空间费用或时间费用是决定消费者选择零售区位的一个重要因子的机制。③竞争（在市场地域中同行业竞争者的数量以及能力等）。克里斯泰勒和廖什的六边形模型认为邻近的企业将在与位于六边形中心的企业等距离布局。德莱特罗（Deletoglou）认为如果消费者呈均等分布，经营同一类型的两个企业的空间均衡是趋于分散。由此看来，区位间的空间竞争可能会出现两种趋势：相互排斥趋于分散和竞争中产生联合，竞争者之间是集中还是分散与企业的经营内容和市场的特性等有关。

具体而言，人口（密度、收入）、区位、交通（便利性与可达性）是影响城市商业

空间变化的最为重要因素，部分学者还认为城市格局、城市规模、政治因素、国家政策、城市规划准则、商业发展、地价——地租能力、技术和消费者行为、价格、商业企业竞争、行政管理体制都在不同程度上影响了城市商业中心空间布局与变迁。这些结果都可以通过实证研究得到验证。国内许多学者选择了北京市、兰州市、长春市、广州市、上海市等作为实证研究对象。除了把城市作为整体研究对象以外，还有学者研究了商业街、CBD、超市、消费者选择行为的区位影响因素，这些研究表明交通的发展对商业中心区的影响是巨大的。

徐放是较早研究城市商业的学者，他认为历史、人口密度、交通易达性是北京市商业服务中心的主要影响因素。影响北京城市场自元大都以来发展变迁的原因是区位与交通因素、人口因素、城市格局因素、收入分布、历史和政治因素。杨吾扬对此有不同看法，他认为城市规划准则、地理条件、商业发展、历史、区位、交通通达性等因素影响了北京市四代商业中心的形成。仵宗卿、戴学珍系统研究了北京市商业活动空间结构，认为从历史变迁过程来看，影响四代商业中心的因素主要是城市主要交通运输、城市规划建设、居民社会地域属性及历史文化遗留和淀积。王希来分析了城市商业网点整体布局，认为决定其构成的因素是城市职能、交通网络体系和人文因素。

相对于北京市商业的研究成果而言，其他城市的商业区位因素既具有相似的影响因素，又具有一定的地域特征。安成谋认为西北经济、交通、沿海支援内地建设、城市规模扩展、国家分批分期投资等因素是新中国成立以来兰州市形成4个市级商业中心区的推动因素。刘继生、张文忠认为影响长春市集贸市场的因素主要是人口分布、家庭经济收入、购物距离、交通可达性以及行政管理体制等。

从商业街、CBD、消费者选择行为、大卖场等其他角度，探讨商业区位影响因素，也可以得到类似的结果。王希来认为商业街兴衰的主要原因是商业街竞争性的强化、商业辐射圈内人口的迁移、商业街内市政公共设施的完好程度、交通工具的转移、商业设施的改造和服务质量，而决定消费者到西单商业街购物的主要原因是购物方便、家住附近和价格适中。闫小培、周春山等对广州市CBD的研究认为，CBD空间结构形成机制的影响因素是CBD功能需求、地价——承租能力、环境(地理及人工物质环境)、技术(交通、通信、建筑等)和行为(经营者和消费者行为)。王德、周宇从消费者选择行为出发,认为距离、价格和商品质量是选择超市的主要影响因素,其中距离(购物的便利性)是首要因素。时臻、白光润认为决定上海市大卖场区位选择因子包括市场(消费者的数量、收入、人口构成和生活方式等)、空间的接近性(空间距离和交通条件)、同行业竞争。影响浦东新区商业空间布局的两个主要因素是人口分布(人口分布重心、人口分布密度)和道路网分布(道路特征、道路网密度)。

2. 城市大型商业中心区的形成与演化的机制分析

商业区位的形成与演化和商业区位影响因素具有密切的关联性。而作为区位影响因素的交通因子是促进商业区位形成的基础之一,不同的交通影响力对商业区位的驱动力具有差异性,不同交通因子的影响力的变更、强化或弱化又是导致商业区位变迁的诱因。

高松凡认为元代北京市依靠大运河和发达的水路交通形成了钟鼓楼市商业中心;明初北京城改建与后来的城市向南扩展带动了朝前市等商业中心的发展;清初实行强制满汉分居政策,内城市场遭到破坏,康熙雍正年间开始恢复,形成了前三门市场等商业中心;民国建立,由于西方思想文化传播、城市交通改进以及经济政治因素的综合作用导致市场重心北移,形成了西单、王府井和前三门商业重心格局。自公元前10世纪至今,北京市共形成了四代商业中心区,从历史变迁进程来看,其影响因素主要有:城市主要交通运输、城市规划建设、居民社会地域属性及历史文化遗留和淀积等(表6—1)。这几种因素是相互影响、相互促进的,只不过在不同的历史阶段,个别因素的影响程度有所差异而已。

吴殿廷、张文忠、王莲琴认为,生产者因素、消费者因素和使生产者与消费者得以接触的交通条件因素以及行政因素促成了东北地区中心城市系统的形成。闫小培、石元安认为中山五路和北京路等一带交通轴线构成广州市老城区的中心商业区(老CBD),这些地区在土地利用上饱和但功能结构不合理,而改变这种功能结构困难,且又随着城市规模扩大、交通轴线的扩张和城市经济迅速发展,要求CBD范围扩大和中心商业服务功能完善,客观上推动了广州新CBD的形成。王如渊等认为城市地租的区位差异、城市内外交通轴线的延伸或叠加、城市内各种关联职能的共同作用促使深圳市 CBD 形成。

表 6—1 北京市商业中心的历史演变

	名称	形成时间	形成原因
第一代	钟鼓楼	元朝	漕泾运输、城市规划
第二代	前门	清朝中期	城市规划、居民社会地域属性
第三代	前门、王府井	中华民国	城市规划、居民社会地域属性、交通、历史文化遗留和淀积
第四代	前门、西单、王府井	新中国成立后	交通、城市规划、历史文化遗留和淀积

资料来源：高松凡："北京市场及其区位的历史变迁"，《地理学报》，1989 年第 2 期。

商业中心区及 CBD 的区位影响因素、商业区位特征和商业区位形成与演化是紧密的有机体，对三者的研究有利于研究商业区位的过去、今天和未来。从以上的分析来看，交通因素扮演着重要的角色。

三、北京市大型商业中心区发展与城市交通

1. 北京市城市商业布局与城市交通

北京市城市规划设计院董光器教授结合北京城市发展总结了城市商业布局规律。他认为根据人们对商品的不同需求，商业网点分级呈现较为明显的布局规律。与人们日常生活密切联系的日常用品如油盐酱醋、蔬菜和粮食等，居民一般就近购买，这些商业网点距离住宅区近，一般服务半径约为 200 米；日杂用品如锅、碗、瓢、盆等，不贵重，但并非天天需要购置，这些商业网点可以离住宅远一些，一般服务半径约在 500~1 000 米。高档品如金银首饰、高档服装等，价格较贵，又非经常购买，但要求有更多挑选，这就需要到大型商业中心购买。

从北京旧城发展来看，这个布局规律十分明显。西城区的胡同大多是东西向的，大体上每隔 70 米有一条胡同，胡同两侧是住宅，在胡同口设置副食店、粮店、早点铺等基层店；在距旧城墙 1 公里处，有一条垂直胡同的商业街贯穿南北，从南至北分别为南北闹市口、锦什坊街、白塔寺旁的宫门口，这些是一条比基层店高一级的商业街；在距城墙 2 公里外有一条更宽的街道，即西单南北大街，从宣武门经西单、西四至新街口，是西城区的商业中心。历史形成的这种传统商业

网络,是非常合理的功能布局,商业街垂直于胡同布置,既不干扰住宅的宁静,又可为居民提供方便的服务条件,这是从人们需要出发自然形成的分级,也反映了商业布局的原始规律。

董光器认为商业与交通是一对离不开又相互矛盾的"难兄难弟"。俗话说"一步差三市",商业布局对于商业效益来说至关重要。交通方便、人流集散处是最佳的商业网点位置,几何中心不见得是商业的最佳选择。而在北京1950年代兴建的小区或地区中,常常把商业点选择在几何中心,没有考虑人流的规律,结果这些商店都萎缩了。海淀是著名的文教区,在五道口两侧,西有北大、清华、科学院,东有北航等八大学院,就地理位置而言,五道口是绝对的几何中心,应该能为各单位提供最短的服务距离。但是它忽略了两侧的单位是背靠背的,出口在西侧的白颐路和东侧的四道口,结果1950年代建的五道口商场从来没有景气过,白颐路和四道口的商业却发展了起来。由此可见交通条件对商业布点的影响力。

交通方便、人流集中形成商业的繁荣,但商业中心一旦形成,反过来会吸引更多的人流。当中心到达相当规模时又会妨碍交通,尤其是紧邻交通干道的商业,常常出现商业与交通的矛盾。西单原来的商业中心也有类似的例子。西单原来的商业中心主要集中在西单北大街的东侧,实施西西工程(西单北大街以西工程的简称)以来,在干道西侧又建了若干商厦,虽然在干道上建设了过街天桥以加强联系,但是西侧商业远不如东侧效益好。在这种干扰态势下,商业、交通混杂,环境景观杂乱,远不如王府井步行商业街那样富有人情味。由此可知,商业点必须选在交通方便人流集中处,但是,商业中心不宜跨城市干道两侧发展。商业点布局的原则是既要利用交通集散之利,又要避免互相干扰之弊。

2. 商业中心呈四边形网状分布格局

北京市城市内部交通网络大致呈四边形的格子状分布,商业中心的布局不完全符合克里斯泰勒的六边形模型,而与卡瑞(Kurry)的四边形中心地模型更加接近(图6—4)。换言之,北京市商业中心的市场空间呈正方形,商业中心布局呈正方形格子状,即商业中心大多布局在交通线路的交叉点附近。如三环路四个角附近和四条边的中间位置附近都是北京市重要的商业中心,如苏州桥附近(双榆树商业中心)、马甸桥附近(马甸商业中心)、新兴桥附近(翠微—公主坟商业中心)、木樨园桥附近(木樨园商业中心)、国贸桥附近(CBD)、三元桥附近(燕莎)等。

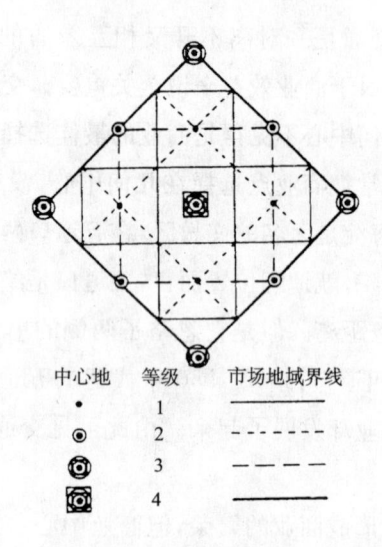

中心地	等级	市场地域界线
•	1	——————
◉	2	- - - - - -
⊚	3	– – – – –
▣	4	— — — —

图 6—4　卡瑞的四边形中心地模型与北京商业中心结构

3. 商业设施沿交通线路发展

北京市商业空间发展基本与城市交通道路的发展相关，市级商业中心、区级商业中心大都位于城市主要交通干道周边。如翠微路（公主坟）、木樨园、马甸等市级商业中心分别位于三环路西、南、北方向，这与1994年相继通车的三环路有直接的关系，可以说便利的交通条件是城市周边地区商业快速发展的重要因素。专业和批发市场的形成和发展与交通条件的关系尤其密切，许多大型农副产品批发市场、家居和建材市场大都布局在快速交通干线的出入口附近。

4. 商业空间与居住空间发展趋势具有相似性

1990年代以来，北京市住宅小区开发空间分布格局具有以下两个特征：一是三环路以外住宅建设速度加快，而三环路以内的区域出现了减缓甚至停滞的现象；二是居住空间结构整体向北和向东突出，在北部和东部区域，不仅四环路之内住宅开发相对成熟，而且四环到五环路，甚至五环以外都成为较好的住宅区位。与此相对应,北京市大型商业设施的布局也具有类似的特征,三环路周边商业设施发展最快,已经出现许多市级和区级大型商业中心,尤其在北部和东部居住区商业发展完善。如四环路外的亚运会商业中心的形成和发展与亚运村及其周边的居住区的建设和规模的不断扩大有密切的关系。

5. 商业空间发展呈总体分散、局部集中的趋势

近10年来,北京市商业空间已经发生了巨大的变化,居民购物和消费不再是集中于某个特定的空间,而是根据需求和个性等进行多样化的选择。这种变化与商业空间的发展和演化有密切的关系。总的来看,北京市商业空间发展呈现出总体分散、局部集中的趋势。2001年遍布整个北京市的商业网点数多达19万多个,但在大的分散中,相对集中的商业区不断出现,除中心城区外,三环路周边一些区位条件优越的地区商业空间集中很明显,而且这种趋势在不断加强。在局部集中的同时,位于不同方位的城区、边缘区和居住区等区域内均形成一定等级规模和职能地商业中心,以满足当地居民的日常消费。总之,北京市商业空间已经出现局部集中和整体分散的网络式空间分布格局。

6. 中心城区商业职能出现相对减弱的态势

随着人口、产业等职能由中心向外扩散,商业职能也出现了类似的空间转移,中心城区的三大商业中心,即王府井、西单、前门—大栅栏尽管仍然是北京市重要的商业中心,但随着日趋明显的商业郊区化,其对北京市居民的吸引力越来越弱。据调查,北京二环以内社会商品零售额已经由1980年代约占全市70%下降到现在的23%。中心城区商业职能的弱化主要与以下几个因素有关:一是中心城区常住人口不断减少,直接影响商业企业的销售额;二是日益拥挤的交通和缺乏足够的停车场成为吸引更多消费者的屏障;三是有限的用地和高额的地价抑制了企业的发展;四是中心城区商业相对趋于饱和,进一步发展空间有限;五是政府的宏观规划和政策也限制了中心城区商业的发展,如北京市商业委员会在"流通业发展分类指导目录(2003年)"中明确规定,城区二环路以内限制新增1万平方米以上大型百货店、大型综合超市、大型专业超市,这些政策的出台也有效地控制了中心城区商业职能的发展。

第二节 不同商业中心区和商业业态的区位选择与交通发展

商业区位特征是商业区位影响因素综合作用的主要形式，其与商业区位影响因素紧密相连。

一、不同商业中心区和商业业态的区位特征与空间布局

1. 商业区位特征

商业区位特征是商业区位影响因素综合作用的主要形式，其与商业区位影响因素紧密相连。好的商业区位的特征具有一定的共性，是市场商铺投资、商业区位决策以及商业环境建设所依赖的凭据，这些特征也跟交通因素紧密相连。

国内研究表明，较好的商业区位特征主要有以下三点：①位居交通便利的交通线或区位较好的交通支线上；②与居住区的分布相关；③一般位于城市的中心或次中心等。如元大都时期的北京城市场分布于大运河沿线，主要是钟鼓楼市、羊角市、枢密院角市等地；明时期向南扩展，分布于朝前市、灯市、西四市场等地；清时期北京城内城破坏后恢复，主要分布于前三门市场、东四市场、西四市场等地；民国时期市场中心转移，北京确定了王府井、西单和前三门市场的今日北京城市场布局体系。有学者认为未来北京市商业发展建设的重点地区将是北西方向，西单商业中心将在三大商业中心中进一步提高，整个北京市的商业活动中心和空间格局将逐渐西向和北向偏移。

安成谋则认为兰州市商业中心的区位格局中，一级商业群主要集中在张掖路；二级商业群是区级商业中心，一般设在城市交通街道两旁，主要有七里河、十里店等；三级商业群多设在居民住宅小区中心。闫小培、周春山等认为广州市CBD范围包括"北京路—上下九路"分区、"环市东路"分区与"天河"分区，功能特征为中心职能集聚程度大，而各中心职能集聚程度不同，但均体现出规模大、级别高的特征。三个分区在中心职能、外向功能和居住功能都显现差异性。时臻、白光润认为上海市大卖场区位特征主要表现在多在居民区布局，多在内外环线之间和城郊结合部布局，多在交通节点上布局，而浦东新区商业设施的空间布

局比较集中,绝大部分商业设施沿黄浦江带状分布的狭长区域。曹嵘、白光润研究了交通影响下的零售商业微区位选择,认为非商业中心区的一般商业网点的商业区位不是交通发达的干道沿线,而是区位条件较好的支路沿线。

2. 零售商业区位特征

零售业态包括零售店、超级市场、大型综合超市、便利店、专业店、专卖店、购物中心、仓储式商场等,它们的区位选择与交通的关系存在着一定的规律(表6—2)。

表6—2 不同零售业态的空间选址与交通的关系

业态	空间选址
零售店	城市繁华市区、交通要道
超级市场	居民区、交通要道、商业区
大型综合超市	城乡结合部、住宅区及交通要道
便利店	居民区、主干线公路边及车站、医院、娱乐场所、机关团体、企事业单位所在地
专业店	选址多样化,多数店设在繁华商业区、商业街或零售店、购物中心内
专卖店	繁华商业区、商业街或零售店、购物中心内
购物中心	中心商业区或城乡结合部的交通要道
仓储式商场	城乡结合部、交通要道

二、北京大型商业中心区的区位选择与交通的关系评价

1. 典型地区调查

为了研究交通发展对商业区发展的影响,选取了典型地区进行了调查——北京市西城区和海淀中心区,对大型商业中心区的交通可达性进行了评价。分析表明商业区位和交通条件是商业中心区发展的关键因素,交通可达性和便捷性的好坏对大型商业中心区发展的影响非常大。

案例区选取以北京市西城区和海淀区为主要研究区域,区域范围总面积约达163平方公里,总人口约为247万人(图6—5)。选取该地区12个最为重要的商业区,作为研究区域商业环境评价和城市居民消费区位选择的代表。这12

大商业区是西单商业区、复兴门商业区、阜成门商业区、新街口商业区、甘家口商业区、公主坟商业区、白石桥商业区、双榆树商业区、大钟寺商业区、中关村商业区、四季青商业区和五道口商业区。

这12大商业区囊括了海淀区和西城区大部分年销售额上亿元的商场，包括了目前发展较为成功的商业区域，如西单商业区、公主坟商业区和双榆树商业区等，也包括了目前正在急速发展的商业区域，如四季青商业区、中关村商业区、大钟寺商业区和五道口商业区等。

同时，在2004年9月1日到2004年10月10日，针对北京市西城区和海淀区重要的商业区采样获取调查问卷1 309份，有效问卷为1 276份，问卷有效率为97.5%。以下关于问卷分析的内容均按照此次调查的问卷展开。

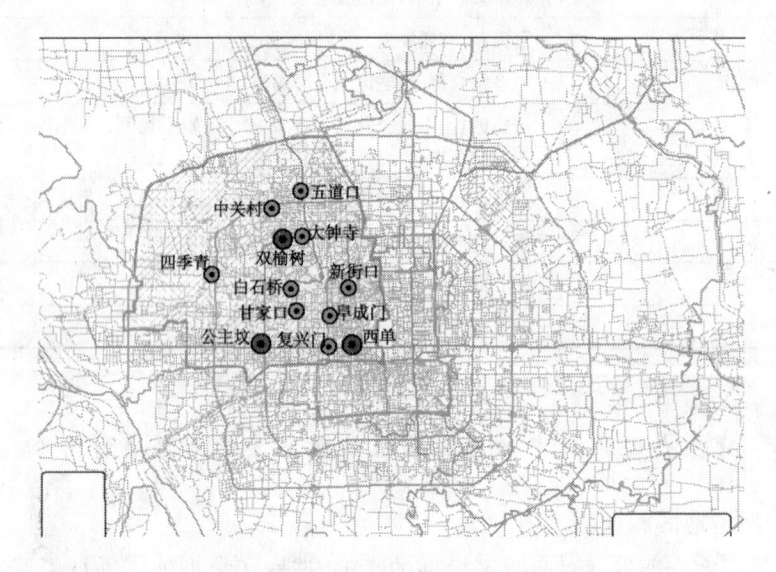

图6—5　北京市西城区和海淀中心区的主要大型商业中心区分布

2. 区位条件与交通可达性因子提取

北京商业中心区的区位条件与交通紧密相关，对其商业中心区的区位条件评价依据为商业区所在的交通环路位置，而不是仅仅依据商业区距离城市中心的距离进行评估，这是由北京市城市空间结构所决定的。北京市城市空间结构是以市中心为核心形成环线放射状的"摊大饼"结构，二环、三环、四环和五环等环路间隔出来的区域空间的商业开发价值存在着明显差异性,而环线间隔形成的空间区域内部呈现明显的相似性。

依据商业区所在的环线区位,对商业区的区位条件进行评价(表6—3),同时遵循距离衰减规律,商业区离城市中心区越近,其优势越强。利用Delphi法进行赋值,区位在二环内,区位非常优越,赋值4;二、三环之间,区位比较优越,赋值3;三、四环之间,区位优势不突出,赋值2;四环外,区位优势一般,赋值1。同时,针对由于交通等因素影响导致商业区区位布局在三环边上和四环边上的商业区取平均数,分别为2.5和1.5。

表6—3 12大商业区区位条件和交通可达性现状分析

商业中心	区位条件	所处区位地位	公交线路	地铁状况	所在道路状况
西单	二环内	市级商业中心	28	地铁	城市主干路+城市主干路
复兴门	二环内	地区级商业中心	24	地铁枢纽	城市快速路+城市主干路
阜成门	二环内	地区级商业中心	43	地铁	城市快速路+城市主干路
新街口	二环内	地区级商业中心	14	无	城市主干路
甘家口	二、三环之间	地区级商业中心	28	无	城市次干路+城市次干路
公主坟	三环边上	市级商业中心	54	地铁	城市快速路+城市主干路
白石桥	二、三环之间	无	41	无	城市主干路+城市主干路
双榆树	三环边上	市级商业中心	47	无	城市快速路+城市主干路
大钟寺	三环边上	无	18	轻轨	城市快速路+城市次干路
四季青	四环边上	无	21	无	城市快速路+城市次干路
中关村	三、四环之间	地区级商业中心	42	无	城市快速路+城市主干路
五道口	四环外	地区级商业中心	15	轻轨	城市次干路

资料来源:实际调研获得数据。

在这里特别提取区位地位因子,作为评价该商业区区位优势的重要指标,区位地位因子主要体现北京市原有的商业规划中的商业地位。这是因为北京市的商业发展是从计划经济向市场经济发展背景下发展起来的,原有的政府规划下的商业中心等级很大程度上决定了政府的投入程度和政策导向,从而也很大程度上决定了该商业区在近十几年商业发展的规模和商业环境的优劣。从现实角度来看,发展态势良好的西单、王府井、公主坟和双榆树等商业区正是1990年代初《北京市城市建设总体规划》所规划的市级商业中心。但也有反例,如马甸和前门商业区,都是上次城市规划所确定的市级商业中心,但发展态势并不好。分析马甸和前门商业区的区位条件,可知这两个商业区恰恰处于两个行政区的分界线上,马甸是海淀区和朝阳区的行政分界线,前门商业区恰好是宣武区和崇文区的行政分界线。由于这种区位使得各区政府对于商业投入的权责以及利益分配的不明确,可能是这两个商业区发展不好的重要原因。从微区位来看,由于立交桥的修建造成马甸商业区出现了空间阻隔,马甸商业区的客流难以形成集聚,而前门商业区由于旅游商业的开发导致杂乱差等商业环境的日趋恶劣,也可能是它们衰落的因素。由此看来,除了像马甸商业区、前门商业区自身存在制约因素导致发展差以外,原有的城市规划对于商业区的定位,在这十几年来还是直接影响了商业区的投入、商业发展政策、商业体量和商业氛围。

根据《北京市城市建设总体规划》(1992)的修订方案所确定的"北京市区金融、商业设施规划",西单是市级商业中心,同时是北京市商业发展的三大中心之一,赋值3。其他市级商业中心,赋值2;地区级商业中心,赋值1;不在规划中心范围的商业区,赋值0。

商业区的交通通达性评价,选取的因子是公共交通因子、地铁状况因子和所在道路状况因子。公共交通因子,通过采集商业区周边地区公共汽车车站的站牌所显示的公共汽车线路数,包括北京市公共交通公司、北京市巴士公司、运通公司以及小公共汽车的公共汽车线路。地铁状况因子分成三个等级:第一等级是地铁枢纽,各线地铁的交汇点,交通通达性强,如复兴门是地铁1号线和2号线的交汇地点,赋值1;第二等级是普通地铁出口和城铁出口,通达性较强,赋值0.5;其余商业区没有地铁或者城铁经过的,赋值0。

所在道路状况因子选取商业区所在区域最为重要的两条交通干线,来评估商业区的交通通达性。这是因为道路的等级将直接影响商业区的交通通达性,而北京市的公路路网基本是南北和东西走向,选择对主要的两条交通干线的评估基本上能够反映出该商业区的道路状况。北京市区干道路网分为三个等级,即城市快速路、城市主干路和城市次干路。城市快速路,赋值3;城市主干路,赋值 2；城市次干路，赋值 1。

综上所述，12 大商业区区位和交通优势得分如表 6—4 所示。

表 6—4 12 大商业区区位和交通优势得分情况

商业区	区位条件得分	区位地位得分	交通路线	地铁得分	道路状况得分
西单	4	3	28	0.5	4
复兴门	4	1	24	1	5
阜成门	4	1	43	0.5	5
新街口	4	1	14	0	4
甘家口	3	1	28	0	2
公主坟	2.5	2	54	0.5	5
白石桥	3	0	41	0	4
双榆树	2.5	2	47	0	5
大钟寺	2.5	1	18	0.5	4
四季青	1.5	0	21	0	4
中关村	2	1	42	0	5
五道口	1	1	15	0.5	1

3. 商业区区位条件与交通可达性评价公式

假设各项指标对商业区区位条件与交通可达性作用是同等的，那么需要对各项指标赋值进行标准化换算，换算公式为：

$$V_i = \frac{U_i - U_{\min}}{U_{\max} - U_{\min}}$$

其中，V_i 为某区位条件与交通可达性指标标准化后的评价值；

U_i 为某区位条件与交通可达性指标的初始值；

$U_{\min}$ 为某区位条件与交通可达性指标 U 的最低值；

$U_{\max}$ 为某区位条件与交通可达性指标 U 的最高值。

4. 评价结果分析和机制分析

评价得分见表 6—5。在 12 大商业区当中，区位和交通优势度最高的是公主坟商业区，其优势指数达 3.67。第二名是西单商业区，其区位和交通优势度

3.60，第三名是复兴门商业区，其区位和交通优势度 3.58。其次分别是阜成门商业区、双榆树商业区、中关村商业区、白石桥商业区、新街口商业区、大钟寺商业区和甘家口商业区。最后两名是五道口商业区和世纪金源商业区，其区位和交通优势度仅为 0.86 和 1.09。

　　区位和交通优势度的评价结果主要由区位条件、区位地位、地铁交通和交通干线所影响，因为在区位和交通优势度排名前四名的商业区中，这四个因素的得分都相当高。实际上区位条件、区位地位、地铁交通和交通干线与商业区的区位以及交通优势度相关关系显著，从区位条件上看，区位条件的强弱基本上反映了 12 大商业区区位和交通优势度的强弱，但新街口商业区例外，虽然其区位条件较好，但是区位和交通优势并不强。从区位地位上看，原城市规划发展的商业中心其区位和交通优势度都较强，三大市级商业中心的区位和交通优势度都很强。从公共交通上看，公共交通并不是区位和交通优势度强弱的决定因素，但公共交通优势明显的商业区其区位和交通优势也很明显，如公主坟商业区，其公共交通优势处于第一名，其区位和交通优势也最强。特别是没有地铁或城铁交通的区

表 6—5　12 大商业区区位和交通优势评价

排名	商业中心	区位条件	区位地位	公交交通	地铁交通	交通干线	综合得分
1	公主坟	0.50	0.67	1.00	0.50	1.00	3.67
2	西单	1.00	1.00	0.35	0.50	0.75	3.60
3	复兴门	1.00	0.33	0.25	1.00	1.00	3.58
4	阜成门	1.00	0.33	0.725	0.50	1.00	3.56
5	双榆树	0.50	0.67	0.825	0.00	1.00	2.99
6	中关村	0.33	0.33	0.70	0.00	1.00	2.37
7	白石桥	0.67	0.33	0.675	0.00	0.75	2.09
8	新街口	1.00	0.33	0.00	0.00	0.75	2.08
9	大钟寺	0.50	0.33	0.10	0.00	0.75	1.85
10	甘家口	0.67	0.33	0.35	0.00	0.25	1.60
11	世纪金源	0.17	0.00	0.175	0.00	0.75	1.09
12	五道口	0.00	0.33	0.025	0.50	0.00	0.86

域,如双榆树商业区、中关村商业区、白石桥商业区、新街口商业区和世纪金源商业区,基本上是公共交通的强弱决定了区位和交通优势度的强弱。从地铁和城铁交通上看,地铁或城铁对商业区的区位和交通优势影响非常大,基本上地铁出口的地方容易形成商业区,尤其是地铁成为了提升西单商业区、复兴门商业区交通通达性的重要因素,它弥补了西单商业区和复兴门商业区公共交通的不足,同时地铁形成的轴线是商业区"点轴模式"发展的重要发展轴。从交通干线上看,交通干线的强弱基本上决定了区位和交通优势度强弱。

从商业区位和交通优势度的空间分布特征来看,以二环以内为内城,二环以外为外城,内城比外城区位和交通优势突出。商业区的区位和交通优势度并没有呈现距离衰减规律,如公主坟位于三环边上,其区位和交通优势最强,甘家口位于内城和外城交接处,但其区位和交通优势度都弱于内外城的区位和交通优势度。但从整体上看,随着环路由城市中心向外扩展,商业中心区的交通优势呈波浪状递减格局,沿环路的交通优势较强,而环路之间的商业中心区交通优势较弱,而随着距离城市中心区的距离加大,交通优势也呈现递减。

从12大商业区的区位和交通优势度分析来看,12大商业区的区位和交通优势在空间上形成了三条扩展轴线,第一轴线是"西单商业区—复兴门商业区—公主坟商业区"轴线,这个轴线还串上了复兴商业城、长安商场,向西延伸还可达到五棵松甚至石景山区;第二轴线是"复兴门商业区—阜成门商业区—西直门商业区"轴线,这是由于地铁交通路线所形成的商业轴;第三轴线是"甘家口商业区—白石桥商业区—双榆树商业区—中关村商业区"。

5. 交通条件的满意度空间分异

根据图6—6和图6—7可以看出,北京市西城区和海淀区的交通条件满意度并不符合距离衰减规律,但从中心区和外城区的交通条件满意度来看,"中心—边缘"表现出交通条件满意度一定程度上的距离衰减,中心区的交通条件满意度基本上强于边缘区的交通条件满意度。市中心的交通条件满意度由西单商业区、复兴门商业区到阜成门商业区递增,但延伸到新街口商业区,出现了急剧下降,这可能是由两个原因造成的:一是地铁交通对内城商业区的交通条件影响很大,西单商业区、复兴门商业区和阜成门商业区均是主要的地铁出口;二是

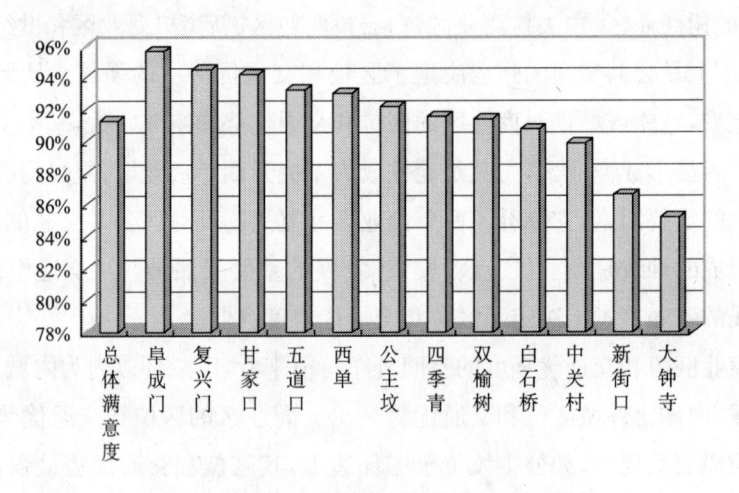

图 6—6 商业区交通条件的满意度评价

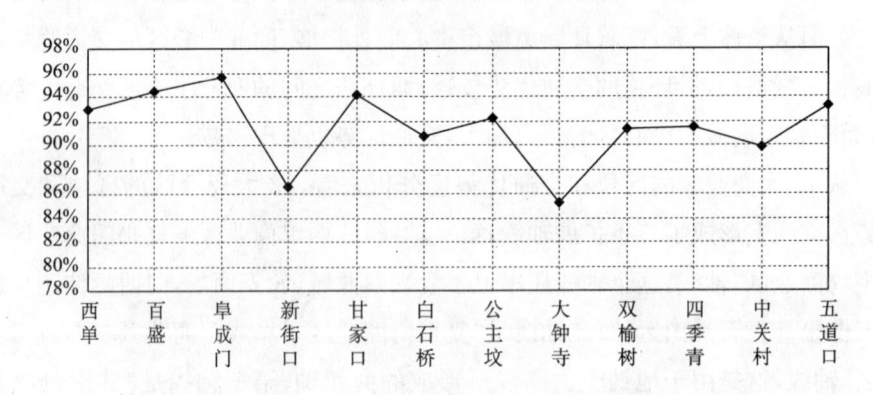

图 6—7 商业区交通条件的满意度空间结构特征

公路交通对新街口影响大,由于缺乏地铁出口,公路交通的薄弱导致新街口商业区交通条件满意度与内城的商业区相比,差距非常明显。

"甘家口商业区—白石桥商业区—双榆树商业区—中关村商业区"表现出"强—弱—强—弱"的节拍式的交通条件满意度空间分布。这可以解释为甘家口商业区由于距离市中心较近,交通条件满意度较强,而白石桥交通条件满意度较低,由于环路影响,双榆树商业区交通条件得到改善,其交通条件满意度得到提升,但由于距离市中心较远的影响,中关村商业区交通条件优势也不如市中心,相比之下其交通条件满意度较弱。

三环的公路交通对商业区交通条件的影响可能强于四环的公路交通影响。如公主坟的交通条件满意度强于四季青交通条件满意度，双榆树商业区的交通条件满意度强于中关村商业区交通条件满意度，但是也不能排除交通条件满意度距离衰减造成的影响（注：虽然大钟寺位于三环边上，但是其交通条件满意度受制于其微区位的影响，故不参与三、四环路的交通影响比较）。

新街口商业区和大钟寺商业区交通条件满意度是最低的，这与前面所研究的商业区位满意度结果相一致。新街口商业区受制于公路交通的影响，而大钟寺商业区虽然有地铁出口，但是可能由于城市居民尚未形成利用地铁交通线在大钟寺商业区进行消费的习惯，仍然还是主要通过公共汽车等公路道路交通工具进行购物，大钟寺公路交通的薄弱导致其交通条件满意度偏低。这可以通过大钟寺商业区进行的出行消费方式调查得到印证。在大钟寺的消费出行方式中，步行占22.7%，骑自行车占22.7%，乘坐公交车占37.1%，乘坐地铁或者城铁占10.3%，驾私家车占17.5%，选择出租车占2.1%（注：此选项是多选选项，百分比总和大于100%）。由此可以看出，采用公交车和私家车的总额占55%，此两项的总和大于任何选项两项之间的总和，可见公路交通是大钟寺提高通达性的主要通道，对大钟寺商业区的交通条件满意度具有极大的影响力。

五道口虽然在四环外，但其交通条件满意度很强，这主要是由它的消费者结构和城铁交通的影响决定的。在五道口商业区消费出行方式中，步行占22.2%，骑自行车占28.3%，乘坐公交车占20.2%，乘坐地铁或者城铁占17.2%，驾私家车占19.2%，选择出租车占14.1%（注：此选项是多选选项，百分比总和大于100%）。由此可以看出，采用步行和自行车的总额占50.5%，采用公交车和私家车的总额占39.4%。可见五道口商业区主要满足于周边地区的消费，采用的出行方式是步行和自行车，一般交通条件的改善就很容易提升该满意度。而且采取地铁或城铁的占17.2%，显然城铁交通对五道口商业区具有较大的影响。

综上分析，我们可以总结出地铁或城铁交通和公路交通对商业区交通条件满意度的影响。有两点结论：一是缺少地铁交通，交通条件满意度可能不会急剧偏低，但拥有地铁可能会极大促进该商业区的交通条件的改善，交通条件满意度可能会明显上升,如西单商业区、复兴门商业区、阜成门商业区、五道口商业区;二是拥有较好的公路交通条件,交通条件满意度可能不会急剧上升,但是缺乏较好的公路交通条件,可能会引起交通条件满意度明显下降,如新街口商业区、大钟寺商业区。

三、北京不同商业业态的区位特征与交通发展的关系

1. 综合性商业设施的区位特征

综合性的商业设施以百货店为代表,它以满足消费者耐用或高档消费品的需求为主,消费或服务半径比较大,因此其区位一般选择在交通便捷的城市繁华区,以便于吸引更多的消费者。目前北京市(除远郊区县外)大型综合性商业设施主要集中在三环路以内或周边地区,这些地区交通条件便利,娱乐、休闲等其他设施配套完备,能够实现消费者的多目标的消费行为,因此,大型综合性商业设施仍然是北京市或外地消费者购买高档次消费品的首选地。

2. 大型超市的区位特征

近年来,北京市新型业态发展迅速,2000 年以连锁经营为代表的新型业态的市场份额已达到 12% 左右。2001 年连锁零售业总店 84 家,分店有 1 627 家,其中超市总店 24 家,分店 489 家。大型超市以满足消费者的日常生活用品为主,包括食品、生活用品和一般性的服装等。消费或服务半径相对较小,其区位一般选择在交通便捷、可达性好,或者接近人口稠密区,如接近大的居住区和高档消费群。就北京市区而言,大型超市主要布局在交通干道、快速交通出入口附近、大型或者高档居住区附近。如位于朝阳区北三环东路的家乐福创益佳店以及位于海淀区白石桥路的家乐福方园店都接近在快速交通的出入口,而位于丰台区的家乐福方庄店则是依托于大型、高档方庄社区。

3. 仓储式商场和购物中心的区位特征

仓储式商场以满足居民日常生活消费品为主,是集储销于一体的低价销售的零售业态,多采取会员制形式;购物中心是各类零售业态和服务设施的集合体,具有商业性商业设施的特色,其内部结构以百货店或大型超市为核心,兼有各类专业店、专卖店、快餐店等,主要满足消费者综合购物需求。仓储式商场和

购物中心共同的特点是商品齐全、价格相对低廉，占地面积大，因此它们一般布局在用地相对丰富、交通便利的城乡结合部。如海淀区学清路上的仓储式商场普尔斯马特海淀店，紧靠交通便利的学院路，位于四环路外，属于城市边缘区，用地相对丰富且低廉，是发展仓储式商场的最佳区位。而北京正在建设和计划建设的购物中心(Shopping Mall)都选择在五环路之外的地区。

4. 专业性和批发市场的区位特征

专业性和批发市场是批发和零售一定类型的生产资料和生活资料为主的大型市场，这类市场以满足消费者批量或者专业性消费为主。按照经营商品的类型、经营方式等可分为不同的类型，如粮食批发市场、蔬菜批发市场、家具市场、建材市场等。交通的可达性和用地条件对这类市场的区位选择起着关键的作用，一般交通枢纽和物流集散中心是最佳区位的候选地。就北京市而言，专业性和批发类市场主要集中在四环路的周边。

第三节 北京市两个典型商业中心商业环境满意度调查与交通发展

以下分析以北京传统商业中心区西单和以家乐福大型超市为核心的新兴商业中心区中关村商业区为例，分析这两个商业区的发展对城市交通的需求影响。

一、西单商业中心区商业环境满意度与交通发展

1. 商业区商业环境要素竞争优势分析

西单商业区在商业规模、商业氛围、商业区位、交通条件等商业要素上竞争优势非常强。从西单商业区的满意度显著性指数和商业环境满意度分析来看(表6—6)，西单商业区商业规模和商业氛围均具有很强的满意度。在12大商业区中，西单商业规模满意度排名第2，商业氛围满意度排名第3。西单商业区是近50多年来北京三大商业中心之一，在人们心目中已具有非常高的知名度，而且西单众多的商厦、繁华的商业发展以及大规模的人流和物流促进了居民对西单商业氛围和商业规模的感知。西单商业区商业区位和交通条件均具有比较

高的满意度显著性指数,而且也均具有很高的满意度,在12个商业区内西单商业区的商业区位满意度排名第2,交通条件满意度排名第5。

表6—6 西单商业区商业环境竞争优势分析

满意度	西单商业环境 CS	西单商业环境 CS 显著性指数
商业区位	++	+
交通条件	++	+
商业规模	+++	++
商业氛围	++	++
商品价格	—	—
服务质量	—	—
休息场所	——	—
配套餐饮娱乐设施	—	+
停车位	——	——

注1:+++:非常强(高);++:很强(高);+:比较强(高);—:比较弱(低);——:非常弱(低)。

注2:CS为满意度的英文缩写。

西单商业区在配套餐饮娱乐设施、商品价格上竞争优势比较强。配套餐饮娱乐设施满意度显著性指数比较强,虽然其满意度比较低,但在12个商业区中排名第6。从实际上看,西单商业区分布着一些配套餐饮娱乐设施,包括麦当劳等特许专营店以及小吃街和快餐商铺,能够基本满足居民的需求。西单商业区的商品价格也具有竞争优势,虽然满意度显著性指数比较弱和满意度比较低,但在12大商业区中满意度排名第6,而且西单商业区从西单商场、西单赛特商场到中友百货、华威商场,具有不同价格层次的商品种类。

西单商业区在服务质量、休息场所、停车位上竞争优势比较弱。西单商业区的服务质量具有比较弱的满意度显著性指数和比较低的满意度,说明服务质量可能是制约西单商业区发展的重要因素,在12个商业区中,其满意度排名倒数第3。休息场所和停车位也没有跟得上西单商业区的发展,休息场所具有比较弱的满意度和非常低的满意度,在12个商业区中满意度排名第8;停车位具有非常弱的满意度和非常低的满意度,在12个商业区中满意度排名第7。西单商业区作为北京市三大商业中心之一,不仅服务于北京市城市居民,还服务于来京旅游的外地游客,未来可能是北京市重要的旅游购物休闲中心,因此休息场所和停车位的缺乏可能严重制约西单商业区的发展。

2. 未来西单商业区竞争力提升策略

未来西单商业区的提升目标是改善西单商业区的商业环境,重点是改善西单商业区休息场所和停车位的建设,提高服务质量。同时针对西单商业区旅游功能的提升,加强配套设施和休息场所的建设,改善商业区单一商业业态结构和单一的购物功能,发展西单商业区休闲、购物和旅游功能。

西单商业区空间上突出南北向的发展轴,与新街口商业区和宣武门外大街的商业区联合发展,形成错位竞争的商业发展轴。

二、中关村商业中心区商业环境满意度与交通发展

1. 商业区商业环境要素竞争优势分析

中关村商业区在停车位、商业规模和商业氛围这三个商业要素上竞争优势非常强(表6—7)。从中关村商业区的满意度显著性指数和商业环境满意度分析来看,停车位具有非常强的满意度显著性指数,具有比较高的商业环境满意度。这可能是由于中关村科技园经过大规模的改造后,商业区规划建设已经充分考虑到停车位对商业区的作用,停车位建设非常到位所致。商业规模和商业

表6—7 中关村商业区商业环境满意度竞争优势分析

满意度	中关村商业环境 CS	中关村商业环境 CS 显著性指数
商业区位	+++	——
交通条件	+	——
商业规模	+++	++
商业氛围	+++	++
商品价格	+	—
服务质量	+	—
休息场所	+	—
配套餐饮娱乐设施	+	—
停车位	+	+++

注:+++:非常强(高);++:很强(高);+:比较强(高);—:比较弱(低);——:非常弱(低)。

氛围具有很强的满意度显著性指数和非常高的满意度,这说明中关村家乐福大型综合超市对中关村商业区商业环境提升的作用非常大,同时也有可能是中关村原有的电子市场形成的商业规模和商业氛围对居民的影响非常大。

中关村商业区在商业区位、商品价格、服务质量和配套餐饮娱乐设施上竞争优势比较强。虽然商业区位在商业环境满意度显著性指数上表现出非常弱,但是该中关村商业区商业环境满意度非常高,由此看出中关村商业区的商业区位仍然具备比较强的竞争优势。从12大商业区的商品价格满意度的分布来看,中关村商业区商品价格的满意度排名第3,从业态分析来看,中关村商业区的旗舰商业是大型综合超市中关村家乐福,商品价格上非常具有优势。中关村商业区服务质量、配套餐饮娱乐设施具有比较弱的商业环境满意度显著性指数和比较强的中关村商业区商业环境满意度,从12大商业区的商品价格满意度的分布来看,中关村商业区服务质量满意度排第1,配套餐饮娱乐设施满意度排第3,均比较强。同时中关村家乐福开始注重为超市进行配套的建设,准备建设成为小型的购物中心,在服务质量上和配套餐饮娱乐设施上都有所提升。

中关村商业区在交通条件和休息场所上竞争优势比较弱。中关村商业区的交通条件和休息场所的商业环境满意度显著性指数非常弱,而交通条件的商业环境满意度比较高,休息场所的商业环境满意度比较低。在12大商业区中,中关村的休息场所满意度排第2,但是从中关村商业整个商业环境要素满意度的高低来看,是排名比较靠后的,成为制约中关村商业区发展的重要因素。从中关村商业区建设来看,中关村家乐福主要分布在地下一层和地下二层,地面上的休息场所很少。在12大商业区中,中关村的交通条件满意度排倒数第3。实际上,中关村大街是非常拥堵的大街,交通并不通畅,从四环出口的车辆也必须通过中关村大街才能到达中关村商业区,这样更加加剧了中关村大街的拥挤。

2. 未来中关村商业区竞争力提升策略

中关村商业区的提升目标为重点建设中关村商业区的休息场所和改善中关村的交通状况:疏通南北交通,改善东西道路,尤其是海淀大街的改造。增强中关村商业区内部道路的交通,尽快建设地铁通车,打造立体交通系统。

第四节 消费者需求对城市大型商业中心区与交通协调发展的影响

一、消费者行为与商业区发展、交通发展的矛盾

城市大型商业中心区及 CBD 发展与城市交通存在城市消费者的消费倾向和空间行为特征与城市大型商业中心区发展、交通发展的矛盾。消费者作为商业设施、交通设施的利用主体,其反映的消费倾向和空间行为特征对商业中心区建设和交通发展的影响作用不断加强,了解消费者购物的态度、购买行为以及影响消费者选择的因素,对商业中心区建设和交通发展都具有重要的意义。其解决该问题的关键点在于通过对城市居民或消费者的交通方式选择与消费行为引导促使大型商业中心与城市交通的协调。

从 1970 年代初期开始,国外的研究者开始关注消费者对零售业区位选择的影响,如赫夫概率模型的出现;拉什顿(Rushton)提出的消费行为空间偏好模型,极大地推动了消费行为地理学的发展。自 1980 年代以来,消费行为地理学的研究愈加受到重视,道森(Dawson)认为零售企业必须要了解各零售活动间、零售业与消费者间、零售活动与区位间的相互关系,贝利(Berry)和帕里(Parry)则进一步指出,一个真实的零售区位理论必须考虑服务地区人口的属性、消费者行为形态与社会经济环境。在国内关于零售业区位与居民消费行为研究起步较晚,魏金荣和张文奎等研究了长春市消费者购物行为及其限制因素,认为是商店的品种、消费者居住地与商业中心的距离、商业中心的交通状况、商店的信誉与出售商品的质量、商品的价格、商业营业员的服务态度等微观因素。张文忠等对哈尔滨市消费行为与商业中心地系统分析,认为消费者购物空间的选择主要与商业中心的规模、交通方便、距离最短原则有关。仵宗卿和柴彦威根据周边调查法研究了天津市居民消费行为特征,并按照中心地理论构建了购物出行空间结构等级模型;王德等从消费者购物出行角度研究了上海市商业空间结构,认为上海市商业空间结构具有等级序列明确、空间分布不均和强中心线型结构的特征,

同时还分析了上海市消费者对大型超市选择行为的特征。

二、城市居民购物出行的影响因素分析

以下通过对城市居民购物出行方式的偏好、出行时间距离偏好、消费区位决策的影响因素等分析消费者对商业中心区的需求和交通需求。研究表明，居民购物出发地点选择、商品消费特征、购物时间分配、购物活动安排以及居民购物出行方式的选择、出行时间距离的偏好都会影响到居民消费行为和消费决策。

1. 居民购物出行方式的偏好

偏好度是指居民对其所选择因子的重视程度，其简单的计算公式为偏好度 $P=(p_i/N)\times 100\%$，p 为影响因子，i 为问卷中的选项 $(i=1,2,\cdots,n)$，N 为样本数。

由于购物出行距离的不同，选择采取的交通出行方式表现出差异性。目前北京市海淀区城市居民交通出行方式的差异性（表6—8），采用公交车的偏好度是 49.69%，排名第 1，说明公路的公共交通工具是城市居民出行的最重要的选择。采用地铁或城铁的偏好度为 16.41%，排名第 2，由此看来，城市居民出行购物的交通工具主要是公交车、地铁或城铁等公共交通工具，公共交通发达的商业区有利于吸引城市居民。采取步行和自行车的偏好度分别是 16.33% 和 14.05%，由此可见就近购物仍然是城市居民消费区位选择的重要方式。选择驾车购物的偏好度是 14.21%，表明驾车购物已成为城市居民出行购物的重要方式。

2. 居民出行时间距离偏好

由于北京市交通条件的影响，购物出发点与商业区的实际距离与城市居民出行时间距离并不能相互对应，很有可能是购物出发点与商业区的实际距离很短，但由于交通的影响需要花费很多的出行时间，而也有可能是购物出发点与商业区的实际距离很远，但由于交通的便利性或者是采取出行方式的先进性，导致城市居民出行的时间距离花费很小。从心理学的角度来看，城市居民对出行时间距离的敏感性要强于实际距离的敏感性。

研究城市居民出行时间距离偏好，有利于把握在特定购物出行方式下城市居民购物出行时间距离偏好的下限和上限。如果出行时间距离低于特定出行方

式的购物出行时间距离偏好的下限,城市居民可能会改变其出行方式,采用比特定交通方式更低级的交通方式,如5分钟的购物时间距离,可能低于购物驾车的购物时间距离,居民可能就会改变其驾车购物方式,选择步行购物;如果出行时间距离高于特定出行方式的购物出行时间距离偏好的心理上限,城市居民可能会选择更高级的出行方式或者改变其消费区位的选择。由此可见,采用不同出行方式的城市居民出行时间距离偏好对商业区商圈大小也有直接的影响。

根据城市居民购物出行方式的偏好(表6—8)和采取不同出行方式的城市居民出行时间距离分布特征(表6—9),提出两个假设:假设一,在步行或采取的

表6—8 城市居民购物出行方式的偏好

出行方式	步行	自行车	公交车	地铁或城铁	私家车	出租车	摩托车
样本数	208	179	633	209	181	128	6
比重	16.33%	14.05%	49.69%	16.41%	14.21%	10.05%	0.47%

注:由于城市居民购物出行方式具有多样性,本样本比例总和超过100%。
资料来源:实地调查问卷,样本量为1 276份。

表6—9 采取不同出行方式的城市居民出行时间距离分布特征

出行方式	5min以内	5~10min	10~20min	20~30min	30~45min	45~60min	60min以上
步行	38	56	34	13	3	0	4
比重	25.68%	37.84%	22.97%	8.78%	2.03%	0.00%	2.70%
自行车	11	36	41	21	10	4	3
比重	8.73%	28.57%	32.54%	16.67%	7.94%	3.17%	2.38%
公交车	24	43	79	114	92	75	58
比重	4.95%	8.87%	16.29%	23.51%	18.97%	15.46%	11.96%
地铁或城铁	6	9	19	24	27	19	10
比重	5.26%	7.89%	16.67%	21.05%	23.68%	16.67%	8.77%
私家车	11	24	50	43	33	7	8
比重	6.25%	13.64%	28.41%	24.43%	18.75%	3.98%	4.55%
出租车	3	9	18	14	9	3	1
比重	5.26%	15.79%	31.58%	24.56%	15.79%	5.26%	1.75%
总体	89	172	231	221	166	106	82
比重	8.34%	16.12%	21.65%	20.71%	15.56%	9.93%	7.69%

资料来源:实地调查问卷,样本量为1 276份。

特定交通工具支持下,出行时间的选项百分比碎石图出现明显转折,所形成的区间为居民在步行或该交通工具支持下所形成的出行距离偏好;假设二,出行距离的选项百分比必须大于或等于14%(该比例是由表6—8北京市城市居民采取主要购物出行方式所持有的比重决定),方可为居民在步行或该交通工具支持下所形成的出行距离偏好,出行距离的选项比例最大的时间距离为该交通工具下最佳的出行时间距离偏好。由此可得到城市居民出行时间距离偏好如下(表6—10):

表6—10 采取不同购物出行方式的城市居民出行时间距离偏好

	出行方式	城市居民购物出行时间距离偏好	最佳购物出行时间距离偏好
1	步行	0~20分钟	5~10分钟
2	自行车	5~30分钟	10~20分钟
3	公交车	10~60分钟	20~30分钟
4	地铁或城铁	10~60分钟	30~45分钟
5	私家车	10~45分钟	10~20分钟
6	出租车	5~45分钟	20~30分钟
7	总体	5~45分钟	10~20分钟

资料来源:实地调查问卷,样本量为1 276份。

3. 城市居民选择消费区位的决策因素分析

由表6—11可知,距离、交通和商品价格是决定城市居民消费区位最重要的3个要素,其决策影响比例分别为38.15%、35.95%和34.93%;其次是商品种类、商品质量、知名度和配套餐饮娱乐设施,它们的决策影响比例分别为29.67%、19.54%、18.29%和15.07%;其余决策影响因素是服务质量、信用度和停车场,其比例分别是8.79%、8.48%和9.73%。

如果把影响因素分为常见因素、商业区本身因素和商业区配套因素的话,从影响居民消费区位决策的影响因素来看,距离、交通和商品价格等常见因素是影响居民消费区位决策最为重要的因素;其次是商品种类、商品质量、知名度、服务质量、信用度等商业区自身因素;再次是配套餐饮娱乐设施、停车位等商业区配套设施因素。

表 6—11　城市居民选择消费区位决策因素分析

影响因素	距离	交通	价格	商品种类	商品质量	知名度
样本数	486	458	445	378	249	233
比重	38.15%	35.95%	34.93%	29.67%	19.54%	18.29%
影响因素	配套餐饮娱乐设施	服务质量	信用度	停车场	其他	
样本数	192	112	108	124	39	
比重	15.07%	8.79%	8.48%	9.73%	3.06%	

资料来源:本论文调查问卷,样本量为 1 276 份。

4. 居民在商业区购物不满意因素分析

居民对商业区不满意的因素见表 6—12。首要不满意因素是交通,由此可见,交通是制约城市居民消费区位决策最重要的因素,其比重为 17.82%。排第二的不满意因素是服务质量因素,其比例为 15.93%,由此可见,商业区的服务质量已经构成居民不满意因素的重要因子。第三的不满意因素是商品价格,其比例为 13.50%,这 3 个要素构成居民目前对商业区最为不满的重要因素。再者其他不满意因素包括商品种类、配套餐饮娱乐设施、商品质量、停车场、距离、知名度和信用度,其比例分别为 12.24%、10.28%、8.56%、7.30%、6.51%、4.40% 和 6.28%。

表 6—12　城市居民在商业区购物的不满意因素

影响因素	交通	服务质量	价格	商品种类	配套餐饮娱乐设施	商品质量
样本数	227	203	172	156	131	109
比重	17.82%	15.93%	13.50%	12.24%	10.28%	8.56%
影响因素	停车场	距离	知名度	信用度	其他	
样本数	93	83	56	80	66	
比重	7.30%	6.51%	4.40%	6.28%	5.18%	

资料来源:实地调查问卷,样本量为 1 276 份。

5. 影响居民消费区位再选择的因素分析

影响居民消费区位再选择的首要因素是商品价格(表 6—13),其比例达 52.75%,其次是商品质量和商品种类,其比例分别为 43.25% 和 42.31%。也就是说影响居民消费区位再选择的3大要素是商品价格、商品质量和商品种类;然后是交通条件、距离和服务质量,其比例分别为37.76%、34.93%和26.45%;再次的影响因素是停车位、知名度和商业功能布局,其比例分别为10.20%、12.09%和14.76%。

表6—13 城市居民消费区位再选择的影响因素

影响因素	商品种类	商品质量	商品价格	距离	交通条件
样本数	539	551	672	445	481
比重	42.31%	43.25%	52.75%	34.93%	37.76%
影响因素	服务质量	有车位	知名度	商业功能布局	
样本数	337	130	154	188	
比重	26.45%	10.20%	12.09%	14.76%	

资料来源:实地调查问卷,样本量为1 276份。

由此看来,在所有商业业态中,超市和大型超市能够很好解决这3大要素带来的问题。这也就可以解释为什么北京市西城区和海淀区多家超市的建立以及由此形成新的商业区。再者,除了交通条件和距离等常见因素的改善能够影响城市居民消费区位决策以外,服务质量和停车位也成为影响城市居民消费区位决策的重要因素。

因此,从城市居民购物出行方式特征和消费行为的空间决策来看,城市居民的交通出行方式的偏好具有差异性,采取公交车的出行方式是城市居民出行的首要方式,其次是地铁或城铁等轨道交通方式,再次是步行和自行车,排在第5的是私家车。然而,从选择驾车购物的偏好度来看,驾车购物已经成为城市居民出行购物的重要方式。从城市居民出行时间距离偏好来看,城市居民总体出行时间距离偏好是5~45分钟,最佳购物出行时间距离偏好是10~20分钟。这些交通出行偏好对消费者选择商业区购物都具有直接的影响。从影响城市居民消费区位的影响要素分析来看,也得到相似的结论,距离和交通因素是排名前两位的影响要素。而停车位因子则是影响居民区位决策的重要因子之一。由此可见,如何引导城市居民的消费行为,是协调商业中心区和交通发展的重要内容。

三、城市大型商业中心区及CBD发展与城市交通的问题和协调对策

综合以上研究分析,城市大型商业中心区及CBD发展与城市交通存在以下几个问题和协调的关键:

1. 交通发展对城市大型商业中心区的影响与协调

城市大型商业中心区及CBD发展与城市交通存在的第一个问题是,交通通达性包括交通干线、轨道交通的走向、新型交通方式的建设以及停车场建设,影响了城市大型商业中心区及CBD的区位及其发展。而城市交通基础设施的缺失容易导致商业中心区的衰落或转型。解决该问题的关键点在于通过城市交通基础设施的建设,利用交通指向因子引导大型商业中心区的发展。

商业功能与交通功能的区位关系既相互促进,又相互冲突。谢东晓并以北京为例,分析西单商业区和王府井商业区的交通区位优势,以及发展商业区的交通区位基础。此外,该学者从时间和空间的角度阐述了交通条件改善对商业区的影响,认为交通条件对商业规模扩大有所限制,但长期交通区位改善促进商业中心发展,认为在宏观和中观尺度上西单交通区位优于王府井,但在微观区位上,后者优于前者。曹嵘以上海徐家汇区为例研究交通影响下的城市零售商业区位得到相似的结论,认为城市经济活动中,商业具有交通依赖性和干扰性双重功能,交通应在一定程度上为商业发展提供条件,在疏散人流、物流的同时,也必须营造大量人流、物流集聚停滞的条件,如地铁站等。其他关于商业区条件的研究,还包括从交通规划的角度评价城市中心区的交通环境,提出商业中心区交通影响评价的原则、步骤和方法。

轨道交通是交通区位条件中对城市社会经济结构、景观环境产生深刻影响的因子,其发展对商业空间的影响引起学者广泛关注,已有学者开始关注轨道交通对零售商业布局和空间发展的影响,认为地铁的建设对零售商业的影响是巨大的,商业空间随着地铁网络形成而重组,并逐步向多中心格局发展,在地铁站周边往往形成包括斑点状、条带状、环状和网络状的新兴商业集聚形态。因此,研究表明,新型交通方式有可能改变传统中心商业区的区位条件,影响其商业功

能结构的调整。随着轨道交通能够促进新商业中心区和新业态的发展，传统商业中心区一般在城市中心区条件最好的地方形成，也往往是轨道交通优先得到延伸的区域。轨道交通在强化传统商业中心区骨干功能的同时，也对传统商业区的相对区位劣势产生冲击。

2. 城市大型商业中心区发展对交通发展的影响与协调

城市大型商业中心区及CBD发展与城市交通存在的第二个问题是，随着城市郊区化的发展和城市空间的扩张，商业中心区的加速发展和向周边城市区域扩张面临着交通的瓶颈，不同的商业业态的区位选择也同样面临交通基础设施无法跟进的矛盾。其解决该问题的关键点在于推动大型商业中心区的区位选择与建设促进交通基础设施的发展，通过商业中心区的影响力扩大来促进交通基础设施的跟进。

近年来我国商业中心区的零售业发展总的趋势表现以下特征：①传统百货业风光不再，加速转型；②新兴零售业态蓬勃发展；③专业连锁店强势推进；④国家零售商全面"圈地"扩张；⑤零售业空间重组加速。这些发展直接影响着商业中心区和零售业空间结构的变化态势，不同的零售业态，特别是一些新的零售业态对商业环境的需求分化，对其空间区位选择也不一样。而国际零售商如家乐福、沃尔玛等在全国范围的加速扩张对城市商业空间的影响也将会进一步加强，这一类企业在区位决策上完全不同于我国传统零售企业。而这些态势的发展与交通因素紧密相连，如北京第一个Shopping Mall世纪金源摩尔的建成，将对北京市商业业态和商业发展带来重要影响。城市轻轨、四环、五环等快速城市交通对商业区位的影响加剧，新商业网点的形成，商业地产投资的推动将促进商业空间从中心到边缘的演化。

3. 商业与交通需要相互协调发展

城市大型商业中心区及CBD发展与城市交通的协调对策主要通过三个方面来实现。第一，通过交通设施的建设包括交通干线、轨道交通的走向、新型交通方式的建设以及停车场建设，影响城市大型商业中心区及CBD的区位及其发展；第二，随着城市郊区化的发展和城市空间的扩张，商业中心区的加速发展与商业业态的区位选择发展推动城市交通的发展；第三，加强消费者消费倾向和空间行为的引导,作为商业设施、交通设施的利用主体的城市居民,其出行方式、消费偏好和消费决策的空间行为是促进城市大型商业中心区及 CBD 与城市交通协调发展的重要内容。

参考文献

1. Alonso, W., 1960. *Location and Land Use: Toward a General Theory of Land Rent*. Harvard University Press, Cambridge, Mass.
2. Andrew J. Newman, Daniel K. C. Yu, David P. Oulton, 2002. New Insight into Retail Space and Format Planning from Customer-tracking Data. *Journal of Retailing and Consumer Services*.
3. Arieh Goldman, 2001. The transfer of retail formats into developing economies: The example of China. *Journal of Retailing*.
4. Berry, B. J. L. &Parr, J. B., 1988. *Market Centers and Retail Location: Theory and Applications*, Prentice-Hall, Englewood Cliffs, with B. J. Epstein, A. Ghosh and R. H. T. Smith.
5. Dawson, J. A., 1980. *Retail Geography*, Croom Helm, London.
6. Dawson, Johm A., 1980. Retail Activity and Public Policy, in J. A. Dawson(ed).
7. Garner, B. J., 1996. The Internal Structure of Retail Nucleations, Northwestern University, *Studies in Geography*, No. 12, Department of Geography, Northwestern University, Evanston.
8. Neda K., 1997. Recent Trends on the Urban Retailing System: a Case Study of Kushiro, Hokkaido. *Geography Review in Japan*.
9. Yang Wuyang., 1990. The Context of Beijing's Commercial Network-An Empirical Study On the Central Place Model, *Geojournal*.
10. 安成谋:"兰州市商业中心区位格局及优势度分析",《地理研究》,1990 年第 1 期。
11. 蔡国田、陈忠暖、林先扬:"广州市老城区零售商业服务业区位类型特征及发展探析",《现代城市研究》,2002 年第 5 期。
12. 曹嵘、白光润:"交通影响下的城市零售商业微区位探析",《经济地理》,2003 年第 2 期。
13. 曹连群:"商业零售业态分类规范与商业网点布局规划",《北京规划建设》,1999 年第 5 期。
14. 陈忠暖、程一钧、何劲耘:"城市零售业服务业区位类型划分的探讨——昆明市零售商业服务业区位类型的分析",《经济地理》,2001 年第 2 期。
15. 董光器:"对城市规划中商业布局若干问题的探讨(之一)",《北京规划建设》,2003 年第 5 期。

16. 董光器："对城市规划中商业布局若干问题的探讨（之二）"，《北京规划建设》，2003年第6期。
17. 冯健、周一星："中国城市内部空间结构研究进展与展望"，《地理科学进展》，2003年第3期。
18. 高松凡："北京市场及其区位的历史变迁"，《地理学报》，1989年第2期。
19. 管驰明、崔功豪："1990年代以来国外商业地理研究进展"，《世界地理研究》，2003年第12期。
20. 林耿、闫小培："广州市商业功能区空间结构研究"，《人文地理》，2003年第3期。
21. 林耿、许学强："广州市商业业态空间形成机理"，《地理学报》，2004年第5期。
22. 李业锦："大城市居民商业环境评价与消费区位决策研究"（中国科学院地理科学与资源研究所硕士论文），2005。
23. 刘继生、魏金荣等："长春市消费者购物行为与零售商业网点配置关系分析"，《人文地理》，1992年增刊。
24. 宁越敏："上海市商业中心区位的探讨"，《地理学报》，1984年第4期。
25. 桑义明、肖玲："商业地理研究的理论与方法回顾"，《人文地理》，2003年第6期。
26. 王德、张晋庆："上海市消费者出行特征与商业空间结构分析"，《城市规划》，2001年第10期。
27. 王希来："北京市商业街市局现状及其未来规划设想"，《北京规划建设》，1995年第1期。
28. 吴郁文、谢彬、骆慈广、张蕴坚："广州市城区零售商业企业区位布局的探讨"，《地理科学》，1988年第3期．
29. 翁桂兰："上海市居民购物消费行为的时空间特征及其决策过程研究"（北京大学硕士学位论文），2004。
30. 仵宗卿、柴彦威："商业活动与城市活动空间结构的研究的几个问题"，《经济地理》，2000年第1期。
31. 仵宗卿、戴学珍、戴兴华："城市商业活动空间结构研究的回顾与展望"，《经济地理》，2003年第3期。
32. 仵宗卿、戴学珍："北京市商业中心的空间结构研究"，《城市规划》，2001年第10期。
33. 仵宗卿："北京市商业活动空间结构研究"（北京大学博士学位论文），2000年。
34. 徐放："北京市的商业服务地理"，《经济地理》，1984年第1期。
35. 许学强、周素红、林耿："广州市大型零售商店布局分析"，《城市规划》，2002年第7期。
36. 闫小培、许学强："广州市中心商业区土地利用特征、成因及发展"，《城市问题》，1993年第4期。
37. 闫小培、周春山、冷勇等："广州CBD的功能特征与空间结构"，《地理学报》，2000年第4期。
38. 杨吾扬："北京市零售商业与服务业的等级网络"，《地理学报》，1993年第2期。
39. 杨吾扬："商业地理学——理论基础与中国商业地理"，甘肃人民出版社，1987年。

40. 杨吾扬:"北京市零售商业与服务业中心和网点的过去、现在和未来",《地理学报》,1994年第1期。
41. 张水清:"商业业态及其对城市商业空间结构的影响",《人文地理》,2002年第5期。
42. 张文忠等:"哈尔滨市商业中心地系统与消费行为研究",《人文地理》,1992年增刊。
43. 张文忠:《经济区位论》,科学出版社,2000年。
44. 张文忠、周彦军:"哈尔滨市商业中心地系统与消费行为研究",《人文地理》,1992年增刊。
45. 朱枫、宋小冬:"基于GIS的大型百货零售商业设施布局分析",《武汉大学学报》,2003年第3期。

本章执笔人:李业锦

第七章

交通可达性评价方法的理论与实践

第一节 交通可达性理论

可达性是交通、城市研究中一个非常重要而基础的概念,广泛地应用于交通学、城市规划、地理学及营销学等相关研究中。

一、交通可达性的定义

近年来,我国许多城市的交通基础设施投资巨大,工程不断。随着"郊区化"趋势的出现,不少大城市的个人出行方式发生了很大改变。如果你生活在这样的城市,试问自己、身边的家人或朋友:这些庞大的投资和建设是否给你们每天上班、上学、看病、买东西带来好处。相信持否定或者怀疑态度的人不在少数。事实上,更大的问题在于:在规划和建设城市交通系统时,有没有人问这样的问题。

让我们看看城市交通规划中最常用的改善城市交通条件的指标:① 主要道路的行车速度;② 城市道路的密度、长度、各种质量不同的道路的比例;③ 各种交通运输方式的比重;④ 公共交通运输的服务水平(如线路数量、总长度、车辆数量、乘客数量等)。近期,支持使用私人汽车的规划者又把停车位的数量加入上述指标体系;而提倡城市可持续发展的人则把公交优先的成功度(如公交服务比重)以及一些环保指标加入上述指标体系。虽然,后面提到的这些指标可使上述体系变得更"绿色"一些,但本质上,这个体系仍是一个"机动性(Mobility)"的规划,其核心强调的还是"可通性"而不是"可达行"。

交通可达性(Accessibility)的渊源久远,从古典区位论开始,我们便不难发现其中所蕴涵的可达性含义。可达性是反映交通系统运行状况的基本指标。在农业区位论中,杜能就以交通运输为最根本的考虑因素;伴随着工业结构的变化,尽管区位模型中传统的成本决定因素已经部分被一些新的区位因素所代替,但交通成本始终是其中不可忽视的一个方面。

交通可达性(以下简称"可达性")的概念是由汉森(Hansen)首次提出。汉森将其定义为交通网络中各节点相互作用的机会大小,并利用重力方法研究了可达性与城市土地利用之间的关系。由于可达性的概念难以定义、研究目的与内容各异,可达性的定义是众说纷纭,至今仍然没有统一的定义。一般来讲,可达性可以理解为利用某种特定的交通系统从某一给定区位到达活动地点的便利程度。可达性概念具有如下特征:

① 发生点、吸引点和交通系统是可达性必备的三个要素。

② 可达性是一个时空概念。可达性反映了空间实体之间克服时空障碍进行交流的难易程度,因此它与区位、空间相互作用和时空尺度等概念紧密相关。

③ 可达性具有社会和经济价值。可达性是导致区域经济发展空间差异的原因之一,也是各区域在新的空间经济格局中进行角色调整、重新组织的重要依据。

二、影响交通可达性的因素

交通就是指人和物通过某种方法来克服时间和空间的阻力,使人们可以参与各种活动,让各种物体可以按活动需求而移动。因此,可达性主要决定于土地利用和交通系统,但由于个体属性的差异、活动点与个体时间安排的关系,可达性也受时辰因素和个人因素的影响。

1. 交通系统的影响

交通因素反映的是个人、团体、物借助交通工具克服起止点距离的情况,常用距离、时耗或费用来表示。对于可达性而言,交通因素包括3个部分:① 货物及行人的交通需求;② 交通设施的供给,如位置、最大行驶速度、车道数、公共交通时刻安排等;③ 供给与需求的相互作用,表现在出行费用、出行时耗等。

2. 土地利用的影响

各种活动及机会在空间上的分布与属性影响着可达性的水平。在研究中,各种活动的分布常常简化为点状分布;而且在相同条件下距离活动点近的可达性就高,远的可达性就低。

可达性的土地影响因素主要有3方面:① 出行吸引点的空间分布及属性,如商业、办公、学校的位置及它们的吸引力大小(如规模)等;② 出行产生点的空间分布及属性,如居住点的位置、规模等;③ 需求之间的交互影响和供给之间的交互影响,即供给和需求间的竞争关系。

3. 时辰因素的影响

时辰因素与交通因素中谈到的时耗概念不一样,交通因素中的时耗是表征人们出行所花费的时间,是人、交通系统和目的地(土地利用)所决定的。此处的时辰因素定义为人、交通系统、目的地三者的时间安排。可达性的时辰影响因素包括:① 个人参与这些活动的可能时间段,如上下班时间、餐饮娱乐时间安排等;② 每一天(周、季度、年)各种活动的时间安排,如商业娱乐场所营业时间,学校上学、放学时间等;③ 交通系统运行的时间安排,如地铁、轻轨、公交车首班车和末班车的时间、每两班车之间的间隔时间等。

4. 个人因素的影响

在参与社会经济活动的过程中,个人因素对可达性的影响很大,主要有个人需求、个人能力、机会三方面。个人需求与年龄、收入、受教育程度、家庭情况等因素有关,比如有小孩的家庭需要距离学校近一些,受教育程度较高的对高薪工作有较多需求,上年纪的人往往更多地考虑健康医疗机构等等。个人能力与个人自身条件(如认知、感觉、智力和是否残疾)和所采用的交通方式有关,如驾小汽车还是坐公交,用轮椅还是步行等。机会与人们的收入、出行时间安排有关,如高收入者大部分有小汽车,也就有更多地参与远距离和奢侈娱乐活动的机会。

在当代社会公平和公正越来越受重视的环境下,不同社会经济背景(年龄、性别、种族、文化水平)的人参与社会活动的机会及这些人在空间上的分布状况,

5. 四大影响因素的关系

事实上,上述影响因素之间并不是互不相干,而是相互作用的,如图7—1所示。土地利用因素在一定程度上决定着出行规模,影响着可达性的大小;交通因素决定人们出行的成本;时辰因素制约着人们参与活动的可能性;个人因素决定人们参与活动能力的大小。

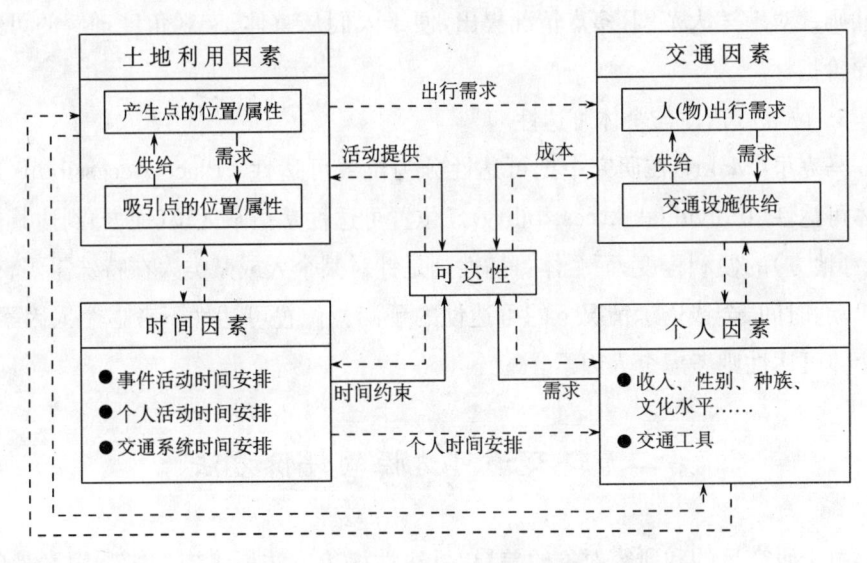

图7—1 可达性的影响因素

三、可达性的分类

由于研究对象、研究范围、理解方式的不同,可达性也有不同的分类。

1. 相对可达性和总体可达性

在研究中,发生点与吸引点之间的关系有以下几种情况:① 1对1:出行发生点与到达点唯一,如评价某人从家出发上班的可达性;② 1对n:出发点唯一而到达点不唯一,如评价某人相对于多个不同性质的商业设施点购物的可达性;③ n对1:出发点不唯一而到达点唯一,如评价几个居住小区相对于某学校的可达性;④ n对n:出发点和到达点都不唯一,如评价某城市商业设施的可达性及涉及到全市的商业点和居住点。

在上述情况中,"1 对 1"的情况为相对可达性(Relative Accessibility),"1 对 n"、"n 对 1"和"n 对 n"的情况为总体可达性(Integral Accessibility)。

2. 宏观可达性与微观可达性

宋小冬、杨育军把"1 对 1"、"1 对 n"、"n 对 1"的 3 种情况归为微观可达性、"n 对 n"归为宏观可达性。他们认为:微观可达性是针对一个或几个出行起始点或到达点而言,适合于对象不是太多,但结果要求较为精确的场合;而宏观可达性则针对上述大范围、多点情况提出,便于人们从整体、宏观角度理解的可达性评价指标。

3. 位置可达性与个体可达性

马克里(Makri)在研究中把可达性分为位置可达性(Place Accessibility)、个体可达性(Individual Accessibility)。位置可达性是指某区位(地方)到达其他区位(地方)的便利程度;而个体可达性则是针对某个人或某类人在特殊需要、有限机动、时间、金钱资源情况下的可达性的预测。位置可达性不考虑个人因素,而个体可达性则考虑个人因素。

第二节 交通可达性的评价方法

由于研究目的和研究对象的差异,可达性评价方法所考虑的影响因素是各有差异的。我们将根据评价方法中所涉及的影响因素不同对可达性评价方法进行分类,这样不但便于理解,也便于研究人员根据其研究的对象、研究问题以及现有数据快速地找到合适的评价方法。

一、顾及交通系统的评价方法

顾及交通系统的评价方法就是以交通系统的特点、运行状况为基础的评价方法。目前,在交通研究、城市研究及城市交通政策中有很重要的地位,如平均出行耗时、平均出行速度、公交线路密度、道路网络的阻塞程度、火车站站点数、高速公路长度、公路网密度等等。大多国家和地区常常基于交通基础设施的指标宏观评价交通系统的可达性,如英国就明确提出把交通阻塞程度、行驶小时数作为交通系统的评价指标。下面再介绍两种常用、微观的可达性度量方法。

1. 拓扑度量法

拓扑度量法用于交通网络中各个节点或者整个网络的可达性度量,它将现实中的交通网络抽象成图,通常只考虑点与点之间的连接性,而不考虑它们之间的实际距离,每一对互相连接的节点之间的距离被认为是等值的。基于上述思想,可衍生出如下可达性评价指标:

- 相对可达性:是连接两点的具有最少线段数的路径,也是这两个节点间的最短路径,最短路径包含的线段数是这两点间的拓扑距离。
- 总体可达性:是某节点到其他节点的相对可达性的总和。
- 可达性指数:是某节点到其他节点的相对可达性的平均值。可达性指数常用于衡量交通网络中各地点之间的交通方便程度。
- 网络可达性指数均值:是网络中所有节点可达性指数的平均值。它常与其他参数一起使用,用来评价交通网络的优劣。

在某些交通行为(如地铁、航空等)中,"是否能够直达,要转多少次航班"比"距离"本身更重要。拓扑度量法常用于类似于地铁、航空的交通网络。在公路与铁路等交通网络中,有时也将拓扑度量法与距离度量法结合起来使用。

拓扑度量法算法简单,所需数据容易获得;但它只考虑转换次数,不考虑距离,很大程度上限制了它的应用。

2. 距离度量法

距离度量法是一种最为基本的评价方法。它使用空间距离、时间距离(跨越空间距离所需的时间)或经济距离(为跨越空间距离所支付的费用)来度量可达性。基于上述思想,可衍生出如下可达性评价指标:

- 相对可达性:是连接两个地点之间的最小间隔距离。在实际应用中,根据资料的可得性和研究问题的需要,此距离可能是空间距离、时间距离、经济距离或其他一些相关的耗费,但此距离必须具有对称性,即甲地到乙地的距离等于乙地到甲地的距离。
- 总体可达性:是某地点到其他地点的相对可达性的总和。
- 可达性指数:是某地点到其他地点的相对可达性的平均值。可达性指数常用于衡量交通网络中各地之间的交通方便程度。

• 交通网络的可达性指数均值:是交通网中所有地点的可达性指数的平均值。它常与其他参数一起使用,用来评价交通网络的优劣。

距离法是一种非常简单的可达性评价方法,但是该法对活动点的属性(比如对活动点规模的考虑)、时辰、个人因素等缺乏考虑。

二、顾及交通系统、土地利用的评价方法

此类方法是在第一类方法的基础上,考虑了土地利用对交通发生点、吸引点的影响,修正了第一类方法的评价结果;但此方法不考虑时辰因素和个人因素。

1. 上海交通所法

陈声洪等人认为,一个地区的可达性决定于两个因素:① 各地区通往该区的交通设施完善程度(反映为交通速度);② 该区在整个规划区的地理位置(反映为平均空间距离)。将这两个因素综合考虑就是人们出行时耗的指标,因此,他将可达性定义为"规划区内所有交通区至该地区的平均出行时耗"。由于各个交通区大小不同,人口和工作岗位数目不同,因而不能采用简单的算术平均值,应对各交通区给以不同权重。陈声洪等人在研究中用各交通区的人口数和工作岗位数之和作为权重。

假定各区人口、岗位分布是均值的,对某一地区的交通可达性可作如下理解:规划区所有人口和所有工作岗位到某区出行一次所需时间的平均值,即为该区的交通可达性。平均出行时耗越短,表示各区到该区总的交通便利程度越高,该区的交通可达性也越高。该方法的可达性评价指数的计算方法如下式所示。当然,也可将 A_j 的倒数作为可达性指标,因为这样更符合"数值越高,可达性越高"的认知习惯。

$$A_j = \frac{\sum_i [t_{ij}(P_i + e_i \frac{P}{E})]}{\sum_i (P_i + e_i \frac{P}{E})} \quad (1)$$

其中,$P = \sum_i P_i$ —— 规划区人口总数;

$E = \sum_i e_i$ —— 规划区工作岗位总数；

A_j —— j 区的交通可达性；

t_{ij} —— i 区到 j 区的出行时耗；

P_i —— i 区的人口总数；

e_i —— i 区的工作岗位。

上海交通所法实质上是利用各区土地利用的规模及相互关系等信息来修正平均出行时耗,这样计算出的可达性"符合人们的实际感觉",所需数据与一般调查数据一致。但该法对土地利用因素的考虑比较粗略,忽视了土地利用的具体性质及个体之间的差异,如若某企业职工集中居住在企业所在的区域内,则该企业的可达性对于其他区的人而言意义不大,但在计算中,该企业的可达性是累计了全市各区到该企业的可达性。

这种方法尽管在理论上存在一定缺陷,但在实际中仍应用广泛,主要是因为该方法便于理解,所需数据简单、数据量小,不用复杂计算。该方法应用在纵向比较交通设施、粗略了解交通基础状况中还是有用的。

2. 等值线法

等值线法(Contour Measure)包括等距线法、等时线法、累积机会法(Cumulative Opportunity)、邻近距离法(Proximity Distance)等,常用在城市规划和地理研究中。该法中可达性表示为一定时间或距离内,能到达的活动点的数量的多少,如果活动点的数量越多,可达性就越高。

等值线法可分为 3 类:① 固定成本(如距离、时耗、费用等)法:在给定成本的条件下,求可到达的活动点的数量;② 固定机会法:在给定活动点数量的前提下,求所需的平均出行成本;③ 固定人口法:设定服务的人口一定,求平均出行距离或时耗,主要用于服务设施的可达性计算。

等值线法的应用与早期可达性的定义有关。早期的研究中,可达性定义为既定时间下,能到达的机会点的累积函数。常采用的计算方法即上面提到的固定成本法,有很多研究者用固定成本法评价居住点到各种商业零售、健康、教育、娱乐等设施的可达性,如比较不同位置居民 30 分钟出行时间内所能到达的工作、购物、医疗等机会点的数量,从而了解同一时期不同地区公共设施的配置状况。

等值线法从使用者的角度描述了土地利用和交通系统,综合考虑了交通因素(出行距离、时耗、费用)和土地利用因素(位置)。其主要的优点是易于理解,没有晦涩的理论或推理,简单明了地表示了土地利用与交通系统的关系。所需数据也比较容易获得,应用范围广泛,尤其适用于城市尺度的可达性研究。

等值线法最明显的缺点主要有3个方面:① 该法隐含着这样的意思,即人们对所有的机会点期望值一样,忽视了人需求的多样性及各活动点的属性(比如规模、用地性质等);② 边界选择的主观性,即边界选择不一样,可达性的值差别也比较大;③ 邻近中心点的机会点和靠近边界的机会点没有区别。

为了避免主观武断的活动空间边界,很多研究者提出用潜力模型法,该法中可达性是随距离或耗时渐变的,不像等值线法那么界限突兀。

3. 潜力模型法

潜力模型法也称为引力、潜能、重力、势能模型法。1930年代,奈利(Reilly)根据牛顿的万有引力定律研究各城市对周围地区零售贸易的吸引力,他认为这种吸引力和城市人口规模成正比,和周围居民点到城市的距离成反比,这项研究成果和美国所有大城市的实际非常接近,取得了颇有意义的成果。后来,此模型被称之为空间引力模型(Spatial Interaction Model),如下式所示:

$$A_{ij} = GM_iM_jF(D_{ij}) \quad \text{其中}, F(D_{ij}) = 1/D_{ij}^a \qquad (2)$$

这里,A_{ij}代表在地理空间中从i点到j点的出行机会,G是一个常数,M_i代表出发点i发生交通行为的潜力(如居住人口),M_j代表到吸引点j对交通行为的吸引力(如零售商业的规模、医院的等级等),$F(D_{ij})$表示距离衰减的函数,这里采用负幂函数,a为距离衰减系数(也称阻抗系数,一般大于1,代表出行机会随交通距离的增长而下降的敏感度)。在研究中,负幂衰减函数应用地较广,也有采用负指数函数、高斯函数、对数函数变种等作为距离衰减函数的。

由于在多数情况下,可以不考虑出发点交通发生潜力的大小,这时出发点i到吸引点j的出行机会就可简化成单约势能模型,如下式所示:

$$A_{ij} = M_j/D_{ij}^a \qquad (3)$$

如果出发点 i 还需到达吸引点 j 外,还要前往研究区域内的其他吸引点,则出发点 i 到 n 个吸引点出行机会(也称出行总势能)为:

$$A_i = \sum_{k=1}^{n} M_k / D_{ik}^a \quad (k \neq i) \tag{4}$$

汉森认为上式中 A_i 代表了出发点 i 点到其他吸引点出行机会,从而该出行总势能可以是该点可达性的一种计量。

吉尔特曼(Geertman)等人提出上式计量方法有 2 个缺点:① M 和 D 均有量纲,而 A_i 的量纲不明确,不易用自然语言表达;② 在对多个方案进行比较时,如果吸引点的总数不一致,总吸引量有变化,计算结果值就会有明显差异,难以相互比较。吉尔特曼等人从概率论的观点出发,认为 i 的可达性可定义为:以出行概率为权重的从出发点 i 到其他吸引点的交通距离之和(如下式所示);此距离可能是空间距离、时间距离、经济距离或其他一些相关的耗费:

$$T_i = \sum_{k=1}^{n} P_{ik} D_{ik} \quad (k \neq i) \tag{5}$$

其中,出发点 i 到吸引点 j 的出行概率 P_{ij} 可以定义为出发点 i 到吸引点 j 的出行机会除以出发点 i 到其他所有吸引点出行机会的总和,如下式所示:

$$P_{ij} = A_{ij} / A_i \quad (j \neq i) \tag{6}$$

将公式 3、公式 4 代入公式 6,可得下式:

$$P_{ij} = (M_j / D_{ij}^a) / \sum_{k=1}^{n} (M_k / D_{jk}^a) \quad (i \neq j, i \neq k) \tag{7}$$

根据上式可见:① 两者相除代表了从 i 到 j 的势能占总势能的比重;② 两者相除消除了量纲;③ $P_{ij} > 0$ 且所有地点的 P_{ij} 之和为 1,因此可将 P_{ij} 定义为出行的机会概率。再将公式 7 代入公式 5,可得下式:

$$T_i = (\sum_{j=1}^{n} M_j / D_{ij}^{a-1}) / (\sum_{k=1}^{n} M_k / D_{ij}^a) \quad (i \neq j, i \neq k) \tag{8}$$

根据公式 5 和公式 8 可知:T_i 的单位来自 D_{ij},是基于概率的从 i 点出发到所有吸引点的平均交通距离。这是对宏观可达性比较合适的度量,不但单位直观易懂,而且便于不同规划方案甚至不同城市、区域之间的比较。

引力模型(或势能模型)可用来计算居民人口的可达性、零售设施的可达性、健康设施的可达性、教育设施的可达性和娱乐设施的可达性等等。也有很多研究以收入或GDP作为目的地的吸引力参数,将潜力模型法应用到市场潜力研究中。

与其他评价方法相比,重力模型的优点主要有:① 其公式直接包含了道路交通能力($F(D_{ij})$)和土地利用及经济(M_j)因素,简单明了地反映了可达性的涵义;② 概念较容易理解和接受;③ 所需数据较容易得到。

尽管潜力模型法应用最为广泛,但缺点也不容忽视:① 它实际上是把空间中的区域简化成了点,那么区域的大小划分直接影响到可达性的计算结果;在实践中,克服的办法就是在可能的情况下,区域尽可能划小,但又会增加数据量。② 该法计算了从某一点到其他目的地的可达性,但没有考虑个体(需求点)之间的差异,认为位于同一点(实际上是区域)的人的可达性完全一样,实际上他们的目的地选择、采用的交通方式等差异很大;如某人距离就业中心很近,但是他的技能、所受教育不适合这些工作,对他来说,通勤的可达性应该很低。③ 该法主要考虑了活动点(如工作、购物)的空间分布,但没有考虑需求点(如居住)的空间分布,也就是说该法暗含这样的假设:需求对机会点的可达性水平没有影响,亦即没有考虑活动点的供给竞争。④ 距离衰减函数对可达性的结果影响很大。要得到满意的结果,选用何种衰减函数需仔细考虑,参数的选择应用实际数据来检验;衰减函数应该考虑机会供给点的特征(如是普通的区级商业点,还是市级商业中心)、需求的特征(人们的社会经济因素,包括收入、文化水平等)以及不同的交通方式,这些因素的差异对衰减函数的选择及常数值的选取有很大影响。

4. 平衡系数法

用潜力模型来理解点与点之间的空间相互作用在1950~1960年代应用很多。威尔森(Wilson)首次运用统计方法的熵最大定律导出可达性的计算方法。在他的文章里介绍了四种典型的空间作用模型,分别为单约束模型(又被分为产生约束模型、吸引约束模型)、双约束模型、无约束模型。其中,双约束模型可用到可达性的计算中,双约束的空间模型如下:

$$P_{ij} = a_i b_j M_i M_j F(D_{ij}) \tag{9}$$

其中，$a_i = \dfrac{1}{\sum\limits_{j=1}^{n} b_j M_j F(D_{ij})}$　　$b_j = \dfrac{1}{\sum\limits_{i=1}^{n} a_i M_i F(D_{ij})}$

P_{ij}——地理空间中从 i 点到 j 点的出行机会；

a_i、b_j——平衡系数；

M_i、M_j——发点发生交通的潜力，目标点吸引交通的潜力；

$F(d_{ij})$——阻抗函数，表示 i 区和 j 区的交通阻力。

平衡系数 a_i 确保从 i 区产生的出发量等于 M_i（比如总居住人口），同样平衡系数 b_j 确保到 j 区产生的出发量等于 M_j（比如总工作岗位），这两个平衡系数相互依赖，要经过迭代计算：首先设 b_j 为 1，计算 a_i，然后再计算出新的 b_j，如此反复迭代，直到达到一种平衡状态。a_i、b_j 可作为可达性的指标，考虑了供给和需求竞争。若活动（如工作）的可达性较高，则其吸引系数就越小于 1。

若双约束空间交互作用模型目的地和出发点的规模固定，则需求竞争与供给竞争同时存在。单约束模型的出发点（如居住人口）是固定的，而目的地（如商业设施）的规模不固定，即只存在目的点对出发点的竞争（商业设施对顾客的竞争），此时，a_i 可简化为下述公式。可见，单约束模型的倒数与一般潜力模型法很相似，但是由于它们来源不一样，两个等式的目的和细节略有不同。特别是距离衰减函数的目的，在单约束模型中，距离衰减函数表示随着出行成本的增加，出行量减少；而在潜力模型中是指随着距离的增加，人们出行的愿望减少。

$$a_i = \dfrac{1}{\sum\limits_{j=1}^{n} M_j F(D_{ij})} \tag{10}$$

使用双约束模型计算的可达性的主要优点就是它考虑了竞争影响，与潜力模型法相比，它更贴近实际，尤其是存在竞争的情况下。其缺点是不太容易被理解。单约束模型的优缺点与潜力模型法类似。

三、顾及交通系统、个人、土地利用的评价方法

1. 效用法

效用法源于随机效用理论(Random Utility Theory),它是基于人们追求效能最大化假设,即若给每个目的地赋予一个功效值(Utility Value),那么人们通常选择功效值大的出行机会。对于不同的个人或家庭,模型中的功效函数(Utility Function)除包含目的地吸引力、交通阻力等常见的指标外,还需包含社会经济指标。功效测量法是一种特殊的引力测量法,比引力测量法有较好的理论基础和经验优势。

对某类人(如 n 类人)的可达性可用下式评价,其中,$V_{n(c)}$ 是 n 类人选择 c 活动的能力、时间与空间效用组合函数,C_n 是 n 类人的选择的活动 c 的集合:

$$A_n = \ln\Big[\sum_{\forall\,\in\,C_n} Exp(V_{n(c)})\Big] \tag{11}$$

关于效用法的理论研究比较多,但应用到实际的可达性研究中却很少。凯尼格(Koenig)采用一般的潜力模型法和效用法来分析法国西部城市勒芒不同的道路建设方案所带来的可达性的变化,在该研究中他将效用以货币表示,建立了城市的总收益与个体可达性选择的关系。

效用法最大的优点是它有很好的理论基础,其效用理论直接来源于微观经济学,并且相对于潜力模型法而言,前者计算的可达性可精确到每一个个体,考虑到了个体之间的差异,而后者把一个区中所有个体都一视同仁,事实上认为这个区的可达性都是相同的。另外,效用法计算的可达性是人们实际的满足程度,而潜力模型法更多是一种不现实的结果,只是潜在的一种作用大小的表达。

效用法的缺点是理解起来较为困难,其计算公式也不太好解释清楚,因为要涉及较为复杂的经济学理论,效用大小的确定在经济学上还有些争议。由于每一个人的效用必然需要大量的数据,需投入很多时间和精力去了解,故该方法在大区域、城市的应用中有一定的困难;当然也可通过抽样调查的方法来减少数据量,以便研究者可力所能及地来处理。

2. 时空棱柱方法

可达性的时辰因素指活动开放的时间安排、交通系统运行时间以及个人参与活动的时间安排。在时空地理学中,时辰因素与土地利用交通因素对可达性来说同等重要。在这种方法中,可达性是从个体角度出发,考虑在时间约束下个体是否能够和怎样参加活动。

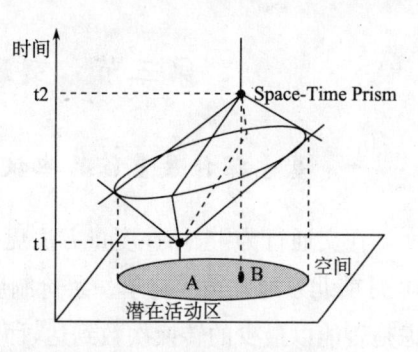

图 7—2 时空棱柱示意图

目前常用时空棱柱(Space-time Prisms)法,即通过时空棱柱来描述个体在时空中的出行状况。时空棱柱描述的是在时间约束下人们能到达的时间、空间区域,如图 7—2 所示。已知某人在 t1 时刻在空间上的 A 点,t2 时刻在空间上的 B 点,则图 7—2 中的时空棱柱则表示此人在 t1 至 t2 时刻之间可以到达的活动范围。

以时空棱柱理论为基础,可达性的计算有两种方法。① 计算时空棱柱的体积,以体积的大小表示可达性的大小。在时间预算下,时空棱柱体积越大,人们参与其他活动的可能性就越大,可达性就越高。② 与累积机会法类似,也可以时空棱柱内的商业、娱乐网点数目作为评价。当时空棱柱范围内活动与机会点分布不均匀时,第二种方法更可取。

时空法考虑了交通系统、土地利用、个人因素及其他影响个人选择的很多因素,其最大的优点就是它能反映出个体的可达性差异,而一般的方法往往是考虑的某一个群体。这是它的优点也正是它的缺点。因为要考虑每一个人的行为,需要采集大量的数据,工作量大而繁琐,使用现成的数据一般都不能达到要求,比如,要了解每个人的出行时间安排。因此,该方法适合于城市内部的小区域应用中,很难评价整个城市或地区甚至国家的可达性了。如果实在需要,则应采取抽样调查的方式。另一个缺点是时空法主要分析需求方,没有考虑供给方的情况,比如供给竞争等。

第三节　交通可达性案例研究

一、基于拓扑度量法的地铁可达性评价

在交通行为中，拓扑度量方法更关注是否能直达或转换次数。由于2007年10月前北京地铁按线路单一票价制度的方式运行，居民在乘坐地铁时也常常考虑是否能以最少的转换次数到达，而非实际距离。因此，可从采用拓扑度量法评价单一票价制下的2008年北京各地铁的可达性情况。

1. 地铁线路图与拓扑连通关系图

根据图7—3所示地铁规划线路与转乘图，可以生成各地铁线路与各站点间的拓扑连通关系图。这种关系图解不强调欧氏几何中的距离、形状等概念，而重在表达由节点间的连接关系组成的结构系统。由于13条地铁线与图7—3中37个站点间的拓扑连通关系图太复杂，在这里仅给出各地铁线路与1号线沿线部分站点间的拓扑连通关系图（图7—4）做示意性解释。图7—4中的实线部分展示了各地铁线路之间的拓扑连通关系，虚线部分展示了1号地铁沿线各起止站、换乘站与各地铁线路之间的连通关系。以地铁5号线为例，图7—4表示在

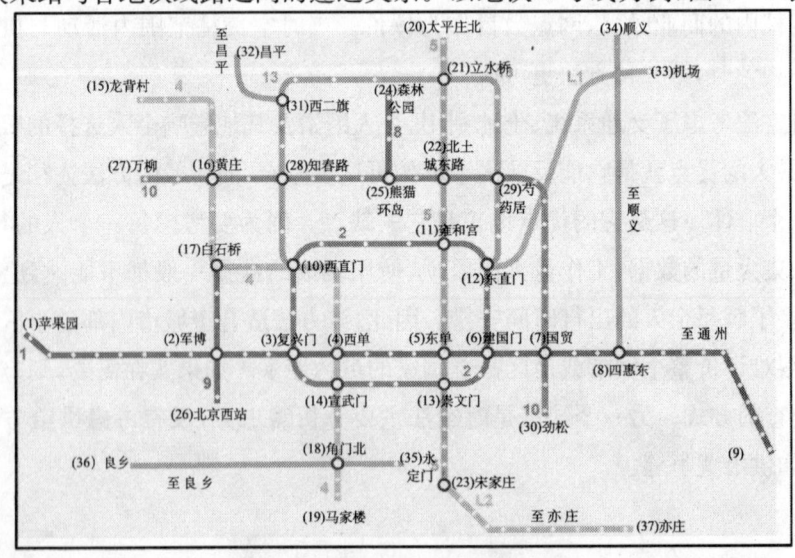

图7—3　2008年北京地铁示意图

地铁 5 号线上能直接换乘到地铁 10 号线、13 号线、2 号线、1 号线和亦庄线,若要换乘到 1 号线至 9 号线,则需经 1 号线转至 9 号线或者经 2 号线转至 4 号线,再转至 9 号线;但通常会选择最少次数的换乘,因为每次换乘不仅带来了财力的消耗,也会造成时间、体力的消耗。以(5)号地铁站"东单"为例,图 7—4 中虚线部分表示:在"东单"站,即能乘上地铁 1 号线,也能乘上地铁 5 号线。

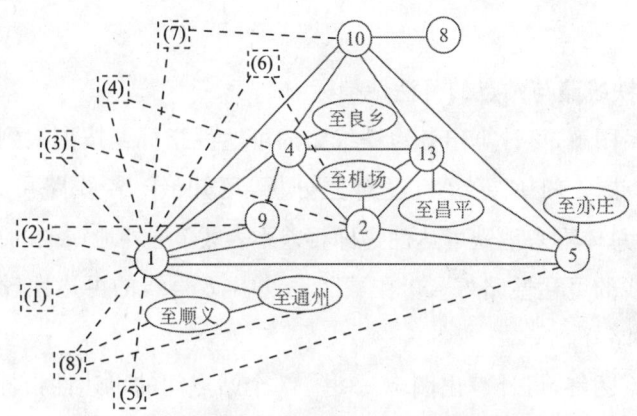

图 7—4 各地铁线路与部分站点间的拓扑连通关系

表 7—1 各地铁线路的可达性指标

序号	可达性指标	地铁名
1	0.65	1 号线
2	0.62	4 号线、10 号线
3	0.59	2 号线、5 号线、13 号线
4	0.47	9 号线
5	0.43	至机场、至顺义、至通州
6	0.41	至亦庄
7	0.39	8 号线、至良乡
8	0.38	至昌平

2. 基于拓扑连通图的可达性评价方法

根据拓扑度量法,用下式可计算出连通图中每个结点的可达性指数。可达性指数常用于衡量交通网络中各地点之间的交通方便程度。

$$MD_i = \frac{\sum_{j=1}^{n} d_{ij}}{n-1} \quad d_{ij} \text{ 是 } ij \text{ 两结点间的最短路径}; n = \text{结点的个数} \tag{12}$$

由于可达性指数的大小在很大程度上决定于系统中节点的数目。为剔除系统中元素数量的干扰,斯坦德曼(P. Steadman)改进了计算方法,用相对不对称值来将其标准化,如下式所示。因此,不对称性值可用于对比两个关系图解中不同节点的便捷程度。为符合"数值越高可达性越高"的认知习惯,这里将以 RA_i 的倒数作为可达性指标:

$$RA_i = \frac{2(MD_i - 1)}{n-2} \tag{13}$$

3. 各地铁线路与站点的可达性指标

根据关系图解,可计算出各地铁线路的可达性指标。按由大到小的顺序排列,其结果如表 7—1 所示。通过对比分析,可知:① 各线路可达性指标为 0.38~0.65,总体看来地铁可达性指标相差不大;② 远郊地铁线的可达性略差,而城区地铁线的可达性略好;③ 在城区地铁中,8 号线的可达性较差,仅比"至昌平"的线路略好。

根据关系图解,可计算出图 7—3 中 37 个站点间的可达性指标。按由大到小的顺序排列,其结果如表 7—2 所示。

表 7—2　各起始站、换乘站的可达性指标

序号	可达性指标	站名	序号	可达性指标	站名
1	0.80	西直门	11	0.46	白石桥
2	0.70	西单、黄庄	12	0.45	西二旗
3	0.65	东单、国贸、宣武门	13	0.42	宋家庄
4	0.63	复兴门、建国门、北土城东路	14	0.41	太平庄北
5	0.60	立水桥、知春路、芍药居	15	0.30	北京西站
6	0.58	雍和宫 东直门 崇文门	16	0.27	机场
7	0.51	军博、四惠东、熊猫环岛	17	0.26	森林公园、永定门、良乡
8	0.50	角门北	18	0.26	土桥、顺义
9	0.49	苹果园、马家楼	19	0.24	昌平
10	0.47	龙背村、万柳、劲松	20	0.23	亦庄

4. 结论

通过对比分析,可知:① 西直门的可达性最好,亦庄的可达性最差。② 尽管西直门和东直门都是 3 条地铁线的换乘站、交通网络密度基本相同,但西直门的可达性比东直门可达性高很多;原因在于与西直门连通的5号线比与东直门连接的至机场的线路有更高的可达性。基于交通网络密度的方法仅考虑格网单位面积上交通线路的数目,而没有考虑各交通线路本身的可达性,而基于拓扑连通图的可达性评价方法从整体上考虑了与站点连接的各线路的可达性,因此,基于拓扑连通图的可达性评价方法比计算交通网络密度的方法更适于评价北京地铁可达性情况。类似的情况还有很多,如西单的可达性比东单的高,国贸的可达性比军事博物馆的高,北土城东路的可达性比雍和宫的高等。③ 位于10号地铁线上的黄庄站的可达性与西单的等同,比王府井稍差;10号地铁线的北土城东路的可达性与复兴门、建国门的等同,高于2号线的雍和宫、东直门,10号地铁线的知春路、芍药居也有较好的可达性,其可达性稍高于2号线的雍和宫、东直门;位于5号线的立水桥可达性也稍高于2号线的雍和宫、东直门。可见,2008年北京地铁的规划还是充分地考虑了中关村地区、亚奥地带、西单、东单等地区旺盛的交通需求。④ 尽管永定门、北京西站、森林公园在市区以内,但其可达性并不高,且与远郊起始站的可达性相近,原因在于8号地铁线、9号地铁线的可达性差。建议结合OD流调整班次或车长,降低运行成本。

二、日本地方城市道路网模式评价[①]

在评价道路建设状况时,有改良率、铺装率等指标,但对道路机能,特别是对应交通需求"网"的技能,缺乏有效的评价指标。谭先林介绍了日本《交通工学》中的地方城市道路网模式评价方法。

1. 评价指标

为了计算出道路网评价的各项指标,将城市划分成若干小区,出行的起点、终点将用各小区的几何中心代替。在评价过程中,只考虑道路网络形态影响,不考虑交通量大小的影响。

(1) 可达性评价值:作为评价小区进入道路网难易程度,可将其定义为:所

---

① 资料来源:谭先林译,李先月校:"地方城市道路网模式评价和环状道路必要性考察",《外国公路》,1996年第2期。

有小区中心到道路网最短距离的平均值,即

$$AE = \sum_{i=1}^{M} a_i / M \tag{14}$$

式中:a_i 代表从 i 小区中心到道路网的最短出行距离;M 代表小区个数。

(2) 出行效率评价值:小区 i、j 间的出行,首先从起点 i 小区中央以最短直线驶入路网,经过路网中的最短路径行驶到终点 j 小区的中心附近,再以到终点 j 区域中心的最短直线驶入 j 区域中心。这条路径即为 i、j 区域间出行的最短路径距离合计值与直线距离合计值之比,即

$$KE = \sum_{i=1}^{M}\sum_{j=1}^{M} s_{ij} / \sum_{i=1}^{M}\sum_{j=1}^{M} t_{ij} \tag{15}$$

式中:s_{ij} 表示小区 i、j 之间的最短路径距离;t_{ij} 表示小区 i、j 之间的直线距离。

上述两式的评价值越小,道路网的性能就越好。

2. 不同道路网模式的出行效率评价

以放射、环状、网格状为基础,拟定出图 7—5 所示的 15 种不同道路网模式。假定环状道路是以市区核心为中心的正方形组成。所有道路网模式中,构成城市周边(外框)的道路正好形成一个环状道路,因此在进行道路网评价时,所有的

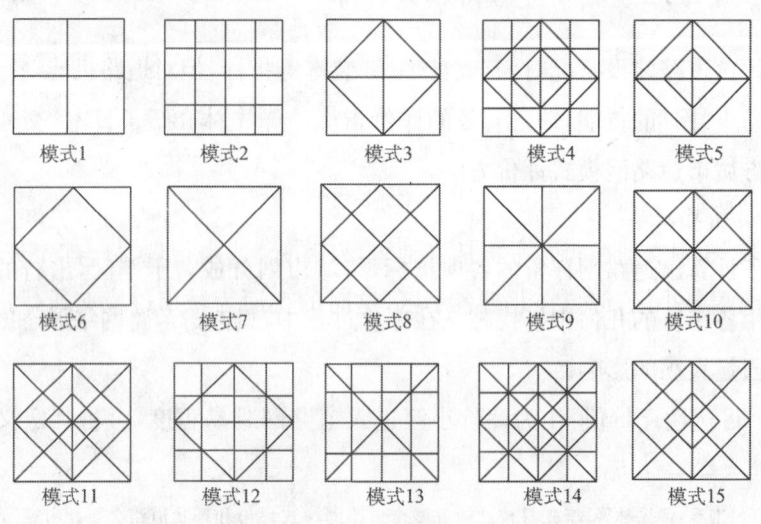

图 7—5 道路网模式

道路网模式中均有这样一个环状道路。

非直线的放射状道路和不规则（歪斜）的网格状道路是日本现有地方城市道路网所共有的特征。因此，在制订未来城市道路规划和城市周边部的环状道路规划时，将现有的城市道路网与图中的路网模式一一对应是十分困难的，将规划路网与某种道路网模式在一定程度上对应起来还是有可能的。

以上述的出行效率评价为基础，对不同道路网模式进行评价。关于环状道路的影响，将用不同的行驶速度予以考虑，当对象区域内道路网的行驶速度无差异时，就用最短路径的实际距离替代；对于行驶速度为2倍的路段，则区段距离换算成原路段的1/2；对于行驶速度为1/2的路段，则区段距离换算成原路段的2倍。以此换算距离作为路段最短距离，计算小区 i、j 之间的最短路径距离。表7—3列了不同交通出行状况和不同道路运行状况相互组合的9种情况。

表 7—3　交通出行条件与路网状况

实例	交通发生区域	交通集中区域	环状道路运行速度	市中心道路
1	全部	全部	相同	相同
2	全部	全部	其他路的2倍	相同
3	全部	全部	相同	其他路的1/2
4	南端一列	北端一列	相同	相同
5	南端一列	北端一列	其他路的2倍	相同
6	南端一列	北端一列	相同	其他路的1/2
7	周边36个区域	中心4个区域	相同	相同
8	周边36个区域	中心4个区域	其他路的2倍	相同
9	周边36个区域	中心4个区域	相同	其他路的1/2

表7—3中交通出行几乎概括了地方城市的交通出行现状。首先交通出行起点在南端各小区，终点在北端各小区，这时的交通为城市过境交通，与大城市相比，过境交通量大，且通过市中心附近，这是地方城市交通出行的一大特征；交通出行的起点在周边各区域，而终点在市中心，这部分交通为通往市中心区域的上班交通，由于地方城市公共交通较为薄弱，自行开车上班的比例很高，城市周边地区与城市中心间的交通量大，这是地方城市交通出行的另一特征。另外，外侧环状道路的速度为一般道路的2倍，反映了环状道路路面宽、运行状态好的现

状；对于市中心 5km×5km 的正方形区域内，由于交通易阻塞、延滞，假定其速度为一般道路的 1/2，是较为切合实际的。

图 7—6、图 7—7、图 7—8 分别表示了 15 种网络模式（图 7—5）在 9 种不同道路运行状况（表 7—3）下的交通出行效率评价值。

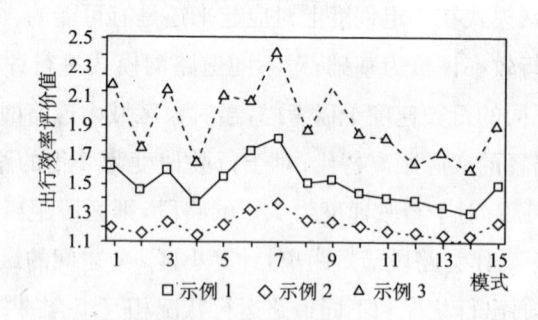

图 7—6　出行效率评价值变化状况（起点遍布全区域）

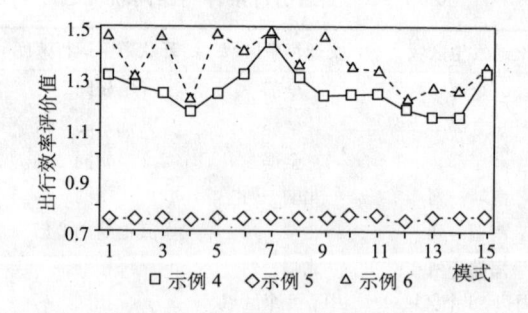

图 7—7　出行效率评价值变化状况（起点在南端一列，终点在北端一列）

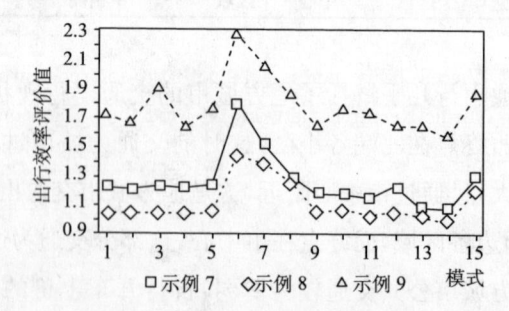

图 7—8　出行效率评价值变化状况（起点在周边 36 个区域，终点在市中心四个区域）

3. 结论

对于起、终点遍布于每个区域的交通出行,当环状道路的运行速度为其他道路的 2 倍时,不管是哪种道路网模式,其交通出行的效率都得不到很大提高,当市中心的道路运行速度下降一半时,无论哪种道路模式,其交通出行效率都将恶化,尤其是那些到道路网主要集中于市中心的道路网模式,详见图 7—6。

对于起、终点集中在南、北两端区域的交通出行,当环状道路运行速度提高一倍时,交通出行效率大为改观;当市中心部的运行速度下降一半时,由于存在迂回道路,即使市中心交通拥挤,也几乎不影响此类交通出行的出行效率,详见图 7—7。

对于起点集中在城市边缘区域,终点在市中心的交通出行,即使环状道路运行速度提高 1 倍,也不会对出行效率评价价值有大的改善,但当市中心道路运行速度下降一半时,则所有道路网模式的出行效率评价值都将恶化,由于道路网络模式的不同,其恶化的程度也不一样,详见图 7—8。

参考文献

1. Geertman S. C. M., Eck J. R. R. V., 1995. GIS and Models of Accessibility Potential: An Application in Planning. *International Journal Geographical Information Systems*.
2. Hansen W. G., 1959. How Accessibility Shapes Land-use, *Journal of the American Institute of Planners*.
3. Makrl M., Folkesson C., 2001. Accessibility Measures for Analyses of Land Use and Traveling with Geographical information systems. Fifth Workshop on Nordic Research Network on Modeling Transport, Land Use and the Environment (Sweden).
4. Makri M. B., 2001. Accessibility indices: A Tool for Comprehensive Land-Use Planning. Fifth Workshop on Nordic Research Network on Modeling Transport, Land Use and the Environment (Sweden).
5. 陈声洪:《上海城市交通分析和预测》,上海科学技术出版社,1998 年。
6. 宋小冬、钮心毅:"再论居民出行可达性的计算机辅助评价",《城市规划汇刊》,2000 年第 3 期。
7. 孙施文:《城市规划哲学》,中国建筑工业出版社,1997 年。
8. 谭先林译,李先月校:"地方城市道路网模式评价和环状道路必要性考察",《外国公路》,1996 年第 2 期。

9. 王缉宪:"易达规划:问题、理论、实践",《城市交通》,2004年第7期。
10. 王缉宪:"中国大城市交通运输即将面临的困境及出路",《战略与管理》,1997年第3期。
11. 杨育军:"可达性评价的比较研究与应用"(同济大学硕士学位论文) 2004。

本章执笔人:程昌秀、杨育军

第八章

居民出行与功能区布局

第一节　居民出行研究

一、居民出行研究的理论概要

(一) 居民出行的基本性质

居民出行是人们为了工作和生活等目的在空间上的移动或位移过程。出行是人的四大基本(衣、食、住、行)需求之一。出行需求与空间关系最为密切。行为主体的空间位移,决定了城市居民出行需求与空间关系最为密切,决定了城市交通流的流量和流向。对"居民出行"进行调查研究是现代城市交通规划的重要手段;同时"研究居民交通出行的形成机理和时空分布规律"也是交通工程学和交通地理学的新兴研究领域。

(二) 居民出行的基本内容

城市居民出行是相对复杂的研究领域,研究城市居民的交通出行,包括以下基本内容。

(1) 出行目的:这是交通出行的始发点,对于行为主体,每次出行都是为了不同目的的。出行目的分为基本出行和非基本出行,前者指为工作和学习的通勤和通学,后者指为了生活、文化娱乐、购物、就医、探亲访友等目的的出行。出行目的的研究可解析人们的社会经济行为模式和基本机理。

(2) 出行影响因素：这分为两部分，第一部分因素主要源于行为主体基本属性，包括性别、学历、职业、收入、年龄等，不同属性的行为主体往往有不同的出行频率、目的和距离。第二部分主要是源于行为主体的外部环境，包括居住条件、城市属性、交通条件等。

(3) 交通工具选择：指行为主体具体选择何种交通工具，包括地铁、公交车、私家车、自行车、步行、出租车等。不同目的和行为属性的出行，往往有着不同的时效性和舒适性追求，这决定了交通工具选择的不同。这是该领域最能体现实践价值的研究，可为判断机动化程度和交通管制尤其私人交通工具的使用提供科学依据。

(4) 出行频次或强度：指行为主体出行的可能性和强度，主要用于反映居民的社会经济联系强度，该研究内容可进一步考察城市空间拓展和城市各区域联系对城市交通出行的影响。

(5) 交通出行空间分布：主要反映行为主体在城市中的位移距离和范围及分布和格局，并考察不同目的和方式的交通出行，在位移距离和范围内有什么不同，这是最能体现地理学理念的研究内容。相关研究指出城市不同，居民出行距离不同：武汉达 10.28 公里，上海达 9.55 公里，太原仅为 4.65 公里，北京通勤距离平均 15.8 公里，上海为 30.2 公里。

(6) 交通出行时耗：或称交通出行所需时间，主要考察行为主体为了交通出行所消耗的时间，及交通出行的时间段，这是行为地理学的重要研究内容。目前柴彦威等已进行了大量研究。相关研究指出：北京通勤平均时速仅 13.2 公里/小时，而上海平均达 20.7 公里/小时。

(7) 交通出行结构：以上研究内容主要针对行为主体即城市居民个体而言，该概念主要是针对区域或城市而言，是所有城市居民的复合行为，交通出行结构可透视出区域或城市的交通出行特征，对优化区域或城市的交通体系具有重要意义。相关研究指出：上海通勤距离最远，成都通勤效率最低，北京乘车次数最多，武汉日常生活出行范围最大。

二、中国城市居民出行特征与结构分析

随着城市经济的迅速发展,城市居民的富裕程度和生活价值观持续变迁,这导致城市居民交通出行的频率、目的、方式等不断发生变化,并呈现以下特征。

(一) 居民出行总量快速增长

(1) 我国城市居民的交通出行总量迅速增长,规模不断扩大。根据2002年6月的《北京市城市交通综合调查》,北京市出行总量大幅度增加,2002年6月达97.29亿人次,提前10年超过了2010年规划预定指标(68亿人次)。而上海市的调查显示,2004年全市人日均出行4 100万人次,比1995年增长45%;其中,常住人口人均日出行从1.87次增加到2.21次。城市居民出行强度的扩大,反映了城市居民社会经济联系能力的增强。

(2) 我国城市规划设定的出行标准。城市居民出行次数:平均每人每天2~3次,大城市中午回家的人少,平均在2次左右。通常,采用私人交通工具为20分钟左右;采用公共交通工具为30~40分钟。为了不使居民在路上过多耗费时间,国家对不同规模城市规定了最大出行时耗:特大城市60分钟,中等城市35分钟,小城市25分钟。实际上,现实生活中许多城市的居民通勤时间远远超过这个标准,直接原因是城市交通拥堵。

(二) 居民出行目的发生明显变化,基本出行比率下降,非基本出行比率上升

随着居民收入水平提高和消费结构的变化,人们日常出行目的发生明显变化,基本出行比率下降,非基本出行比率逐步提高。调查数据显示,2002年北京居民出行中,通勤和通学的出行比例占24.7%,比1986年降低了33%;生活、文化娱乐和购物等非基本出行的比例提高了11个百分点,如图8—1所示。

上海市2004年与1995年对比,基本出行下降了12.9%,非基本出行中的购物与娱乐出行上升了16.9%[①]。成都2000年与1987年对比,基本出行下降

---

① 2004年上海市交通大调查成果简要稿,城市交通网,2005年。

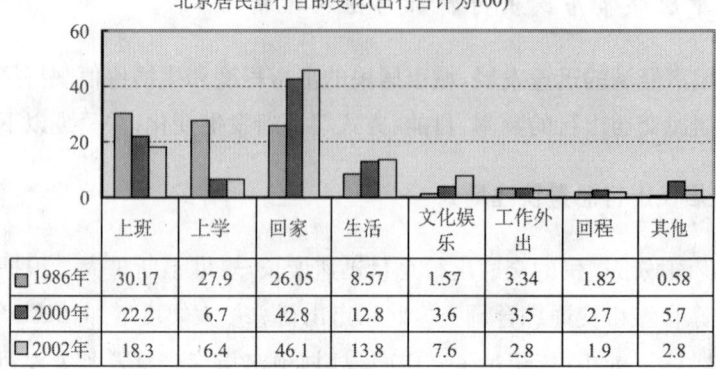

北京居民出行目的变化(出行合计为100)

	上班	上学	回家	生活	文化娱乐	工作外出	回程	其他
1986年	30.17	27.9	26.05	8.57	1.57	3.34	1.82	0.58
2000年	22.2	6.7	42.8	12.8	3.6	3.5	2.7	5.7
2002年	18.3	6.4	46.1	13.8	7.6	2.8	1.9	2.8

图 8—1　北京居民出行目的变化

资料来源：中规院交通所：《北京交通规划》，2004-7-30；作者制图。

了 10.9%，购物出行上升了 8.3%[①]。

这种变化说明，随着社会经济环境的改善，城市居民的通勤和通学频率虽在规模上没有发生很大变化，其比重却呈减少趋势；而生活、文化娱乐和购物等活动逐步增多，反映了居民出行的多元化和人们日常生活更加丰富。

（三）居民出行方式构成发生重要变化——机动化交通、个体交通比重上升

随着交通系统的多元化发展和人们收入水平的提高，居民出行的标准即支出、时间追求和舒适性追求等发生变化，导致居民出行方式发生重要变化。公共交通和非机动化交通所占比重下降，个体交通与机动化交通比重上升。

（1）我国城市交通结构中，公共交通比重在 1980~1990 年代普遍下降；21世纪初有所回升，但是比重仍然偏低。公共交通比重动态变化典型如下：北京2000 年为 26.5%，比 1986 年下降 1.7 个百分点，2002 年比 2000 年上升 1 点；上海 1990 年代下半期下降 2.2 个百分点，2004 年（18.5%）比 1999 年上升 3.3点；天津在 1981~1993 年下降 6.2 个百分点，1993~2000 年仅上升 1 点。其原

[①] 中规院成都交通规划"出行调查"2003 年，城市交通网，2005 年。

因主要是轨道交通发展严重滞后,公共交通仅依靠公共电汽车。与发达国家特大都市对比,我国主要城市的公共交通比重过低(表8—1)。发达国家特大都市居民出行以公共交通为主,主要依靠轨道交通。纽约、巴黎、伦敦、纽约的交通结构中公共交通占 2/3～5/6 以上,而自驾汽车出行仅在 1/3～1/9 以内。

表8—1 我国主要城市公共交通比重动态变化

城市	前期比重	近期比重	升降百分点(+−)
北京	1986年 28.2%	2000年 26.5%	−1.7
	2000年 26.5%	2002年 27.5%	+1.0
上海	1995年 17.4%	1999年 15.2%	−2.2
	1999年 15.2%	2004年 18.5%	+3.3
天津	1981年 10.3%	1993年 4.1%	−6.2
	1993年 4.1%	2000年 5.1%	+1.0
成都	1987年 5.9%	2000年 10.2%	+4.3

资料来源:① 城市交通网,2005年。
② 任其亮、李淑庆:"重庆市主城区客运结构研究",《中国城市交通规划学会2005年论文集》。

(2) 1980年代以来非机动化出行大幅下降,尤其自行车出行下降迅速。自行车出行下降百分点:北京24.2点,成都10.7点,上海16点,南京3.2点。天津的变化有所不同,为先升后降,1981～1993年上升了16个百分点,至2000年才下降8.2点。同时,步行比重下降较多,1980年代中期至1990年代末,天津下降8.5百分点,南京下降9.5点,成都下降5.2点,石家庄下降3.3点。以上变化,主要是由于机动化交通出行的快速发展所致(表8—2)。

表8—2 我国主要城市居民自行车出行比重变化与对比

城市	前期比重	近期比重	升降百分点(+−)
北京	1986年 62.7%	2000年 38.5%	−24.2
上海	1995年 41.2%	2004年 25.2%	−16.0
成都	1986年 54.4%	2000年 43.8%	−10.6
南京	1986年 44.1%	1999年 40.9%	−3.2
天津	1981年 44.5%	1993年 60.5%	+16.0
	1993年 60.5%	2000年 52.3%	−8.2

资料来源:城市交通网,2005年。

(3) 机动化交通近年发展迅速,21 世纪我国特大城市开始迈入"小汽车进入家庭"阶段。其中,北京市最为显著,2005 年底全市家庭汽车保有量超过 140 万辆,每百户拥有率达 30 辆;私家车出行比重从 1986 年 5.04％提高到 2002 年的 25.2％,同期出租车出行从 0.35％提高到 8.76％,增长了 8.4 个百分点。

(4) 上海市个体机动化交通(出租车、单位车、私家车、摩托车)出行比重从 1995 年 11.3％,提高到 2004 年 27％,增长了 15.7 个百分点。

(5) 天津市机动化出行比重(出租车、单位车、私家车、摩托车)从 1981 年的 2.51％,2000 年达到 8.58％,提高了 6 个百分点。2005 年私家车拥有量居全国第四位(超过 30 万辆)。

(6) 广州市近年私家车以 16％的速度增长。从 1994 年起实施"重点发展公共交通战略",1998 年公交出行比重达到 26.85％,比 10 年前提高了 10 个百分点。由于公交的便利,2003 年调查,在工作日 40％的有车者不开私家车,仅在节假日使用。

(四) 城市规模和城市条件对于居民出行方式选择影响很大

我国城市居民出行变化具有许多共性。1980 年代至 2000 年居民出行变化:① 非机动交通包括自行车和步行的构成比重有所下降;② 个体机动交通包括小汽车和出租车的构成比重上升幅度较大;③ 公共交通承担比率一度下滑,近年有所上升。这种共性及变化趋向是由于交通体系的自身变化所产生的。

城市之间居民出行差异性也很明显。城市规模和城市条件的不同,交通管理水平不同,进而影响城市居民出行结构各异。① 各城市居民的非机动出行方式(包括步行和自行车出行方式)多在 1/2 以上,其中上海达 54％,南京、贵阳、杭州等城市达 2/3 左右,天津、石家庄等城市高达 86％。贵阳地处丘陵地区,市区道路起伏,自行车出行仅占 2.7％。② 公共交通出行比重中,特大城市在 1/6~1/4 左右,其中上海达 15.2％,南京达 21％,杭州为 22％,贵阳为 26.6％;石家庄、天津只占 2.9％~5.1％。这说明,城市居民的交通出行结构主要由城市规模和城市条件所决定(表 8—3)。

表 8—3 重要城市交通出行结构排序与对比

调查年份	排序之一 城市	公交出行	自行车	步行	排序之二 城市	自行车	排序之三 城市	步行
2000	哈尔滨	36.3	14.7	37.2	无锡	58.8	贵阳	62.4
2001	贵阳	26.6	2.7	62.4	南京	57.9	长沙	48.4
2000	杭州	22.2	42.7	27.6	天津	52.3	广州	41.9
1998	武汉	21.7	29.1	37.1	福州	49.0	厦门	37.8
1998	广州	17.5	21.5	41.9	成都	43.8	哈尔滨	37.2
1995	厦门	16.9	26.2	37.8	杭州	42.7	武汉	37.1
1999	上海	15.2	39	15.1	苏州	41.8	天津	34.1
1998	长沙	13.2	23.2	48.4	上海	39.0	成都	30.8
2000	成都	10.2	43.8	30.8	武汉	29.1	福州	30.4
1998	南京	8.2	57.9	24.5	厦门	26.2	苏州	27.7
1999	福州	7.4	49	30.4	长沙	23.2	杭州	27.6
2000	苏州	6.4	41.8	27.7	广州	21.5	南京	24.5
1997	无锡	5.3	58.8	13.8	哈尔滨	14.7	上海	15.1
2000	天津	5.1	52.3	34.1	贵阳	2.7	无锡	13.8

资料来源：任其亮、李淑庆："重庆市主城区客运结构研究"，《中国城市交通规划学会 2005 年论文集》。

第二节 典型居住区出行调查与分析

一、本课题组问卷调查与分析

1. 郊区住宅典型调查的重要性

郊区化代表人口、就业岗位和服务业向郊区迁移，各种功能向郊区流出，中心区人口增长相对低于人口迁出的一种离心分散化过程。发达国家在 1960 年代后进入普遍郊区化时期。中国一些特大城市也开始出现了中心城区向郊区扩散的现象。近年配合旧城区大规模改造和拆迁，在郊区开展了大规模的住宅区建设，大批中心区居民向郊区迁移，对于城市居民出行产生了重大影响。例如北京"住宅郊区化"始于 1993 年。据北京市建委公布的一组数据，北京市的近郊区住宅面积在全市的比重由 1949 年的 5.5% 升至 2003 年的 43.8%,同期远郊区县由 16.6% 升至 44.6%,"住宅郊区化"已是城市发展的必然趋势。

为此本课题组开展了郊区典型住宅区问卷调查,以便揭示居民经济收入、居住条件、选择住宅的条件、户主及其他成员出行详细状况。先后在北京、成都、大连选择了 16 个居住区和 2 所学校,发出 1 450 份问卷,为总结出行规律、改善交通布局和功能区结构提供有价值的依据。也为深入总结居民出行机理提供了重要依据。

2. 典型居住区的选择

中心外缘区和近郊区,普通住宅和经济适用房——入住居民大部分是工薪阶层和普通劳动者。如北京的 5 个居住区——方庄居住区是 1980 年代北京市重点建设的居住区,也是全国的样板区之一,当时的入住者包括高级知识分子、公务员和文化商人等。古城南里也是 80 年代计划经济时期建设居住区,紧靠地铁 1 号线;利于与近年建设的住宅区作对比。望京居住区是上世纪 90 年代北京市重点建设的大型社区。天通苑居住区和回龙观居住区是 21 世纪北京市首批 19 片经济适用房建设项目。此外调查了中关村某重点小学 1~6 年级的家长与学生的出行情况。大连调查了近郊和开发区的 5 个居住区——锦绣、泡崖、幸福、红旗、百合以及开发区中;成都选择了 6 个居住区——东光、跳蹬热电、九里堤、芳草桐梓林、晋阳街精一区、成都花园等。在以上样本调查区,作者共发出 1 450 份问卷,其中回收问卷 1 359 份,有效率达 93.7%(表 8—4)。

表 8—4 本组居民出行问卷调查概况

样本地区	发放问卷	回收问卷	有效率
北京	840	775	92.3%
成都	310	298	96.1%
大连	300	286	95.3%
合计	1 450	1 359	93.7%

二、问卷分析

1. 居住区位决定了出行便利程度,对出行方式选择影响很大

城市居民出行同其居住区位有直接关系。居住区位不同,居民离市中心区的通勤和通学距离不同,居民对出行存在不同需求和比较选择及偏好,使得居民出行存在很大差异。对北京的古城南里、天通苑、回龙观、方庄和望京等5个居住区的问卷分析,得出以下结论。

第一,乘坐公共交通的比重存在较大差异。古城南里最高达72%,天通苑较高达51%,回龙观为46.5%,方庄为37.5%,望京仅为27%。这是由于各区与市中心区的距离不同,其中方庄位居二环和三环间,骑自行车比重达30.8%,这降低了乘坐公共交通的频次;古城南里临近地铁1号线并远离市中心区(已出西五环),回龙观和天通苑均为经济适用房小区并远离市区,这决定了三区居民乘坐公共交通的比重较高;望京距市中心区相对较近且居民收入水平较高,居民乘坐公共交通的频次较少。第二,乘坐轨道交通出行的比重差异巨大。位于地铁1号线的古城南里小区占其出行的62%,位于13号城铁附近的天通苑和回龙观分别占17%和13%,比重低的原因是城铁选线和车站设置不当。望京和方庄只占通勤出行的4%,主要原因在于与地铁距离较远。第三,自行车出行和步行交通的比重差异较大,方庄的比重最高为30.8%和10.6%;自行车出行比重望京和古城南里较高为12%和10%,天通苑和回龙观只有4.6%~7.9%。差异原因是天通苑和回龙观均位于五环路以外,属于"卧城",就近工作者甚少,利用自行车或步行者很少。方庄和望京由于相对临近市区,自行车出行和步行交通相对便利,这进一步验证了前文的研究结论。第四,自驾车出行差异巨大,望京高达45%,回龙观38.6%,天通苑31.5%,方庄12.5%,古城南里仅4%,这主要由距离和小区档次所决定,望京为高档居住区,集中了许多影视明星和文化名人等富裕户以及大批韩国人,私家车比重高,回龙观和天通苑为经济适用房小区,距市中心区较远,购房成本节约和购车成本支出的比较决定了部分居民存在购买私家车的需求(表8—5)。

表 8—5 北京市 5 居住区居民(户主)上班出行方式及排序

居住区	天通苑	居住区	回龙观	居住区	望京	居住区	方庄	居住区	古城南里
户数	108	户数	114	户数	100	户数	104	户数	50
公交车	51%	公交车	46.5%	自驾车	45%	公交车	37.5%	公交车	72%
自驾车	31.5%	自驾车	38.6%	公交车	27%	自行车	30.8%	自行车	10%
步行	7.4%	自行车	7.89%	自行车	12%	自驾车	12.5%	步行	10%
单位班车	4.6%	步行	3.51%	出租车	8%	步行	10.6%	自驾车	4%
自行车	4.6%	单位班车	2.63%	单位班车	4%	单位班车	7.7%	单位班车	4%
出租车	0.9%	出租车	0.88%	步行	4%	出租车	1%	出租车	0%
合计	100%	合计	100%	合计	100%	合计	100%	合计	100%

2. 居民收入水平是出行选择的主要因素

居民收入水平是选择交通出行方式的重要影响因素。不同收入档次的家庭，交通支付能力不同，对时间效益的追求也不同，决定了出行的不同选择。这种影响既有一般特征，也有区域差异。分析问卷将居民收入分为 4 级：低收入(2 000 元以下)、中低收入(2 000～5 000 元)、中等收入(5 000～10 000 元)、高收入(10 000 元以上)。依据这种划分，从北京、成都、大连 18 个小区的 1 450 份问卷中，随机抽取 12 小区 747 户问卷进行汇总分析表明，不同收入水平居民的通勤交通方式(以户主为代表)差异甚大，并且经济水平不同的城市间存在明显差异(表 8—6、表 8—7)。

第一，利用公共交通、自行车和步行的比例随收入增加而大幅下降。出行利用公交的居民中，低收入者占 44%，中低收入、中等收入和高收入者在 1/4 左右；样本城市中，北京和成都的梯度下降趋势明显，北京按收入等级分别为 56.8%、31.7%、30.3%、15.8%，成都为 21.3%、15.6%、15.4% 和 0，而大连有所不同，低收入和高收入达 72.2%、71.4%，中低收入和中等收入占 25%、33%。第二，无污染型出行方式骑自行车和步行的比例呈明显梯度下降。4 种收入等级居民的出行比重分别为 39.9%、30.4%、14.1%、13.8%，平均为 32.5%；样本城市以成都为最高，占家庭出行的 50%(分别占各收入等级的 56.3%、43.1%、38.5%、0)，北京占家庭出行的 22.8%(分别占各收入等级的 34.7%、23.8%、7.6%、10.5%)，大连比重甚低，仅 12.2%(分别占各收入等级的 15.4%、

12.5%、33.3%、28.6%),主要是"住职就近"而步行者多,并与大连公交发展较好和地形起伏有关。第三,自驾车和乘坐出租车的比例随着收入增加也大幅增加。四种收入等级的比重分别为 6%、33.3%、49.4%和51.7%,其中北京分别为 2.1%、33.3%、50%、66.7%,成都为 8.6%、35.8%、46.2%、100%,大连高收入者自驾车比例很低,居民以利用轨道交通和步行上班为主,原因是高收入者住职就近而主要居住在开发区。

表8—6 三市12小区调查结果汇总分析 单位:%

等级	自驾车	出租车	公交与轨道	自行车	步行	班车
<2 000元	6.0	0.8	44.0	26.5	13.4	4.4
2 000~5 000元	33.3	3.4	24.4	19.5	10.9	8.6
5 000~10 000元	49.4	2.4	28.2	3.5	10.6	5.9
>10 000万元	51.7	6.9	27.6	6.9	6.9	
合计	22.5	2.1	34.6	20.6	11.9	5.9

表8—7 三市12小区调查结果对比分析 单位:%

等级	自驾车			公交车+轨道交通			自行车+步行		
收入水平	北京	成都	大连	北京	成都	大连	北京	成都	大连
<2 000元	2.1	8.6	5.2	56.8	21.3	72.2	34.7	56.3	15.4
2 000~5 000元	32.5	35.8	28.1	31.7	15.6	25.0	23.8	43.1	12.5
5 000~10 000元	54.5	46.2	—	30.3	15.4	33.3	7.6	38.5	33.3
>10 000万元	63.2	100	14.3	15.8	0	71.4	10.5	0	28.6
总计	29.7	20.8	10.6	38.3	18.8	59.8	22.8	50.4	12.7

第三节 交通出行与城市功能区布局问题

一、新兴居住区居民出行调查,反映城市功能区的布局问题

1. 新兴居住区出行难

出行调查不仅是城市交通规划的主要基础,而且能够反映出城市功能区布

局的利与弊。通过典型居住区的通勤、上学、购物、看病、休闲等出行调查可以获取重要的信息与数据,借以深入剖析功能区的配置合理与否,发现问题并且及时加以解决,可以大幅度减少不必要的出行,改善居民出行结构。

进入21世纪,北京许多郊区居住区的交通拥堵日益严重,成为历届"人代会"的主要议题,也引起有关领导的高度关注。北京市大型经济适用房建设项目天通苑、回龙观等,入住后遇到的突出矛盾是交通堵塞和不畅。由于道路建设严重滞后,公共交通线路通达性差,私人小汽车迅速增长,居民通勤和外出遭遇严重拥堵,成为郊区大型居住区交通矛盾尖锐的典型。同时由于缺少配套的学校、医院和大型商业设施,居民必须外出,加重了出行负担;尤其缺少工作岗位,使这些10万~20万人的大型居住区成为"睡城"。大连开发区在交通与多种功能配套建设方面取得了一定经验,值得借鉴。

产生上述诸多问题的根源可以区分为两类:直接交通问题和间接引起的交通问题。直接的交通问题可以从加快交通基础设施建设和改善城市公共交通加以解决。间接因素引起的交通问题,必须通过改善城市功能区布局,才能从根源上得到改善(解决)。本文的论述重点是后者——间接交通问题,通过本课题典型调查数据加以具体分析与说明。

2. 直接的交通问题——大型居住区的交通拥堵成为重大社会问题

天通苑居住区是北京市郊区大型居住区交通拥堵的典型代表。据媒体报道(2002年):"天通苑六大问题之首是交通问题。在天通苑,拥堵几乎是它的代名词。城区前往天通苑的唯一道路——立汤路每天拥堵,少则1小时,长则3~4个小时。因交通拥堵,居民不得不清晨5时起床送孩子上学,再去上班。"

分析表明郊区大型居住区的对外通路建设严重滞后,并且与城市交通线路布局脱节。作为大型经济适用房项目的天通苑和回龙观居住区位于五环路以外,分别只有一条干道对外联系;新建的城铁13号线的车站远离二居住区,乘坐不便;公共交通线路少;自驾车家庭迅速增加,进一步加重了道路拥堵程度。望京居住区是规划容纳30万人的大型居住区,四周有4条快速交通主干路环绕,交通区位十分便利。但是由于缺乏出口,该区有车族多,造成了出行难。有关部门正在加强其内外道路的建设,拥堵状况有所缓解。

3. 间接的交通问题

(1) 住职分离过度：新建的大型居住区附近缺少工作岗位，造成远距离上班，甚至仍然到中心区通勤。天通苑和回龙观作为规划20万人的大型社区，仅为"卧城"，附近缺乏大型工商业功能区。住职分离现象进一步加剧。

作为大型开发区的亦庄却呈现相反情况，附近没有经济适用房，大部分开发区职工需要通勤到市区。"开发区(BDA)修建的居住区档次高、价位高，逐步偏离卫星城的规划目标，在开发区工作的人不住在开发区，在开发区住的人不在开发区工作。每天上下班时，亦庄周边的道路依然承载了极其重要的交通功能。"①

(2) 中小学校不足引起的交通问题：作为义务教育的小学应该就近入学，但是缺少配套建设。"天通苑开发商承诺的公立义务教育学校出租给民办学校。有的家长为了上高水平小学，每日接送学生，造成大批交通出行。"

(3) 医疗设施不足：居住区内及附近缺少好医院，居民看病必须到中心区，增加了交通出行。"天通苑内只有二级医院，远不能满足居民的就医需要。"

(4) 缺乏商业设施和娱乐设施：缺乏商业设施和休闲场所，也造成居民出行的增加。"睡城"是当地居民对天通苑的另一个"别称"。

为了进一步说明由于功能区布局和配套建设的不足，造成的间接交通问题，下面以本课题组的问卷调查加以揭示。

二、居民各类出行与功能区布局的内在关联

本课题的研究重点是揭示城市交通与功能区的内在关联，为此利用本课题组调查数据对比，说明由于功能区布局不当所造成的交通出行。

1. 住职分离是一些新建居住区的基本特征，造成通勤距离过远

(1) 北京郊区新建居住区通勤距离长，过度依赖个体交通

北京市5个居住区上班地点与通勤出行状况（表8—8）：第一，住户在本居住区上班比率差异巨大，1990年代及其以前建成的小区较高，新建小区比例很

---

① "房价攀升偏离目标 亦庄在产业和住宅错位中徘徊"，《京华时报》，2004年4月9日。

低。古城南里高达 26%；方庄和望京 12%；天通苑和回龙观只有 3.8%～6.5%，表明新建居住区的工作岗位很少。第二，到城市中心四区上班的比率都较高(占 1/4～1/5)，从与中心区的距离分析，新建居住区到中心区上班明显过远。方庄、古城南里到中心区上班者比率较高，占 22%～24%；近年建设的天通苑和望京居住区到中心区上班者也占 20.4%～21.7%；回龙观则高达 25.2%。这一比率明显过高，是"住职分离"过度的表现。(天通苑、回龙观到二环路 16 公里、19 公里。)

(2) 户主通勤出行特征

5 个居住区分为 3 类：① 天通苑和回龙观乘坐公共交通(汽车、轨道)居首位，次为自驾私家车，合计占 82%～85%。② 方庄乘坐公共交通居首位(37.5%)，次为骑自行车者(30.8%)；③ 古城南里乘坐公共交通比重高达 67.9%；④ 望京居首位的是自驾私家车(45%)。

表 8—8　北京 5 个居住区调查——户主上班出行

出行方式	天通苑	回龙观	望京	方庄	古城南里
自驾车	31.5%	38.60%	45%	12.5%	3.6%
公交车(含轨道)	51.0%	46.5%	27.0%	37.5%	67.9%
单位班车	4.6%	2.63%	4%	7.7%	3.6%
出租车	0.9%	0.88%	8%	1.0%	2.0%
自行车	4.6%	7.89%	12%	30.8%	12.5%
步行	7.4%	3.51%	4%	10.6%	10.7%
单程时间(小时)					
<1.0	36.9%	41.6%	56.0%	69.5%	67.5%
1.0～2.0	60%	49.7%	38.9%	28.3%	30%
>2.0	3.1%	8.6%	5.1%	2.4%	2.5%

按照出行方式分析，乘坐公共交通的比重差异较大：古城南里比重高达 67.9%，天通苑较高达 51%，次为回龙观 46.5%，方庄只有 37.5%。骑自行车出行比重差异也较大：方庄最高达 30.8%；望京较高 12%；古城南里占 12.5%。天通苑和回龙观只有 4.6%～7.9%，原因在于二新区位于北郊五环路以外。步行者古城南里和方庄二区占 1/10 之外，其他 3 区比重都相当低，为 3%～7%。

通勤时间:方庄和古城南里有 2/3 的户主在 1 小时以内;天通苑和回龙观的通勤时间明显过长,1 小时以内仅占 37%～42%,1～2 小时者占 1/2。

(3) 对比大连、成都,"住"与"职"相对近便

成都 6 个居住区调查(有效问卷 290 份)表明,居住地与工作地相对近便:户主在本住区工作者占 43%,通勤出行 1 小时以内者占 69%,骑自行车与步行上班占 55%,公交出行占 20%。

大连 5 居住区调查(有效问卷 248 份)表明:第一,基本做到"住职就近",户主出行时间短,半小时以内占 52.2%、1 小时以内占 86.8%;第二,大连公共交通发展较快,主干道已经没有非机动车行驶。分析户主上班出行:利用公共交通者占 53.6%,其他机动方式 1/4 以上(单位班车 14.1%、自驾私家车 11.3%、出租车 1.2%),非机动出行方式大幅度下降,仅占 1/5(自行车 5.2%、步行 14.5%)。

大连开发区努力贯彻"住职就近"原则,通勤状况合理。在建设初期即要求干部到开发区居住,配以住房。轨道交通的建设,大幅度缩短了与中心区时空距离。开发区中调查户 91% 的户主在开发区工作,单程通勤时间 91% 在 30 分钟以内。

2. 看病出行与医疗设施布局

一些新建大型居住区内及附近医疗设施不足,远不能满足居民的就医需要,看病必须到中心区。交通出行增加,在途时间过长。

(1) 北京 5 个居住区居民看病出行差异大,与医疗设施配套相关

北京近年新建天通苑和回龙观由于仅有二级医院,难以适应广大居民看病需求,造成看病出行距离远、出行时间长,必须依靠机动车出行。二居住区看病出行 1 小时以内仅占 39%、34%;2 小时以上超过 22%。而古城和方庄居住区 1 小时以内看病出行超过 65%～75%,2 小时以上仅占 3%～8%。

在出行方式方面对比,新建居住区天通苑和回龙观的机动车出行(公交车和自驾车)达到 95% 左右;骑自行车看病仅占 2%～4%。方庄居民看病出行利用自行车占 40%,古城居民占 15%(表 8—9、表 8—10)。

表 8—9　居住区出行调查——看病出行

路途所需时间	天通苑	回龙观	望京	方庄	古城
1 小时以内	39.6%	34.2%	77.3%	77.8%	65.6%
1~2 小时	35.8%	43.9%	13.6%	13.9%	31.7%
2~3 小时	22.6%	21.9%	9.1%	8.3%	2.7%
距离(km)	居住区距二环路、医院					
二环路	东直门桥 16.3	西直门桥 19.2	东直门桥 8.2	左安门桥 1	复兴门桥 14
医院	北医三院 15	北医三院 15	协和医院 13	同仁医院 4.1	宣武医院 15.7

表 8—10　居住区出行调查——看病出行方式

看病出行方式	天通苑	回龙观	望京	方庄	古城
公交车(含轨道)	60.3%	69.2%	20.9%	45%	84.6%
自驾车	37.7%	21.8%	41.9%	7.5%	0
自行车	1.9%	3.9%	6.1%	22.5%	6.7%

(2) 成都、大连新建居住区居民看病出行时间短

成都 6 个小区问卷调查表明：该市看病出行距离近，时间短。看病出行 1 小时以内占 95%，其中半小时以内占 61%；骑自行车和步行看病占 30%，利用公交车者占 40%，自驾车和出租车占 30%。

大连 5 个小区调查表明：看病出行 1 小时以内占 75%，利用公交车者占 62%，坐出租车和自驾车者占 18.9%、11.2%。

3. 购物出行与大型居住区商业设施配套密切相关

(1) 北京最近建设的居住区购物出行距离远、时间长

天通苑、回龙观居住区均位于五环路以外，附近缺少配套商业设施，到市中心商业区距离超过 20 公里，而且只有一条干道通向市区，造成购物出行时间过长。与 1990 年代前后建设的小区对比可以证明。

购物出行次数：4 个居住区每周购物出行 1~2 次占 70%~80%；古城交通方便，每周 3~4 次和 5~6 次各占 1/3。

购物出行时间:近年建设的天通苑和回龙观1小时以内仅占1/2;超过2小时的购物出行超过1/4。对比方庄、古城、望京3居住区出行1小时以内占73%左右,1~2小时仅占21%。

购物出行方式:利用公交的出行大都在29%~38%。①方庄和古城步行比率高达36%~38%,再加自行车出行比率达55%~60%。②自驾车的比率望京高达40%,天通苑、回龙观在30%左右;而1980年代建设的方庄小区和古城小区都很低(表8—11)。

表8—11 居住区出行调查——购物出行

项 目	天通苑	回龙观	望京	方庄	古城
购物出行方式					
公交(含轨道)	36.6%	42.4%	28.9%	29.8%	38.0%
自驾车	32.4%	25.2%	40.2%	15.5%	2.0%
自行车	12.7%	15.2%	15.5%	18.6%	22.0%
购物出行时间					
其中:1小时以内	50.7%	49.3%	73%	72.7%	73.8%
出行次数/周					
其中:1~2次	68.1%	72.4%	72.8%	80.9%	27.7%

(2) 成都、大连新建居住区购物出行时间较短、距离较近

成都6个居住区居民购物出行时间1小时以内占88%,其中半小时以内占53%。大连6个居住区居民购物出行时间1小时以内占80%。大连公交出行近占2/3;成都公交车与自行车为主,合计占2/3。

4. 学生上学出行与学校建设

新建居住区应该建设中小学,做到"就近入学",特别是小学均应如此。学生上学出行应以步行和骑自行车为主。缺少配套建设的学校会造成大量中长距离出行,不同居住区的通学出行对比可以说明其带来的交通压力。

(1) 北京新建居住区学生出行过远、时间过长,接送学生出行增加了城市交通负担

调查发现,北京新建的一些大型居住区没有按照规划建设学校,造成大量不

应有的出行。如前所述,天通苑的开发商将承诺的公立义务教育学校租给了私人,办成了民办学校。另外不少家长出赞助费将孩子送入重点小学。每日接送学生出行与通勤出行叠加,使得道路交通拥堵加剧。

反映在出行时间上,天通苑、回龙观学生出行 1 小时以内仅占 1/2 左右,其中半小时仅占 1/10。对比方庄、古城等居住区,学生出行半小时以内达 47%～60%。

从出行方式对比,方庄、古城南里的自行车出行与步行比率高达 60% 上下;而天通苑和回龙观仅占 13%～17%,利用公交车、出租车和单位班车出行超过 80%。

与成都、大连大型居住区学生出行调查对比:半小时以内出行成都占 78%,大连占 85%;步行与骑自行车者 69%、50%。

(2) 典型重点学校的学生出行

中关村某重点小学 1～6 年级接送学生交通方式调查表明(表 8—12):步行与自行车接送学生的比率仅占 9.4%;乘坐公交车和城铁者占 65%,自驾车占 14%;每日有 1 400 辆小汽车到校,造成严重拥堵。非就近入学学生达到 2/3,其中许多是新建小区的学生。这从另一方面说明了小学入学存在的严重问题,及其给城市交通带来的负面影响。

表 8—12　中关村某重点小学家长通勤与接送学生交通方式

出行方式	自驾车	公交车(含轨道)	班车	出租车	自行车	步行	校车
家长通勤	57.5%	12.3%	10.7%	1.7%	10.4%	7.4%	—
接送学生	13.7%	65.2%	6.7%	1.3%	2.7%	6.7%	3.7%

注:调查对象为 1～6 年级各选一个班,调查总户数 305 户,有效问卷 299 份。

大连居住区调查表明,学生上学出行方式,步行和自行车出行比重高达 1/2(42.2% 和 7.5%);公交出行占 39%;家长开车接送占 8%;利用单位班车者 3.2%。

单程出行时间差异较大,以合理的出行半小时以内计:户主有 52.2%、学生 84.8%。半小时至 1 小时出行:户主有 34.6%、学生 14.5%。

表 8—13　大连典型居住小区调查——出行方式分析(290 户)

出行方式	公交车	轨道交通	单位班车	自驾车	出租车	自行车	步行
家长通勤	51.2%	2.4%	14.1%	11.3%	1.2%	5.2%	14.5%
接送学生	37.4%	1.6%	3.2%	8.0%	0	7.5%	42.2%

三、功能区空间结构调整

1. 加快"郊区城市化"建设进程

郊区住宅为了解决居民出行问题,除了建设道路和轨道线、发展公共交通之外,必须创造便利的生活条件——建立商业、娱乐设施和服务业等。这是"居住郊区化"的重要后续工程。参照发达国家的经验,按照"郊区都市化"方向开展建设尝试解决上述问题。"新城市主义"成为近年来城市设计领域的主流流派。如今对北京、成都周边的城镇住宅开发同样具有现实的借鉴意义。参照"新城市主义"模式,结合城市的具体条件,加快"郊区都市化"建设,扭转"郊区睡城",为郊区居民提供现代化的生活条件。此外应该在郊区大力发展适宜产业,增加就业岗位,拉近住职时空距离。

2. 特大城市建设"多中心"空间格局

北京贯彻"两轴、两带、多中心"规划方针,加快"多中心"建设——亦庄、通州、顺义,以及辅助的昌平、沙河等城市中心区。可以从根源上疏解集中的"强向心型"的城市交通出行。我国正处在城市化中期加速发展阶段,与欧美国家 1 小时车程的郊区住宅比,北京距市中心 30 分钟内车程的住宅,恰恰是国外"新城市主义"着力发展的城市新区,主要有昌平、通州、大兴、房山。其他特大城市的郊区化建设同样应该参照这种思路,才能避免出现城市中心区交通拥堵的弊端。

参考文献

1. 北京市统计局:《北京市统计年鉴 2000~2003 年》。
2. 董国良:《畅通城市论》,中国建筑工业出版社,2005 年。
3. 景国胜、王波:"广州市居民出行特征变化趋势分析",《华中科技大学学报:城市科学版》,2004 年第 2 期。

4. 马清裕、张文尝、王先文:"大城市内部空间结构对城市交通作用研究",《经济地理》,2004年第2期。
5. 马清裕、张文尝:"北京市居住郊区化分布特征及其影响因素",《地理研究》,2006年第1期。
6. 全国市长培训中心,中国城市规划学会:《城市规划读本》,2002年7月。
7. 新浪网网上信息(2002~2005)"房产家居"。
8. 张文尝、马清裕:"居住郊区化与交通出行",《中国地理学会2004年年会论文》(广州)。
9. 张文尝、马清裕:"城郊居住区居民出行时空特征分析",《全球华人地理学家大会论文》(北京),2005年8月。
10. 张文尝、马清裕:"交通出行与城市功能区布局的若干问题",《建设节约型城市交通系统论文集》(2003、2005年中国城市交通规划学术委员会年会论文中选出),北京出版社,2006年。
11. 张文尝、王成金、马清裕:"我国城市居民出行的时空特征及影响因素研究",《地理科学》,2008年第1期。
12. 张蕊、吴海燕:"北京交通出行方式合理结构模式研究",《北京建筑工程学院学报》,2005年第1期。
13. 中国城市规划研究设计院交通所:《北京交通规划》,2004年。
14. 《中国城市交通规划学会2005年论文集》,中国建筑工业出版社,2006年。

本章执笔人:张文尝、马清裕

第九章

北京市城市发展与城市交通

第一节 北京市城市空间结构与功能区变化

北京是我国的首都,也是历史悠久、世界闻名的历史文化古都,至今已有3 000年历史。在漫长的岁月中,朝代更替、战乱频繁,城市几经沧桑,发展十分缓慢。新中国成立前城市满目疮痍,百废待兴,城市建成区只在二环路以内,面积约62平方公里。新中国成立以来,北京城市经历了翻天覆地的变化,至2004年城市建成区面积达到1 182平方公里,比1949年增加19倍。

一、新中国成立后至1960年代中期变化较大

1. 城市空间结构及功能区影响因素

这一时期城市空间结构及功能区变化的主要因素:

(1) 首都功能作用。新中国成立后,北京被定为新中国的首都,大批的中央党、政、军机关以及各种事业单位、社会团体、外事机构、各省区及地方驻京办事机构的建立,对北京城市发展及布局产生了重大影响。

(2) 经济的发展。北京原有经济基础很薄弱,新中国成立后在"变消费城市为生产性城市"的方针下,从"一五"至"二五"时期,北京一直把建设"强大的工业基地"、"现代化工业基地"作为发展方向,是全国工业重点发展最主要的城市之一,以致工业发展成为这一时期影响城市空间结构变化的最大影响

因素。

(3) 城市空间布局原则。新中国成立初,关于北京城市布局问题曾进行了热烈的讨论,讨论的焦点是行政中心是摆在旧城区,还是在西郊另建新城。当时主张前者认为在旧城有许多空房屋可利用,可节省建设投资,且可与旧城改造相结合。主张后者认为,旧城布局系统完整,庞大行政中心难以插入,且旧城无地可用。最后采用前者意见,即利用旧城,由里向外布局,这对城市空间结构产生极大的影响。

(4) 重视城市功能区配套建设。1950年代,在苏联城市规划理论的指导下,比较重视城市功能区的配套建设,这一时期在郊区新建的大型工业区,一般都相应配套建设居住区及城市服务设施,如在通惠河两岸工业区、酒仙桥工业区、石景山工业区等均建有大型居住区,工业区内大部分职工均就近居住,这对减轻长距离通勤交通起到良好的作用。

2. 城市工业空间结构的变化

新中国成立前北京工业十分落后,以传统的手工业占主导地位、分布也很分散。现代工业很薄弱,主要有京西煤矿、石景山钢铁厂、发电厂、琉璃河水泥厂、丰台桥梁厂、长辛店及南口铁路工厂、清河制呢厂以及造纸、纺织、酿酒等一些轻工业。1949年工业从业人员约8万人,年工业总产值仅1亿多元。

(1) 北京工业大发展时期

1949年后,北京是全国工业重点发展的城市之一,在三年恢复时期,除了对老厂进行改造、扩建以外,新建的大多与人民生活密切相关的工厂,如东郊面粉厂、化学试剂厂、北京机器厂以及许多小厂,并迁出城里污染扰民的工厂。至1952年底,新建厂房面积为29万平方米,工业职工增至25万人,工业总产值达到8.3亿元(1952年不变价)。从1953年起北京与全国一样开始了国民经济第一个五年计划。1953年北京市城市总体规划提出"首都应该成为我国政治、经济和文化的中心,特别要把它建成为我国强大的工业基地和科学技术中心"。1954年国家计委在"北京城市总体规划方案"的批复中不同意"强大工业基地"的提法,提出"在照顾到国防要求,不使工业过分集中的情况下,在北京适当地、逐步地发展一些冶金工业、轻型的精密机械制造工业、纺织工业和轻工业"。"一五"期间北京工业发展基本上按这个指导思想开展建设。这一时期,一方面对原有的老企业进行改造和扩建,如对石景山炼铁厂、发电厂、长辛店机车车辆厂、琉璃河水泥厂、清河制呢厂进行改扩建,与此同时在郊区进行大规模的工业建设。至"一五"末,北京新建工厂有50多个,建筑面积近200万平方米。

"二五"期间北京工业的发展是前所未有的,为了迎接"二五"的大发展、1956～1957年对城市规划进行修订,此时,在毛主席"论十大关系"思想指导下,北京城市性质除了作为"全国政治、文化教育科技中心外、仍提现代化工业基地"。1958年在当时全国大办工业的形势下,北京提出争取在五年内把北京建成为现代化工业基地。仅1958年一年内,全市新建扩建工厂达800多家,虽然"二五"后两年经济发展遭受挫折,但经过1963～1965年的调整,仍有较大发展。1958～1965年新建厂房面积481.8万平方米,大大超过1958年前8年的建设规模总量。

(2) 工业布局向郊区扩展、重视工业区的建设

1950年代是北京工业大发展的时期,也是北京城市空间扩展最大的时期之一。1949年后北京新建的大型工业企业均布置在郊区,根据当时的城市规划,新工业区主要布置在东郊、南郊和西南郊,在"一五"期间除了对石景山—衙门口工业区、清河工业区,长辛店—琉璃河工业区等老工业区进行改建扩建外,主要新建东郊通惠河工业区、东北郊酒仙桥工业区。另外由城区迁到南郊的污染扰民企业也形成了南郊工业区。

"二五"期间随着北京工业的大发展,对北京城市空间结构产生了重大的影响。为了避免城市工业过度集中在市区,1958年修订的城市总体规划提出了"分散集团式布局"构想,即控制市区、发展远郊区、建设卫星城的方针,在郊区规划了包括南口、昌平、顺义、门头沟、长辛店、房山、良乡、琉璃河、通州等37个卫星镇。城市规划区范围由原来的600平方公里(即东到定福庄、西到永定河、南到大红门、北到清河镇)扩大到8 860平方公里。虽然这个规划在后来的实践中没有完全实现,新建的企业仍主要集中在近郊区,但对城市空间结构仍产生较大的影响。至1960年代中期,北京在郊区形成了以下主要的工业区:

- 西郊石景山工业区。位于西五环路外,以冶金、电力为主的工业区,在原有钢铁厂、发电厂基础上新建了特殊钢厂等。
- 西郊衙门口工业区。位于西五环路外,以机械、建材为主的工业区。有大中型工业企业约70个,用地14平方公里,新建主要企业有重型电机厂、汽轮机厂、工业锅炉厂、第二通用机械厂、烟灰制品厂、水泥制品厂等。
- 东北郊酒仙桥工业区。位于东北郊四环和五环之间,以电子工业为主的工业区,"一五"期间新建主要企业有电子管厂、无线电器材厂和有线电厂等。"二五"期间新建10多个企业,包括大山子工业区,约有大小企业40多家,占地5平方公里。
- 东郊通惠河工业区。位于东三环和五环路之间,经过"一五"及"二五"期间的发展,形成了以机械、纺织、化工、建材、轻工、食品等工业组成的综合工业区。"一五"期间主要建设的企业有棉纺厂、合成纤维厂、第一机床厂、汽车辅件厂、金属结构厂、人民机器厂、教学仪器厂、度量衡厂、混凝土预制构件厂、光华木材厂、玻璃厂、灯泡厂、制药厂、酿酒厂等共44个企业。"二五"期间又新建化工二厂、电机厂、轴承厂等共15个企业,至1960年代中期,通惠河工业区共有工业企业59个,工业区面积达15平方公里,有职工10万人,建筑面积达180万平方米,是当时北京市最大的工业区。
- 东南郊岱头工业区。位于东南四环和五环路间,以化工为主的工业区,约有大小企业30多家,占地2.5平方公里,主要企业有煤焦化学厂、电解铝厂、轮胎厂等。
- 南郊工业区。位于三环和四环路之间,该区包括铁匠营、宋家庄、洗马场、苇子坑4个工业小区和南顶村、石榴庄、分钟寺3个工业点。其中铁匠营工业小区是1950年从城区迁来的木材企业。宋家庄也是从城里迁来的污染企业,如屠宰、皮毛、皮革、血料等,后又新建农药、油漆、化工等。洗马场为发电设备、冶金设备制造及农药等。苇子坑有电解铜厂、地铁机械厂等。南郊工业区有大小工厂约88家,工业区面积4.5平方公里,建筑面积60多万平方米,有职工3.5万人。
- 丰台、长辛店工业区。位于西南五环路两侧,新建和改扩建北京钢厂、宣武钢厂、桥梁厂、电气化器材厂、电缆厂、机车车辆等。

- 清河工业区。位于五环路外,扩建清河制呢厂、新建铁厂、陶瓷厂、砂轮厂、加气混凝土厂,有工厂30个,用地4.5平方公里。

3. 城市人口空间结构的变化

人口的增长及其空间变化是该区域社会经济的发展变化的反映。从北京市各区县人口的增长变化,可反映该市城市空间结构的发展变化。由于北京市城市区域空间社会、经济及人口变化十分强烈,如按目前的区域划分方法,已不能很好地反映区域空间的发展变化,为此,我们采取以下的划分方法,中心区即旧城区(包括东城、西城、崇文、宣武4区),中心外缘区(包括朝阳、丰台、石景山、海淀4区),近郊区(包括门头沟、房山、通州、顺义、昌平、大兴6区),远郊区县(包括平谷、怀柔、密云、延庆2区2县)。

1950年代随着北京市社会经济的快速发展,人口增长也很快,虽然在"二五"后期由于经济上的原因,实行城市人口精简下放,人口减少,但经过1963～1965年的经济调整,以及人口自然增长高峰的出现,1949～1964年北京市人口增长年均达4.17%,是1949年以来人口增长最快的时期。但由于城市区域社会经济发展的差异,不同区域人口增长差异很大:

(1) 人口增长最快的区域——中心外缘区。中心外缘区这一时期在各区域中人口增长最快,1949～1964年的15年间人口由56万人增至216.6万人,增长3.9倍,年均递增9.44%,其中最快的是朝阳区,人口年均递增11.01%,北京不少大型企业在该区建设,形成了通惠河南北工业区、酒仙桥大山子工业区,还建设了大使馆区以及一些行政机关,与此相配套,建设了许多大型居住区,如垂阳柳、白家庄、呼家楼、左家庄、幸福村、水碓子、酒仙桥、三里屯等居住区。其次是海淀区,人口年均增长10.42%。这一阶段北京市高等学校和科研机关有了很大的发展,如北大、清华扩大了学校的规模,还新建了钢铁、地质、石油、矿业、农机、林业、航空、医学等8大学院,形成了西北郊的高等教育基地。在中关村形成了我国重要的科研基地,中国科学院系统有关基础理论和尖端科学的研究所主要集中在这里。清河工业区在这一时期对老企业如清河制呢厂等也进行了改扩建,并新建了一些企业。此外,石景山区人口也增长较快,年均增长 9.11%,在"一五"和"二五"期间,石景山钢铁企业经过改建扩建,生产规模有了很大的扩展,另在衙门口也建设了一些企业。工业的发展对该区人口的增长起到重要的作用。

(2) 人口增长前快后慢的区域——中心区。1949~1964 年间人口由 140.7 万增加到 230 万人,年均递增 3.33%,略慢于全市 4.17% 的增长速度。其间人口增减变化较大。1949~1953 年,中心城区人口增长很快,1949 年后,北京被确定为新中国的首都,中央党、政、军、机关团体、外事机构迅速建立起来,人员大量增加,再加上 1949 年以前外流人口纷纷回流,在短短的 3 年时间,中心城人口急增近 30 万人。此后,在"一五"及"二五"前 3 年中心城人口仍有较大增长,但在"二五"后期及 3 年调整时期,北京市对城市人口实行精简下放政策。人口大量迁出,影响最大的是中心城区,仅 1960~1962 年人口迁出数量达 38.6 万人。因此,中心城区人口增长慢于全市。

(3) 人口增长区内差异较大的区域——近郊区。近郊区从总体上看,人口增长较慢,1953~1964 年人口由 150.5 万人增长到 227.0 万,年均递增 2.78%,慢于全市平均增长水平。但区内人口增长速度差异较大,其中门头沟、房山增长较快,人口年均递增率分别达到 10.16% 及 5.31%,快于全市人口增长速度。门头沟区主要是煤炭开发,而房山区则是加工工业的发展,在京广线沿线的良乡、琉璃河等工业的发展对该区工业的发展起到一定的作用。此外大兴区人口增长也接近全市的增长水平,该区沿京广线的长辛店等工业发展也较快。其余通州、顺义和昌平等区虽然在"二五"前 3 年工业有较快发展,但经后期的调整,工业发展较缓慢,人口增长主要是自然增长,因此人口增长较慢。

(4) 人口增长缓慢的区域——远郊区县。1953~1964 年人口年均递增率为 2.5%,慢于全市增长速度。这一时期远郊区县仍处于农业发展阶段,工业发展很薄弱,人口增长主要是自然增长,同时远郊区人口外流,也是人口增长相对缓慢的原因之一。远郊区县到城近郊区工作或通过婚姻出嫁到城近郊区,导致远郊区县人口迁出大于迁入(表 9—1)。

表 9—1 1949～1982年北京市各区县人口增长速度变化

	总人口(万人)				年均增长速度(%)		
	1949年	1953年	1964年	1978年	1949～1953	1953～1964	1964～1978
全市	414.0	502.4	765.0	849.7	4.96	3.90	0.75
中心城区	140.7	168.7	230.0	217.8	4.64	2.86	−0.39
东城区	43.3	50.7	62.2	59.0	4.02	1.88	−0.38
西城区	41.0	52.3	73.9	68.9	6.27	3.14	−0.50
崇文区	24.9	28.5	40.6	39.6	3.43	3.27	−0.18
宣武区	31.5	37.2	53.8	50.3	4.23	3.41	−0.49
中心外缘区	56.0	84.6	216.6	243.6	10.87	8.92	0.84
朝阳区	16.2	24.6	73.8	86.1	11.01	10.50	0.11
丰台区	16.6	24.2	43.6	52.6	9.88	5.50	1.35
石景山区	4.6	6.6	17.0	20.5	9.44	8.98	1.36
海淀区	18.6	29.2	82.3	84.4	11.94	9.88	1.78
近郊区	150.5	176.7	227.0	271.1	4.09	2.30	1.28
门头沟区	5.2	22.9	22.2	24.6	44.86	−0.28	0.23
房山区	26.0	29.2	56.5	67.2	2.86	6.22	1.24
通州区	42.0	44.1	44.0	52.6	1.23	−0.02	1.28
顺义区	32.7	32.9	39.7	47.0	0.31	1.78	1.21
昌平区	26.4	27.6	31.3	37.4	1.11	1.15	1.28
大兴区	18.6	20.3	33.4	42.4	2.21	9.50	1.72
远郊区县	65.7	71.0	95.1	117.4	1.96	2.69	1.52
平谷区	19.2	20.6	26.7	32.1	1.78	2.39	1.33
怀柔区	12.4	12.8	18.6	22.9	0.80	3.46	1.49
密云县	20.8	23.2	30.7	37.7	2.27	2.58	1.48
延庆县	13.3	14.4	19.2	24.7	2.00	2.65	1.81

资料来源:(1)李慕贞主编:《中国人口(北京分册)》,中国财政经济出版社,1987年。
(2)公安部编:《1978年全国分县市人口统计资料》,1979年。

二、1960年代中期至1970年代末期变化缓慢

这一时期处于十年"文革动乱"的年代,北京经济和城市建设遭受严重破坏,

许多机构被撤销,人员被解散,城市总体规划被停止执行,经济发展和城市建设处于无政府主义状态,城市空间布局混乱不堪。

1. 城市空间结构及功能区影响因素

(1) 非城市化方针。城市化是社会经济发展的必然趋势,其基本特征是乡村人口向城镇集聚,城镇人口比重不断上升,乡村人口比重不断下降的过程。但我国自"二五"后期至"文化大革命"期间,实行的是非城市化的方针,城市里大批干部被下放到农村劳动,大批知识青年上山下乡,这种情况在北京、上海等大城市尤其突出,如北京市在这一时期迁出的人口达40.6万人,这对城市的发展产生重大的影响。

(2) 街道及校办工厂的发展。"文革"期间街道工厂继"二五"前期的大发展之后,又一次大发展,在无政府主义思潮的影响下,不管什么性质的工业,到处乱放,见缝插针,功能混杂。只在"文革"后期,才在郊区新建了一些大型工业区,并相应建设了居住区。

(3) 不搞城市功能区建设。在"文革"初期的1966年,国家建委在有关文件中就明确指示:"……一是今后除了对现有的居住区进行填平补齐外,不再开辟新的小区;二是见缝插针,以少占土地和拆迁民房;三是贯彻"干打垒"精神,降低标准,减少造价。"在这个政策之下,形成了城市空间结构杂乱无章的状况。

2. 城市工业空间结构的变化

在"文革"期间,北京大中型工业企业的建设基本处于停滞状态。自1967年以后,街道办及校办工厂继1958年全民办工厂、街道办工厂大量涌现之后,再度大批涌现。据1975年统计,北京学校办的"五七"工厂多达1 400个。街道及学校办工厂见缝插针,布局混乱,工业企业与居民区交错,并且不少属污染、扰民、易燃易爆的企业,给城市环境及安全造成极大的危害。到了"文革"后期,北京建设了一些大中型企业,如1970年代初建设的北京燕山石化总厂,1975年新建了北京、东风两个电视机厂,1976年新建北京第二热电厂。总的说来,"文革"十年北京工业发展规模小,且形不成工业区,分布十分散乱。

3. 城市居住空间结构的变化

在"文革"期间,北京住宅建得很少,导致广大居民居住十分困难,全市有十多万户居民迫切要求解决居住问题。大部分郊区工厂很少建宿舍,每天有二十多万人远道通勤上班。一直到"文革"后期,在住房矛盾极其尖锐的情况下,才开始较多地投入住宅建设,但成片建设的居住区仍很少,只在天坛南、东大桥、安定门外及燕山石化总厂等处建设了几处居住区。在1966~1976年10年间住宅建设竣工面积总共1811万平方米,年均164.6万平方米,是1949年以来除了3年困难时期以外,住宅建设最少的时期。

4. 城市人口空间结构的变化

这一时期由于城市人口大量外迁,全市人口增长速度是历年来最慢的,1964~1978年人口增长年均只有0.75%。其中中心城区人口减幅最大,呈负增长,年均递减—0.39%,以西城区、宣武区为甚,分别递减—0.50%及—0.49%。北京中心城区党、政机关、事业单位及学校较多,外迁的人口也多。同时自1960年代中期以来,我国已提倡计划生育,人口自然增长率开始下降,中心城区更为明显,这些是中心城区人口减幅较大的原因。中心外缘区人口增长也大幅下降,但增幅仍略高于全市平均水平,年均增长0.84%。近郊区及远郊区县人口年均增长率分别为1.28%及1.52%,为全市最快。这些区人口外迁少,且人口自然增长率也较高。

三、1980年代以来重大变化

自1980年代以来,在改革开放方针的指引下,北京与全国一样,城市社会经济迅猛发展,从而促进了城市建设的快速发展和城市空间结构及城市功能区的重大变化。

(一) 城市空间结构及功能区变化影响因素

1. 城市空间布局指导原则调整,加快郊区边缘集团和新城建设

1983年北京市根据城市社会经济的发展,进行城市总体规划修订,在城市布局上提出旧城改造、调整旧城区功能布局,近郊区城市基础设施及服务设施配套,控制市区规模,积极开发远郊区,有重点地建设卫星城镇。1993年重新修订的《北京城市总体规划(1991~2010)》重点强调了两个战略转移,即:城市建设重

点从市区向郊区转移;市区建设从外延扩展向调整改造转移。城市布局采用分散集团式布局形式,在郊区建设10大边缘集团(北苑、酒仙桥、东坝、定福庄、垈头、南苑、丰台、石景山、西苑、清河)。新世纪以来北京又重修城市总体规划,再次强调"控制中心城、发展远郊新城"的规划布局原则,这些布局原则对城市空间结构及功能区布局起着决定性的作用。

2. 城市工业布局调整,大规模外迁

如前所述,北京市在"二五"及"文革"期间曾在中心城区建设了很多工厂,这对城市发展影响很大,如至1978年,在三环路以内的工业总产值占全市达到55.9%,工业职工则占61.2%[①]。这些工厂大多与居民区混杂,污染扰民,且企业自身无发展余地。因此从城市发展要求出发,必须将城区的工厂迁出。自1980年代以来企业外迁的力度日益加大,并与中心城区经济结构调整相结合,实行"退二进三",即迁出工厂,发展第三产业。随着城市的发展,现工厂外迁的范围已扩大至四环路以外。

3. 旧城改造力度加大

随着北京经济实力的不断增强,对旧城改造的力度也日益加大。旧城改造包括多方面的内容,除了上述工业外迁及经济结构的调整以外,文物保护、交通系统的改造以及危旧民房的拆迁等均是重要内容,其中民房的拆迁、城区人口外迁,与郊区发展密切相关。至2003年,仅城八区拆迁危旧房屋达到974.8万平方米,为30多万户居民解决了住房,其中不少在郊区购买新房,促进了郊区的发展。

4. 政策及体制的改革

首先是土地使用制度的改革,1988年国家推行城市土地有偿使用制度,给城市建设和发展、城市土地的合理利用与开发带来了新的契机,有力地推动了旧城改造和郊区发展;其次是职工住房制度的改革,1998年国家取消住房实物分配,实行住房货币分配,居民购房积极性大大提高,促进了郊区住房的发展;第三,城市建设投资多元化,鼓励民间和外资投入,开辟了城市建设资金来源,使城

---

① 杨树珍主编:《首都地区经济发展与布局研究》,中国工人出版社,1991年。

市建设资金更加充足。所有这些政策对城市的发展和城市空间结构重组都产生重要的作用。

5. 城市交通的发展

城市道路特别是中心城区与郊区之间主干道的建设，对城市空间结构的变化产生十分重要的作用。主干交通线的建设极大地带动了交通沿线城镇的建设。1990年代以来，北京投入了很大的力量，大力改变城市交通条件，城市四环、五环、城铁13号线和地铁八通线相继建成，北京六环路也建成。北京还建设了多条向外辐射的高速公路，如京昌（平）、京承（德）、京通（州）、京沈（阳）、京津（天津）、京开（封）等，为城市郊区化创造了很好的交通条件，在各条高速路和城市主干道两侧均建设了众多的开发区和大型居住区。

6. 居民生活水平的提高，购房热推动了居住郊区化

随着居民生活水平提高，消费热点正发生显著的变化，北京居民消费恩格尔系数已由1993年的47.8%，下降到2003年的31.7%，10年间下降了16.1个百分点。购房已成为居民消费热点，据调查，约有48%的居民希望近几年内购置新房。

（二）城市空间结构与功能区发展变化

1. 城市工业区功能置换与重组

如上指出，改革开放以来，北京进行了大规模的旧城改造和经济结构调整，这对城市功能区的发展产生重大的影响。根据北京城市规划对城市性质的定位，将加快改造原有的经济结构，首先，通过企业搬迁、重组或破产等措施，迁出工业企业，特别是将污染大、占地多的企业迁出中心城区。此项工作始自1980年代中期，据统计，至2002年，从市区迁出的工业企业达189项。随着城市的发展，外迁的企业日益增多，外迁的范围也不仅限于中心城区。例如位于五环路外的首都钢铁公司，于2005年已开始搬迁至河北唐山曹妃店另建新厂。2006年北京焦化厂也已停产迁出北京市。北京是一个严重缺水、可用地紧缺、城市环境整治压力很大的城市，通过上述举措，将为北京可持续发展创造极有利的条件。

其次，通过企业改造、改组、重组，改变企业性质、规模及布局，以调整经济结

构和工业结构。此项工作始于1990年代初,成效也十分显著。例如电子工业是北京市原有三大支柱产业之一,其企业遍布全市,后经调整形成一城(中关村电子城)一区(顺义空港电子工业区)。化工系统实行下放兼并的企业如化工机械厂、红狮涂料厂、轮胎厂、橡胶十厂等,实行破产的企业如工程塑料厂、化工六厂、橡胶十一厂等。北京纺织系统原有规模很大,1990年代以来实行重组,将京棉一、二、三厂重组为北京棉纺集团,北京第二、三针织厂并入第一针织厂,规模由原31.4万纱锭压为17万纱锭。在地区布局上也进行了重大调整,三环路以内企业由30家减为9家。四环路以内企业加紧兼并,第二印染厂搬迁通州原涤纶厂内,北京制线厂也搬往通州土桥。通过上述调整,北京纺织系统职工由原10万余人减为5.69万人。

第三,功能置换。通过上述工业企业搬迁、兼并或破产等举措调整中心城经济结构,将第二产业迁出的土地,用于发展第三产业,即"退二进三"。应该指出,中心城第三产业的发展也是有选择的,并不是无限制地发展任何第三产业。根据城市规划要求,今后四环路以内将不再新建大型商场、现有的小商品商场将逐步迁出四环路。新建的教育、医疗等机构也将从全市范围内进行合理布局。

2. 经济技术开发区及高新技术开发区的发展与空间分布

经济技术及高新技术开发区是改革开放以来发展的新兴产业园区,它有别于改革开放前的工业区,开发区最初产业较单一,随着开发区的发展,产业发展方向往往由较单一向综合性较强的方向发展。当开发区发展到一定阶段,较大型的开发区大都集工业、高新技术产品研制、商贸业、房地产业于一体的多功能、综合性开发区。开发区注重发展高新技术,积极引进外资,加强与外部合作,开发新技术,加强产品出口创汇,呈现出崭新的面貌,因此从兴起之日便得到迅速地发展。北京至2004年共有各类开发区34个(含中关村科技园区7个园区),其中国家级开发区3个,即北京经济技术开发区(亦庄)、中关村科技园区和天竺出口加工区,市级开发区18个,其他开发区7个。

北京开发区大致可分以下几类:

(1) 综合性开发区。以工业及高新技术产业为主,兼营商贸业、房地产业。

这类开发区大都规模较大，如北京经济技术开发区（亦庄）。

（2）科技园区。高科技产品研发、生产及销售，如中关村科技园区。

（3）高新技术产业园区。以高新技术产品研制、新型产品生产为主的开发区，如北京市光机电一体化产业基地、北京生物工程及医药产业基地、北京国家环保产业园区等。

（4）以工业生产为主的开发区。大都为规模较小的区县级开发区。

（5）外向型开发区。产品以出口为方向，如北京天竺出口加工区（表9—2）。

表9—2 北京市各类开发区基本概况

开发区名称	所处位置	招商个数*	项目总投资（万元）*	完成产值（万元）(2004年)
北京经济技术开发区	东南郊亦庄（五、六环间）	1 596	7 314 690	5 480 180
中关村科技园区		19 783	41 846 735	22 954 118
中关村科技园区海淀园	海淀区中关村（三、四环间）	14 280	15 730 400	10 817 997
中关村科技园区丰台园	丰台区科学城（四、五环间）	2 714	2 443 800	2 232 649
中关村科技园区昌平园	昌平城区（六环外）	1 396	1 492 500	2 396 115
中关村科技园区电子城科技园	朝阳区酒仙桥（四、五环间）	693	1 320 800	2 908 555
中关村科技园区亦庄科技园	东南郊亦庄（五、六环间）	396	20 542 790	4 476 487
中关村科技园区德胜园	西城区二龙路（二环）	239	201 658	88 240
中关村科技园区健翔园	朝阳区安翔北里（三、四环间）	85	114 787	34 075
北京天竺出口加工区	首都机场西侧（五、六环间）	9	171 148	7 701
北京石龙工业开发区	门头沟石龙（六环外侧）	1 296	509 927	340 422
北京良乡工业开发区	房山区良乡（六环内侧）	687	344 000	413 000
北京大兴工业开发区	大兴城区（六环内侧）	706	400 863	217 054
北京通州工业开发区	通州区张家湾（六环外侧）	178	637 089	126 047
北京怀柔雁栖工业开发区	怀柔雁栖（六环外）	155	623 338	600 410
北京兴谷工业开发区	平谷城区（远郊）	605	623 302	421 720
北京密云工业开发区	密云城区（远郊）	119	886 014	369 567
北京林河工业开发区	顺义区双河（六环外侧）	63	844674	2 043 365
北京天竺空港工业开发区	首都机场西侧（五、六环间）	348	2 604 141	2 445 504
北京八达岭工业开发区	延庆县康庄（远郊）	585	279 326	99 304
北京凤翔科技开发区	怀柔区扬宋镇（远郊）	472	124 580	86 516

续表

开发区名称	所处位置	招商个数*	项目总投资（万元）*	完成产值(万元)(2004年)
北京永乐经济开发区	通州区永乐（远郊）	758	58 352	7219
北京延庆经济技术开发区	延庆县城（远郊）	436	352 648	231 603
北京滨河工业开发区	平谷城区（远郊）	635	379 722	37 453
北京国家环保产业园区	通州马驹桥（远郊）	11	278 000	64 412
北京光机电一体化基地	通州区次渠（六环内侧）	29	710 653	149 553
北京生物工程与医药产业基地	大兴城区（五、六环间）	49	339 108	25 425
北京石景山八大处高科技园区	石景山城区（五、六环间）	1 016	431 593	166 031
昌平区小汤山镇工业区	昌平区小汤山镇（六环外侧）	30	79 000	23 000
顺义区高丽营金马工业区	顺义高丽营（六环外侧）	46	147 155	—
通州轻纺服装服饰园区	通州区西集（远郊）	—	—	32 078
大兴采育京津唐科技园	大兴采育（远郊）	22	61 326	51 470
房山区科技工业园	房山城关（五、六环间）	7	14 932	6 129
怀柔区北房经纬工业小区	怀柔区北房镇（远郊）	68	92 870	83 314
平谷区马房镇工业小区	平谷区马坊镇（远郊）	26	125 900	39 709

资料来源：《北京统计年鉴2005》，汇总整理。

*招商数及项目总投资为从开始至2004年累计数，完成产值为2004年数。

从表9—2可看出，北京工业分布已由中心边缘区向远郊区扩散。在"一五"及"二五"期间，北京大中型企业主要分布在中心边缘区的朝阳、丰台、石景山、海淀等区。"文革"期间，工业分布呈现逆转现象，除了少数大型企业（燕山石化总厂）分布在远郊区外，在此期间大量发展起来的街道及学校办的工厂均分布在中心城区，导致中心城区工厂密度增加，在全市所占的比重提高。

改革开放以来，一方面随着城区及中心边缘区工厂外迁、重组，使其工业比重不断下降；另一方面新建的开发区大多在远郊区县，如表9—2所示，分布在五环路以内的只有5个，占全部开发区14.7%，五环外至六环外侧的开发区19个，占55.9%，其余10个开发区在远郊区，占29.4%。因此从改革开放以来，北京市工业分布显著地向中心外缘区以外的远郊区县转移。从表9—3中可看出，以1990~2002年作比较，中心城区及中心外缘区的工业产值下降，中心城区由14.10%下降为12.21%，中心外缘区由55.56%下降为53.12%，同期近郊区由

25.96%上升为27.20%,远郊区县由4.38%上升为7.47%(表9—3)。

表9—3 北京市各区县工业总产值变化

年份	1990（万元）	%	2002（亿元）	%		1990（万元）	%	2002（亿元）	%
全市	645.6	100.0	559.0	100.0	近郊区	167.6	25.96	241.8	27.20
中心城区	91.0	14.10	108.6	12.21	门头沟区	6.7	1.04	16.3	1.83
东城区	18.9	2.93	10.9	1.22	房山区	63.7	9.87	74.8	8.42
西城区	22.4	3.47	27.9	3.14	通州区	31.6	4.89	31.4	3.53
崇文区	19.0	2.94	12.0	1.35	顺义区	27.8	4.31	48.4	5.44
宣武区	30.7	4.76	57.8	6.50	昌平区	22.0	3.40	45.3	5.10
中心外缘区	358.7	55.56	472.2	53.12	大兴区	15.8	2.45	25.6	2.88
朝阳区	156.2	24.19	129.1	14.53	远郊区县	28.3	4.38	66.4	7.47
丰台区	55.7	8.63	43.5	4.89	平谷区	8.6	1.32	13.9	1.56
石景山区	77.9	12.07	76.1	8.56	怀柔区	6.3	0.98	23.8	2.68
海淀区	68.93	10.67	223.5	25.14	密云县	8.3	1.29	23.0	2.59
					延庆县	5.1	0.79	5.7	0.64

资料来源:(1)《北京市工业统计年鉴1991年》。
(2)《北京市区域统计年鉴2003年》。

3. 商务中心区(CBD)及金融街的形成和发展

商务中心区(CBD)是北京市改革开放以来迅速发展起来的新型城市功能区。在城市发展史上,早期的城市商业区,功能相对较单一,是商业会聚之处,主要是零售业和服务业,如北京王府井、西单、前门等商业区。这种老的商业区已不能适应现代城市功能日益多样化的需要。现代CBD是以商务办公为主要功能,同时兼有全市金融、贸易、会展、经营管理、旅游机构及设施、公寓及其配套的商业、服务业等功能。北京改革开放以来,城市社会经济有了很大的发展,原来的商业中心区已难以适应客观发展的需要,在此背景下,北京CBD便得到迅速的发展。

北京CBD位于建国门外与东三环路的交汇处。具体位置:北起朝阳北路及朝阳路、南抵通惠河,东起西大望路、西至东大桥路,规划面积约4平方公里。作为CBD,首要的条件是交通方便,北京CBD符合这个要求,它西距中心城区(东二环路)约2.3公里,距北京长安街5.8公里,距首都机场高速公路入口处约

5.8公里,距京津唐高速路入口处5.3公里,距东部四环路2.4公里,交通区位四通八达。CBD入驻单位增加很快,至2002年区内企业数为1895家,其中内资企业1325家,外资570家,从业人员达7.07万人,增加值为32.3亿元,营业收入达196.3亿元。主要企业以商务办事机构为主,兼营其他业务。其中外国驻京代表机构323家,金融保险业务14家,信息咨询业务机构384家,房地产企业96家,星级宾馆29家。目前,北京CBD正处于快速发展中。

北京金融街于1993年北京城市总体规划提出,其地点南起长安街,北至阜成门,东至太平桥大街,西抵西二环路,南北长约1700米,东西宽约600米,规划范围103公顷。金融街历史悠久,远在元代就已初具规模,成为当时北京著名的"金坊城"。其后明、清两代,在此地仍金坊遍布。自1993年城市规划重提建设金融街以来,该处发展很快,目前,北京金融街及其周边地区已吸引了各大银行、非银行金融机构和国内外知名企业入驻,现有30多家金融机构和650家国内外企业在此落户,包括全国性商业银行17家,全国性保险公司9家及一批国家级信息通信企业、金融服务类中介公司等。

为适应金融业发展的需要,未来金融街发展将以金融业为主,相应发展各种配套服务设施,如公寓、酒店、会议中心,以及集商业、餐饮、娱乐、健身、休闲为一体的商业服务业设施。目前金融街南区已基本建成,现正建设金融街中心区,该区建成后,一个功能完善、设施先进、配套齐全的全国性金融管理、融资、结算和信息中心将展现在人们面前。

4. 人口分布空间扩展

人口空间扩展是城市发展到一定阶段的必然趋势,改革开放以来,北京在诸多因素的共同作用下,城区居民开始向郊区迁移,且随着时间的推移,人口外迁的规模越来越大。

为了比较确切地反映北京人口空间扩展的状况,我们采用历次人口普查数据,2004年人口按第五次人口普查口径进行调整,其调整系数以北京五普人口数除以该年户籍人口数所得系数,再将该系数乘以2004年的户籍人口数、即得出调整后的人口数。

表9—4的数据显示,改革开放以来,北京市人口空间分布有以下几点显著

的变化：

表 9—4　1982～2004 年北京市各区县人口增长速度变化

年份	总人口（万人）				年均增长速度（%）			
	1982	1990	2000	2004	1982～1990	1990～2000	2000～2004	1982～2004
全市	923.1	1081.9	1381.9	1442.9	2.00	2.29	1.09	2.05
中心城区	241.8	233.7	211.5	204.3	−0.43	−1.00	−0.87	−0.77
东城区	65.2	60.6	53.6	53.2	−0.90	−1.24	−0.19	−0.93
西城区	76.4	75.6	70.7	70.1	−0.14	−0.67	−0.21	−0.31
崇文区	44.0	41.8	34.6	31.0	−0.66	−1.90	−2.78	−1.61
宣武区	56.2	55.7	52.6	50.0	−0.12	−0.57	−1.28	−0.53
中心外缘区	284.0	398.9	638.8	710.8	4.34	4.82	2.71	4.26
朝阳区	102.2	144.8	229.0	248.6	4.45	4.69	2.07	4.12
丰台区	58.5	78.9	136.9	155.6	3.81	5.67	3.25	4.55
石景山区	23.5	30.9	48.9	50.7	3.47	4.71	0.91	3.56
海淀区	99.8	144.3	224.0	255.9	4.72	4.50	3.33	4.37
近郊区	276.4	314.5	368.2	384.9	1.62	1.58	1.12	1.51
门头沟区	25.9	27.0	27.0	27.3	0.52	0.11	0.28	0.23
房山区	69.1	76.6	81.4	82.7	1.30	0.60	0.40	0.82
通州区	53.5	60.3	67.4	70.1	1.50	1.13	0.99	1.24
顺义区	47.2	54.8	63.7	66.4	1.89	1.51	1.04	1.56
昌平区	38.0	43.4	61.5	67.5	1.67	3.55	2.35	2.65
大兴区	42.9	52.4	67.2	70.9	2.53	2.53	1.35	2.31
远郊区县	120.6	134.9	139.3	142.9	1.41	0.29	0.64	0.75
平谷区	33.4	38.6	39.7	40.6	1.85	0.28	0.56	0.89
怀柔区	23.4	26.1	29.6	30.7	1.38	1.25	0.92	1.24
密云县	39.6	42.7	42.0	43.0	1.12	−0.15	0.59	0.44
延庆县	27.8	27.4	28.0	28.6	1.27	0.02	0.53	0.65

资料来源：(1) 第三、四、五次人口普查数据。
　　　　　(2) 2004 年数据系按第五次人口普查口径换算。

(1) 北京市出现了郊区化。郊区化是城市发展到一定阶段的产物,郊区化的基本标志是中心城人口外迁,人口增长速度下降,郊区人口迁入多,人口增长快。世界发达国家大城市始于 20 世纪上半叶出现郊区化,我国约晚了半个世纪。据资料显示,1980 年代以来,北京已出现了郊区化。为了便于比较,我们以 1982 年第三次人口普查数据起算。从 1982 年至 2004 年 22 年间,中心城区人口减少 37.5 万,年均递减－0.77%,其中崇文区人口减少幅度最大,年均递减－1.61%。中心城区以外各区域人口均有不同程度的增长,以中心外缘区人口增长幅度最大,年均增长 4.26%,比全市年均增速快 2 倍。近郊区年均递增 1.57%,远郊区年均递增 0.75%。这表明北京市中心城区人口外迁量大于人口增长量,出现了人口郊区化现象。这是北京城市历史性的变化。北京市自 1950 年代以来,已认识到中心城人口过度集中的问题。在历次的城市总体规划中均提出控制中心城的人口,但实际上,中心城不但得不到控制,而是不断地膨胀。只有改革开放以来,在经济发展和体制改革等多种因素的作用下,才出现了上述的可喜变化。

(2) 郊区化的规模日益增长。北京市自进入 1990 年代以来,社会经济发展进一步加快,旧城改造力度加大,城市交通,特别是郊区的交通大为改善和电信业的发展,以及各项有利于郊区化的体制、政策的陆续出台,郊区房地产业的大发展,极大地促进了郊区化的发展。因此,从 1990 年代以来,中心城区人口外迁规模日益加大,1982～1990 年中心城区人口年递减－0.43%,而 1990～2000 年年均为－1.00%,2000～2004 年年均为－0.77%,1990 年代以来中心城区人口下降幅度均高于 1980 年代。

(3) 人口外迁由里向外、由近及远。如前述及,我国人口郊区化与国外发达国家不同,国外是富裕阶层外迁,我国外迁的主体人群是工薪阶层,受财力和交通条件的约束,只能是由近及远地外迁。无论是 1980 年代还是 1990 年代以来,北京人口外迁的趋向是由近及远,主要迁移地点是中心外缘区,即四环至五环间,以致该区域成为人口增长最快的地区。

第二节 城市空间结构与功能区存在的问题及其对城市交通的影响

一、城市空间结构及功能区发展存在的问题

城市空间结构及功能区与城市交通是相互促进、相互制约的关系。城市空间结构及功能区决定城市交通源、交通量、交通方式及路网布局;而城市交通系统布局则引导城市空间结构及功能区发展方向。

对城市交通的作用方面的分析,北京城市空间结构及功能区发展存在以下问题。

1. 中心城区产业和人口过度集中

如上所述,改革开放以来,北京市随着旧城改造,产业和人口外迁,促进了郊区的发展,北京城市空间结构及功能区的发展发生了很大的变化,但历史形成的产业和人口过度集中的状况尚未得到根本的改变。北京市中心城土地面积占全市土地面积8.2%,而行业人口占56.6%,总人口占62.7%。中心区的问题更为突出,中心区土地面积占全市0.5%,二、三产业行业人口占13.3%,总人口占15.6%,人口密度高达2.43万人/平方公里,其中某些街道的人口密度更高,如崇文区天坛街道高达5.3万人/平方公里,宣武区椿树街道4.98万人/平方公里。与世界上几个国际性大都市相比,可看出我国北京市人口密集状况。纽约、巴黎、东京等城市是世界上人口密度很高的城市,据1990年资料,纽约曼哈顿区(70平方公里)人口密度20 237人/平方公里,巴黎市区(105平方公里)人口密度20 476人/平方公里,东京市区(390平方公里)人口密度13 800人/平方公里。相比之下,北京中心区人口密度均高于上述3市。

应该指出,北京市人口密度系常住人口密度,实际上由于城市中心区不但是人口居住集中地,也是第三产业的主要分布地,白天有大量人流到中心区上班、办事、购物,如果考虑到通勤和流动人口,则白天人口密度将更高。

表 9—5 北京市产业、人口分布状况

城市区域名称	面积比重(%)	二、三产业行业人口比重(%)	采掘、制造、建筑业行业人口比重(%)	第三产业行业人口比重(%)	总人口比重(%)	人口密度(人/平方公里)
市域总计	100.0	100.0	100.0	100.0	100.0	807.3
(1) 中心城	8.2	56.6	58.7	55.8	62.7	6 207.0
中心区	0.5	13.3	10.7	14.4	15.6	24 282.0
中心外缘区	7.7	43.3	48.0	41.4	47.1	4 979.7
(2) 近郊区	44.5	19.4	29.9	15.2	27.1	487.1
(3) 远郊区县	47.3	24.0	11.4	29.0	10.2	174.6

资料来源：根据 2000 年第五次人口普查数据整理，其中行业人口为 10% 抽样统计。

从人均用地状况也说明了中心区集中的程度。我国城市建设用地国家规定指标：一级（下限）60.1~75 平方米/人；二级（中限）75.1~90 平方米/人；三级（上限）90.1~105 平方米/人（含停车场）。而北京市中心区人均实际用地为 41 平方米/人，只及国家城市建设用地指标下限的 54%~68%，可见其空间拥挤程度。

北京城市过度集中还表现在地域结构上，1980 年代以来北京在郊区化过程中，中心区人口外迁主要迁往中心边缘区，由于对中心城地域范围缺乏有效的控制，以致在近郊发展起来的新居住区逐渐与中心城建成区相连，形成更大的大饼。例如北京早在 1950 年代就规划建设郊区 10 大边缘组团，1982 年北京城市总体规划再次重申这一规划原则，但因缺乏与中心城的隔离措施，现多数边缘组团已与中心城相连。北京市 1949 年建成区面积仅 109 平方公里，至 1978 年建成区面积 340 平方公里，29 年间年均扩大 8 平方公里。2004 年建成区面积扩大到 1 182 平方公里，1978~2004 年 26 年间年均扩大 32.4 平方公里，建成区年均扩张规模是 1978 年以前的 4 倍，城市建成区无限扩展给城市交通和环境带来了一系列的问题。

虽然多年来,北京市在改善城市过分集中的问题上做了很大的努力,但目前仍显过分集中。如北京市中心区1982年人口密度为27 029人/平方公里,2000年人口密度下降为24 282人/平方公里,18年间平均每年只下降153人/平方公里。人口密度下降缓慢的原因有:① 1980年代以来中心城功能实行"退二进三"政策,搬迁出第二产业,发展第三产业,实行城市功能置换,这无疑是正确的,但第三产业也不能无限制在中心区发展。改革开放以来,新兴第三产业发展迅速,如商务、办公、金融、贸易、信息咨询、房地产业、高级商业等,这些行业要求较高的可达性区位条件,大都摆在城市中心区,与此同时,原来老第三产业也继续发展。第三产业开发密度比第二产业还高,并引来更多的流动人口,增加了中心区的人口压力;② 当前旧城改造中房地产开发一般由开发商承担,开发商为了追求过高的回报率,往往违规增加建筑密度或楼层层数,使容积率超标的现象甚为普遍,因而在一些地段建筑密度不但没有降低、反而提高了;③ 城市中心区人口外迁缺乏统筹规划和布局,郊区居住区建设多在中心区边缘,加上缺乏对建成区蔓延的控制措施,以致建成区不断外扩,形成更大的大饼。

2. 城市郊区小城镇规模普遍偏小,分布分散

我国北方地区大多数小城镇规模都不大,北京市也不例外。根据2005年中国建制镇基本统计资料,北京郊区有建制镇146个,建制镇镇区人口规模在5 000人以下共78个,占全部建制镇53.4%,1万人以下115个,占88.5%,3万人以上只有5个。就建制镇镇区土地面积方面,在400公顷以下共87个,占总数83.6%。从上述两方面的数据反映了北京郊区小城镇规模偏小的问题。建制镇规模太小,不利于城镇自身发展,也不利于城镇服务设施的配套建设。根据城镇商业、服务业、文化、教育、医疗等各项服务设施的基本配套要求,城镇规模应在3万~5万人以上。由于北京大多数建制镇规模太小,城镇基本服务设施及城镇基础设施难以基本配套,以致城镇发展条件较差,缺乏发展能力和吸引力、导致城镇自身发展缓慢,也难以发挥乡村中心功能、未能很好地带动周围农村社会经济的发展(表9—6)。

表 9—6 北京市郊区建制镇镇驻地土地面积及人口规模分类统计

人口规模分级(万人)	建制镇数量(个)	比重(%)	土地面积分级(公顷)	建制镇数量(个)	比重(%)
<0.2	30	20.5	<100	22	15.1
≥0.2<0.5	48	32.9	≥100<200	27	18.5
≥0.5<1.0	37	25.3	≥200<400	38	26.0
≥1.0<2.0	18	12.3	≥400<700	35	24.0
≥2.0<3.0	8	5.5	≥700<1 000	11	7.5
≥3.0<5.0	2	1.4	≥1 000<1 500	7	4.8
≥5.0	3	2.1	≥1 500	6	4.1
总计	146	100	总计	146	100

资料来源:《2005 年中国建制镇基本统计资料》,中国统计出版社。

二、城市空间结构及功能区存在的问题对城市交通的影响

1. 中心城区产业和人口过分集中,必然带来交通流的过分集中及交通建设的困难

北京从 1990~2001 年,市区交通流量平均每年递增超过 15%,在高峰时,二、三、四环路平均每小时每车道通过 1 666~2 166 辆汽车,接近甚至大于高速公路的饱和汽车量。截至 2002 年年底,北京地铁的运营创造了满载率和单车年均载客量的两项世界第一。大量交通量集中于中心城给城市交通带来巨大的压力,目前全市道路 90% 以上处于饱和以及超饱和状态,早晚流量高峰期,整个城区的道路基本处于拥堵状态,交通拥堵的点段达 65 处,特别是二、三、四环和各环路间的联络线。

中心城向外摊大饼或带状蔓延,对城市路网的影响很大。过分集中的城市布局,必然形成摊大饼的布局形态,而摊大饼的布局形态,通常只好采用放射+环状的路网格局。这种路网存在如下问题:① 放射交通线将交通量引向市中心,增加市中心的交通压力;② 交叉路口多,极易造成车辆拥堵。如北京已建成的五环路全长近 100 公里,大小立交桥多达 70 余座,由于大多是全立交,对交通影响较小,而二环到四环路由于受建设条件限制,不少路口是平交或半立交,这是中心城交通堵塞的重要原因之一。

中心城空间狭小,用地紧缺,给交通建设带来困难。大力发展运能大、速度快、噪音和污染小的城市轨道交通系统,是解决大城市交通问题的重要途径,但在人口密集的中心城只好建设耗资巨大的地铁。在北京建设每公里地铁的基建投资约需7亿~8亿元,而在郊区则可采用轻轨或大容量快速的公交系统,其建设投资分别只及地铁的1/7和1/10。

而且,中心城受用地供求矛盾的制约,停车场建设很困难。据对北京、深圳、上海和青岛等城市的调查,停车位的满足率只有20%,这固然与城市规划考虑不足有关,但用地紧缺、建设费用高昂也是重要原因。按国家规定,停车场用地总面积按规划人口每人0.8~1.0平方米计算,一个100万人口的城市,仅停车车位的建筑面积就需80万~100万平方米,这在寸土寸金的中心城,停车场建设必然要付出巨大代价。

2. 郊区居住区规模小,功能单一,就业岗位少,必然带来大量长距离通勤人流,增加路上消耗时间

由于新建居住区在本地或附近地区就业岗位少,大部分职工要到区外上班,大量人员长距离通勤上班,不仅给城市交通造成很大的困难和压力,路上花费时间过长,也影响了职工的工作和生活。根据我们对方庄、望京、天通苑和回龙观4个大型居住区居民的问卷调查。因各居住区所处区位和交通条件不同,职工通勤路上耗费时间亦有差别。方庄居住区地处南二环路与三环路之间,区位优越,交通方便,靠近地铁,通勤路上所需时间相对较少,其中上班路上在半小时以内占42.35%,半小时至1小时占27.06%,两者合计近七成,比较合理。在当前条件下,上班路上在1小时以内为人们所接受,望京居住区区位和交通条件也相对较好,靠近四环路、机场高速路和13号线城铁,并且与CBD及天竺出口加工区为邻,不少职工就业较近,因此上班路上所耗时间相对也少,单程时间在1小时以内约占80%。天通苑和回龙观距中心城较远,交通条件远不如上述两个居住区,因此上班路上时间远多于上述两区,如天通苑上班路上时间在半小时以内只有11.11%,半小时到1小时占26.67%,两者共为37.78%,上班路上超过1小时占62.78%。回龙观居住区有不少居民在中关村和上地上班,上班距离略近些,但交通条件不够畅通,上班路上在1小时以内者也只有51.61%。有近一

半职工上班路上耗时在1小时以上(表9—7)。

表9—7　居住区职工上班单程所需时间　　　　　　单位:小时

	有效问卷总数	<0.5		≥0.5~<1.0		≥1.0~<1.5		≥1.5~<2.0		≥2.0	
		问卷数	%	问卷数	%	问卷数	%	问卷数	%	问卷数	%
方庄	85	36	42.35	23	27.06	18	21.18	6	7.06	2	2.35
望京	72	31	43.06	28	38.89	7	9.72	6	8.33	0	0.00
天通苑	90	10	11.11	24	26.67	26	28.89	27	30.00	3	3.33
回龙观	93	17	18.28	31	33.33	27	29.03	10	10.75	8	8.60

资料来源:根据本课题组问卷调查(2004年)。

居住区居民外出购物、就医、休闲等活动在路上所需时间、与居住区城市服务设施建设配套水平及该居住区外出交通条件有关。从总体上看,各居住区外出购物路上所需时间相对较少,1小时间内的比例以望京、方庄为最高,分别达到90.74%及77.89%,天通苑和回龙观也分别达到61.84%和49.33%,说明商业设施方面地区布局较好,居民外出购物较近。在就医方面,方庄、望京,外出较近,1小时内的比例分别达到83.33%及77.27%,而天通苑及回龙观则外出就医较远,1小时内的比例分别只有41.82%及34.15%。休闲活动外出时间也具有同样特点,即方庄及望京外出路上时间较少,1小时以内路上时间的比例达到71.93%及63.89%,而天通苑及回龙观1小时以内路上时间分别只有37.21%及40.0%,说明方庄及望京距休闲活动地点较近,而天通苑及回龙观则较远(表9—8)。

表9—8　居住区居民外出购物、就医、休闲单程所需时间　　单位:小时

		购物		就医		休闲	
		问卷数	%	问卷数	%	问卷数	%
方庄	有效问卷总数	95	100.00	36	100.00	57	100.00
	1小时	74	77.89	30	83.33	41	71.93
	2小时	15	15.79	3	8.33	13	22.81
	3小时	6	6.32	3	8.33	3	5.26

续表

		购物		就医		休闲	
		问卷数	%	问卷数	%	问卷数	%
望京	有效问卷总数	54	100.00	22	100.00	36	100.00
	1小时	49	90.74	17	77.27	23	63.89
	2小时	5	9.26	3	13.64	10	27.78
	3小时	0	0.00	2	9.09	3	8.33
天通苑	有效问卷总数	76	100.00	55	100.00	43	100.00
	1小时	47	61.84	23	41.82	16	37.21
	2小时	15	19.74	18	32.73		51.16
	3小时	14	18.42	14	25.45	5	11.63
回龙观	有效问卷总数	75	100.00	41	100.00	70	100.00
	1小时	37	49.33	14	34.15	28	40.00
	2小时	24	32.00	18	43.90	28	40.00
	3小时	14	18.67	9	21.95	14	20.00

资料来源：根据本课题组问卷调查（2004年）。

3. 郊区城镇过于分散对城市交通的不利影响

分散蔓延是城市郊区化过程中普遍存在的问题。产业和人口分布过于分散，不但浪费土地资源，消耗能源，也极不利于城市公共交通的发展。公共交通发展需要足够的且相对稳定的乘客客源，如人口密度太低，或城镇人口规模太小，没有足够的乘客数量，公共交通的运营就难以维持，尤其是对大容量的轨道交通影响更大。国外有研究者提出人口密度或建筑密度对城市交通的影响，我国应根据本国的实际、研究不同交通方式与人口密度（建筑密度）或城镇人口规模的关系，以减少郊区交通网建设中的盲目性。

第三节 北京城市交通网络的发展与布局特征

一、旧北京市区道路系统

北京市是一座具有3 000多年历史的古城。奠定现有城市空间格局与道路网络系统基础的是明清时期陆续建成的北京古城。虽然规划建设于600年前，但其基本原则是按照2 000年前的周礼制定的，即"前朝后市，左宗右社"。

1. 棋盘式道路网骨架历史基础深厚

北京旧城区道路骨架形成于明清时期，街道为南北向和东西向，呈棋盘式格局。特点为干道少，胡同多；大街宽敞，胡同幽静。在当时是一种合理与先进的城市道路系统。胡同极多，约有4 500条，宽度一般5米左右，间距平均约80米。这种格局的影响至今仍然十分明显。

明清时代皇城居内城中心，东西城之间和南北向的交通被割断，必须绕行，内城各城门之间都不能直通。城区外，主要有以城门为起点的几条狭窄弯曲的对外公路（图9—1）。

2. 开辟东西向干道

1912年民国时期以后打开皇城修建了东西向干道（如东西长安街、东四到西四道路等）和南北向干道（如府右街、南北长街、南北池子等），使得内城各区可以直接联系。为了加强内外城区和近郊区联系，打开城墙豁口，先后开辟了和平

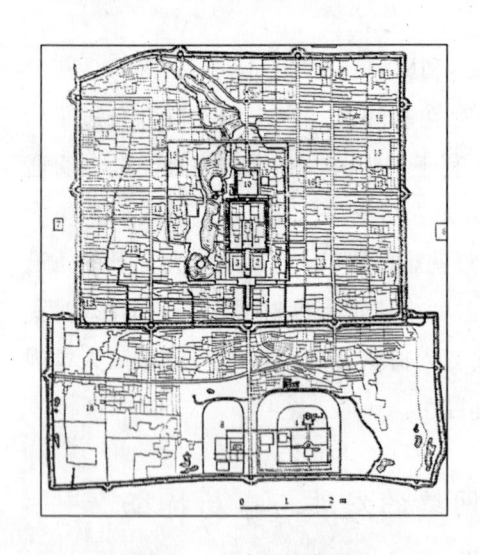

图9—1 清代北京图
资料来源：《中国城市建设史》。

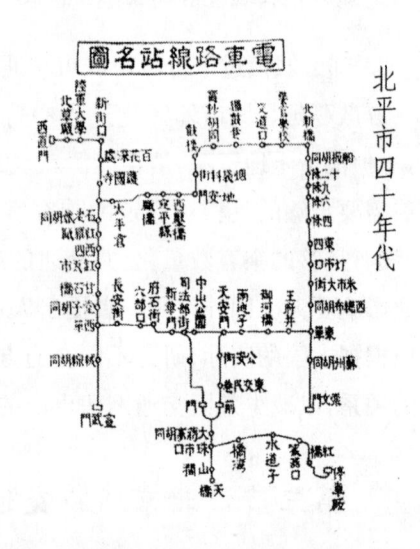

图9—2 1940年代末北京有轨电车路线图
资料来源：《民国时期北平市地图》附图。

门、建国门、复兴门。一些主干道铺装了路面。到1949年初,市区道路总长度仅215公里,道路面积140万平方米。道路铺装率内城(东城区、西城区)占56.7%,外城只占7.6%(崇文区、宣武区)。大量胡同处于"无风三尺土,下雨一街泥"的状态。

3. 开始发展机动公共交通

1924年第一条有轨电车(前门到西直门)开通,到1940年代形成了内城环行线和联系内外城的有轨电车网(图9—2)。1935年开办公共汽车5条线路。

1912年开始出现私人经营的汽车行,有了出租汽车业务。1919年私人长途汽车开始运行于市郊之间。

1930年代北平市规划建设"新北平"——在复兴门以西,保护旧北平城区。开始在木樨地—玉泉路一带建设道路(复兴路)。

二、新中国成立后市区道路建设(1949～1976)

1. 城市交通恢复改善阶段(1949～1952)

1949年新中国成立,定都北京。开始全面治理城市基础设施,在"为中央服务、为生产服务、为劳动人民服务"方针指导下,本着"少花钱多办事"原则,开展道路建设:① 对市区旧有主干道恢复、整修和改建;② 在内城北、东、西开辟了7个城墙豁口,解决了内城与外城、城区与郊区交通不便的困难;③ 配合近郊区建设新建和改建了部分道路(西郊、西北郊、东郊);④ 整修胡同土路(1 000余条),旧北平道路晴天起土、雨天泥泞的状况有了很大改善。

2. 全面发展城市交通的"一五"、"二五"时期和调整时期(1953～1965)

1953年开始制定北京市城市总体规划,否定了另辟新城的方案,采用以既有城区为主体,向外扩展的方案。

道路建设全面展开,旧北京遗留下来的东西交通不畅和进出城不便的状况得到了较大改善,初步建成放射线加环线的道路网雏形。

① 道路建设主要有:对于主要干道大规模改扩建、展宽,如东西长安街、朝阳门—阜成门大街、地安门东西大街;开辟新路——北河沿大街(御河改为暗沟)、永定门—永定门站路、天坛北路、白纸坊路、虎坊路、永安路等。

② 一环路形成。解放前形成环路(东西长安街—东单、东四—西单、西四—地安门西大街—鼓楼东大街),以有轨电车为主要交通。一环路道路等级提高于 1950 年代,解放后 50 年代路面质量和通行能力得到加强。1959 年内城有轨电车全部停驶,在一环路上以公共汽车(4 路环行)为主要交通方式。一环路扩展于 1970 年代,南环从长安街推移至前三门大街。一环路成为环绕中心区的主干道,分担了更多交通流。1980 年代以后,二环路对于中心区的屏蔽作用更大。

③ 开辟和改建多条郊区干线,逐步建成了多条放射状主干道路。长安街东西延长线(40 公里)、南中轴线,连接首都机场与酒仙桥电子工业区的机场路和朝阳路、昌平路、西(直门)颐(和园)路、安立路等。

④ 三环路先于二环路开始建设。由于市区范围不断扩大,放射线和东西轴线、南中轴线的建成,交通量不断增长,"一五"时期开始建设北段、东段和东南段,1960 年连通,长 28 公里(三环全长 49 公里)。对于沟通郊区联系、减少穿城车流取起到了极为显著的作用。

⑤ 道路建设标准逐步提高。广泛铺筑沥青路面,还根据中国国情(自行车流量大)创建了"两块板"和"三块板"道路形式——机动车与非机动车分道行驶,并以植有乔木灌木相间的分割带,安全顺畅;同时美化了道路景观。从 1957 年三里河路建成第一条"三块板"式道路,许多同类型道路一直使用至今。

⑥ 在重点区域修建了大量高标准的地区性干道。西郊国家机关和事业单位区、西北郊文教科研区、东郊机械—纺织工业区、南郊化工区、石景山门头沟重工业区、和平里大型居住区等。

3. 交通建设停滞阶段(1966~1976)

"十年动乱"期间道路建设受到严重影响,投资缺乏,只能哪里拥堵和毁坏就在哪里施工。建设缓慢,建设项目甚少,难以适应交通需求的增长。交通紧张状况日趋严重。

拆除城墙后,城区内外道路直接相连,同时建设环线地铁和二环路。1968 年拆除了内城和外城所有城墙,多条干道直接相连。随后建设地铁(开挖式)及其上面的二环路是这个时期的重要工程项目,直到 1980 年代初才完成。1970 年代建设了复兴门和建国门两座立交桥。

1965年北京开始地铁建设,方针为"适应战备需要,兼顾城市交通"。设计方案"一环两线",一期工程为从石景山至北京站,23.6公里,17座车站。1965年7月1日开工,1969年10月建成,1971年试运营,1981年正式运营。1984年10月二线地铁(环线23公里)通车运营。由于其具有战备性质,"文革"期间所受影响较小。

1956年开行了北京第一条无轨电车,至今仍然有16条运营线路,发展较慢。原因在于,其虽无污染,但是受架空线供电方式影响,较之公共汽车缺少灵活性。

地下铁主要承担市区至西郊的客流,成为重要交通干线。1971年运送830万人次,1983年达到8 200万人次;客运量占公交客运量比重从1%提高到2.73%。

三、1970年代末至1990年代初北京市交通网建设

(一) 道路与地铁建设加快了步伐

1. 建设快车道,初步形成新道路系统

二环路快车道1980年全线贯通,1977年后结合地铁二期工程建设二环路、10座立交桥和北半环线;道路断面采用三块板形式,朝着现代化方向迈出了重要一步,取得了明显效益。1981年调查车速达到44.6公里/时,比其他主干道提高50%～100%,起到重要分流作用,市区主要路口交通量下降了15%～45%。

三环路1981年全线贯通。道路断面大都采用"三块板"形式,北三环中段路面为"四块板"(快车道再一分为二)。到1988年共建设39座立交桥。对于分流二环路起到重要作用。

拓宽、改建多条进出城区主干道——昌平路、京密路、京开路、京石路等。

初步形成了"内方格外放射线加环线"的干道系统,通过40年建设,到1990年代初北京市区道路系统在原有方格式路网基础上,形成了由2条主干环线和8条主要放射线及若干辅助干线组成的道路系统。

到1990年末,公路一环(后改称五环路)以内拥有宽6米以上道路1 006.35公里,路面面积14.61平方公里;另有51座立交、32座人行过街天桥、90座地下

通道；市区道路用地率3.82%,路网密度1.55公里/平方公里。路网实际负荷率91.93万车公里/小时。其中,三环路以内道路481.07公里,路网密度3.04公里/平方公里,市区道路用地率8.77%。

2. 地下铁路建设

到1980年代末,共建成两条地下铁路。当时是在强调备战为主,仅修建了"一环一线"。"一线"1965年7月开始建设,工期4年,1969年建成,试运行12年,1981年正式运营,全长23.6公里。"环线"1971年开工,工期13年,1984年东、西、北半环建成,还只能半环运行。建成复兴门折返段后,1988年才开始环线运行。

(二) 公交客运有所发展

1. 投资增加,车辆和设施增长较快:1980~1990年用于公交车辆的投资是前30年的1.75倍。车辆增加了43%,新开辟公交线路68条,占1990年底线路总数的36%。

2. 客运经营形式改革注入新活力:1978年出租车公司两家,1 800辆出租车;1992年达到295家,2.6万辆。此期间出现了小公共汽车。地铁的作用越来越重要,其客运量以每年22.3%递增率上升,在公交客运量中的比重从1980年2.3%增至11.4%。1987年底地铁环线实现环通运行。高峰小时单向运输能力从1.8万人提高到3.6万~4.3万人。

3. 公交客运量

1990年市区总客运量68亿人次,其中公交客运量33.8亿人次,占49.7%。其中公共电汽车(含小公共汽车)占43.1%,地下铁5.6%,出租车1.1%。

市区居民出行使用各种交通工具(含自行车)53.7亿人次,其中使用公交占36.3%。

(三) 交通基础设施建设和公共交通发展滞后的矛盾日趋尖锐

1. 交通紧张的主要表现

由于经济增长加快,城市人口和流动人口增加迅速,城市交通需求快速膨胀,出现了交通紧张局面。首先,市区路网负荷过高,车速下降,路口严重阻塞;

1990年市区路网平均负荷度已达96%,与1987年相比增长20.4%。高峰时段主要路段经常出现拥堵。

其次,公交客运量增长缓慢,公交比重逐年下降。1990年公交客运量(33.47亿人次)比1980年(23.70亿人次)仅增长41%。1985~1996年公交客运量长期徘徊在33亿~35亿人次,随着居民收入迅速增长,自行车拥有量快速增长,但是自行车出行比重不降反升。

2. 道路系统存在的诸多问题

道路长度增长远远落后于交通量增长是造成交通拥挤的根本原因。同时道路系统本身还存在如下问题:

(1) 中心区路网密度低,干道少。北京市区道路网是在旧城区基础上向周围扩展而发展起来的。旧城区道路格局存在胡同多、干道少、路口间距大的特点。宽6米以上道路仅有218.5公里,路网密度为3.52公里/平方公里(其中宽12米以上道路密度1.91公里/平方公里),道路用地率9.55%。与发达国家大城市对比差距很大。如东京23.9%,伦敦24.8%。大量胡同无法通行公共交通,交通流高度集中在少数干道上,加以路面窄、卡口多,路口通行能力小,造成交通堵塞,车速下降。

(2) 主次干路与支路构成比例失调。支路比例过低,缺少高速干道。1990年底统计规划公路一环内道路网总长度比例为:主干路占38.36%,次干路占23.23%,支路20.14%,其他道路(宽6米,但不符合规划)占18.27%。

(3) 道路衔接不合理,交叉口等级划分不明。立交整体布局不明,形式不规范。由于路网结构不完善,交叉口没有按相交道路等级和功能进行划分,以至大量支路同胡同与主干道相接,致使主干道上交叉口过密严重影响主干路功能的发挥。如新街口豁口—菜市口全长6.5公里,除8个主要路口外,还有胡同70个,平均间距80米,致使这条主干道难以发挥应有的交通功能。有的道路快慢车混行干扰严重。

3. 公交优先政策未真正落实,公共电汽车经营环境恶化,运营效率和服务水平相当长时期处于下滑趋势

(1) 公共客运投资与社会集团购买客车的投资比例倒挂。1978~1986年

前者增长率 3.4%,后者 25.2%。

(2) 在道路使用上没有给公共电汽车更多优先权。只开辟了 8 公里公交专用道,仅占公交线路长度的 3.4%。

(3) 视公交企业等同于一般工商企业,在税收、燃油供应等方面没有必要的优惠。公交企业亏损增加,迫使企业尽量不增车,少开线,少出车,以保成本。

上述政策偏差和企业经营体制弊端,自 1978 年以来尽管客运车辆和财政补贴逐年增加,而运营效率却每况愈下,客运量增幅变小,1986 年后出现了负增长,服务水平下降。调查结果显示,居民乘车更加不便:乘客全程时间的 37% 用在上车前后的步行和候车;市区 47.8% 的人到车站步行记录超过 500 米;在公交线路吸引范围(500 米以内)内约 2/3 居民由于公交不便而放弃乘车。1988 年公交承担出行 38%,比 1984 年下降了 3 个百分点。

四、1990 年代以来城市交通设施建设

(一) 城市大发展与交通设施建设

1. 随着首都经济快速增长市区人口继续增加,建成区不断扩大,机动化出行加快

① 经济继续快速增长的同时,城市人口继续增长,流动人口集中在市区,城区就业岗位密度过高。1997～2002 年从 230 万人增至 387 万人;流动人口 5 年间增长 68%,70% 集中在市区。城区人口密度长期维持在 2.7 万人/平方公里。城区就业岗位密度 2 万个/平方公里,是近郊区的 10 倍。

② 建设用地不断扩展。近 10 年全市建设用地每年扩展 50 平方公里,其中市区建成区每年以 10 平方公里的速度向外扩展。近年每年完成建筑量 3 000 万平方米,其中 80% 集中在市区。

③ 机动车快速增长。1991～2002 年注册车辆年增长率 15%;截至 2004 年底机动车保有量 200 万辆,其中私人机动车 128 万辆(私人小汽车 80 万辆),家庭小汽车拥有率已达 16 辆/百户。

2. 道路建设与轨道交通建设加快速度

① 交通投资不断增长。"九五"期间602亿元，为"八五"期间的4.5倍，占GDP比重从3%提高到5.97%，"十五"仍然保持这个比例。

② 交通设施1991～2002年大幅度增加。道路面积增长1.1倍，达5 391万平方米；轨道交通线达95公里；公共汽电车增加1.2万辆，承担客运量增长47%，达43.5亿人次。建成了四环路、五环路和多条高速路、放射状干道，初步形成了"方格—环路加放射状主干路"的城市道路体系。轨道交通线除1号线、2号环线外，建成了位于北郊的13号线和东郊的八通线，通车里程达到114公里。4、5、10号线相继建设。

③ 交通供给规模的扩大为交通需求提供了增长空间，保证了城市经济正常运行。10年道路系统容纳的机动车保有量翻了两番，道路容量基本适应了机动车的增长。

3. 交通管理水平提高，交通环境有所改善

初步建成了以信息采集为基础的智能交通管理系统框架；公交运营引进了先进设备和管理技术；全市80%的公交车和70%的出租车使用了清洁燃料，机动车尾气排放基本达到欧洲Ⅱ号标准；许多行人设施和步行街区为市民提供了良好出行条件，交通建设更加注重与城市风貌、自然环境的协调，交通服务更加人性化。

（二）交通需求快速增长

（1）交通需求不仅总量增长，同时发生质的变化，出行更加注重时效性和多样性；行人交通迅速膨胀，公共交通受到冲击。

（2）市区人员出行总量不断增长，出行距离延长。1986～2002年间日出行1 123万人次增至2 055万人次，出行人次年均增长4%，出行距离从6公里增至8公里。

（3）出行特征发生明显变化。① 机动化进程加快，小汽车出行已成日常主要方式之一，而且仍在继续膨胀。② 出行时空分布规律发生重要变化，昼间出行高峰时间大大加长，主要交通走廊潮汐式交通特征日趋明显。③ 出行目的更

加多样化,通勤出行比重大幅度下降,从 1986 年的 80% 降至 2002 年的 58%。

五、现状评估(2003 年)与交通症结分析

1. 交通设施供给扩充的同时,也刺激了需求增长

1991~2002 年交通建设的高投入大大增强了交通设施的承载能力,支持了北京城市社会经济发展。交通设施的发展仅基本应付了交通需求。由于交通出行的迅速增长,供需矛盾并未缓解而进一步加剧,交通形势依然十分严峻。

2. 交通症结分析

症结之一:小汽车交通发展势头强劲,公交系统基础薄弱,交通结构改善十分困难。根源在于有关小汽车的政策助长了小汽车的过度使用,缺乏有效控制和引导,小汽车快速进入家庭,试图依靠大力扩充道路及停车设施来满足不断膨胀的小汽车交通需求。结果适得其反,道路建设越多,交通堵塞反而日益严重。

公共交通发展缓慢,服务水平低,公交承担出行比重不升反降。大容量快速公交规模过小;公交线网结构不完善,支线网通达深度不够;换乘不便,在途时间加长。公交承担比重已由 1986 年的 28% 下降到 2003 年 26.5%;小客车占出行比例已由 5% 上升到 23.2%,自行车出行比例从 62.6% 下降到 38.5%。

交通投资比例不当,向道路建设的过度倾斜,客观上刺激了小汽车交通需求。公交投资比重下降,抑制了公共客运交通的发展。"八五"期间道路(含公路)投资与公交(含地铁)投资的比例为 7∶3;"九五"期间降至 8.2∶1.8。

道路空间的分配上,没有给予公共交通更多的优先权。公交专用道仅开辟在少数干道或局部路段。

症结之二:各类交通设施的建设与管理缺乏整合和配套。在公共客运网络的建设方面(线网配置、运力调配、换乘节点、停车场等),道路主体设施与附属设施的建设不配套。在运营管理方面几种公共客运方式运营管理自成一体,缺乏统筹协调,难以形成整体效益。

症结之三:城市布局与资源条件制约道路系统扩充和结构调整。① 道路网络密度低:北京五环内 2.8 公里/平方公里,大大低于大伦敦 8.63 公里/平方公里的标准。人均道路面积低:在我国人口超过百万的 37 个城市中,北京列第 28

位。② 市区道路系统结构严重失衡：次干路、支路严重短缺，路网稀，"微循环"系统薄弱；干道系统空间布局不均衡。③ 严重的制约条件：市区土地资源的局限和旧城风貌保护的严格要求决定了市区路网难以扩充和调整结构。历史文化保护街区和分散文物保护区以及建设控制区占旧城区总面积的42%。远期道路面积率最多达到20%。

第四节 城市交通发展与城市功能区协调配合的经验和教训

一、1950～1970年代城市交通布局与功能区

1. 交通建设与郊区功能区布局配合较为紧密

在新中国成立后的1950～1960年代北京市编制了两次城市总体规划，发挥了计划经济的优势，功能区之间以及与道路布局的配合都得到了重视，在城市建设中取得了良好效果。

在重点区域修建了大量高标准的地区性干道。西郊国家机关和事业单位区、西北郊文教科研区、东郊机械—纺织工业区、南郊化工区、石景山门头沟重工业区、和平里大型居住区等。

四郊开辟不同性质的功能区，都有郊区干道相配合。西郊（二环路和三环路间）为国家机关为主的行政办公区，西北郊为文教科研区，东北郊—东郊—东南郊—南郊分别建设了电子工业区、纺织工业区、热电工业区、机械工业区、化工区，西郊石景山区为冶金工业区。居住区布局主要有两种形式：一方面按照"住职就近"原则，由各机关企业就近选址建设住宅小区，实行福利分房；另一方面在近郊区建设了大型住宅区，如和平里住宅区等，居住区一般采取9～15公顷、以四五层住宅为主的大街坊作为基本单位。商业服务业采取集中与分散相结合、均匀分布的原则。城区利用历史形成的东南西北四大商业中心——王府井、前门、西单、鼓楼，以及次一级的副中心。在近郊区新建了一批大型商业设施。

道路格局采用棋盘式加放射路环路系统。规划设置了3条环路、3个公路环和18条放射路。

2. 由于交通等原因规划建设的卫星城没有实现预定目标

规划方案在城市布局上提出了"分散集团式"的布局形式,提出由市区和周围 40 多个卫星镇组成"子母城"的布局形式。但是卫星城建设一直没有取得实质性进展。建成区以中心城区不断向外扩展的形式发展。

交通不畅是制约卫星城发展的主因:一方面是道路等级低,公共交通线路少、行车时间长,缺少轨道交通线,仅有的大铁路的市郊客运落后(丰台、南口方向主要服务于铁路职工通勤);另一方面还有户籍、缺少各项配套设施(教育、医院、商业)等诸多原因,未能实现预定的建设目标。

二、1980 年代以来城市交通布局与功能区

1. 新编城市规划更加符合首都的发展,但在功能区布局与交通配合方面仍然存在诸多问题

1982 年和 1993 年相继编制《北京城市总体规划》将城市性质修订为全国的政治中心和文化中心。提出严格控制城市规模,坚持"分散集团式"城市布局,发展远郊卫星城,改变工业过分集中于市区的状况。调整市区布局结构,形成以旧城为核心的中心地区和相对独立的 10 个边缘集团。按照"旧城逐步改建、近郊调整配套,远郊积极发展"的方针,主要在近郊通过用地调整建设一批新居住区及相应配套设施,并于北郊建设国家奥林匹克体育中心和亚运村,形成北中轴延长线上新的功能区。以黄村、昌平为近期建设重点,开展了远郊卫星城规划建设,并出台了促进卫星城建设的相关政策。

明确提出城市发展要实行"两个战略转移"的方针,即全市城市发展重点要逐步从市区向广大郊区转移,市区建设要从外延扩展向调整改造转移。调整城市功能和布局,提高城市整体素质,大力发展郊区城镇,开拓新的发展空间。明确城市东部和南部地区为城市发展的主要方向。把城市基础设施现代化和环境建设放在突出位置,提出了相应对策措施和规划方案。

2. 城市发展与城市交通建设不协调

中心区功能过度集聚,外围组团发展缓慢,造成交通流进一步向中心区集聚。一方面,中心大团不断突破原有总体规划规模,人口与就业岗位密度不断加大;另

一方面,边缘集团与卫星城镇发展缓慢,人口与产业在市区集聚的状况并未发生根本变化。如户籍人口 1992 年市区 58%、郊区 42%;2001 年市区 60%、郊区 40%;1992 年 GDP 市区 78%、郊区 22%;2001 年市区 75%、郊区 25%。中心区交通集聚效应进一步加剧:三环路以内吸引的出行量占市区总出行量的 50%,其中二环路以内旧城区占 25%。城区机动车出行强度是近郊区的 3.6 倍。

3. 新建大型居住区多是卧城,造成潮汐式交通流,交通干道拥堵与日俱增

一些边缘集团和新城功能不完善,难以摆脱对于市中心的依赖。边缘集团和新城建设中忽视交通设施建设,导致内部交通不畅和出入交通受阻。规模在 20 万人左右的大型居住区如望京、天通苑、回龙观……等成为功能单一的"卧城"。居民大部分仍然去城区上班,导致明显的潮汐式交通,向心交通特征更加突出,市区几条对外交通走廊全面告急。

4. 独立封闭的"大院"分割城市路网,严重损害路网系统的整体性

由于北京作为首都的性质和长期机关企业自建住房等历史原因,北京市区 2003 年就有 3 700 余个大院,主要有大学、政府机关和部队等封闭大院,使得道路网络难以形成完整体系,出现大量断头路,大大加重了主干道的负担,交通组织十分困难。

同时近期建成的许多新建住宅区仍在重复"大院"的格局,没有为道路交通留下足够的发展空间,次干路和支路难以建设和连通。

还有一批功能单一的"产业园",往往其附近缺少大型居住区。如亦庄开发区产业发展迅速,但是其附近缺少经济适用房,而是建设了大批高档住宅。因此根本无法实现"住职就近",造成大量普通职工长距离通勤。

第五节 未来北京城市空间结构及功能区发展趋势

一、北京城市空间布局调整战略

1. 空间布局调整

新中国成立多年来,北京城市规划经历了 7 次大的修编,最近一次是 1993

年修编的城市总体规划,至今也已有10多个年头了。改革开放以来,北京社会经济和城市建设有了飞速的发展,北京正面临新的机遇和挑战,迫切要求新的发展空间。原有总体规划所确定的部分目标已提前实现,中心城市空间容量已趋于饱和,难以容纳新的城市功能。因此,北京自2004年以来,开始着手修编新的城市总体规划,至2005年北京新的城市总体规划已修编完成。

(1) 城市功能定位的要求

新的北京城市总体规划通过对国内外首都城市和特大城市的发展趋势、城市文化发展的分析,基于以人为本和可持续发展的理念,提出北京未来发展目标的4个定位:即国家首都、世界城市、文化名城和宜居城市。这是北京市一个科学发展纲领,也是令人振奋的奋斗目标。北京是拥有13亿人口大国的政治中心、国际交往中心,为世人所瞩目;世界城市也将意味着北京将是世界级的服务中心、世界级大都市区的核心城市和文化、教育、科技创新中心;宜居城市则要求有充分的就业机会,舒适的居住环境,快捷舒适的交通,创造以人为本,可持续发展的首善之区;北京也是世界闻名的历史文化名城。北京城市发展目标对城市空间结构和功能区布局将产生决定性的重大作用。

(2) 城市发展空间的要求

北京市要实现上述发展目标具有许多有利的条件和机遇,但也存在一些限制因素。在城市空间发展方面,最突出的问题是中心城市的功能过分集中,功能布局过于庞杂。从城市空间合理布局上,中心城应是发展第三产业的中心,但由于历史上的原因,北京中心城既是第三产业的中心,也是第二产业的中心。尤其是将一些污染、扰民的工业也摆在中心城,且与居住区混杂,问题相当突出。产业过分集中,必然带来人口的过分集中,北京中心区人口密度是世界上人口密度最高的特大城市之一。由于产业和人口过分集中,导致城市发展空间狭小、环境恶化、交通拥堵等问题。因此逐步调整城市空间结构是实现新的城市总体规划目标的要求。

2. 北京城市空间布局调整的依据

北京城市空间布局调整基于以下几方面的考虑:

(1) 自然地理特征。北京位于华北大平原的北端、永定河的冲积扇上,背依群山,面向广阔的平原。北京的东北部与燕山山地相毗邻,西北与太行山山脉接址,东南是平原,北京正坐落在这个平原上。北京经历了3 000年的发展,城市空间布局经历了无数次的扩展,尤其是改革开放以来的大发展,目前城市北部的昌平区和西北部及西南部的门头沟、房山区已逼近燕山和太行山地,没有发展空间,同时城市北部和西部地处城市上风上水,是城市生态屏障,而城市东部和东南部为一马平川,发展空间广阔。

(2) 城市对外联系特点。北京背靠山地、面向平原和渤海地区,不仅城市建设向东南发展,城市对外联系也主要向东南环渤海地区,是北京的出海通道,与天津、唐山、秦皇岛等城市联系十分密切。目前京津唐城市群已基本形成,应大力推进环渤海地区的经济合作,加强京津冀地区在产业发展、生态建设和区域性基础设施建设的协调发展。

(3) 城市历史及现状基础。北京是世界著名的历史古都,至今保留完整,具有极高的历史及艺术价值,是世界上极为罕见的珍宝,其中最具有代表性的是轴线建设,城市空间结构的调整应充分重视和保护这些历史文物。

3. 城市空间结构实现两大转移——两轴两带多中心布局

根据上述的分析,为了解决中心城过度集中、城市发展空间不足、郊区城乡不够协调问题,城市空间布局提出两个战略转移:一是城市建设重点要逐步由市区向远郊区转移;二是市区建设重点要从外延扩展向调整改造转移。实现两个战略转移具体布局形式是两轴两带多中心布局。

两轴,一是南北中轴线,二是长安街东西延长线。南北中轴线是北京几百年都城史以及北京历史文化长期发展留下来的重要文化遗产,这条中轴线最能反映北京空间布局的最高境界。中轴线北部目前已经延伸到奥林匹克公园,南部到了永定门。东西延长线则是共和国成立50多年来一个典型的历史文化缩影,它几乎承载了北京市从政治、经济到文化所有的功能。因此,在未来的城市发展中,对这两条轴线要全面实现保护,同时要注入现代气息。从空间布局上体现首都政治、经济职能。

两带,即东部发展带和西部生态带。东部发展带北起怀柔、密云,重点发展顺义、通州、亦庄,东南指向廊坊、天津。这一地带发展空间比较广阔,也是对外交通主干道出京方向和出海通道，与区域发展方向相一致，是未来北京承接新兴产业和人口的主要地带。西部生态带与北京的西部山区相联系，既是北京的生态屏障，又联系了延庆、昌平、沙河、门城、良乡、黄村等重要城镇，其产业发展将以生态保护为前提，实行调整改造，各级城镇主要以环保型产业及高新技术、高校园区为发展方向，为北京建成宜居城市奠定基础。

多中心，一是在市区范围内建设不同的功能区，分别承担不同的城市功能、以提高城市的服务效率和分散交通压力，如CBD、奥运公园、中关村等多个综合服务区的设定；其次是在市域范围内的两带上建设若干新城，以吸纳城市新的产业和人口，分流中心城区的功能。

二、北京中心城空间布局调整

中心城是北京政治、文化等核心职能和重要经济功能集中体现的地区。其范围包括旧城（中心区）以及包括回龙观地区、北苑北地区、望京在内的10个边缘集团和绿化隔离带地区，其面积约1 085平方公里。中心城是国家政治中心、文化中心、国际交流中心、金融管理中心、教育科研中心，同时具有服务全国的会展、旅游、体育、医疗、商业等功能。

现有中心城功能过于庞杂和过分集中，既有第三产业，也分布着不少的第二产业，人口也过于密集，发展空间已经饱和，需要根据中心城功能定位，进行城市功能调整，迁出不适宜的产业，鼓励迁出人口，腾出空间发展新的产业。

1. 中心区

以整体保护和有机更新为调整方向，提高文化品质，全面落实对文物建筑、历史文化保护区的保护措施，依法有序地对中心区进行积极的保护和更新；逐步改善城市基础设施，提高居住环境质量；有计划地疏解中心区人口，逐步降低中心区人口总量和人口密度。为此要控制中心区建设总量，今后不再进行重点的超强度的建设，控制大型公共及商业功能的大体量、超高度的建筑，也不再安排大型的行政办公设施，可考虑在新城适当地方预留行政办公用地。位于旧城区内的现有小商品市场也应逐步迁出中心区。

中心区内东城、西城、崇文、宣武四区的功能定位如下。

东城区：北京政治中心的主要载体，全国性文化机构集聚地之一，传统文化旅游地区和国内知名的商业中心。

西城区：国家政治中心的主要载体，国家金融管理中心，传统风貌旅游地区和国内知名的商业中心。

崇文区：北京体育产业集聚区、都市商业区和传统文化旅游、娱乐地区。

宣武区：国家新闻媒体聚集地之一，宣南文化发祥地和传统商业区。

2. 中心外缘区

该地区是1949年以来发展起来的以传统工业为主的地区，北京建国以前的老工业区石景山钢铁厂、清河制呢厂以及1950～1970年代发展起来的通惠河工业区、酒仙桥等工业区。根据新的城市规划要求，中心外缘区首先应对传统工业进行调整，1990年代以来对该区域工业调整力度日益加大，如北京机床厂、北京起重机厂、首都钢铁公司、北京焦化厂、北京棉纺集团等一大批传统工业均已停产或搬迁，使北京的工业结构发生显著的变化。原有北京的工业以钢铁冶金、石油化工和机械分别居前三位，经过多年的调整搬迁，现已被电子信息产业、光机电产业、食品饮料产业所代替。但从城市功能定位要求，还需对现有的传统工业进行改造调整。其次是仓储、物流设施的布局调整，规划在四环路及五环路附近建设为中心城服务的物流园区。第三，对部分行政办公、教育、科研、医疗等设施的部分职能也应进行调整和有机更新，积极引导人口向边缘集团和新城转移。第四，郊区新建大型居住区应进行功能配套建设，城市服务设施应基本配套，并从区域角度，为居民创造就近就业的机会。

中心外缘区的朝阳区、海淀区、丰台区、石景山区及门头沟区的功能定位如下。

朝阳区：国际交往的主要窗口，中国与世界经济联系的重要节点，对外服务发达地区，现代体育文化中心和高新技术产业基地。

海淀区：国家高新技术产业基地之一，国际知名的高等教育和科研机构聚集地，国内知名的旅游、文化、体育活动区。

丰台区：国际、国内知名企业代表处聚集地，北京南部物流基地和知名的重要旅游地区。

石景山区：与门头沟区共同构成城市西部发展带的重要节点,是城市综合服务中心之一,也是文化娱乐中心和重要旅游区。

3. 中心城打造新的4大功能区

(1) 中关村科技园区,中关村科技园区包括7个园区,其中除了昌平、丰台和亦庄科技园区不在中心城外,主要的科技园区海淀园、电子科技城、德胜园和健翔园均在中心城内。至2005年中关村科技园招商数已达28 178个,项目总资产达8 009.8亿元,完成的产值为2 611.11亿元,科技人员达22.7万人,其规模在国内首屈一指。今后将继续大力发展,突出自主创新能力,全面创造世界一流及领先的科技水平。

(2) 商务中心区(CBD)。北京CBD交通四通八达,发展条件十分优越,经过多年来的发展,现已打下较好的基础。它集中了北京最主要的国际商务设施,也集中了全市绝大部分高档的写字楼、宾馆、酒店和市场主要研究公司。随着北京向国际化大都市发展,将更加有力地推动CBD的发展,客观上也要求加强CBD的建设。

(3) 金融街。金融街聚集了全国性金融机构总部、大企业总部、现区域内企业管理总资产达18万亿元,管理中国16万亿元金融资产,控制着全国90%的信贷资金和65%的保费资金运转,随着我国经济的发展,金融街规模将进一步扩大。

(4) 奥林匹克中心区。依托奥林匹克公园、奥运会主场馆及北京国际会议中心等设施,通过承接国际重要会议、展览和科技活动,以及大型文艺演出和体育比赛,重点发展体育、文化、旅游、会展业,逐步成为具有国际影响力的体育中心、文艺演出中心、会展中心、奥运标志旅游地。

三、发展新城——疏解中心城人口,集聚新兴产业,带动区域发展

根据北京新版城市总体规划,新城是"两轴—两带—多中心"城市空间结构中两个发展带上的重要节点,承担着疏解中心城人口、集聚新兴产业,带动区域发展的重要功能,在原有卫星城镇的基础上,将发展11个新城。

1. 重点发展的新城——通州、顺义、亦庄

通州新城　北京未来发展的新城区和城市综合服务中心。通州新城的功能包括：引导发展行政办公、商务金融、文化、会展等功能。是中心城行政办公、金融贸易等职能的补充配套区。空间上主要向东、向南发展，北运河以东地区是引导发展行政办公、金融商务等功能的重要区域，该地区的规划和建设要高起点、高标准，突出以北运河为纽带的城市形象与文化内涵。

顺义新城　包括：引导发展现代制造业以及空港物流、会展、国际交往、体育休闲等功能。在空间布局上，顺义新城由三部分组成：潮白河以西地区为顺义中心区和现代制造业基地，包括顺义仁和镇、马坡镇和牛栏山镇。天竺空港区包括空港工业区、北京天竺空港出口加工区和后沙峪地区，重点发展高新技术产业和以空港为依托的物流业。潮白河以东地区包括北小营镇和南彩镇，主要为城市远期发展预留空间，适时启动建设。

亦庄新城　将引导发展电子、汽车、医药、装备等高新技术产业与现代制造业以及商务、物流等产业。在空间布局上由亦庄和永乐地区两部分组成，亦庄在现状北京经济技术开发区的基础上，继续向东南方向发展，大力完善城市的综合服务功能；永乐为城市远期发展预留空间，将在永乐镇的现状基础上主要向西北方向发展，成为京津城镇发展走廊的重要节点。

上述通州、顺义、亦庄三个重点发展新城规划人口规模为70万～90万，并预留达到100万人口规模的发展空间。

2. 城市功能需要调整的新城

大兴新城　将引导发展生物医药等现代制造业以及商业物流、文化教育等功能。在城市空间发展上，大兴新城将重点向西发展，东部地区结合麋鹿园、团河行宫建设南部郊野生态公园，同时应建设并保护好南中轴沿线地区的绿色开敞空间。

房山新城　将引导发展现代制造业、新材料产业（石油化工、新型建材）以及物流、旅游服务、教育等功能。在城市空间发展上，房山将重点整合良乡与燕山两个组团的用地资源，良乡组团空间上重点向南发展，协调好城镇建设与小清河分洪区的关系。

昌平新城　重要的高新技术研发产业基地，引导发展高新技术研发与生产、旅游服务、教育等产业。在空间布局上，昌平新城由两部分组成：昌平组团，在原昌平中心区基础上东扩发展；沙河组团，结合沙河高教园区建设和传统产业调整改造，适当增加高新技术研发等功能。

上述大兴、房山、昌平三个新城规划人口规模约为60万人。

怀柔新城　将引导发展会议、旅游、休闲度假、影视文化等产业，平原地区可发展科技含量高、无污染的都市型工业、现代制造业。空间上主要向东发展，呈组团式布局，协调好城镇建设与水源保护、生态廊道的关系。

平谷新城　京津发展走廊上的重要通道之一，将引导发展都市型工业和现代制造业以及物流、休闲度假等。空间上主要跨洳河向西发展。

密云新城　北京重要的水源保护地，也是国际交流中心的重要组成部分。密云新城将引导发展科技含量高、无污染的都市型工业以及旅游度假、会议培训等。在城市发展空间上，密云新城主要结合现有城镇改造向西、南方向适当发展。

延庆新城　国际交往中心的重要组成部分，是联系西北地区的交通枢纽和国际化旅游休闲区。在城市空间发展上，延庆新城将遵循保护官司厅水库及周边自然环境的原则，充分利用山川盆地的空间特点，营造山水相间的生态园林新城。

门头沟新城　将引导发展文化娱乐、商业服务、旅游服务等。

上述怀柔、平谷、密云、延庆、门头沟等5个新城规划人口规模约为15万～35万人。

第六节　北京市交通发展战略

一、北京市交通发展战略

根据《北京城市总体规划（2004～2020年）》综合交通体系建设的内容，北京交通发展目标与任务、策略与重点建设等如下。

1. 交通发展目标

目标是与国家首都和现代国际城市功能相匹配，建设可持续发展、以人为本和动态满足交通需求、以公共交通为主导的高标准、现代化综合交通体系，引导城市空间结构调整和功能布局的优化，促进区域交通协调发展，支持经济繁荣和社会进步。以"高效便捷、公平有序、安全舒适、节能环保"为发展方向，2020年，交通结构趋于合理，公共交通成为主导客运方式，出行的选择性增强，出行效率提高，交通拥堵状况得到缓解和改善，交通发展步入良性循环。

2. 战略任务

(1) 交通发展战略的核心是全面落实公共交通优先政策，大幅提升公共交通的吸引力，实施区域差别化的交通政策，引导小汽车合理使用，扭转交通结构逐步恶化的趋势，使公共交通成为城市主导交通方式。

(2) 突出交通先导政策。根据"两轴—两带—多中心"的城市空间结构，加大发展带的交通引导力度，积极推动东部发展带综合交通运输走廊的建设，构筑以轨道交通、高速公路以及交通枢纽为主体的交通支撑体系。

(3) 优化完善中心城路网体系，全面整合既有交通设施资源，挖掘现有设施潜力，大幅度提高现有道路的通行能力。加大路网密度，完善路网"微循环"系统，提高资源使用效率。合理确定中心城的土地开发强度与建设规模，改善中心城交通状况。

3. 交通发展指标

预计2020年，全市民用机动车拥有量达到500万辆左右，全市出行总量将达到5 200万～5 500万人次/日。中心城公共交通出行占客运出行总量的比例，由2000年的27%提高到50%以上，其中轨道交通及地面快速公交承担的比重占公共交通的50%以上。

二、交通发展策略

1. 发挥交通对城市空间结构调整的带动和引导作用

根据城市总体布局，积极推广以公共交通为导向的城市开发模式（TOD），优先建设联系新城的大运量快速公共客运走廊，依托走廊发展新城。高标准编制新城的道路、公共交通、场站枢纽、交通管理等专项规划。

2. 提高公共交通系统的服务水平

加大政府对公共交通的投资力度,积极吸引社会投资,加速发展轨道交通和地面快速公共交通系统。优先确保各类公共交通设施用地需要,调整优化公共交通网络结构与布局,改善换乘环境,提高换乘效率。给予公交车辆充分的道路优先行驶权,深化公共交通运营和管理机制改革,推行公交运营服务特许经营制度。

3. 以有效的需求管理政策和手段对小汽车交通的使用实施引导与调节

在中心城中心地区特别是旧城,在提高公共交通服务水平的同时,加大对小汽车交通的管理力度。提倡步行交通和自行车交通,积极发展驻车换乘。

4. 道路建设的重点逐步由中心城向其以外的地区转移,促进和引导新城的发展

中心城道路建设的重点由快速路、主干路逐步向次干路、支路转移,提高道路网整体能力。道路建设要为公共交通、步行交通和自行车交通创造良好条件。旧城道路建设要服从历史文化名城保护的要求。

5. 加强京津冀北区域城市间的联系,实现区域交通与城市交通一体化。

三、交通发展重点任务

1. 重点任务建设之一——公共交通系统建设

在2020年前初步建成公共交通为主体、轨道交通为骨干、多种运输方式相协调的综合客运交通体系。

(1) 轨道交通系统。由地铁、轻轨、市郊铁路等多种方式组成的快速轨道交通网将覆盖中心城范围,并连接外围的通州、顺义、亦庄、大兴、房山、昌平等新城。2020年建成轨道交通线路19条(中心城线路15条,市郊线路4条),运营线路总里程约570公里。规划并预留轨道交通车辆段30处、停车场20处、大修厂3处。

(2) 地面公交客运系统。按快线、普线、支线三级系统进一步完善地面公交线网结构。根据客运枢纽和轨道交通线网的发展,动态调整优化全市公交线网

布局。在中心城和新城之间建设快速公交走廊,近期内轨道交通建设困难较大的,在走廊上安排大容量地面快速公交线路。

(3) 公交场站。按照保养场、中心站、首末站、到发站4个层次安排公交场站规划用地与建设。中心城规划保养场10座,中心站44处。公交场站设施应与城市的开发和改造同步建设。

(4) 公共交通枢纽与换乘。结合轨道交通车站规划,在客流集中的区域建设公共交通枢纽,中心城规划33处,每个重点新城规划2~3处,其他新城规划1~2处。改善大型道路交叉口、立交桥等处的公交换乘条件,缩小换乘距离。

2. 重点建设任务之二——城市道路系统建设

(1) 中心城道路系统仍保持方格网与环路、放射线相结合的布局,路网由快速路、主干路、次干路和支路组成。其中,快速路系统由3条环路、17条放射线及2条环路联络线组成。在完善中心城快速路系统建设的基础上,重点加强次干路、支路和南北向交通主干线的建设。中心城规划道路总长度约为4 760公里,其中干道网总长度为2 610公里;支路比例约为45.2%。道路网密度为4.4公里/平方公里。道路用地率为16.4%。

(2) 结合城市结构调整和新城发展,加快外围新城干线道路网络建设,增加东部、北部道路网密度,形成以高速公路和快速路为骨架、级配合理的路网系统。建立新城与中心城紧密衔接的复合型交通走廊。规划新城道路网密度为5~7公里/平方公里,道路用地率大于20%。

(3) 保持旧城路网的棋盘式格局和街巷胡同空间尺度,调整旧城历史文化保护区内的道路功能,在严格保护旧城内胡同尺度的前提下,实施建设与改造。

3. 重点建设任务之三——步行交通、自行车交通与停车系统

步行和自行车在未来城市交通体系中仍是主要交通方式之一。提倡步行及自行车交通方式,实行步行者优先,为使用者创造安全、便捷和舒适的交通环境。编制城市步行交通规划、自行车交通规划,并纳入城市综合交通规划。停车系统建设——为方便换乘、吸引个体交通向公共交通转移,积极发展驻车换乘(P+R)系统,中心城规划驻车换乘停车场50处左右。在轨道交通及地面公交车站,根据需要就近设置自行车停车处。在停车收费方面实行优惠政策。

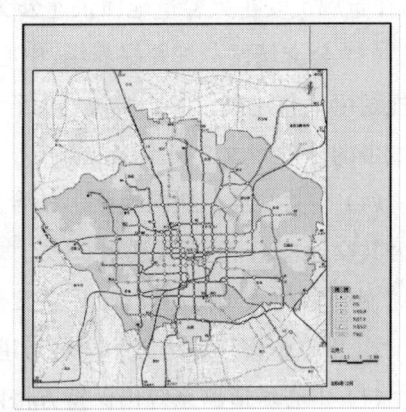

图 9—3 北京市城市规划与交通发展（2004～2020 年）

参考文献

1. 北京市统计局编：《北京市建设领域发展统计资料》，中国统计出版社，1991～2000 年。
2. 北京市统计局编：《北京市光辉的 40 年(1949～1989)》，中国统计出版社，1990 年。
3. 北京市统计局编：《北京市辉煌的 50 年(1949～1999)》，中国统计出版社，2000 年。
4. 北京市统计局编：《北京市统计年鉴 2005 年》，中国统计出版社，2006 年。
5. 北京市统计局编：《北京市区域统计年鉴》，中国统计出版社，2003 年。
6. 北京市统计局编：《北京市工业统计年鉴》，中国统计出版社，2003 年。
7. 北京建设史书编委会：《建国以来的北京城市建设资料》(城市规划)，1987 年。
8. 北京市统计信息中心：《北京市房地产研究报告》，2004 年。
9. 北京市设计规划研究院网站:北京市历次城市规划要点
    (1) 1953～1954 年《改建扩建北京市规划草案要点》；
    (2) 1957～1958 年《北京城市建设总体规划初步方案》；
    (3) 1973 年《北京总体规划方案》；
    (4) 1982 年《北京城市建设总体规划方案》；
    (5) 1993 年《北京城市总体规划(1991～2010 年)》；
    (6) 2004 年《北京城市总体规划(2004～2020 年)》。
10. 公安部编：《1978 年全国分县市人口统计资料》，1979 年。
11. 国家统计局编：《中国城市统计年鉴:1986～2006》，中国统计出版社，历年。
12. 柯焕章：《北京城市空间布局发展的回顾与构想》，北京市设计规划研究院网站，2005 年。
13. 李慕贞主编：《中国人口》(北京分册)，中国财政经济出版社，1987 年。

14. 马清裕等:"大城市内部空间结构对城市交通作用研究",《经济地理》,2004年第2期。
15. 马清裕等:"北京市居住郊区化分布特征及其影响因素",《地理研究》,2006年第1期。
16. 杨树珍主编:《首都地区经济发展与布局研究》,中国工人出版社,1991年。

本章执笔人:张文尝、马清裕

第十章

天津市城市交通发展与城市空间结构

第一节 城市布局与空间结构演变

一、城市空间形态演化趋势

(一) 城市概况

天津市是我国直辖市之一,是环渤海地区的经济中心,地处华北平原东北部,东临渤海,北枕燕山。北与首都北京毗邻,东、西、南分别与河北省的唐山、承德、廊坊、沧州地区接壤。行政区域面积为 11 919.3 平方公里。行政区域界线长度为 896 公里,海岸线长约 133 公里。

截至 2005 年底,天津市城市建成区面积达到 530 平方公里,中心城区 269 平方公里,滨海城区 188 平方公里。全市初步形成了由中心城市、县城、中心城镇和一般建制镇构成的四级城镇体系,外围组团结构亦初步形成。

城镇化水平是反映一个地区现代化程度的重要标志。近年来天津市城镇规模不断扩大,城镇人口规模也有了较大增长,推进了天津市城镇化进程。天津市城镇化水平由"九五"末的 71.99% 上升到"十五"末 75.11% 以上。

(二) 天津近代城市规划的历史分期

天津近代城市规划开始于 1860 年 10 月天津开埠,至 1949 年 1 月天津解放为止共约 90 年的时间,在这一时期经历了各国租界建设、义和团运动、日本侵华战争和解放战争等历程,对天津的城市建设规划也起到不同的影响。根据天津近代城市的发展特点,结合中国社会政治变革,将天津近代城市规划为 5 个历史时期(表 10—1)。

表 10—1　天津近代城市规划的 5 个历史时期

阶段	时间	规划情况
第一阶段	1860～1902 年	租界扩张与马路建设
第二阶段	1902～1928 年	城市局部建设规划
第三阶段	1928～1937 年	城市总体建设规划
第四阶段	1937～1945 年	日本占领下的城市规划
第五阶段	1945～1949 年	战后城市规划的恢复与发展

1. 租界扩张与马路建设

1860 年《天津条约》签订,天津被迫成为开埠城市。在随后的 40 余年间,共有 9 个国家在天津设立了租界,天津成为中国近代史上专管租界数量最多的城市。天津租界的划定与早期建设,将近代城市规划萌芽引入天津,出现了天津最早的规划行为——《戈登规划》,成立了最早的市政管理机构——英租界工部局,并且修建了天津第一条经规划的马路——中街(维多利亚路),交通的便利与路况的改善推动了租界商贸的发展。受到租界的影响,1883 年华界设立了中国最早的市政机构——工程局,进行道路路政建设,仿照西式方法修整街衢,通过垫平、拉直、加宽、铺筑和安装路灯,将天津老城区大部分街道改造成西式马路。

由于社会经济等原因,天津租界在早期发展缓慢,除英租界进行了粗略规划之外,法、美租界大部分都处于荒置状态,但是租界面积却迅速扩张,1895 年和 1900 年前后天津两次掀起了租界划定的高潮,到 1902 年底,天津租界已经扩张到老城面积的 10 倍左右。新划定的租界由于时间和资金等问题,尚没有得到完善的建设规划。

2. 20 世纪初的天津城市局部建设规划

租界的建设将西方城市面貌带到了天津,宽敞整洁的马路、西式建筑、排水设施、医疗卫生等城市市政对当时华界产生了重大的影响,中国政府天津当局已经不仅仅满足于路政的建设,而是希望在城市整体面貌上与租界相抗衡。

1902年之后,中国政府开始有意识地模仿租界进行城市规划与建设,袁世凯在天津主持新政,随后在全国最早推行了地方自治,制订了天津华界第一个城市新区规划——河北新区规划,是为天津华界城市局部规划之始。

同时,租界的扩张与划定逐渐告一段落,各租界进入建设时期,其中英、法、日租界建设发展最为快速,在界内出现了城市用地分区、建设法规以及建筑标准等相关规划内容,租界逐渐成为整洁、有序的城市新区。

旧市区与不断扩张的租界、新市区毗连成片,形成了新旧城区以大经路、东马路为中心和租界区以海河为中轴的网状道路城市格局和局部完整的自由拼贴城市形态,属于典型的马路主义城市规划性质。

3. 民国初年的天津城市总体建设规划

随着西方城市规划理论的逐渐深入,近代中国学界的有识之士开始探索中国城市规划自身的发展道路。北伐战争结束之后,天津作为华北最大的港口和商埠,其城市总体规划与规划理论开始迅速发展。

1928年,国民政府将天津划为特别市,曾三度改变"从特别市到省辖市"的城市等级与隶属关系,这一时期的规划建设主体为工务局,1936年市政府颁布了"建筑规则"。

1930年,受到南京《首都计划》影响,天津开始征集城市总体规划方案——《天津特别市物质建设方案》,其中标方案——"梁张方案"是天津近代城市规划史上第一部详细、全面的规划方案,这一由梁思成和张锐共同设计的方案尽管具有一定的空想性,但在一定程度上反映了当时中国城市规划理论发展的水平与方向,体现了在应用西方城市规划理论的同时,对于适合中国本身发展现状与国情的理性思考。

4. 日本占领下的城市规划

1937年日本占领天津,实行特别市制度,开始了对天津长达8年的殖民统治。抗日战争爆发前后,日本多次制订华北开发计划,反复强调了两个原则:即资源的开发与交通运输事业建设,而天津在这一计划中的角色就是向日本本国输送物资的中转站。太平洋战争爆发之后,日本侵华战略为适应战争需要发生了改变,天津除了作为中转站的作用之外,也成为华北进行长期工业建设的城市之一。

日本先后在天津制订了"天津都市计划大纲"、"塘沽都市计划大纲"和"大天津都市计划"。由于天津的城市经济被纳入到战争轨道,城市建设与规划也多为战争服务。在此期间制订的两个总体规划方案中,可以看出对于发展城市工业区与城市对外交通的特殊重视,注重功利性,提升天津地区的物资生产与输送能力,而缺少对于城市环境改造与市民生活等问题的解决措施,呈现出具有近代意义的殖民主义城市规划性格。

天津租界区的建设使得城市扩展主要沿海河向东南伸展,城市形态由东西向转为西北—东南走向的带状城市。

5. 抗战后天津城市规划的恢复与发展

1945 年日本投降后,国民党政府接管了天津,开始战后重建,到 1949 年天津解放为止。在此期间,天津市政府收回了天津所有租界,并调整了行政区划。1946 年市政府成立了由 17 人组成的"公共工程委员会"和由 18 人组成的"都市计划委员会",开始编制城市总体规划,制订了"扩大市区计划"、"分区使用计划"和"道路系统规划",这些规划是对近代城市规划理论的运用和实践,是真正意义上近代中国人自己进行的天津城市总体规划。

6. 新中国天津城市空间形态的演化

新中国成立初期,天津作为我国第二大工商业城市,有着雄厚的工业基础。在这一阶段,中国正处于迅速工业化过程中,因此天津城市定位强调依托其工业基础,建设成为综合性的工业基地城市,具有当时的时代背景特征。"一五"时期(1953~1957 年):综合性工业城市、南北水陆要冲、华北水陆交通枢纽。"二五"时期(1958~1965 年):以机电工业与海洋化学工业为主的综合性工业城市、华北水陆交通枢纽。"五五""六五"时期(1976~1982 年):以石油、石油化学工业和海洋化学工业为特点的先进的综合性工业基地。

改革开放后,1986 年国务院批准了天津城市总体规划,天津城市定位是:拥有先进技术的综合性工业基地,开放型、多功能的经济中心和现代化的港口城市。城市空间从此开始演变为以中心城区和塘沽城区为核心、以海河为轴线的双城结构,俗称"一根扁担挑两头";1999年8月5日,《天津市城市总体规划(1996~2010年)》经国务院正式批复,确定了天津城市发展的目标:环渤海地区的经济中心,要努力建设成为现代化港口城市和我国北方重要的经济中心。城市总体布局由双城模式调整为极轴—组团式。

从上述总体规划可以看出天津城市定位的变化与社会、经济、政治的变化有着密切关系。从空间扩展历程可以看出,天津城市空间外部形态演化主要分为两个阶段,先是集中式发展阶段,然后是组群式发展阶段。

天津历版总规实现了良好的过渡,在历次总体规划中由于选择了比较合理的城市空间结构,使城市从解放前租借地的畸形布局→局限于市区范围的单一城市模式→开辟卫星城镇与远郊城镇→多核心(市区、滨海、蓟县三个城市群)→"一个扁担挑两头",避免了"摊大饼",有效地控制了城市的无序蔓延。图10—1是天津市中心城区同心圆圈层地域空间演变过程。

二、居住空间结构的演变及特征

(一)居住空间结构的演变

天津是中国北方传统的重要工商城市和直辖市。近年来特别是自1990年代以来,随着城市发展和人口的迅速增长,大力发展城市住宅建设、不断提高城市居民的居住条件、改善居住环境成为天津城市建设的重要环节,由于居住区域和面积的不断增大,城市空间结构发生了较大变化。

根据城市发展特征与住宅集中建设的时段对城市空间结构的影响,将天津城市居住空间结构的发展演进按照三个时期进行划分。

1. 多元拼贴——1949年前

主要指上世纪10年代至新中国成立前的时期。此时期,天津城市形态呈沿海河两岸带状群组式发展,居住空间分布于海河两侧。由于当时天津特殊的地位和租界背景,城市居住环境和条件相差悬殊,居住社会分化现象明显,城市居住空间分布具有与城市结构同构的"多元拼贴"特征。

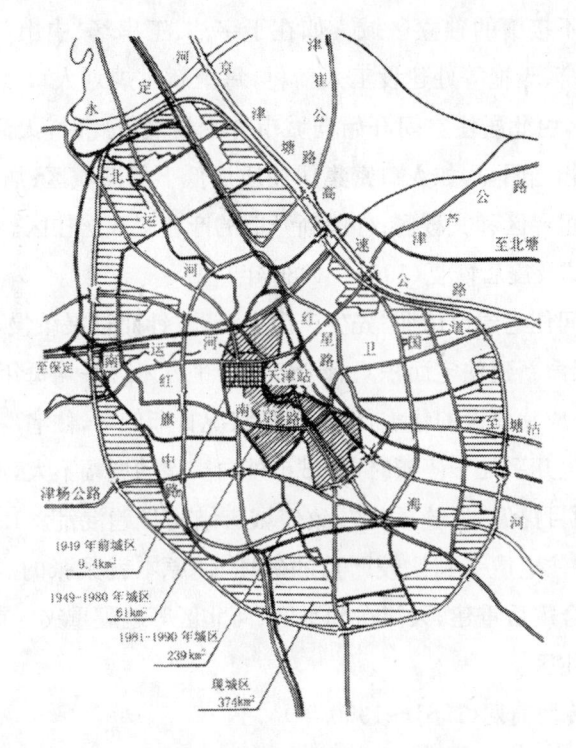

图 10—1　天津市中心城区同心圆圈层地域空间演变过程

2. 中心放射形城市——1949～1990 年

主要指从新中国成立初期至改革开放之前的时期。此时期，经过多年的建设，城市由线性组群状城市结构逐渐演化为中心放射形城市，城市空间由多功能混合布局转化功能型分区，城市功能由商业城市逐渐向工业城市转化。在"变消费城市为生产城市"的方针指导下，天津在城市中心区外围建设了 11 个工业区，城市向外扩张，此时居住用地多依附工业用地的扩展方向进行布局，住宅建设投资主要来源于国家和国有企业，总体上体现均衡布局和统一供给的明显计划经济的特征。

(1) 国民经济恢复和调整时期(1949～1965 年)

为响应 1951 年 2 月中央提出"在城市建设中应贯彻为生产、为工人服务的观点"，天津在当时城市边缘开辟的工业区周边开始了工人新村的建设，形成与天津旧城区并不接壤的独立区域。如在丁字沽、王串场、中山门、唐家口、西南楼、佟楼、吴家窑、天拖等处建设工人新村,每个新村规划人口 3 万~5 万人,共 90 余万平方米,由此居住空间开始向城市外围发展。此时,天津的居住质量差异和社会分异相当明显,如人口密集居住质量低下的旧城区;居住条件尚佳,人口密度较低的租界区和文教区;外围新开辟的产业工人居住区。

(2)"文革"及震后恢复(1966~1980 年)

"文革"期间住宅建设依照"先生产后生活"方针而进展缓慢,从 1966~1975 年的 10 年间天津新建住宅面积只有 288.4 万平方米。平均每年只有 28 万多平方米,几乎没有成片建设的住宅,城市居住状况日渐低下,住宅建设量严重不足。同时城市建设也几乎处于停顿时期,城市外向扩展的增幅不大,进入了内向填充期,城市建设项目提倡"见缝插针",致使城市结构日趋混乱。1976 年 7 月唐山大地震,使天津住宅遭受到比较严重的破坏,使原本就紧张的居住状况更加恶化,此时期,结合震后重建,天津在和平区、河北区等地震重灾区重建了几个规模相对较大的居住区。

(3)经济转型前期(1981~1990 年)

改革开放初期,天津面临巨大的住房短缺压力。在新的经济体制推动下大规模的、快速的住宅建设相继展开。

这一时期天津的住宅建设以在城市边缘区建设大规模居住区为主,相继建设了小海地、长江道、民权门、王顶堤、万新村、体院北等 14 个大型居住区,总共占地 1 062.7 公顷,至 1987 年底新建住宅面积已达 600 万平方米。

新建居住区在区位布局上仍延续了在城市边缘均衡布局的模式,在中环线与外环线之间的区段均匀地布局于城市外围,属于性质单一的纯居住空间,天津城市边缘再一次被大规模的居住空间所填充。图 10—2 显示三个时期的住房情况。

由于"文革动乱"和人口的迅速增加,城市居住条件呈现空前紧张和恶化的局面,即使原有居住条件和环境较好的租界区也不例外。

3. 中心城区居住空间进一步向城市边缘推进——1990 年代以后

1990 年,我国颁布了《中华人民共和国城镇国有土地使用权出让和转让条例》,这不仅标志着城市住宅从福利建设向商品市场转化的重大变革,也使天津

第十章　天津市城市交通发展与城市空间结构

|1950年代|1970年代|1980年代|

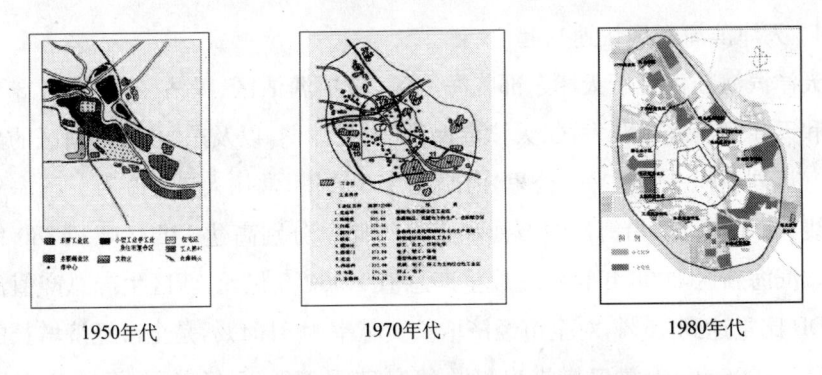

图 10—2　1950~1980 年代天津市居住及工业空间形态演变过程

居住空间的发展呈现出新的趋势。1990 年代以来至今,天津市住宅建设面积和人均居住面积同步大幅度增长,尤其是进入 2003 年以来,人均居住面积由 9 平方米增至 2005 年的 14.95 平方米。截止到 2005 年年底,住宅建设面积总量已经达到 14 043.16 万平方米。天津在城市人口持续增长的情况下,近十几年来住宅建设有迅猛发展的趋势,图 10—3 为 2006 年居住区和工业用地示意图。

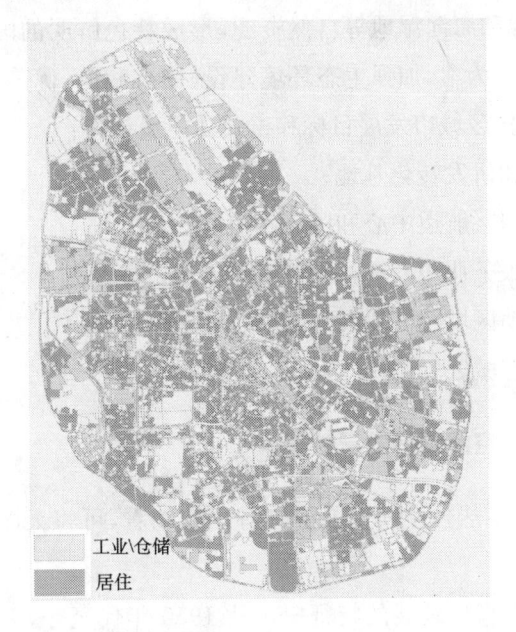

图 10—3　2006 年天津市区居住区及工业用地分布

4. 天津滨海新区快速兴起

天津滨海新区位于天津东部临海地区,包括塘沽区、汉沽区、大港区3个行政区和天津经济技术开发区、天津港保税区、天津港,以及东丽区、津南区的部分区域。规划面积2 270平方公里,海岸线153公里,常住人口140万。滨海新区海岸线共153公里,沿海岸线石油和天然气储量分别高达145亿吨和380亿立方米。滨海新区2006年全年完成生产总值1 960.5亿元,新区生产总产值占全市GDP比重达到45%,对全市经济增长贡献率为51.4%,是全市经济增长的最大引擎。2006年,天津口岸进出口总值突破1 018.85亿美元,海关实现税收562.35亿元,分别居全国各口岸第4位和第2位。新区聚集效应逐渐显现,对周边地区的辐射和服务作用日益增强。

为充分发挥滨海新区的比较优势,扩大对外开放程度,增强技术创新和产业创新能力,建设现代制造业和研发转化基地;提高面向区域的综合服务功能,提升城市综合实力、国际竞争力和综合辐射带动能力;充分发挥港口、保税和出口加工功能,建设北方国际航运中心和国际物流中心;充分发掘以近代史迹为主、多元化的文化资源和海河湿地等自然资源,形成特色鲜明的国际旅游目的地与服务基地;坚持以人为本,加强生态环境建设,创造和谐、优美、安全的生态宜居城区。因此,滨海新区城市发展目标和主要功能概括为:

① 现代制造和研发转化基地;

② 我国北方国际航运中心和国际物流中心;

③ 区域现代服务业中心和休闲旅游目的地;

④ 服务和带动区域经济发展的综合改革试验区;

⑤ 宜居的生态城区。

(二) 天津居住空间结构发展特征

从天津各个时期居住空间发展演进特征归纳看,可将天津居住结构和形态归纳为以下几点:

① 中心城区边缘化延展的特征——从1950年代至今,天津中心城区的居住空间的拓展一直是沿边缘发展并逐渐向外渗透。

② 团束状、规模化发展特征——天津居住空间一般都是呈团束状分布,并成规模成片进行开发。从 1950 年代的工人新村、1980 年代的大型福利性居住区到 1990 年代以后的商品化居住区,都是建设至少以百公顷为起点,居住人口 3 万～5 万人的大型居住区,新的居住形态比较单纯。

③ 规划或政策导向发展特征——天津每个阶段的居住空间定位和大规模开发一般都和城市总体规划确定的布局和当时的开发政策有关。比如居住空间的边缘化建设开始都不被居民看好和接受,但是由于政策倾斜和配套设施的迅速完善,大多数边缘住区都成为城市的热点地区。

④ 区域内敛式发展特征——和我国许多大城市在城市外围区域大力开发居住组团的情况大不相同,天津整体区域性的居住空间发展却呈内敛状。表现在城市外围组团以工业为主,居住仍主要聚集在中心城区内,这也是外围组团发展较慢的重要原因。

⑤ 低密型居住形态发展特征——由于传统习惯和开发商意愿等多种因素,天津住宅建设一直以多层为主。由于居住建筑层数较低,使天津的城市空间尺度较为低缓。虽然多层住宅的居住空间尺度相对宜人,但建筑形态的单一、六层住宅给住户带来的不便、城市中心地区土地价值的不合理利用,城市空间开发不足也是不争的事实。

从空间发展看,天津城市空间已经由点状极核发展阶段开始向轴线扩展阶段过渡,由内陆向沿海拓展趋势明显;从人口空间分布演变看,天津城乡人口普遍增加,主城区、滨海新区和新城增长较快,津滨轴线上人口集聚较明显,这些都表明天津已进入工业化中期阶段,正逐步向工业化后期阶段过渡。

第二节 城市交通网络的发展

一、城市道路网络基本格局演变

城市道路网络发展阶段及特征分析

天津中心城区道路网形态在不同发展阶段还呈现不同的特点,如最早的老城厢地区是依据卫城布局形成的方格状道路网,之后沿着海河两岸形成了与河道平行及垂直的路网,不同地块自成系统的租界特征明显,直至1986年城市总体规划的编制开始确定了目前"三环十四射"的道路网主骨架。在1981年至2006年的25年间天津道路规划经历了科研启动、路网改造、系统完善和系统发展的4个不同阶段。

1. 第一阶段:科研启动阶段(1981～1984年)

该阶段主要始于1980年代改革开放的初期。由于历史原因,当时天津城市道路支离破碎,尚未形成较完善的路网系统,杂乱的路网格局已经延续了近百年,道路负荷逼近了极限。尽管当时天津市机动车拥有量仅为12万辆,但随着城市社会经济的加速发展和交通需求的快速增长,激发了固有的城市道路交通的供需矛盾,"汽车没有自行车快"成为当时天津城市交通的一大特点。受认知水平、经济水平和技术水平的限制,这一阶段对交通的治理基本停留在"被动应对"的状态。为改变这一状况,天津在1981年率先开展了交通出行特征的调查分析,1983年又进行了全市货运卡车流出行调查,两次调查拉开了运用科学手段治理城市交通问题的序幕。

2. 第二阶段:路网改造阶段(1984～1993年)

1984年当时的交管部门的一份调查资料表明:交通高峰时,全市主要干线122处路口严重堵塞,交通干线机动车平均时速不到10公里,仅为经济时速的17%。在这一背景下,1985年天津市政府颁布了《关于综合治理城市交通问题的决定》,提出"平衡、限制、疏导城市交通总量,谋求城市交通建设与交通需求之间的相互协调,逐步建立起以城市公共交通为主、个体交通为辅、快速交通为骨干与多种常规交通相结合的现代化城市综合交通系统"的总体发展战略,这是首次在天津提出综合治理交通的口号,标志着天津城市道路交通建设开始纳入科学的发展轨道。

1986年天津市城市总体规划确定了"三环十四射加两个半环"的道路网结构,并于1985年率先建成了34.5公里长的中环线,拉开了道路交通建设第二阶段即路网改造阶段的序幕。1990年,国家"七五"重点科技攻关项目子课题"天津市土地利用与城市交通关系研究",研究了天津城市布局结构、形态变化和城市交通需求之间的内在规律。这一阶段历时9年,1985年到1994年新增道路长度163公里,新增道路面积643万平方米,新建桥梁和立交桥36座,除个别射线外,"三环十四射"路网骨架基本建成,道路设施的整体供给能力全面提高,初步解决了城市各区被河流、铁路分割的局面,使市区路网基本形成一个有机整体,基本消灭了定时阻塞路口,机动车平均车速提高近40%,非机动车平均车速提高近15%,使"自行车比汽车快"的现象基本得到改变。

3. 第三阶段:路网系统完善阶段(1993~2000年)

从1993年开始,随着天津市"三五八十"奋斗目标的实施,在"以路带危改"的策略推动下,相继建设了大批以往因难以拆迁而无法实施的规划道路,重点是加快了次干道和支路的建设速度,包括"八路二桥"、"十七路五桥"、"十路十桥"等,道路交通建设进入系统路网完善阶段。但是,该阶段的道路建设以分段、分片实施为主,道路网整体建设缺乏系统性,城市交通仍然主要由三个环线、放射线和1993年以前建成的其他干道承担。自1996年开始,天津市提出"以路带危改"的建设模式,结合城市大片的危改工程和成片的经济适用房建设修建了38条规划的城市道路,建设立交(桥梁)17座,使规划路网得到进一步完善。到2000年底,天津市城市道路总长度由1984年底的771公里发展到1 223公里,年均增长3.11%。

4. 第四阶段:路网系统升级阶段(2000~2007年)

从2000年初开始,随着城市化和机动化的快速发展,城市规模不断扩大,在"三五八十"发展战略目标基本完成后,中心城区核心区130万居住人口外迁至城市边缘区,城市的土地利用和空间布局发生了巨大的变化,机动化发展快速,中心城区出行总量持续增加,天津市现有交通网络承受的压力加大,主干道机动车运行速度逐年下降,机、非干扰严重。交通调查显示,机动车主通道与客运主通道在"三环十四射"路网骨架上重合,干道交通功能混杂,加之机非混行,严重影响了道路的通行能力。因此单一的平面常规道路系统疏解交通的方式已无法满足日益增长的交通需求,迫切需要形成以快速路系统为骨干的综合交通网络,改善中心城区交通紧张的状况。

为此2000年10月组织实施的迄今为止天津市规模最大的一次综合交通调

查的基础，在此基础上编制完成了《中心城区综合交通调查分析报告》和《中心城区道路交通现状分析报告》，2001年编制《中心城区道路交通近期建设规划》，2003年5月市政府批准实施《天津市中心城区综合交通规划》，2004年编制《中心城市道路网调整规划》，以及《高速公路和干线公路网规划研究》、《公共交通系统规划研究》、《停车场规划》等多项专项规划的编制和研究工作。

随着2003年5月《天津市中心城区综合交通规划》的批准实施，天津市中心城区未来道路系统特征为：以快速路为骨架，形成由快速路、主干路、次干路及支路组成的等级匹配和结构合理的道路网系统，其中，快速路由两条环线、两条横向快速通道、两条纵向快速通道和两条联络线组成，全长220公里，设计车速每小时60～80公里。

二、城市交通发展战略制定、实施与评价

（一）近期交通规划

1. 1986年总体规划

1980年代初期，计划经济体制的转变和市场经济意识的切入，使天津市的国民经济进入了高速发展阶段，同时也启动了交通需求的增长。交通设施的落后与交通需求的增长之间的矛盾尤为突出。交通基础设施与运输装备的总体面貌是：数量少、质量差、能力低，具有现代意义的交通基础设施和运输装备寥若晨星。

1984年开始编制天津市总体规划，交通规划按铁路、公路、港口与内河航运、民航、城市道路交通、城市公共交通等6个专项，各专项规划的编制基本分成现状分析、预测、规划3个阶段，部分专项还编制了近期建设规划。规划普遍重视了各自系统的完善，对路由和场站设施提出了用地控制的要求，但只有城市道路网完成了定线工作。

1985年天津市政府颁布了《关于综合治理城市交通的决定》，提出"平衡、限制、疏导城市交通总量，谋求城市交通建设与交通需求之间的相互协调，逐步建立起以城市公共交通为主、个体交通为辅、快速交通为骨干与多种常规交通相结

合的现代化城市综合交通系统"的总体发展战略,这是首次在天津提出综合治理交通的口号,标志着天津城市道路交通建设开始纳入科学的发展轨道。

1986年版总体规划中的交通规划对1986～1996年10年间的交通基础设施的建设起到了规划控制引导的作用,其间依据总体规划编制了《天津港总体布局规划》,这是我国第一部海港总体规划。规划明确提出天津港是首都的海上门户,担负着京津地区和华北、西北部分地区进出口物资吞吐、中转任务,是我国以外贸和杂货为主的重要性综合港口之一。提出按照深水深用、浅水浅用、统筹规划和综合开发国土资源的原则,将天津港划分为新港北疆、新港南疆和海河3个港区。此外还编制了《天津铁路枢纽总体规划》,提出了如京山三线、东南环线等对天津铁路枢纽功能具有重大作用的规划内容。

综上所述,1986年总体规划的交通专项虽然基本包括了对外交通和城市交通的各个专项,但当时由于条块分隔,各个专项自成系统,相互之间缺少衔接,没有体现综合交通规划的特点。同时还属于计划经济的模式,对规划的实施考虑较少,使得1986年总体规划的交通各专项提出的许多目标都没有实现。

2. 1996年总体规划

1990年代中期是改革开放实施十几年后的调整期,也是市场经济发展到一定程度后各种矛盾与问题比较突出的时期。天津经过解放后40多年的建设,特别是改革开放十几年的发展,综合实力有了进一步提高,海、路、空交通发达,是中国北方地区重要的交通枢纽。

天津港拥有全国最大的集装箱码头,是华北、西北等11个省市(区)的出海口,与160多个国家和地区的300多个港口通航。1994年港口吞吐量4 650万吨。

国铁有京沈、津浦、京秦、津蓟4条干线,还有4条支线和9条联络线,地方铁路有李港铁路等5条线路,构成了通达全国铁路网络的天津地区干支线网,全市铁路线路营业里程1 363.3公里。

以京哈、京福、山广、京津塘等国道为骨架,与市、县、乡镇共300多条支线组成天津地区的公路运输网。全市公路通车里程4 156公里。

天津机场现已成为国际机场,开辟36条国内外空中航线,同时天津机场还是我国北方的航空货运中心。

市区道路交通状况明显改观。从1985年开始天津市政府下大力量对城市交通进行综合治理,按照总体规划确定的道路网规划,着手实施"三环十四射"主干道系统和一系列的立交桥,提高了城市交通设施的水平,增加了道路交通的容量,基本形成了"三环十四射"的道路网骨架。到1994年底,市区常住人口386万人,流动人口近百万人,建成区面积270平方公里,道路长度956公里,道路面积1741万平方米,道路密度为3.54公里/平方公里,道路面积率为6.45%,各种桥梁、立交、地道147座,全市机动车(含28.4万辆摩托车)拥有量为55.37万辆(其中市区机动车保有量为19.8万辆,即:汽车9.6万辆,摩托车10.2万辆),自行车260万辆(市内6区)。城市公共交通客运量为6亿人次/年。

1997年国务院批复修编后的《天津市城市总体规划》,在交通规划中进一步明确了中心城区"继续完善道路系统,建立一个以快速路系统为骨干,大容量公共交通为主体的现代化城市交通综合体系"的城市交通发展战略,以支持和保障未来城市社会、经济和环境的持续发展。

3. 城市交通发展目标的评价

1985~2000年,中环线、外环线、内环线等骨架道路相继建成,中心城区道路网络初步形成。由于有了"三环十四射",天津道路网络状况得到很大的改善,进一步增强了城市的载体功能,显著改善了投资环境。但是一些制定的战略目标并未得到很好的贯彻,主要原因有以下几个方面:

① 城市道路交通建设缺乏基于天津城市现状、符合城市实际、适应未来发展方向的"城市交通发展战略"作指导,城市道路交通发展的方向、建设步骤及保证措施并不明确,缺乏政策的连续性和系统内部的相互协调。

② 缺乏"规划、建设、管理"并重的策略和措施保证,各环节之间不同程度上存在脱节现象,特别是建设项目选择及决策的科学性亟待提高。

③ 落实优先发展公共交通战略的策略还只是停留在增加多少公交车辆、开辟多少线路的低级水平上,没有真正从战略高度上确定和认识公共交通的地位和发展方向,没有从体制、政策上理顺公交发展的渠道,没有从系统上协调公交与其他交通方式之间的相互关系,加之受道路交通条件制约,公交服务水平不

高,在客运结构中所占比例长期徘徊在5%左右。目前,北京、上海、南京及广州等主要大城市公交出行比例均达到20%左右。

④ 缺乏持续、稳定、积极、主动的道路交通建设投资策略、融资机制和保证措施,投资渠道单一,长期处于"有多少钱办多少事"的计划模式,道路交通建设资金及建设规模无法保证。

(二) 道路网络现状评价

1. 中心城区交通设施水平提升,行车难和停车难成为新问题

2003年5月天津市政府批复《中心城区综合交通规划》之后,道路建设全面实施。作为改善中心城区交通环境,提升中心城区整体交通服务水平的快速路、地铁、旧路改造、公共交通等重大交通设施的建设将成为落实中心城区综合交通规划的重点举措。

图10—4 天津市中心城区快速路网示意图(2003年)

天津市机动车快速增长,交通供求矛盾的日渐突出,包括停车问题在内的城市交通问题已成为制约天津市经济快速发展的重要因素,严重影响了人们正常的工作和生活。城市"行车难"、"停车难"的困境已日益引起政府主管部门、广大

市民的关注。目前中心城区停车场现状情况详见表10—2。

表10—2　中心城区机动车停车场(处)占地面积、停车位情况

行政区	停车场数(个)			占地面积(m²)			停车位(辆)		
	合计	汽车	混合	合计	占道	不占道	合计	占道	不占道
和平区	211	145	66	45 758	37 705	8 053	7 126	4 828	2 298
河北区	160	150	10	107 756	82 597	25 159	8 719	7 081	1 638
河东区	148	125	23	124 116	73 031	51 085	11 803	8 373	3 430
河西区	203	171	2	68 440	43 462	24 978	10 115	8 038	2 077
南开区	222	210	12	73 615	28 219	45 396	11 618	7 610	4 008
红桥区	102	92	0	44 036	27 479	16 557	5 572	4 264	1 308
东丽区	32	26	6	50 351	200	50 151	1 690	20	1 670
津南区	1	1		10 000		10 000	330		330
西青区	20	16	4	30 825		30 825	1 028		1 028
北辰区	1	33	9	34 137	1 150	32 987	1 281	96	1 185
合计	1 140	969	172	589 034	293 843	295 191	59 282	40 310	18 972

注：东丽区、津南区、西青区、北辰区的统计数仅统计外环线以内部分。

目前在建的快速路系统的立交桥下设立停车场，不仅利用了立交桥下大片的空间，还大大缓解了本市的停车难问题。截至2006年9月，快速路立交桥下已经建成19个停车场。快速路立交桥下停车场的运营将大大改善本市中心城区停车难的状况。例如快速路东南半环上的中石油桥、宾悦桥等大型立交桥下建设了多个停车场，其中最小的可以停车20多辆，最大的能停上千辆。

2. 中心城区道路改造全面展开，取得一定效果

自2000年旧路改造工程全面展开，包括居住区配套、海河两岸综合开发改造、铁路沿线环境综合整治、二级河道治理中的道路工程。至2005年分5批完成了城市53条全长50公里主次干道和道路卡口的改造。

目前中心城区道路基本形成结构合理、等级清晰的网络，道路总长度达到1 392公里，总面积达到2 539万平方米，路网密度达到3.75公里/平方公里，道路面积率达到8.7%，人均道路面积达到6.7平方米，城市道路网及整体交通容量大幅提升，基本建成了适应交通需求的中心城区干道路网体系，路网密度、道

路面积率和人均道路面积与国内特大城市基本保持同一发展水平。快速路通车160公里，累计完成道路面积447万平方米，立交桥17座，累计完成桥梁面积63万平方米(相当于过去50多年的总和)，长度26.2公里的地铁1号线已建成并投入使用。

三、交通发展战略

(一) 城市交通发展目标

根据《天津市城市总体规划(2005～2020年)》，在对外交通方面，城市交通发展目标为建立便捷的对外联系通道，依托海、空两港，充分利用欧亚大陆桥的优势，建设北方国际航运中心和国际物流中心。努力构筑与周边及"三北"地区紧密联系的综合交通体系，成为联系南北方、沟通东西部的综合交通枢纽。建设各种交通方式紧密衔接、快速转换、通达腹地的区域一体化的现代交通网络，促进区域大型交通基础设施的共享。

在城市交通方面，以城市快速路为骨架，完善主、次干路系统，严格控制有效的支路网密度，形成结构清晰、等级合理、高效便捷的中心城市道路网络。构筑沿城市主要发展轴带的复合交通走廊，优化城市道路网，优先发展公共交通，创造良好的自行车和步行交通环境，构建各种交通方式转换便捷的"快捷、高效、安全、绿色"的现代化城市综合交通运输体系。

(二) 时空通达目标

1. 天津市域时空通达目标

天津作为环渤海的区域经济中心城市，为实现时空通达上的快速便捷的要求，需要构筑1小时通勤圈、3小时城市圈、1日经济圈。在天津及临近的周边城市及地区，以天津中心城区和滨海新区核心区为中心，以50公里为半径，通过快速路、高速公路和轨道交通及快速公共交通，实现1小时的通勤圈。天津与京津冀地区的客运交通需求主要是紧密型的商务活动以及休闲、旅游；货运需求以紧密型产业链或贸易为主，具有分散、批量小、快速的运输特点。因此使天津与京津冀所有地区的交通联系应在3小时时间距离内,实现3小时的城市圈。天津与环渤海区域及主要经济腹地交通联系可达性要求主要为:商务客流和产业链联系形成的货运交通,单程时间应为3小时(客运)至6小时(货运),实现1日经济圈。

2. 中心城区道路交通时空通达目标

2003年《天津市中心城区综合交通发展规划》提出城市交通的总体发展战略目标是:构建"快捷、高效、安全、绿色"的现代化综合交通运输体系,实现道路交通"12469"时空通达目标。目标具体内容如下:

"1"——中心城区内任意一点到达快速路10分钟,步行至周围公交站不超过10分钟;

"2"——中心城区内任意一点到达外环线20分钟;

"4"——中心城区内任意一点到达另一点不超过40分钟;

"6"——中心城区内任意一点到达滨海新区内任意点及外围区县中心(塘沽、汉沽、大港、开发区、保税区、天津港、宝坻、武清、静海、宁河、蓟县等)60分钟以内;

"9"——中心城区到达区域范围内主要周边城市(北京、保定、唐山等地)90分钟以内。

3. 滨海新区道路交通时空通达目标

依据国务院对滨海新区"依托京津冀,服务环渤海,辐射三北,面向东北亚,建设北方国际航运中心和国际物流中心"的发展定位,形成"畅达京津冀、通达环渤海、沟通全国、联系世界"的对外交通系统,实现"13136—1224"的时空通达目标。

"1"——滨海新区核心区内10分钟上快速路或公交站点;

"3"——滨海新区主城区与中心城区之间实现30分钟通达;

"1"——滨海新区核心区与京津冀北主要城市之间实现1小时达到,形成1小时通勤圈;

"3"——滨海新区核心区与京津冀及相临腹地城市群之间实现3小时到达,形成3小时都市圈;

"6"——滨海新区核心区与环渤海主要城市及产业区之间实现 6 小时到达，形成 6 小时经济圈；

"12"——滨海新区核心区与国内主要城市实现 12 小时到达；

"24"——滨海新区核心区与国际主要城市实现 24 小时到达。

第三节 城市公共交通发展及出行结构

一、公共交通发展现状评述

天津市中心城市公共交通由轨道交通、常规公交及出租车构成，规划形成以轨道和快速公交为骨架、常规地面公交与其配合为主体、出租车等多种方式为补充的线网等级清晰、枢纽布局合理、换乘便捷的一体化客运交通模式。

(一) 当前主要问题

1. 公共汽车吸引力不足

截至 2005 年，天津市拥有公交运营车辆 6 794 辆，公交线路共 432 条。2005 年公交客运量为 9.2 亿人次。

公交线网在全市的覆盖率由 55% 上升到 70% 以上。同时部分路段还设置公交专用道，使公交车平均时速从 2000 年的 14.5 公里提高到 2005 年的 22.4 公里。2006 年建成新型公交场站 45 处。规模上，中心城区公交场站面积将由 19 万平方米扩大到 52 万平方米，公交运营车辆进站率由 45% 提高到 85%，居国内先进水平；建筑特色上，体现造型新颖、环境优美的景观效应；场站设施上，全部安装使用了现代化的电子显示、智能化调度、案前孔和线路查询系统；服务功能上，提供室内候车、IC 卡充值等便民设施。新建公交场站还体现了地铁、轻轨、出租车各种交通方式零距离衔接，以实现现代化公共交通模式。

公交虽然有了大的改善，但是公交还是存在以下问题：

① 由于公交线路布局不尽合理，缺少公交换乘场站，公交仍缺乏足够吸引力，出行比例较低。2005 年公交分担率仍然较低，仅为 15%，与国内同等城市相

比明显偏低(北京 27%,上海 25%,南京 20%)。

② 公交票价不合理,目前实行的公交 1 元和 1.5 元票制对于短距离的乘客来讲吸引力不大,而且换乘需要重新购票,导致了出行距离在 7 公里左右及以下的乘客和短距离换乘的乘客较少利用公交出行,多采用步行或者自行车。

③ 公交车车型较小,缺少大型公交车辆。市内运行的车辆大部分为中型车辆,车长一般为 10.5 米,不仅载客能力低,而且由于车内空间较小,乘客乘坐十分不舒服。

2. 出租车呈现饱和状态

天津市中心城区目前已注册的出租车总量在 30 055 辆,实际运营量约 3.2 万辆。出租汽车行业继续成为天津市公共交通系统的重要补充,年客运量达 3 亿多人次。出租车的主要特点体现在:

① 出租车拥有量偏高,已达到近 80 辆/万人水平,空驶率较高,占用道路空间大而运输效率低;

② 早高峰时间发车集中,与上下班高峰重合,交通压力增加;

③ 车型、排放标准低,大大影响城市环境。

(二) 轨道交通建设迅速

为了更适应城市土地利用、交通战略和经济发展的规划意图,并特别强调在规划、工程、运营、财政等方面的可实施性,以适应天津城市建设的发展战略要求。2005 年《天津市城市总体规划(2005～2020)》提出市域范围轨道交通主通道总长度约 980 公里。规划确定中心城区轨道交通线网规划方案为环放式结构,共由 9 条线组成,其中有 5 条放射线、2 条半环线(组成 1 条封闭的环线)、2 条外围半环线,线网总长度 235 公里,线网密度 0.54 公里/平方公里。

天津地铁布置线路呈放射状的直径线或半径线,该布线强化了核心城区的交通供给水平,兼顾中心城市其他城区的交通需求。1 号线自南向北穿过城市商业中心区,承担主要客流运输任务。2 号线穿过城市核心区,提高东西向及海河两边城区交通通行能力。3 号线穿过城市商业中心,提高南北向及海河两边城区交通通行能力。4 号线加强核心区与外围联系,增强核心区交通疏导能力。

5号、6号线主要是改善中环附近交通疏导能力,加强海河两边城区联系。7号线改善东南半环之间交通条件。8号线改善西北半环之间交通条件。9号线增加东部城区交通疏导能力,加强中心城区与滨海新区的联系,具体线路见图10—5所示。

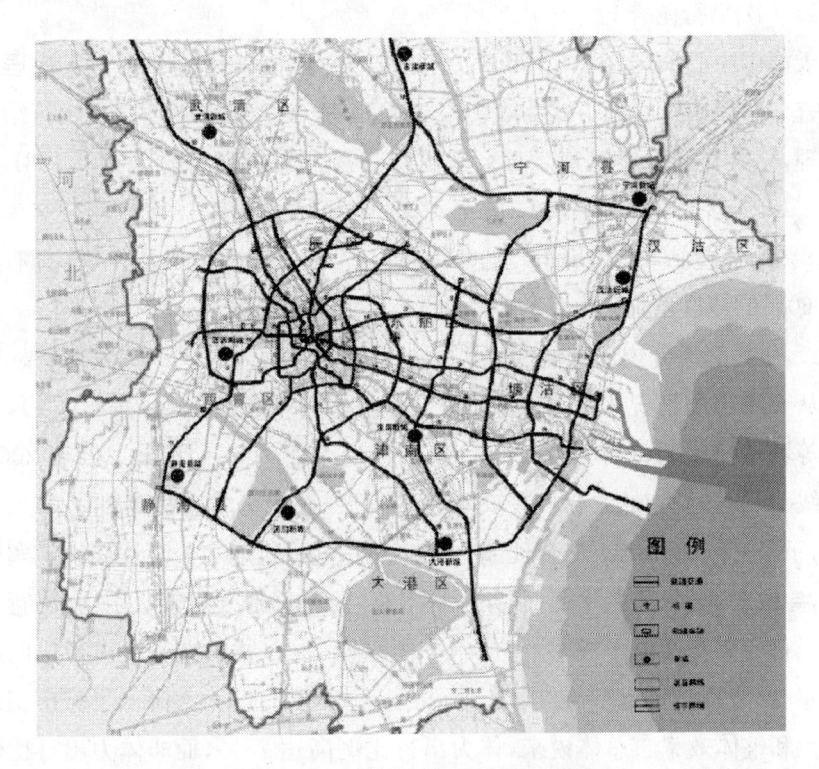

图10—5 天津市区轨道线网规划图

据有关部门预计至2010年,中心城区将建成轨道交通、2号、3号线及1号线和津滨轻轨线,其运营体系也进入了比较成熟的阶段,客流比较稳定,可基本形成天津市中心城区以快速轨道交通系统为骨干的交通网。此时,轨道交通日客运量将达170万人次,可占公交运量的35%左右,待5号、6号线建成后,预计高峰时客流将达54.89万人/次,其中轨道交通高峰出行人次17.27万人/小时,在整个公交出行客运结构中占49%。

二、居民出行方式与结构演变

居民出行方式动态变化

1. 4次出行调查

天津市中心城区在1980年、1993年、2000年、2005年分别做过4次居民出行调查。居民出行交通方式为表10—3所示:从表中可以看出,居民出行结构趋于合理,公共交通发展迅速。自行车出行与乘公交车出行的比例由1981年的81.3∶18.7到1990年为90∶10,至1993年为91∶9(其中1993年公交车出行比例9%中还包括3%的班车),2005年为31∶10。近两年私人小汽车拥有量以年均60%的速度增加。

2. 公共交通分担比重偏低

从天津市的情况来看,2005年公交分担率刚刚超过15%(表10—3),与国内同等城市相比还显得偏低(北京27%,上海25%,南京20%)。随着2005年公交线路、场站设施的改善和公交车辆的发展,公交分担率提高到了12%。但是,由于公交线路布局不尽合理,缺少公交换乘场站,加之公交优先设施实施不到位,导致车速慢、准点率低、服务水平不高,公交仍缺乏足够吸引力,出行比例较低。自行车交通由于成本低、使用方便,导致中心城区自行车出行比例高达50%左右,特别是自行车与机动车争道抢行、相互干扰,大大降低了城市交通的安全性和整体效率。总体说来,体力出行比例高达78%,而非体力出行比例约22%左右。

表10—3　居民出行交通方式

交通方式	2005年(%)	2000年(%)	1993年(%)	1980年(%)
步行	24.70	34.65	28.01	42.62
公交车	15.20	6.40	4.06	10.33
轨道交通	0.12	0.033	/	/
单位小汽车	1.03	0.648	/	/
出租车	2.50	1.69	/	/

续表

交通方式	2005年(%)	2000年(%)	1993年(%)	1980年(%)
私家车	3.10	0.56	/	/
自行车	47.60	51.00	60.48	44.54
助力车	1.90	0.48	/	/
摩托车	1.50	1.93	2.00	/
单位班车	0.80	0.60	3.05	/
其他	1.55	2.00	2.40	2.51
合计	100.00	100.00	100.00	100.00

3. 自行车出行比重过高

天津市自行车出行比例极高,这在全国也是不多见的。这里重点讨论天津市的自行车出行问题。由于自行车交通成本低、使用方便,导致中心城区自行车出行比例过高,到2005年底,中心城区自行车拥有总量达到500万辆,自行车是天津市目前的主要交通方式,出行比例超过50%。自行车出行中以上班、上学为主(二项合计包括回程占70%),因此早、晚高峰的集中度非常高,并与机动车出行的高峰时间重叠,与机动车互相干扰的矛盾相当突出,特别是在平面交叉口。

据调查,高峰小时非机动车流量超过5 000辆的机非混行路口机动车通行能力降低25%以上,而中环线以内主次干道交叉口高峰小时非机动车流量普遍已超过5 000辆,中心区130个主要路口中,有84个主要路口高峰小时非机动车流量已超过10 000辆。

自行车交通出行比例过高造成了城市混合交通问题十分突出,特别是自行车与机动车争道抢行、相互干扰,大大降低了城市交通的安全性和整体效率。

根据居民出行目的调查,从不同目的出行构成比例看,正常工作日上班出行比例最大,共17%左右,上学的比例也较大,为9%左右。从不同目的出行时间分布上,可以看出上班和上学的时间分布都比较集中,早高峰集中在上午7:00～8:00,晚高峰集中在下午5:00～6:00之间。

第四节　城市交通发展与城市功能区布局的协调配合

一、城市住宅建设规划与城市交通发展的关系

城市住宅建设

1. 城市房地产业快速发展，分布不均衡问题凸现

近年来随着我国各地房地产业的迅速发展，现已逐步成为国家宏观经济一大支柱产业，它的健康发展关联着各经济产业链条的稳健运转。自 2003 年以来国务院先后出台的 18 号文、两个"国八条"、37 号文等系列房地产市场调控文件中，都对住宅建设规划提出了明确的指示，各地政府也将住宅建设规划纳入"十一五"经济社会发展规划之中，明确了住宅建设规划的作用和地位。

目前天津市中心城区居住建筑发展不均衡，空间分异现象日趋明显。主要体现在城市西南部开发强度较高，东北部开发强度较低。从目前住宅建筑的分布来看，存在南北不均衡、东西不平衡的问题。现有住宅建筑多分布在海河以西地区和子牙河以南地区，其他地区难以成规模发展居住区，这就更加剧了全市居住建筑分布的不均衡态势，尤其是居住区远离就业岗位，更加剧城市交通的负荷。同时由于住宅市场化和区位地价的调节，居住的社会分异现象逐渐加剧，区域人群组成的不均衡和社会问题引人关注。

2006 年地铁 1 号线的通车对其周边房地产的发展起到了极大的促进作用，据相关调查显示，从 2006 年第 2 季度到 2007 年第 1 季度，地铁 1 号线沿线项目的价格均有较大程度的上扬，平均涨幅近 4%，几乎在售项目均有 100 元/平方米到 300 元/平方米的涨幅。随着天津道路交通建设的快速进行和放射性交通网络的形成，其对房地产业的提升作用将越来越明显。根据 2006 年天津市中心城区居民选择房屋考虑因素的抽样调查结果，居民在选择房屋时首要考虑"交通情况"因子；2006 年天津市消费者对 80~100 平方米的住房关注度最高。

2. 今后住宅建设的规划布局

面对上述问题，2006 年 11 月经市政府批准了《天津市住房建设规划

（2006～2010年）》。该规划在编制过程中，为了降低低收入者的居住成本，适度提高容积率以节约土地资源，重点考虑了城市公共交通引导建设保障性住房的问题。

在进行住房套型结构比例的分配时，在中心城区分别建立核心圈和中心圈，见图10—6所示。核心圈指和平区行政区＋河西区中环线以内的范围，其套型结构为小户型供应比例应略高。中心圈的范围以中心城区中部交通条件较好的主干路与快速路围合的路网环线组成，定义为红旗路＋黑牛城道东南半环＋卫国道＋红星路＋志成道＋西青道。中心圈层以内的地价房价较高，主要公建及配套设施在中心圈层以内，圈层以外至外环线地价级别相对较低。其中重点考虑公共交通（地铁）的影响力，中心圈与外环之间的地铁1、2、3号线附近区域小户型比例略高。中心圈与外环之间，快速路及主干道便捷，且生态及景观环境较好的地区，可适当增加大户型之比例。

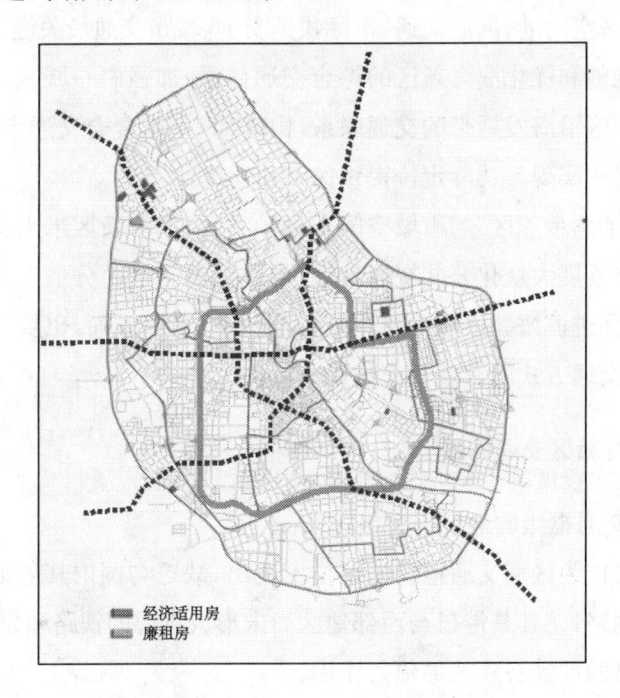

图10—6　天津市中心城区住房建设规划

目前天津市中心城区居住用地总量显著增加，居住环境明显改善，居住空间分异现象初见端倪。居住空间逐步向外扩散，由于受通勤距离和公共设施布局状况的限制，新建居住区主要集中在中环线与外环线之间。

二、城市交通发展与双核心建设的紧密关联

（一）城市交通与双核心建设的关联

随着天津市域一体化发展，完善"一轴两带三区"的市域空间布局，逐步形成双核心的空间格局，促进中心城区与滨海新区的协调发展，构筑分工明确的多层次空间结构。滨海新区的发展面临着如何从分散布局的功能区转向现代化的港口城市，而系统地梳理和整合滨海新区的综合交通规划是提升新区整体发展水平的重要一环，吴良镛院士在对滨海新区的总体规划进行咨询中特别指出，滨海新区的发展，海空两港、区域交通、市际快速交通、城市交通最关键。

因此要调整和优化滨海新区的综合交通体系，加强中心城区与滨海新区之间以及滨海新区沿海发展带的交通联系，构筑"T"字形复合交通走廊，为滨海新区的加快发展和实现其功能定位提供保障和支撑。

针对"一轴两带三区"的市域空间布局的实现，滨海新区未来交通模式发展一方面要坚持发展大众化公共交通运输，促进滨海新区由分散组团式布局向带状组团生长，促进滨海新区城市总体结构的塑造，另一方面，也要注重发挥小汽车、自行车等交通方式的有益补充作用。

（二）滨海新区交通问题

1. 区域交通枢纽的地位不突出

滨海新区作为区域交通枢纽的地位不突出，缺乏与国内其他地区直接联系的干线交通网络，尤其是港口与西部地区尚未形成直通的铁路和公路通道，从而削弱了港口对西部经济腹地的辐射作用。

2. 民航运输发展滞后

2005年天津滨海国际机场的旅客和货邮吞吐量与首都机场相比，分别为

1∶22和1∶15,航线航班少,客运量多年徘徊不前,全市每年约有50%的航空客流在首都机场进出港,天津民航运输的发展与城市地位极不相称。

3. 干线公路网结构不完善

高速公路和干线公路网结构尚不完善,难以支持城市区域职能的发挥。京津塘高速公路容量不足,难以满足京津之间发展要求;天津港对外集疏运高速公路通道不完善;环渤海高速公路尚未形成。

4. 道路交通供给与需求矛盾突出

滨海新区核心区道路网东西不畅、南北不通,港城交通相互干扰的矛盾仍比较突出。外围新区的路网密度较低,道路网中仍存在许多瓶颈路段。外围各组团对外及各组团之间联系通道的建设滞后,尚未形成以快速路和快速公共交通为主的快速交通走廊。道路交通设施总量的供应远低于交通量的增长需求。近10年来,道路面积年均增长率只有3%左右,而机动车年均增长率为10%~15%左右,供需矛盾日益激化。停车设施严重匮乏,停车供需矛盾十分突出。

5. 公共交通服务水平较低

津滨轻轨站点与公交、地铁等交通方式之间换乘不便。公交线网层次不清,功能不明确。线路网布局整体上较为零乱,市郊线路网、进出核心区线路网、外围区间联系线路网客运走廊重叠,相互功能不清,缺乏换乘枢纽的有效衔接。

(三) 滨海新区发展方向与布局

1. 发展方向

2006年《天津滨海新区国民经济和社会发展"十一五"规划纲要》发布,《纲要》指出滨海新区的功能定位是依托京津冀、服务环渤海、辐射"三北"、面向东北亚,努力建设成为我国北方对外开放的门户、高水平的现代制造业和研发转化基地、北方国际航运中心和国际物流中心,逐步成为经济繁荣、社会和谐、环境优美的宜居生态型新城区。

2. 空间布局

依据天津市总体空间布局框架,构建科学合理、效应聚集、城镇与功能区相配套、人口与资源环境相协调的布局体系。总体空间布局为"一轴"、"一带"、"三个城区"、"七个功能区":沿京津塘高速公路和海河下游建设"高新技术产业发展轴";沿海岸线和海滨大道建设"海洋经济发展带";在轴和带的"T"形结构中建设三个生态城区和七个产业功能区。三个生态城区为塘沽、大港、汉沽;七个产业功能区为高新技术产业区、现代冶金产业区、空港物流加工区、海洋产业及循环经济示范区、海港物流区、化学工业区和休闲旅游区。

三、京津塘高速公路成为天津城市空间未来发展主轴

(一) 京津塘高速公路产业带天津段

1. 京津塘高速公路的优势区位

1993年9月,京津塘高速公路建成通车。京津塘高速公路是中国利用世界银行贷款,按照国际标准设计、施工、监理的第一条跨省市、通向北京的高速公路。全长142.69公里,其中北京段35公里,河北段6.84公里,天津段100.85公里。京津塘高速的设计车流量是5万辆/日,但实际上已达到5.9万辆/日,最大流量已达到13万辆/日。

京津塘高速公路在中国若干条高速公路中,是创建高新技术产业带条件最佳的一条。因为它直接连接两大直辖市,其中北京是首都,中国的政治、文化、国际交流中心,而且在沿线140多公里上的城市里聚集着近百所国内知名的大型科研院所与高等学府,活跃着数十家具有相当实力及开发、创新能力的开发机构。而且,这条高速公路连接京、津、冀,140多公里沿线上有2个大型国际机场,直通中国北方最大的综合港口——天津港。它的建成为首都打开了通向出海口的快速通道,促进了京津冀以及华北地区的经济发展和对外开放,为华北地区乃至中国的政治、经济、文化的发展与交流起着至关重要的推动作用。

2. 京津塘高速公路沿线产业带

京津塘高速公路产业带天津段占全带总长70%,沿线经过武清县、北辰区、塘沽区等4个区县。随着京津塘高速公路的建成并开通运营,在天津段迅速形成以高新技术为特色的新兴产业带。天津段的高新技术产业带主要由以下几部分构成:以高新技术产业为主的沿高速公路开发带、以重化工业为主的沿海河开

发带、以出口和国际贸易为主的滨海开发带。到目前为止,已经具有较大的规模,取得了极为显著的成就,形成了8个各具特色相对独立的高新技术产业园区辐射点,构成了京津塘高速高新技术产业带状城市群,这些高新技术产业园见表10—4所示。

表10—4 京津塘高速公路天津段沿线主要工业、产业园区

序号	名称	规划面积（平方公里）	主要产业
1	武清高新科技产业园区	24.8	电子信息、新型材料、生物医药、机械制造、汽车及零部件等
2	逸仙园国际科学工业园区	10	电子工业、机械制造(汽车配件)等高新技术产业为主
3	天津北辰科技园区	17	韩国LG为龙头的机电制造产业、以中国天士力为代表的生物制药产业、以日本高丘六和公司为代表的汽车配件产业、以香港华润集团为代表的食品饮料产业、以德国可耐福为代表的新型建筑材料产业、以台湾正新轮胎为代表的橡胶制品产业等六大支柱产业群体
4	塘沽海洋高新技术产业园区	24.48	海洋高科技、复合新材料、机械制造、电子信息四大产业
5	天津经济技术开发区	33	以国际贸易为先导,以现代工业为基础,金融、商业、房地产业等第三产业协调发展的外向型、现代化、国际化的经济中心
6	天津港保税区	5	国家赋予保税区国际贸易、临港加工、物流分拨、商品展销四大功能,主要从事国际物流、加工制造、国际贸易、科技研发和商品展销等产业
7	天津港	100	天津港主要分为北疆、南疆、东疆、海河四大港区。已形成了以集装箱、原油及制品、矿石、煤炭为"四大支柱"、以钢材、粮食等为"一群重点"的货源结构,是环渤海地区规模最大的综合性港口
8	天津空港物流加工区	55	以高新技术制造业为主导,划分为保税仓储物流、高新技术产业区、商务服务区和商住配套区等功能区。根据产业布局规划,设有电子信息工业园、生命科学工业园、汽车零配件工业园、新材料工业园、高科技创业园等特色园区

(二) 对于京、津经济一体发展产生巨大促进作用

北京市与天津市相距110公里左右,两大城市在经济发展和产业结构等方

面各有特点,具有较强的互补性。以往由于旧观念束缚以及经济发展水平和交通条件的落后等制约,使得两个城市之间的经济联系一直停留在较低的层次上,不适应改革开放的需要。京津塘高速公路的建设,不论在发展区域经济的宏观上和京津运输通道的微观上具有十分重要的意义。该项目通过改善地区间道路交通条件,为加强京津两地发展经济合作关系,形成地区经济总体优势提供了良好的契机和重要的物质条件。具体表现在以下几个方面:

(1) 由于地区间道路交通条件的显著改善,使得天津港真正发挥了首都北京乃至整个华北地区重要海上门户的作用,加强了口腹关系。通过港口货物集装箱运输的发展,京津塘高速公路在促进北京市和天津市及其相邻地区的进出口贸易运输发展方面正在发挥重要的作用。

(2) 促进北京、天津两地间的旅游业发展,北京的政治、历史文化等人文景观和天津的海滨游乐度假旅游资源吸引着两市大量的游客。京津两市在发展旅游业方面的互补性,通过交通条件的改善得以充分发挥。

(3) 促进地区间商贸、服务业的发展,刺激第三产业的迅速发展。由于北京和天津经济发展水平不同,体现在物价、人均收入及消费水平等方面存在着一定差异,随着交通条件的改善,两地间人员往来的增加,出现了"北京赚钱天津花"的异地消费现象,据统计,目前每逢双休日北京市大约有 3 000 多人乘车通过京津塘高速公路到天津购物或旅游,从而在天津的一些大型商场出现了"北京人购物专柜",并呈现增长的势头。同时,这种京津经济一体化发展现象甚至也反映在天津的房地产业当中。通过京津异地消费的发展趋势促进了北京和天津市的商贸服务业的发展。

(4) 京津塘高速公路的建成开通极大地缩短了京津两市之间的距离,有力地促进了京津地区的经济融合进程。随着京津塘高速公路开通所带来的京津地区间的交通运输条件的极大改善,两市经济互相融合,互相渗透再也不是可望而不可即的事了,而随着两市之间经济的日益融合,必然会使该地区的资源配置更加优化合理,有利于发挥各地区之间的资源优势,从而更快地促进本地区经济的发展。目前,这融合势头已经初步出现,据有关资料显示,北京地区已经在天津经济技术开发区开办了 500 余家企业,其注册资金达数 10 亿元。另外,在 1997

年初,北京天津两市签订了《京津地区经济合作协议》,更大力度地促进了京津地区的经济融合进程。

(5) 京津塘高速公路建成开通,改善了天津港的集疏运条件,刺激了京津塘地区内部及其与华北、西北等其他地区之间的人员与货物的交流,导致了大批以高速公路为依托的运输业的发展,其中最典型的例子为:京津塘高速公路开通以来,大批京津间旅客运输公司的出现,以及目前具有良好发展势头的北京国际货流中心等。

(6) 北京、河北和天津对以京津塘高速公路为载体的科技纽带发展十分重视。沿京津塘高速公路的科技园区总面积1 976.13平方公里,2002年国内生产总值达2 157亿元,以占京津冀9.07%的面积创造了约占京津冀GDP的14.3%。2003年首届"京津塘科技新干线论坛"举行,主要议题是沿京津塘高速公路的区域创新体系建设、区域经济发展政策、产业优势与协作、人才市场与金融合作等。通过建设京津塘科技新干线这一举措,加强沿线各区的合作,形成区域集群的分工效应、结构效应和规模效应,提高区域综合竞争力,使京津塘科技新干线成为代表高新技术产业发展方向的新干线。

(三) 沿京津塘高速公路走廊已成为天津城市主要发展方向

2006年国务院批准了《天津市城市总体规划(2005~2020年)》,确定新的市域城市空间布局,将京津塘高速公路走廊作为城市主要发展方向,提出了"一轴两带三区"的市域空间布局结构(图10—7)。

- "一轴"是指由"武清新城—中心城区—滨海新区核心区"构成的城市发展主轴,明确了京津塘高速公路的城市发展方向;
- "两带"是指由"宁河、汉沽新城—滨海新区核心区—大港新城"构成的东部滨海发展带,以及由"蓟县新城—宝坻新城—中心城区—静海新城"构成的西部城镇发展带;
- "三区"是北部蓟县山地生态环境建设和保护区、中部"七里海—大黄堡洼"湿地生态环境建设和保护区以及南部"团泊洼水库—北大港水库"湿地生态环境建设和保护区。

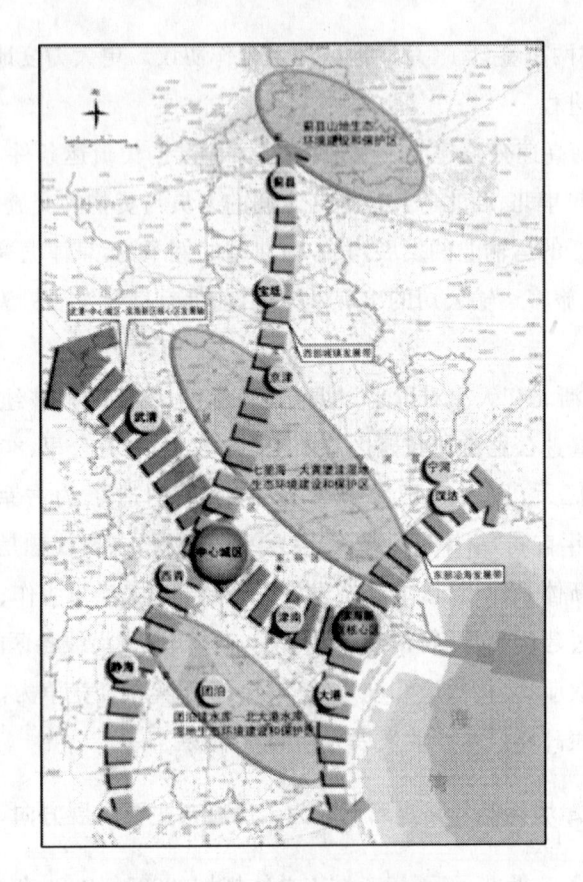

图 10—7　天津市总体空间结构图

第五节　轨道交通对天津城市空间结构的影响

一、轨道交通网规划布局

(一) 加快轨道交通网建设

1. 轨道交通对于特大城市的重要作用

轨道交通具有便宜、大众化、准时的特点，在城市承受着巨大交通压力和密集人口重负时，轨道交通有利于疏散市中心过于集中的人口，因而在现代城市建设中,轨道交通占据着重要的地位。天津市经济增长加快了城市化进程,随着城市辐射力增强,带来了大量的人流和物流,对城市交通提出了更高的要求,轨道交通就是城市发展到一定水平而出现的,虽然投资巨大,但轨道交通的建设反过来对拉动城市经济增长、市民交通消费水平又有推动作用。轨道交通的发展不仅提升沿线土地价值,而且带动车辆、基建等相关行业的发展。

2. 近期规划目标

《天津市城市总体规划(2005~2020年)》确定全市规划轨道交通线网长度980公里,其中中心城区轨道交通线网长度230公里。

天津轨道交通线网规划起步较早,天津市轨道交通始建于1970年,是中国第二个建设地铁的城市。至1984年建成通车7.4公里,1985年《城市总体规划》中规划了由3条射线和1条环线构筑总长为106公里的快速轨道线网。1997年为适应城市发展,在《城市总体规划》修编时对轨道交通线网规划进行了调整,提出了由7条放射线组成全长为154公里的快速轨道线网。

2001年5月底,总投资69亿元的天津地铁1号线被国家计委立项,2006年6月投入运营。目前地铁1号线总长度为26.188公里,另外津滨轻轨一期工程已建成通车,由中心城区中山门至天津经济技术开发区泰达体育中心,全长约46公里。近期将建设2、3、9号线(其中9号线指从天津站至津滨轻轨始发站中山门站)(图10—8)。地铁沿线及其周边1公里左右的辐射范围内,住宅、商业、办公等诸多业态的经营和建设,都直接或间接地受到了地铁效应的影响,形成以地铁为核心的空间区域格局。

(二) 形成地铁商业圈和居住圈

1. 地铁商圈

随着地铁1号线建设的不断深入,天津市的"地铁商圈"一期规划也基本成型。按照规划,地铁1号线沿途将陆续建成22个大型商业设施,总建筑面积达100多万平方米。预计到2007年底,这些商业设施将全线竣工,将形成一个时尚而便捷的"地铁商圈"。

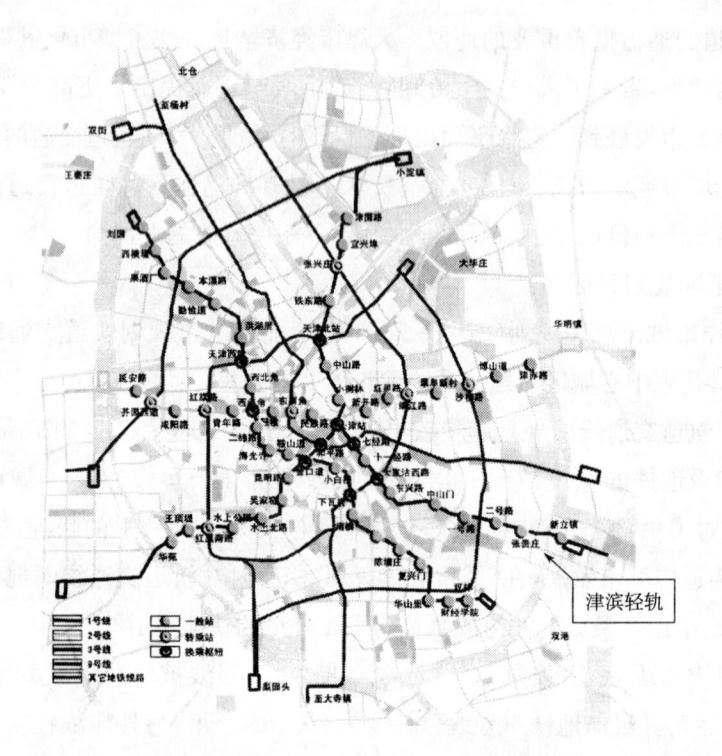

图 10—8　天津市中心城区轨道系统近期建设规划图(2、3、9 号线)

  天津市地铁 1 号线全长近 27 公里,沿途的商业氛围与地铁通车后形成的巨大人流,为商业发展创造了良好的生存条件。地铁 1 号线沿线商业的打造主要规划有 3 点:第一,与传统商业圈结合的地铁商圈;第二,两条地铁交汇形成商圈;第三,具有特色商业布局规划的新兴商圈。目前有 5 处典型的商业圈。

- 小白楼站地段定位休闲娱乐
- 二纬路地段定位便民商业
- 营口道地段定位高档商务
- 鞍山道地段定位电讯科贸
- 海光寺地段定位餐饮、购物休闲

2. 地铁居住圈

地铁对房地产市场的影响，集中体现在对"市区"概念的延展、放大和稀释上。地铁将缩小市中心和郊区的通勤时间、通勤成本差别，地铁开通后，市中心和非市中心的交通时间差将淡化，使地铁线附近尤其是原先较偏远地区的有效需求放大，从而一定程度上降低对市中心房的需求量。

地铁的贯通，最直接也最明显的效应是使人们出行更为便利，另外不可量化的便是其形成的综合"地铁经济效应"，尤其对于房地产开发商而言，比如客流的增加使周边的商业繁荣，交通、商业的改善将带动地价的升值。

地铁的开通将对天津房产业带来如下影响：

① 影响开发商的空间选址。交通的便利是项目开发首选的重要因素，例如友谊路的拓宽延长，对南部梅江开发以及外圈的发展，无疑是一种带动。

② 地铁的贯通将影响购房者的选址观念。从居民角度看，房价与出行时间是反比函数关系，交通时间成本越低，房价越高，这当然也就会涉及人们工作单位的选择。

③ 促使CBD区域延伸范围进一步扩大。城市CBD区一般交通较发达，人口密集，地铁开通能使人群分流，对城市中心区的交通与地产开发有进一步推动作用。

④ 中环和外环区域房地产开发（地铁周边几公里）将提高吸引力。地铁的开通将大大提高土地的利用强度，周边地带的土地升值是无可置疑的，市民买房的思路也将超出外环线范围之外。

⑤ 由于地铁的建设，沿线部分地区会面临拆迁问题，拆迁居民的住房需求，将拉动现有商品房的销售，另外地铁沿线的房地产项目将不同程度地全面受益（除了CBD以外），地铁的开通将加速其商品房的销售。地铁对楼市影响最大，特别是对地铁两端居住区房价的拉动。

⑥ 地铁大大促进了房地产业的发展，形成一系列地铁居住圈（表10—5）。

表 10—5　地铁 1 号线沿途主要的新建居住小区

地铁位置	地铁站	居住小区	建筑面积(万平方米)	所在地铁站
北段	刘园、西横堤、果酒厂、本溪路、勤俭道、洪湖里站	首创瑞景	47	刘园站
		奥林匹克花园	7	
		燕宇艺术城	28	刘园站与西横堤站之间
		鸿运园	12	
		富山东晶	16	
		翡翠城	60	
中段	西站、西北角、西南角、二纬路、海光寺、鞍山道、营口道站	新春花苑	16	西北角站
		富力城	72.42	
		城南新世家	32.4	西南角站
		方正中心大厦	0.9	
		摩登天空	7	二纬路站与海光寺站之间
		格调故里	5	
		华门明筑	6.2	
		天赐园	3	海光寺站与鞍山道站之间
		金厦中恺国际	10	
		诚基中心	20	鞍山道站与营口道站之间
		和记黄埔综合项目	20	
南段	小白楼、下瓦房、南楼、土城、陈塘庄、复兴门、华山里、财经学院、双林站	麦收国际公寓	3.1	下瓦房站与南楼站之间
		富裕广场二期	16	
		恒华大厦	8.2	
		国豪大厦	10	
		中豪世纪花园三期	17.2	
		复兴之门	7	复兴门站
		海天馨苑	42	双林站
		四季馨园	20	
		金地格林小镇	53	
总计		1 号地铁线总长度 23.7 公里	539.42	

(三) 小结

天津地铁1号线已经建成，2、3、9号线已经开始建设。已建成的1号线是津城东南至西北方向的主干线；在建的2号线贯通津城东西；3号线是西南至东北方向的主干线；9号线从天津站直达滨海新区。这4条线路形成了全市全方位的地铁交通网络。

4条地铁线全部建成后不仅使市民出行更加舒适、安全和便捷，还将带动未来城市发展格局的一系列改变：地铁将强化城市核心区、市区边缘及大型居住区之间的联系，改变人们的居住观念，疏解市中心区人口，促进中心城区边缘的发展，形成合理的城市土地利用布局；地铁线将提升沿线和两端的土地价值，带动各大传统商圈和新商圈升级改造，地铁站内的商业网点和沿线地面上的写字楼、酒店等现代服务业将分享到庞大的地铁客流；健全的地铁交通网络，还会相应使市民减少开车出行，促进城市环保。

二、快速路建设优化城市空间布局

(一) 建设快速路系统，形成城市道路网络骨架

经过"九五"的建设，天津市的城市建设和社会经济发展进入了新的发展阶段，尤其是"三、五、八、十"战略目标的提前完成，天津城市的空间布局发生了很大的变化，130万居民迁入新居，城市用地拓展迅速，城市人口规模也在不断增长，居民出行特征、交通时空分布特征等都出现了许多新的变化。

1. 快速路建设的必要性

首先是中心城区内环线以内核心区的居住人口持续下降，就业岗位增多；中环与外环线之间地区的人口持续增加，居民出行总量和出行距离都有了较大幅度的增长。特别是向心交通特征导致穿越内环和中环线的交通比例逐年提高，加上中环、内环及主要放射线原有交通负荷，使得"三环十四射"交通压力持续增长，据调查，每天高峰时间约有70%左右的交通量需要"三环十四射"承担，这些主要道路已不堪重负。从2000年开始，天津市中心城区交通拥堵情况进一步加

剧,除自行车流量仍保持早晚两个高峰外,机动车流量几乎全天(早7时至晚22时)处于高峰状态,并且在空间上呈现出饱和路口、路段越来越多的特点。2002年市区130个主要路口的平均机动车交通流量达4 624辆/小时,比2000年增加了13.6%,外环线的主要路口已超过1万辆/小时,市区部分主要路口已达8千辆/小时以上,城市路网交通负荷大幅度增加。

其次是城市规模的扩大、外围组团的发展和高速公路的建设,需要有连接中心城区、外围城镇组团与高速公路之间的快速通道。快速路对缓解城市中心的压力,促进城市沿着交通走廊向外发展将起到十分重要的作用。

第三是城市规模的扩大、外围组团的发展和高速公路的建设,需要有连接中心城区、外围城镇组团与高速公路之间的快速通道。快速路对缓解城市中心的压力,促进城市沿着交通走廊向外发展将起到十分重要的作用。

图10—9 天津市快速路系统规划图(2005年)

2. 快速路系统的规划方案

天津市快速路工程是天津历史上规模最大的基础设施工程。快速路规划建设按照市委"高水平是财富,低水平是包袱"要求,坚持科技创新,努力打造国内一流、国际领先的市政基础设施工程。

天津市中心城区快速路系统规划实施方案由两条快速环路、两横、两纵快速通道和两条快速联络线组成,全长约220公里(图10—9)。

快速环路——全长约50公里,位于外环线与中环线之间,距中环线平均2公里,距外环线平均3公里,规划的快速环路为全封闭、全立交、控制出入的城市道路,设计车速80公里/小时。高峰小时通行能力9 000辆(标准小汽车),全天通行能力100 000辆(标准小汽车),沿快速环路绕行一圈只需40分钟。快速环路与快速路、铁路以及城市道路相交,共设互通立交16座,平均间距3.0公里;分离式立交及跨河、跨铁路桥梁或隧道20座。

两横——北横和南横。北横通道全长13.1公里,红线宽60~85米;南横通道全长24.2公里,红线宽50~80米。其中穿越核心区路段,采用隧道形式。

两纵——西纵和东纵。西纵全长24.3公里,红线宽50~70米。其中穿越核心区路段采用隧道形式。东纵通道全长22.2公里,红线宽50~140米。

两条联络线分别长5.0公里和8.4公里,红线宽50~70米。

3. 快速路系统的5大子系统

快速路系统建设在规划、设计、建设和管理方面体现系统的整体要求,通过快速路的建设,同时建成道路工程、快速公交、智能交通、生态景观和综合服务5大系统工程。

道路工程系统是路网骨架的载体。快速路系统由两环、两横、两纵、两条联络线组成,全长220公里,设置31座互通式、20座分离式立交和10座下穿地道,通过优化设计实现功能完善的道路工程系统。

快速公交系统使快速路的功能得到充分的延伸,服务范围更为广泛。快速公交线路基本沿快速路系统布设,配备高标准大容量专用客车,运送速度为30~35公里/小时,运送能力1万~2万人/小时,将形成网络功能清晰、线网衔接合理、乘客出行便捷、现代化功能齐全的国内一流水准的城市快速公交系统。

智能交通系统是快速路和快速公交系统功能发挥作用的重要保障。智能交通系统是以信息通信技术将人、车、路三者紧密协调、和谐统一,而建立起的大范围内、全方位发挥作用的实时、准确、高效的交通管理系统。

生态景观系统是实现生态型快速路的主要标志。**快速路两侧绿化宽度各10～30米**，形成点线结合、动静结合、冷暖结合、绿水结合、三季有花、四季常青的生态景观效果，构建生态环境优美的快速路交通空间。

综合服务系统是体现以人为本、服务优先的重要设施。沿线规划设置不同规模和类型的服务区，提供包括停车、加油、检修、餐饮、住宿、健身、商品零售等服务。

(二) 建设快速路系统，优化城市空间布局

1. 快速路提高了城市道路网络整体的通行能力，缓解城市中心的压力

天津快速路建设之前，由于道路建设滞后，快速路、主干道、次干道和支路在规划路网结构、规模和等级匹配上不合理；道路建设上缺少大容量的机动车快速通道，地区联系薄弱，设施整体水平不高。快速路系统作为道路网骨架具有提高城市交通可达性，分解交通需求层次，缩短城市时间距离，完善内外交通衔接，扩大城市辐射力等功能。快速路的服务对象为中长距离的机动车交通，与城市主要的高速公路进出口连通，快速集散出入境及跨区的机动车出行。

天津快速路系统的建设从根本上解决平交路口造成的**拥堵情况**，避免机动车与非机动车流的相互影响。快速路的建设提高了城市道路网络整体的通行能力，缓解城市中心的压力。

2. 快速路将城市各功能区连接起来，促进城市沿着交通走廊向外发展

快速路建设是城市规模的扩大、外围组团的发展和高速公路的建设，需要有连接中心城区、外围城镇组团与高速公路之间的快速通道。**快速路对缓解城市中心的压力，促进城市沿着交通走廊向外发展将起到十分重要的作用**。所以快速路系统建设是城市内部各功能区（如中心商业区、工业区、文化区、居民区）之间、功能区与城市周边新城之间的快速连接通道，实现城区内部、城区内外之间的快速沟通，促进城市沿着交通走廊向外发展。快速路的建设实施，是促进城市社会经济环境的可持续发展、提升人居环境质量和保证"三步走"战略顺利实现的重要载体工程，是建设现代化港口城市的需要，是实现客畅其行、物畅其流、车畅其路的基础（图10—10）。

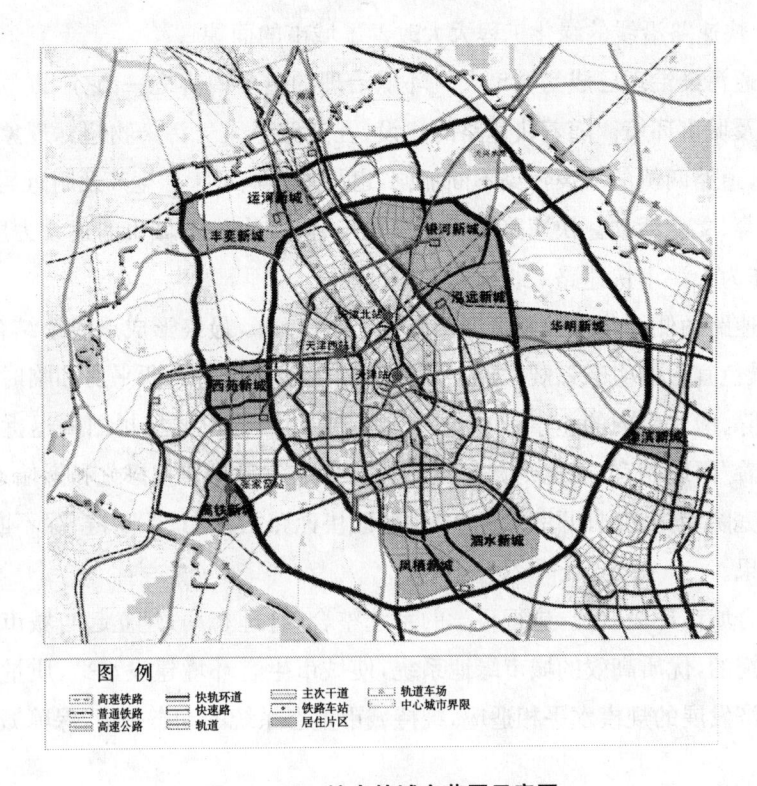

第十章 天津市城市交通发展与城市空间结构

图 10—10 扩大的城市范围示意图

3. 快速路的修建涉及大量的房屋拆迁,盘活了沿线大量的土地

天津快速路系统建设缓解通行压力,也为房地产升温铺设基石。天津快速路建设房屋拆迁面积达到 253.6 万平方米。新交通带动沿线不动产因为交通对居住者的工作、生活、就医、就学、购物、娱乐等诸多方面都会带来更大的方便,贯通城市多个区域的快速路沿线也就成了房地产投资的新热点,沿线房地产价值的上涨业已体现出来。例如新咸阳路的拓展和地铁的经过,就已经把原先鲜有人问津的"西北板块"迅速激活。瑞景居住区等一些楼盘项目因为道路和大配套水平的提高,其土地平均价格比周围高出许多,但这些楼盘在认购期的销量和销售速度竟然比大多数市中心项目要翻上一番。从认购时的每平方米 2 000 元左右到如今的单位售价直逼 4 000 元。

4. 快速路沿线的绿化工程大大改善了城市的面貌

交通污染治理已成为城市大气环境治理的主要内容之一,它严重危害了人体健康及城市环境。随着快速路的建设,在道路上大气污染物超标现象就表现出来了,道路两侧的噪声污染不断加剧,也严重影响了工厂生产及附近居民的休息和教育、文化活动。快速路沿线的景观工程,加大生态城市的建设力度,美化津城,作为天津市快速路系统建造的一部分。

快速路两侧绿化带控制宽度两侧各10～30米,最终形成点线片结合、气势宏大、景色宜人的生态景观大道。环路两侧规划绿化带内所平房和临时建筑将全部拆除;绿化带内的企事业单位、乡镇企业和居住户要按规划腾退拆迁或搬迁。本着"因地制宜、能宽则宽"的原则,还要大力开展垂直绿化和拆墙透绿,推进沿途庭院绿化,充分开辟绿色空间,保证快速路沿线"景不断链、绿不断线"的景观效果。

结合城市环境状况,进行科学的系统整合,合理布局,建立起与城市发展规划相匹配的、优质高效的城市绿地系统,使城市生态环境建设水平、质量与城市社会经济发展的规模水平相适应,维持城市生态系统的动态平衡,保障城市可持续发展。

5. 快速路对中心区的重要作用

快速路系统建成后,与城市的主干道系统相连接,疏散了中心区的人流和车流,缓解中心区交通压力,因而它极大地改善了中心区交通拥塞、不断恶化的状况。快速路与中心城区市区的各个大型功能区相串联,使这些地区的更快发展建设成为可能,天津要向国际化港口大都市迈进,快速路的建成,为它创造了必要的条件。

参考文献

1. 曹伯虎:"智能快速路构建天津中心城区交通大动脉",《天津建设科技》,2005年第1期。
2. 范小勇:"天津滨海新区综合交通发展战略思考",《综合运输》,2006年第10期。
3. 方明:"推进京津塘高速公路高新技术产业带建设加快建成中国北方经济中心",《经济论坛》,1997年第1期。
4. 菁雅:"'十一五'交通大发展助天津腾飞",《天津建设科技》,2006年第4期。

5. 吕婧:"天津近代城市规划历史研究"(武汉理工大学硕士论文),2005年。
6. 《天津市住房建设规划(2006~2010年)》,天津市政府,2006年。
7. "天津市开发区分布图"。天津市国土房管局政务网(http://211.94.192.68/Lists/List1/DispForm.zaspx? ID=1801)2007.5。
8. 《天津市城市总体规划(1996~2010年)》,1996年。
9. 《天津市城市总体规划(1986~2000年)》,1986年。
10. 《天津市城市总体规划(2005~2020年)》,2006年。
11. 《天津市中心城区综合交通规划(2003~2020年)》,2003年。
12. 《天津市滨海新区综合交通规划(2006~2020年)》,天津城市规划设计研究院,2006年。
13. 《天津市中心城区综合交通规划——道路交通现状分析报告》,天津市城市规划设计院,2003年。
14. 《天津市中心城区控制性详细规划(2000~2005年)》,2001年。

本章执笔人:王国良、曹伯虎、李刚

第十一章

大连市城市交通发展与城市功能区布局

第一节 大连市城市空间结构变化

一、大连市城市发展

1. 大连市概况

大连市位于中国东北地区南部,地处辽东半岛顶端,南隔渤海海峡与山东半岛相望。大连全市包括所辖郊县(北三市)、大连市区和辽宁省唯一的海岛县——长海县三个组成部分(图11—1)。其中北三市包括庄河市、普兰店市、瓦房店市。大连市区包括主城区、新城区、金州城区、旅顺城区四个主要城市组团。

主城区包括市内三区(中山区、西岗区、沙河口区)、甘井子区(含高新技术产业园区)、新城区包括大连经济技术开发区(含开发区、保税港区、出口加工区、双D港等)、金石滩国家旅游度假区两个基本空间单元。

2005年大连全市总面积12 573平方公里,总人口565万人,其中非农业人口317万人。大连市区总面积2 074平方公里,人口260万人,其中非农业人口约200万人。

大连市属副省级市,总体经济实力和经济发展水平在中国东北地区名列前茅,2005年生产总值达2 152亿元。人均生产总值达38 000元,居中国东北地区首位。

制约大连未来城市化走向的重要城市规划包括《2001~2020大连市城市总

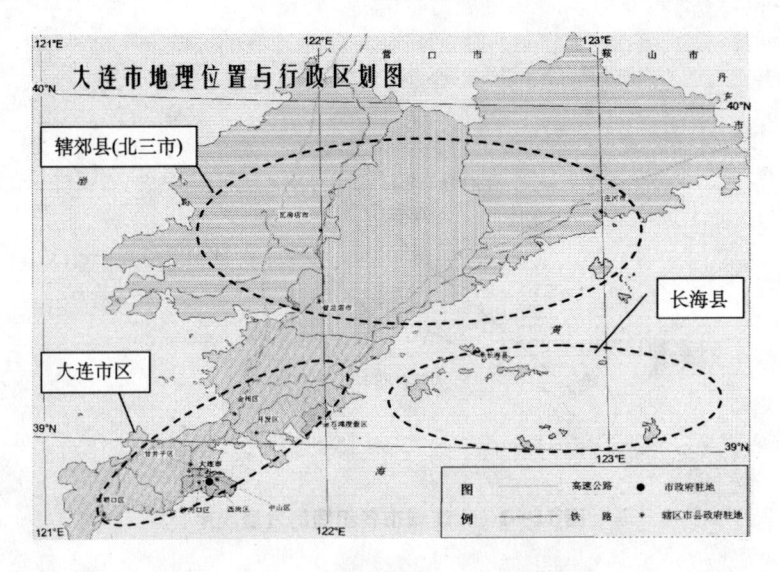

图 11—1 大连市地理位置与行政区划图

体规划》①,以及《大连城市发展规划(2003～2020 年)》②。由于两部规划编制的指导思想、原则,以及侧重点不同,两部规划在实施时相互补充。

2. 大连市区空间结构与形态演变的特征

大连市现今城市空间结构和形态的形成是很多因素相互作用的结果。在相当多的因素中,空间开发的次序因素占有重要的地位。

从大连市区来看,真正有现代意义的城市发展开端在金州城区(图 11—2)。

金州 1216 年得名,1843 年道光皇帝设立金州厅,强化设防,开始了现代意义上的城市设施建设。但是后来旅顺口防务地位的提高,再加上金州湾还没有比较好的建港条件,金州发展逐渐失去了基本动力。到 2005 年金州城区常住人口 24 万人。

旅顺口原名狮子口,1371 年得名旅顺口。由于旅顺口区的地理位置十分重

---

① 中华人民共和国国务院,国函[2004] 9 号,2004 年 1 月 20 日。本规划按照城市总体规划的基本理论原则编制完成,以下称此规划为"2001～2020 城市总体规划",简称"01 规划"。

② 大连市人大常委会 2004 年 9 月通过,按照"区域规划"思路编制完成,以下简称"03 规划"。

大连市城区各组团的发展次序示意图

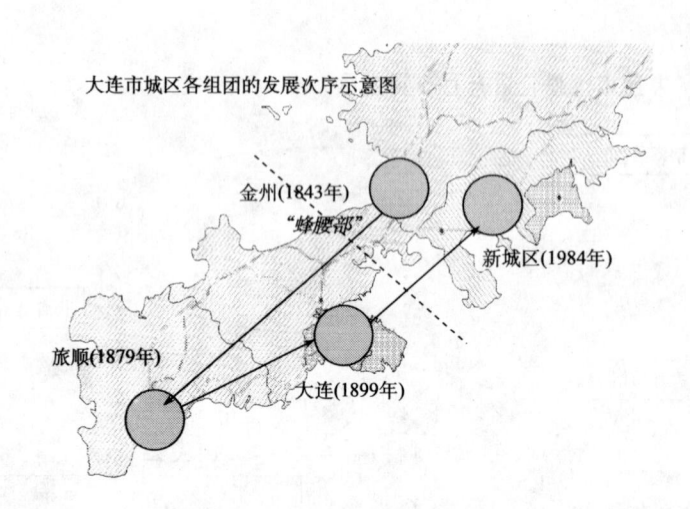

图11—2　大连城市各组团的发展次序

要,1715年康熙在旅顺口附近设立水师营。1879年,光绪帝派李鸿章在旅顺筹建海军,从此旅顺开始了现代城市建设。但后来由于旅顺口特殊的军事地位,城市经济发展、人口增长速度一直比较缓慢,逐渐被后来靠商港迅速发展的大连远远超过。2005年旅顺城区常住人口仅11万人。

大连市内三区位置原来属于一个叫"青泥洼"的小渔村。1898年3月27日,李鸿章与沙俄在北京签订《旅大租地条约》。根据条约,1899年8月11日,沙俄宣布建设大连自由港(达尔尼),大连从此"开埠",这个时间也被称为"百年大连"起点。到1903年末,人口发展到4万多人,建成区面积4.25平方公里。1905年在中国领土上爆发了"日俄战争",以沙俄战败而告终,大连城市建设也从此进入了日本统治下的持续40年的"关东州"阶段。到1919年建成区人口达到10万人。1930年,人口达到28万人。1945年日本投降时人口达70万人,建成区面积45.7平方公里。2005年城区常住人口173万人,建成区148平方公里。

大连新市区,原属金州区的一部分,属于相对落后的沿海农村地区。1984年大连市在这里设立了大连经济技术开发区,使得这里的城市经济迅速发展。几经扩展,在2005年规划面积由初期的马桥子乡、湾里乡、大孤山乡,扩展到包括董家沟镇、大李家镇、得胜乡、新港街道在内的7个乡镇街道，总规划建设面积达到500平方公里，城市后备用地资源比较丰富，按照大连未来的新市区进行规划建设。2005年城区常住人口16万人，外来暂住人口20多万人，建成区48平方公里。

可见，从城市不同组团的开发次序看，大连市注定应当选择"多核心"的空间形态。

除了以上历史原因外，制约大连市城市形态还有许多其他特殊因素：

首先，金州与大连、旅顺之间的"蜂腰部"最窄处仅4公里，成为新老城区的自然分割屏障。"蜂腰部"附近交通、基础设施流量很大，形成道路管线密布的"基础设施走廊"。

第二，根据大连市可建设用地条件，在旅顺半岛（指"蜂腰部"以南地区）虽然有1 124平方公里总用地面积，但是坡度大于25度、高程超过60米的区域占3/5，这些用地属于禁止城市建设的"永久山林地"。在剩下的2/5用地中除去已经完成城市建设的用地区、军事管制区、自然保护区等，可供城市开发的用地已经十分有限。因此主城区的拓展空间不足，需要在新城区方向寻找新的发展空间。

第三，港口为中心的"城市年轮"特征，形成城市包围港口的态势（图11—3）。

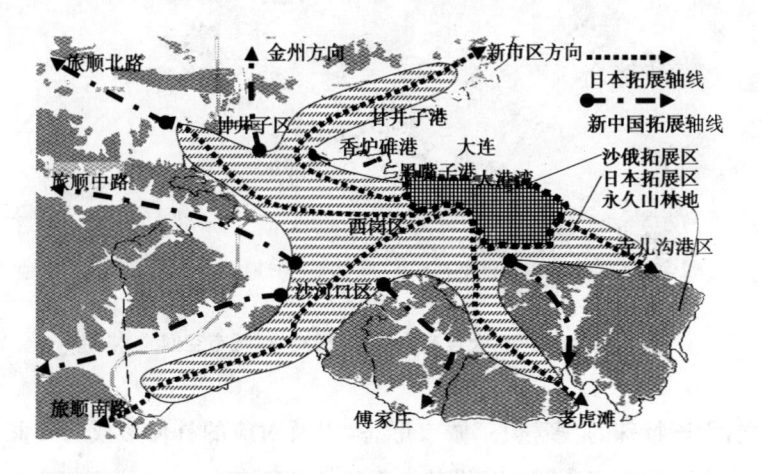

图11—3 大连"立市"以来主城区拓展"时空模式"示意图

主要考虑对外贸易需要围绕大连湾开发的商港,没有综合考虑当今世界"临港工业"的用地问题。城市的中央商务区、居住区紧靠港口发展,不但直接造成港口设施本身用地不足,港口配套的仓储用地更是十分紧张。因此,需要在距港口西部 8 公里以外的革镇堡、南关岭一带建设配套仓储区,通过疏港路联系港口和仓储区。这不但造成不必要的"短途运输",使港口的竞争力下降,更使城市内部交通压力剧增。至于当今倡导的"临港工业"更是因为用地问题而无从谈起了。所以在不得已的情况下,目前的寺儿沟港区已经逐渐退港还城,未来大港区也面临同样的问题。

第四,港口作为大连市的"立市之本",在围绕大连湾建设的港口群逐渐失去其应有竞争力的情况下,城市扩展也不得不选择新的港口支撑区域,寻求城市的发展(图11—4)。从大连市的港口资源情况看,城市的扩展还会产生更多的"新"组团。城市和经济建设会由当前繁荣的主城区,近期逐步向新城区转移,最后逐渐扩展到其他港口支撑发展区。

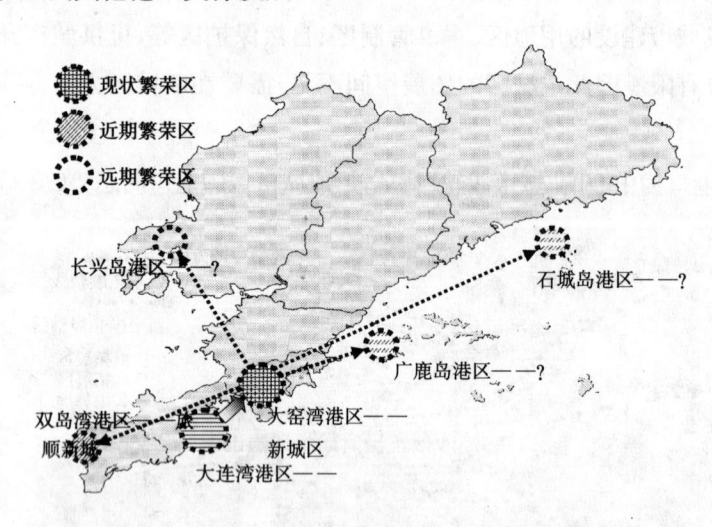

图11—4 大连市未来"港口支撑"城市空间

总之,大连特殊的"多核心"城市形态,以及对应的具体形成历史和现实条件,决定了大连城市交通网络建设的内部规律性特点。

二、建市以来大连市改善城市功能的主要举措

1. 建市以来城市规划的制定和实施

大连主城区自规划建设以来,大致经历了4次系统的城市规划。

(1)"沙俄规划"。1899年,沙俄占领时期的大连市市长萨哈罗夫组织编制的大连商港和城市规划方案,于1899年9月28日通过。规划采用欧洲的"道路—园广场"城市交通网络风格,突出港口优势的发挥,特别是"港—路—市"的协调一体化。"沙俄规划"的实施奠定了大连市东部(中山区)的城市发展雏形。"沙俄规划"起点比较高,提出向巴黎看齐,充满浪漫色彩(图11—5)。

图 11—5 沙俄统治时期规划建设

(2)"35规划"。日俄战争之后,大连被日本侵占,在日本最初统治时期仍然实施"沙俄规划"。到了1930年,由于城区人口达到28万人,与原来的规划已经很不适应了,便着手收集详尽的资料,编制新的规划,规划编制时间历时5年。日本考虑在华"可持续"占领,规划超前展望到1976年。规划特点:考虑日本向中国移民的需要,弱化了港口作用;强化城市的工业职能;道路规划存在一定问

题,东西向、南北向道路都有问题;功能分区比较明确;规划的动态预见性比较明显。规划正式颁布于1935年,又称为"35规划",是一部比较系统的规划。但是这部规划还没来得及有效实施,日本便集中精力进行全面侵华战争去了。

(3) "80规划"。在1945年日本侵略者战败后,大连重新回到祖国人民的怀抱。但是由于种种原因,一直到1979年改革开放初期,期间除了1958年进行过"大跃进"式的规划之外,几乎没有什么像样的城市规划,再加上日本统治时期的"35规划"也没有得到有效实施,大连城市发展基本上处于无序状态。改革开放以后,1979年着手编制城市规划,历经几年的努力,形成了规划方案,于1985年5月4日经国务院批准通过。到这个时候新中国时代的大连才真正有了一部自己的城市总体规划,来指导全市的城市建设。"80规划"是一部承上启下的系统规划,对于大连市的城市健康有序发展起到了巨大的推动作用。城市定位准确,发展思路比较科学,执行也比较严格。规划确定的城市性质为:港口、工业、旅游中心;功能分区明确,用地与设施采用定额严格控制。"80规划"存在不足主要包括:第三产业规划、基础设施规划,以及规划必要弹性、城市发展速度估计等问题。

(4) "90规划"。由于城市发展太快,1989年规划区人口就达到了2000年预计控制指标,不得不调整"80规划",而编制"90规划"[①]。"90规划"性质属于"80规划"的充实、调整和完善。重点明确几个概念和范畴,例如,大连市12 573平方公里;大连城市规划区2 414.96平方公里(金州以南);大连城市中心区(城区部分);大连新市区(开发区)。当然重要的是本次规划正式提出"组团城市"规划的思路。但是由于规划调查研究的时间短,加上严格执行有关规范的"硬"约束,造成规划的弹性不足等诸多问题。

本着科学发展的态度,大连编制并付诸实施的"80规划"和"90规划",即使还存在一些认识上、实施上的偏差,但是城市发展和建设还是走上了比较健康的轨道。这两部规划在改善城市交通方面采用以下基本措施,效果比较明显。

第一,城市功能分区明晰并逐渐趋于合理。通过"80规划"和"90规划"的实

---

① 1990年12月20日大连市政府批准实施。

施，极大地改变了改革开放以前的城市区混杂的局面。引入城市土地经济理论，借助房地产开发过程，优化了城市空间结构，改善了城市的总体功能。

第二，大窑湾港口群的发展，尤其是对外贸易发展，有效分担了大港区的对外运输量，减少了主城区的货物过境运输压力。按照城市总体规划的安排，1984年在距离主城区33公里远郊区的马桥子建设了一个外贸出口加工区，确立为用地20平方公里、人口15万人的经济技术开发区。同时，在经济技术开发区附近的大窑湾开工兴建年吞吐能力为8 000万～1亿吨的国际深水中转港，并把它确定为我国四大国际深水中转港之一。大型港口和经济技术开发区相结合，逐渐发展成大连市城市空间结构框架中的"新城区"。

第三，在主城区内部道路交通条件改善方面，以挖潜道路通行能力为主要方向。主要措施包括采用经济措施限制自行车、摩托车发展，打通城市"卡脖子"路段，改造高峰阶段塞车严重的平交道口，以及单向行车道设置、智能信号灯的安装等。

第四，正式编制和启动大连市城市轨道交通规划。基于大连市城市用地条件、城市空间结构特点，采用地上为主的快速轨道交通网络作为连接城市内部各主要功能区以及功能组团之间的高速交通网络。根据发展的现实需要，1990年代末着手新建快轨"3号线"，改造和拓展"1号线"和"2号线"。

2. 企业搬迁与用地结构优化

为治理工业污染，改善城市环境，1995年，大连市按照城市建设总体规划要求，开始有计划实施企业搬迁改造。按照"90规划"，到2000年完成了地处市区的100多户工业企业的郊区异地搬迁改造。其中包括当时属于国家大中型企业的40多户，腾出厂区土地面积200多万平方米。

搬迁改造的重点：① 市区内产生严重工业污染的化工、医药企业。对当时大连油脂化学厂、催化剂厂、油漆厂、第一有机化工厂、化工实验厂、第二制药厂等企业完成整体搬迁。到2000年，市区内化工、医药企业生产中产生的污染基本消除。② 一些处于工业企业较为集中区的企业，从土地的区位属性考虑，按照最佳用途调整土地用途。例如位于南部地区的大连轧钢厂辅条分厂、第十三塑料厂、服装机械一分厂、曙光精密铸造厂等企业已完成搬迁，老厂址建成一个新的住宅区;位于五一广场区域的大连麻纺织厂、印染厂、针织厂等企业搬迁后在老厂址形成一个新的商贸和住宅区;位于东部地区占地55万平方米的大连染料厂的分期搬迁完成后,老厂址将形成一个商贸、旅游和高标准生态型住宅区。③ 处于商贸、金融区的企业,考虑级差地租的作用,完成用地置换。例如,位于市中心区的大连渤海啤酒厂、呢绒服装厂、制衣总厂和位于三八广场区域的大连佳地针织厂、制笔工业总厂、第二塑料厂、第二仪表厂完成搬迁,有效地拓展了城市CBD,使全市的服务功能进一步完善。④ 位于南沙河口工业区的大连重型机器厂、大连起重机厂等,考虑企业技术改造、拓展空间的困难,结合当地文教区、住宅区的扩展需要,利用土地价格杠杆,在房地产开发商的参与下也顺利完成了搬迁工作。

通过不同类型城市内部企业的搬迁改造,到目前为止基本消除了城市内部不合理的土地利用空间结构问题,优化了城市内部功能区,特别是使得各个功能区趋向"规模化",为城市快速交通网络的构建提供了必要的基础条件。

3. 开发区等多个产业园区建设

在当前我国加速工业化、现代化建设的阶段进程中,工业的发展无疑对增强城市的总体实力、解决劳动力就业、政府财政收入等多方面起到决定性作用。在信息技术和现代物流快速发展、国际分工日益细化、中小企业与大型企业并存的宏观背景下,使得企业投资的区位选择在尽可能追求内部规模经济最佳的同时,更重视对外部规模经济的研究,所以产业集群化、工业园区化是各类企业布局的必然选择。截止到2003年年底,大连市已经具有一定开发规模的各类功能园区98个,其中位于主城区、新城区附近的功能园区共28个(图11—6)。

伴随着工业园区建设,主城区人口在空间分布上也出现了"逆城市化"现象(图11—7)。图中采用1988年各乡镇街道人口总数与2002年人口总数进行比较,从图中可以明显看出,城市中心区人口减少,近郊区人口增长迅速。

总之,经过了改革开放以来多种优化城市功能的有效措施的落实,大连城市综合功能日趋完善。

第十一章　大连市城市交通发展与城市功能区布局　　351

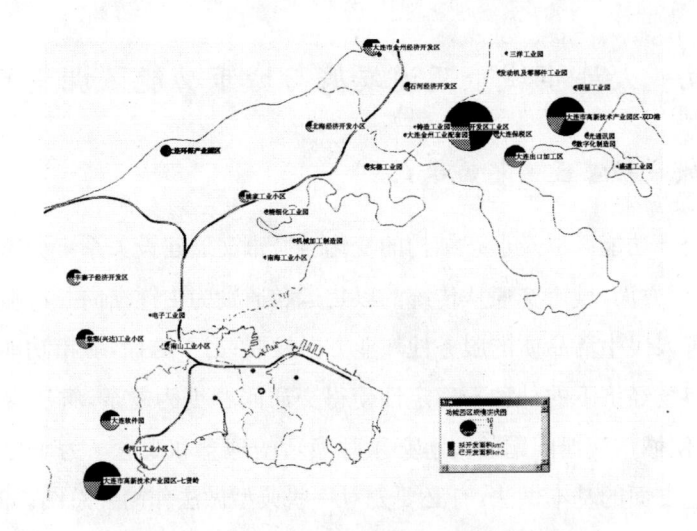

图 11—6　大连市周边重要功能园区分布专题图

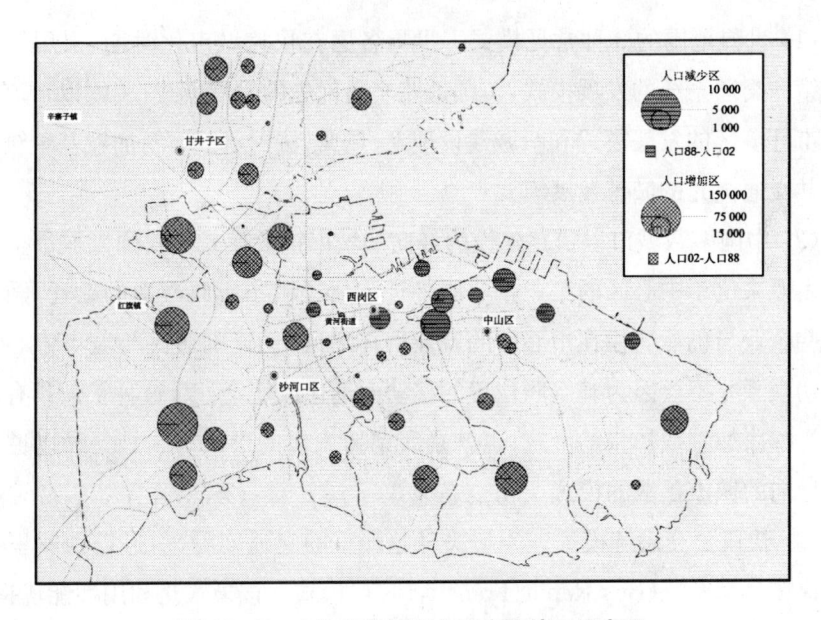

图 11—7　大连市主城区人口变化情况示意图

第二节 大连市城市交通发展与城市功能区调整的协调

一、城市功能区调整的模式

城市内部功能区以及形态结构的变化与城市交通建设关系十分密切。从大连市来看,一方面,城市交通从传统的以货运和通勤为主逐渐向一种振兴城市经济以及改善人民生活品质的服务性产业方向发展;另一方面,城市功能与结构的变化以及市场经济下的种种不确定性使得交通问题更为复杂,解决交通问题更为困难,迫使城市交通问题的缓解必须呼唤新的理念和观念。为了更好地总结大连市在这方面的基本做法,有必要先对一些典型做法作简要总结。

当前,城市交通发展与城市功能区调整协调研究的主流观点有以下4个方面。

(1) 世界范围的3种常见模式。世界各国在快速城市化时期,采用了不同的城镇和交通系统的发展模式:美国道路交通优先的发展模式;英国以干道来划分城市环境区的发展模式和新城建设理论;瑞典、法国、日本、新加坡基于轨道交通公共交通优先的城镇发展模式。

(2) 中国多数城市以道路建设为导向的城市扩散模式。我国大城市空间扩散先由原来位于中心区的工业企业的外迁和居民由于市政改造的动迁开始,由于这些企业与仍然居住在中心区的就业群体之间、动迁的居民与城市中心之间的密切联系并不会因为其空间位置的移动而迅速改变,所以,这种扩散具有明显的中心膨胀加轴线扩张的形式,也就是所谓摊大饼的形式。这是一种以道路建设为导向的城市扩散的模式。

(3) 快速公交系统模式。为解决日趋严重的交通问题,引进巴西库里蒂巴市的快速公交系统(Bus Rapid Transit,BRT)模式。该模式是利用性能优良、尺寸增加、空间优化的公交车辆,利用公交专用道(路)与公交信号优先,整合常规公交与轨道交通优势的一种经济、快速、舒适的现代公交方式。

(4) 公共交通导向式的土地开发模式。鉴于美国为首的一些土地资源相对丰富的国家,大都市的发展采用低密度城市蔓延,依靠小汽车作为主要的交通工具,造成的交通堵塞、长距离通勤、空气污染、中心城区衰退的不良影响后果,以新城市主义代表人物之一凯尔茨诺普(Calthorpe)提出了解决方案——公共交通导向式的土地开发(TOD),以解决城市交通问题,而且可以以此为基础形成紧凑型的网络化城市空间形态,避免城市摊大饼式地蔓延,最终使城市和乡村建立起一种共生、共融的关系。

二、大力提高大连现有城市建成区道路通行能力

作为城市建设用地十分紧张的城市,大连市交通用地同样面临巨大压力。大连市采取的做法首先是以必要的措施,尽可能全面挖掘现有的城市内部交通潜力。

1. 大连在全国较早地进行"单行道"设置

大连市从1985年开始尝试实行道路单行的做法。经过多年的摸索,到1995年开始大规模推广实施"单行道"。到1998年9月,市区444条宽6米以上道路有103条实现了"单行",占全部道路的22.7%。"单行道"总里程达54公里,占365公里城市道路的14.83%。道路综合通行能力提高25%以上。

大连市的道路交通管理者考察欧美和亚洲发达国家交通管理的经验做法,结合大连区域内支路发育比较成熟,成方格网状分布,相隔间距近,易于沟通,可以有效减少绕行距离的实际,摸索出了大连特色的单行道路规划经验:配对设置,有去有回,在最近距离内实现单行往返,确保路口通行效率;牺牲局部利益,不给公交车考虑专门单行车道,确保单行道上车辆以每小时60公里左右速度行驶(图11—8)。

2. 采取有效措施限制自行车、摩托车数量

从全国看,大连市民总体上对于自行车的使用一直很少;同南方许多城市比较,虽然城市居民的收入对于购买摩托车来说,也没有什么问题,但是大连市始终没有"摩托车时代",这主要是因为地形起伏较大的特殊原因。正是因为这种因素,很大程度上提高了机动车的通行速度。实际上,从全国的城市看,大连市的城市机动车道路行驶速度应当属于比较快的,反过来使人们更愿意乘坐公交

车出行(表11—1)。

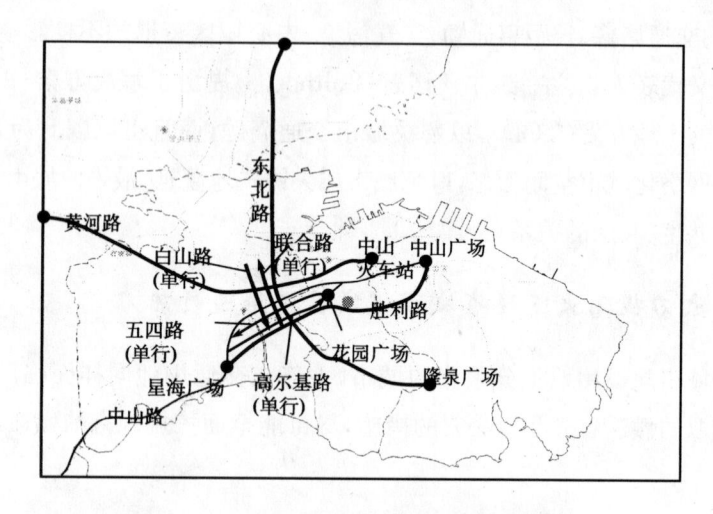

图11—8 大连市典型"单行路"设置示意图

表11—1 大连居民出行情况问卷调查

上班出行方式(第一人)			学生出行方式		
方式	合计	%	方式	合计	%
(1)自驾私家车	28	11.3	(1)自驾私家车	15	8
(2)公交—不转车	73	29.4	(2)公交—不转车	40	21.4
(3)公交—转车	54	21.8	(3)公交—转车	30	16
(4)城铁—转步行	3	1.2	(4)城铁—转公交	0	
(5)国铁郊区车—公交车	3	1.2	(5)地铁—转公交	3	1.6
(6)单位班车	35	14.1	(6)单位班车	6	3.2
(7)出租车	3	1.2	(7)出租车	0	
(8)自行车	13	5.2	(8)自行车	14	7.5
(9)步行	36	14.5	(9)步行	79	42.2
小计	248	100		187	100

市政府控制自行车摩托车的主要办法:摩托车牌照停发,报废一辆减少一辆;自行车给出路不给方便,划自行车通道尽可能往人行道上考虑,逐渐萎缩自

行车群体,实现大交通。

3. 拓宽"阻滞""或者"卡脖子"路段

为确保城市交通大动脉畅通,解决市内交通拥挤问题,在市内交通拥挤的要害部位修架桥隧,使市区一些重要路段形成立体交通格局,大大提高了车辆通行能力,缓解了交通堵塞状况。

香炉礁高架立交桥是大连历史上规模最大的城市基础设施建设工程之一。1987年3月破土动工,1988年9月全线竣工,是中国当时最大的城市立交桥。

胜利桥是大连市区交通干线桥,位于中山区上海路中段,跨越大连火车站编组站,南起长江路,北至胜利街,始建于1899年,为木结构桥。1908年拆除重建,由德国人设计,结构形式为米兰式钢筋混凝土连续5跨实腹无铰拱桥,是中国早期为数不多的钢筋混凝土桥。1909年3月完工,改称日本桥。1945年后改为现名。全长108.6米,宽16.4米。2005年为了打破长期以来城市交通南北不畅的问题,在原桥的西侧平行建设了造型相似的另外一座桥,打通了长期以来的交通瓶颈。

市内其他重要的打通"卡脖子"路段的工程还有菜市桥、白云隧道、椒金山隧道等关键工程。

除此之外,为了加快交通路口的通行时间,还修建了多处人行过街天桥或者地下通道,对于通过交通路口的车速、机动车转弯位置等也作了多处精心设计。

三、强化现有功能组团之间的快速公交线路建设

1. 普通公交客运、货运快速路建设

现代城市快速路主要特点是交叉路口及红绿灯少,允许的行车速度快,是城市基本功能组团之间的快捷通道。大连市主城区的快速交通骨架(图11—9):

中山路:大连市区东西交通大动脉,东起中山广场,西止黑石礁。横跨中山区、西岗区和沙河口区。始建于1899年,建成于1914年(中山广场至马栏河桥段)。1928年开通有轨电车,1974年拆轨翻建。1985年从马栏河桥扩建到黑石礁(中山路西段),全路延至黑石礁。全路将全市的金融中心、商业中心、政治中心、会展中心连为一体,形成一道最靓丽的城市风景线,堪称大连"第一路"。虽

然作为快速路,但是目前受到平交路口过多,交通信号灯密集的限制,车速很难提高。

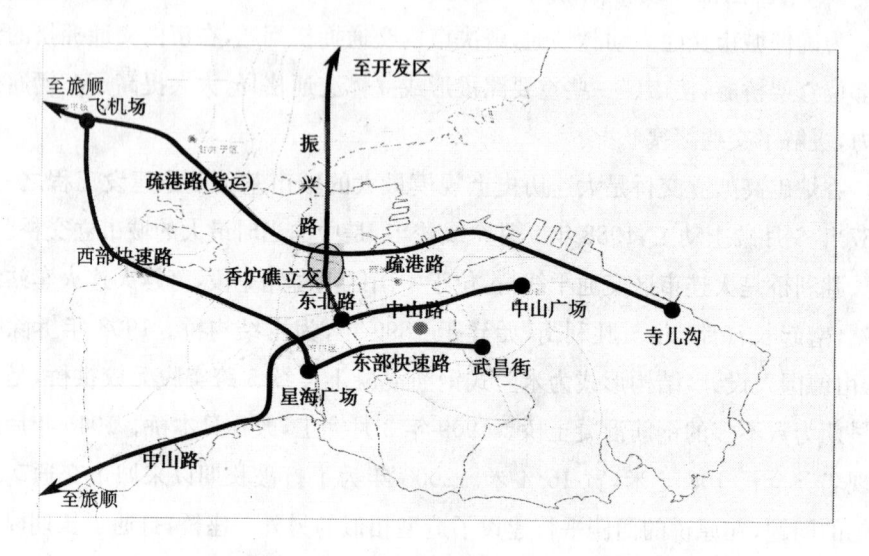

图 11—9 大连市主要快速路分布图

东北路—振兴路:1995年8月15日开工,1996年11月28日竣工通车。可以称为大连市真正的第一条全封闭城市快速路。位于市区北部、与大连经济技术开发区、沈大高速公路相接。全长22公里(不含东北路南段),东北路北段工程全长10.5公里。南起香炉礁高架立交桥北匝口,经金家套居民区、大连造船新厂,跨过大连铸钢厂、大钢集团,穿越椒金山,绕过石灰石矿,横跨泉水河,与华北路交接。有大小桥梁12座。车行道宽26米,全封闭,全立交,双向6排道,设计时速80公里,日通车能力6万辆。在东北路北段工程建设的同时,改扩建了与之相连的振兴路。扩建工程全长11.5公里,其现代化程度与东北路北段工程相同。这条城市快速路的建成,不仅保障了进出市内车辆的畅通无阻,而且将新老市区连为一体,行车时间缩短一半。

东部快速路(胜利路):大连市区东西交通快速道。东起外国语学院前麒麟巷,西止马栏河胜星桥。横跨中山区、西岗区和沙河口区。与主干道延安路、解放路、长春路、东北路、联合路、白山路等相交。

疏港路：大连市区货运交通大动脉。大连市城市道路建设史上规模最大、投资最多、一次建成最长的道路。1996年以前，大连市来往于海港与市区北部的陆路货运交通，要由市中心穿过，由此造成的堵车，已成为制约大连经济发展的老大难问题。疏港路即疏通海港、陆路交通之路，是中国首条将海港与高速公路连接起来的快速公路（图11—10）。它的建成，大大改善了市区交通不畅的不良状况，加快了城市建设步伐。该路于1994年9月开工，1996年11月全线竣工通车。

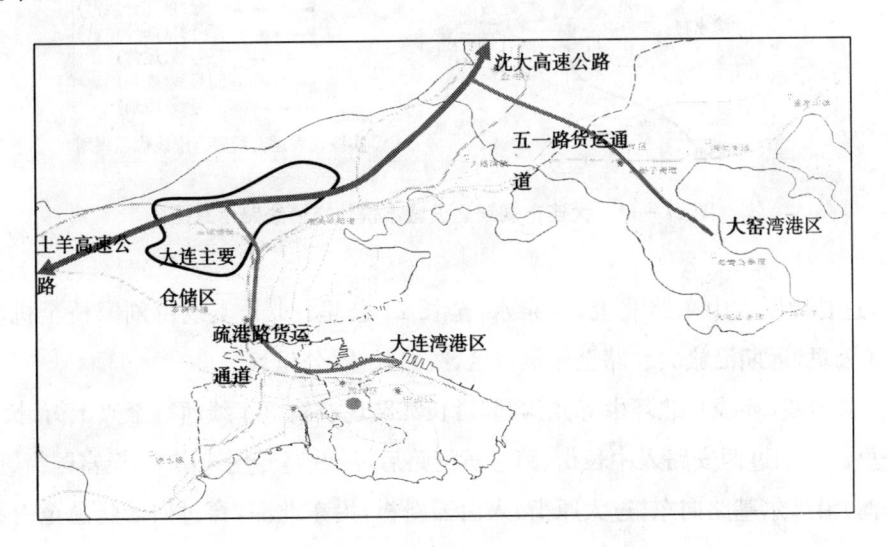

图11—10 主城区、新城区的快速货运通道

2. 城市快轨的规划与建设

大连快轨规划源自"80规划"的城市地铁规划。由于大连市特殊的地形和地质构造特点，考虑到建设成本以及现有轨道交通（有轨电车）情况，在"90规划"中调整规划为建设地面行车为主的快速轨道交通方案，来解决主要城市组团之间的快速交通问题。大连市"2001～2020规划"建设主要线路（图11—11）。规划轻轨交通线网总长193公里，其中主城区部分线路长95公里，路网密度0.51km/km²。

1号线：由河口经黑石礁，沿中山路西段、西安路、华北路，由刘家桥入促进

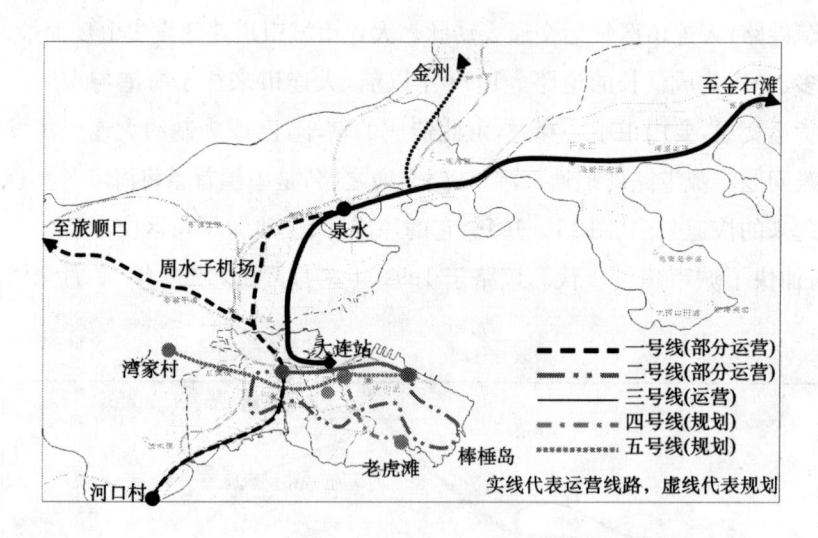

图 11—11　大连市规划建设城市快轨交通线路示意图

路,过甘周路入山东路北上,至泉水,全长 21 公里。1 号支线由刘家桥至机场 5.4 公里,远期沿旅大北路至旅顺口区,线路长 45 公里。

2 号线(环线):北环由寺儿沟起,沿长江路现有轨电车线西行至兴工街,长 8 公里。远期过西安路入中长街、跨过黄河路后,沿铁路专用线南下,至富国街(星海湾)沿高尔基路向东,过太原街,入白云新村,沿东北路,穿过白云隧道至南石道街(森林动物园)。向东走石葵路、跨过解放路,经石葵路东段至中南路,经棒槌岛景区后,穿过山屏街隧洞,至华乐街、寺儿沟站与北环相接,长 16 公里。环线全长为 24 公里。

3 号线:由大连火车站北上,沿东北路,经泉水新区、大连湾,至开发区、金石滩。全长 50.3 公里,规划远期由中华广场延伸至金州区支线,线路长 25 公里。快轨 3 号线于 2003 年末正式投入运营,从而将开发区、保税区和金石滩国家级旅游度假区与主城区连为一体。为了完善其功能,加强金州区与开发区和市区的交通连接,拉动金州区的经济发展,推进新市区建设,2005 年年初,快轨 3 号线开发区至金州续建工程也开工建设。线路全长为 14.288 公里,全部为高架线路,全线配备 16 列快轨车辆,计划 2007 年竣工通车,届时,金州只需 45 分钟就可直达大连市区。

4号线：由老虎滩沿解放路北上至青泥洼桥，全长7.5公里。

5号线：由王家屯入长江路，经海港入人民路、中山路、五一路，经解放广场入黄河路、红旗路至湾家村，全长16.6公里。

城市轨道交通带动城市多元化发展。市内有轨电车线路的改扩建以及快轨的通车，使城市轨道交通在运送乘客的同时，也在诸多方面给我们的生活带来了变化。随着轨道的延伸，带动了城市现代元素的活跃。轨道交通大大地拉近了城市各个角落的距离，拉近了主城区与新市区的距离。城市轨道交通成为连接城市风景的纽带，星海公园、东海公园、金石滩……这些著名的旅游景点，乘坐轨道交通都能方便到达。同时，轨道交通自身也成为了一道独特的风景，大连许多旅行社把轨道交通线路作为旅游景点，推荐给海内外游客并大受欢迎。"TOD"模式利用轨道交通引导城市发展，使公交站点成为本地区的枢纽，临近公交站点进行高密度、综合性开发。在轨道交通发展之后，带动了城市周边的地产发展，使这一矛盾得到有效缓解。

交通便捷的场所，往往是众商家趋之若鹜的宝地。近几年，在有轨电车以及快轨周围形成的新兴商业圈，已经展现了其浓郁的商业价值。轨道交通不仅给沿线的商家带去了源源客流，而且无形中扩大了商圈范围，带动西安路商圈、二七商圈、和平广场、开发区商业等的繁荣发展。

3. 城市快速公交系统BRT工程

大连市快速公交系统工程（兴工街至张前路）建设项目，位于大连市兴工街至张前路沿线，全线长约14公里，设立13个站点，14个站台，见图11—12。工程预算为3.36亿元。单辆车里最多容纳200余人，日发送旅客20 000多人。快速公交线路示范工程对大连市的发展具有重要意义，其建设对社会环境影响主要体现在以下几个方面。

解决泡崖区居民出行难问题。快速公交线路的修建，不仅可以解决泡崖区居民出行难问题，而且能促进泡崖区的开发。

解决华北路交通拥堵现状。目前与快速公交系统工程并行的常规公交线路19条，其中5条线路（9路、3路、6路、405路和412路）走向与BRT线路基本一

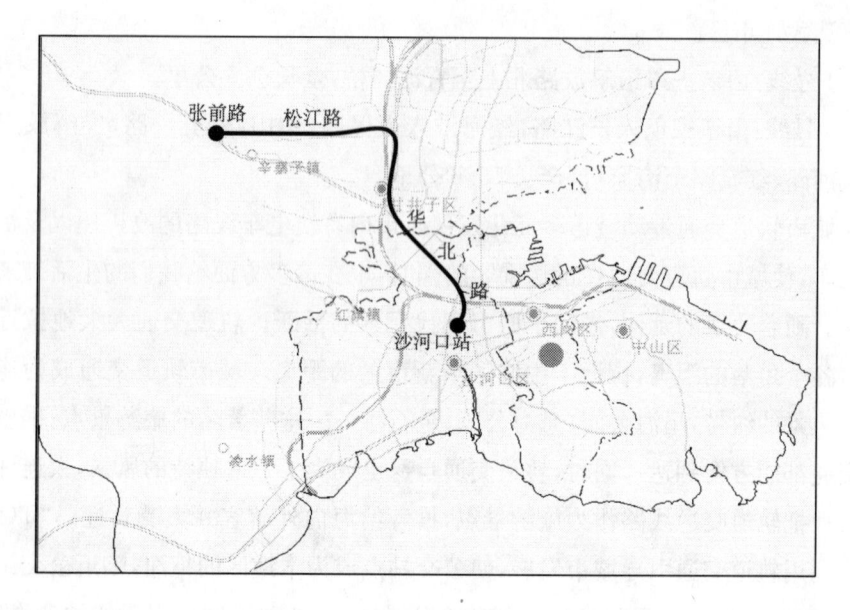

图 11—12 大连 BRT 路由示意图

致。尤其是在华北路上,公交线网、车站在局部路段过密,车辆停靠车站时过于集中,形成公交车"穿串"现象,不仅乘客上下不方便,而且对道路资源占用多,严重干扰社会车辆运行。快速公交系统工程建成后,常规公交线路会做相应调整,以发挥快速公交的骨干线路的作用,同时使得道路资源得到整合,进而使得华北路交通拥堵问题得以缓解,这也是快速公交优势的一大明显体现。

发展绿色交通,提升大连形象。快速公交系统采用新型环保车辆,新型车辆耗能低、排放低;拥有路段的专有路权,避免了拥堵时反复的加减速和停车,有效地减少车辆的废气排放。

四、重点通过企业搬迁和功能园区建设寻求最佳的协调方案

从大连看,解决城市交通问题手段有 3 个:一是"头痛医头、脚痛医脚"式,例如大连市的城市建成区道路通行能力的"全面"挖潜即属于这种解决方案;二是各功能区之间的快速通道建设方式,例如大连市的快速公交线路、轨道交通建设等;三是通过企业搬迁和功能园区建设,促进城市功能区空间结构调整,优化城

市交通量,这应当属于解决城市交通问题的根本方式,在这方面大连市有许多值得总结的经验。

大连的企业搬迁可以总结为以下的典型搬迁——通勤模式(图11—13)。

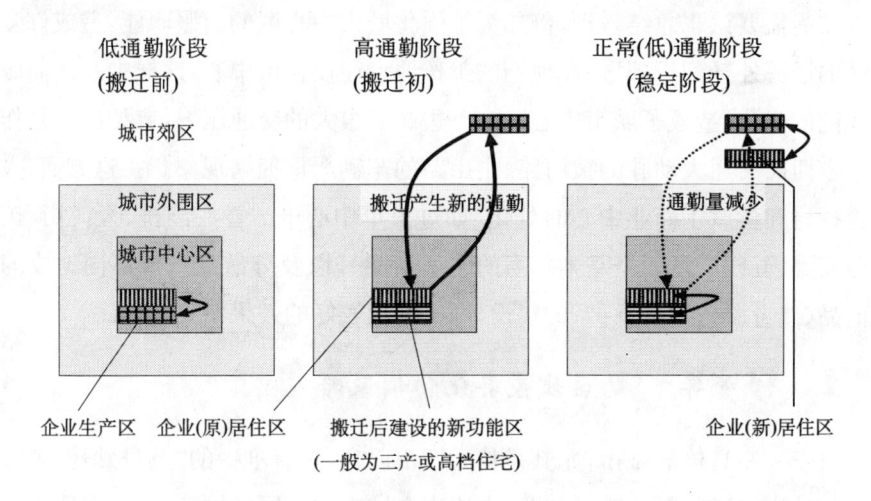

图 11—13 大连市典型搬迁——通勤模式示意图

在企业搬迁前,企业生产区和居住区都位于城市中心,居民上下班一般步行即可,在路上花费很短的时间。许多企业事业单位都是以这种方式在空间上存在,所以整个城市来看交通量也不大,此时处于低通勤阶段。从全国来看,计划经济阶段的"企业办社会"基本上属于这种情况。

在企业搬迁初期,首先企业陆续向城市郊区迁移,原生产区一般建设新的商服或者住宅功能区,但与企业相关的居住区(家属院)并没有跟随前移。由于企业员工以及家属仍居住在城市中心区,而生产区在郊区,由此产生新的集中时间的"钟摆式"通勤。此时,由于通勤距离较远,通勤量大,对城市公共交通产生很大的压力,属于高通勤阶段。一般解决方案是通过"企业班车"来解决。

当搬迁的企业进入稳定的盈利经营阶段,以及大量相关企业不断通过优惠的园区政策发展成一定规模的企业集群的情况下,就会吸引住宅开发商前来在附近建设商品房屋,以及相应的商服业、社会服务业设施,园区内部的从业人员就近解决了居住问题,从而降低了搬迁初期的通勤量。

总体来看,大连市的企业搬迁、园区建设同步性方面是比较成功的,对于减缓城市内部交通量,解决交通问题起到重要作用。但是另一方面,有些搬迁类型和方式尚需要认真总结教训,例如为了强化城市中心区的商服职能,造成许多中心区的居民外迁到近郊区,而他们的工作地点往往在市中心,这样中心区商服专业职能的强化,造成了城市中心区——边缘区很大的交通压力,典型的就是作为全市东西向交通大动脉的黄河路、中山路的车辆严重拥堵现象。在这方面,大连市也探讨和尝试了商业中心的分化(如过去单中心——青泥洼桥、天津街,扩展为西安路、五四广场两个基本相当的主要商圈),以及分散到城市不同地段的专业商品(或者服务)"一条街"的建设,都收到比较好的效果。

五、"多管齐下"的区域差异化协调策略

对于一座具体的城市,尤其是特大城市而言,没有唯一的"灵丹妙药"来解决所有的城市交通问题。正因如此,大连市在城市的不同地域范围内,采取不同的策略,通过"多管齐下"达到缓解交通压力的目的。

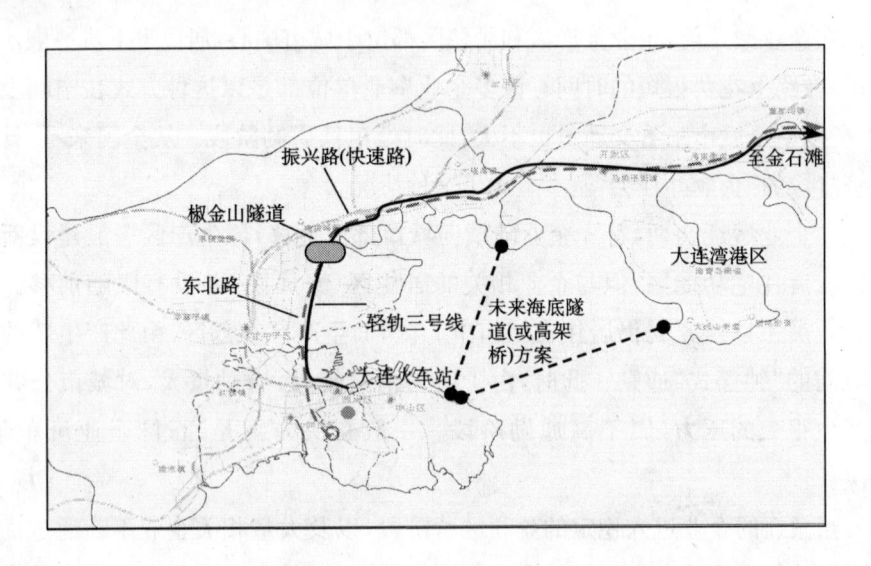

图11—14 大连市主城区、新城区之间的快速交通现状与规划示意图

1. 建成区系统策略

建成区的各主体功能组团之间的快速通道搭建,采取"两条腿走路",既有轨道交通,又有专用汽车快速路,给市民充分的选择权(图11—14)。"快轨三号线"沿线,既有轻轨,又有城市快速路(振兴路)与之平行。在今后的规划中,还要建设海底隧道或者高架桥。

2. 在未建成区采取的系统策略

未建成区的城郊区域,采用 TOD 模式。例如主城区的郊区——甘井子区规划,就是优先规划建设快速交通干线,通过交通干线引导产业园区、住宅房地产开发、公用设施事业建设同步进行。

参考文献

1. http://club.it0411.com/.
2. http://www.chinametro.net/Content.
3. 大连百科全书编纂委员会,中国大连百科全书出版社编辑部:《大连百科全书》,中国大百科全书出版社,1999年。
4. 郭中华、王炜:"我国发展快速公交系统的技术探讨与实施对策",《现代城市研究》,2004年第12期。
5. 辽宁师范大学城市与区域规划研究所:"大连市工业园区发展规划"(打印稿),2003年。
6. 刘长德:《大连城市规划100年(1899~1999年)》,大连海事大学出版社,1999年。
7. 潘海啸:"快速交通系统对形成可持续发展的都市区的作用研究",《城市规划汇刊》,2001年第4期。
8. 赵童、孔令斌:"关于目前我国城市交通规划的若干思考",《城市规划汇刊》,2001年第3期。
9. 张磊:"公共交通导向式土地开发",《现代城市研究》,2004年第4期。

本章执笔人:王利

第十二章

香港:发展城市公共交通优先体系的经济管理学

第一节　香港的独特条件与其交通特征

一、香港的独特条件

凡是到过香港的人,都可以轻易观察到那个典型的"港式"城市形象:维多利亚港湾两旁高楼的层层叠叠、繁华商业区的熙熙攘攘、狭窄街道的车水马龙。不过,当有机会到香港郊野地区或者众多的岛屿一游的时候,这个城市又呈现出其完全不同的一面:宁静谐趣的绿色山野小径和一望无际的蔚蓝海岸其实就在距离每个家庭不到30分钟的路程内。这闹静相邻的景象恰恰反映出香港城市发展上的最大特色:在这个1 100平方公里的土地上,经过100多年的城市化所形成的建成区面积仍然只占城市总面积的18%(对照深圳:25年的城市化形成占总面积40%的建成区)(表12—1)。690万人口集中居住和工作在不到200平方公里的空间,自然是"立体发展",楼挨着楼。而正是这种城市空间格局决定了香港同样独特的交通运输体系。

表 12—1　香港新市镇土地面积及人口

项目	全香港	新界及离岛	新市镇	荃湾	沙田	屯门	大埔	上水/粉岭	元朗	天水围	将军澳	东涌
面积(公顷)	110 400	97 664	15 678	3 285	3 591	2 253	2 897	768	561	430	1 738	155
人口(人)	6 935 900		3 263 600	801 800	630 000	470 900	274 000	244 700	141 900	268 800	344 500	87 000
占总人口			47.05%	11.56%	9.08%	6.79%	3.95%	3.53%	2.05%	3.88%	4.97%	1.25%

资料来源:香港政府网页《香港便览》(2006年年底数字)。

二、香港的交通特征

1. 发达的公共交通

今天,香港有1 100万人次每天搭乘公共交通工具上学放学和上下班,占全部通勤人数的89%(表12—2),这是世界最高的公交搭乘比例(比较:美国主要城市都在10%~20%左右,西欧城市在20%~40%,内地主要城市在20%~50%)。香港的公交系统也是相当多元化的,包括铁路(地铁、电车、包括重轨及轻轨的郊区铁路,占公交系统的36.5%),大型巴士(专利)(占35.1%),小型公共巴士(16座,占15.7%),居民巴士(占1.6%),轮渡(占1.4%),有轨电车和小型出租车(即的士,占9.2%)[①]。

表12—2 按交通工具计算的平均每日乘客人次

	2005年			2004年	
	乘客人次(万次)	占总数	增长	乘客人次(万次)	占总数
专利巴士	392	35.09%	-3.99%	408	36.95%
小巴(红/绿)	176	15.74%	2.87%	171	15.47%
的士	102	9.15%	-0.97%	103	9.34%
渡轮	15	1.38%	-0.65%	16	1.40%
居民巴士	18	1.59%	0.56%	18	1.60%
九广轻铁接驳巴士	8	0.67%	36.36%	6	0.50%
九广铁路—重型铁路	107	9.61%	14.88%	93	8.46%
九广铁路—轻便铁路	37	3.34%	3.61%	36	3.26%
地下铁路	237	21.26%	3.26%	230	20.81%
电车	23	2.07%	-0.43%	23	2.10%
缆车	1	0.09%	-23.08%	1	0.12%
总数	1 117			1 105	
道路交通	695	62.25%	-1.46%	705	63.85%
铁路交通(连电车)	405	36.28%	5.91%	383	34.62%

资料来源:《香港年报2005》。

[①] 2005年统计数据,来自香港特区政府运输署网站。

2. 私人小汽车拥有率很低

在香港可以看到很多漂亮干净的名牌高档小轿车,据称这里是世界城市中拥有显示身价的劳斯莱斯牌轿车最多的地方。但是,事实上香港是世界主要发达城市中人均汽车拥有量最低的三个城市之一(另外两个是纽约和新加坡)。到2005年底,香港注册的私人轿车(私家车)为338 311辆。以690万人口计算,平均每百人5辆私家车,或者百个家庭20辆(对比:美国目前每百人70辆)。可以说,如果把世界城市交通分为以私人小汽车为主和公交为主的两大基本体系,美国的洛杉矶和中国的香港可看做这两大阵营的极端代表者。图12—1列出了世界37个城市人均私人汽车使用量和城市人均产值的关系,显示香港在高收入水平上限制使用私人汽车的成功。

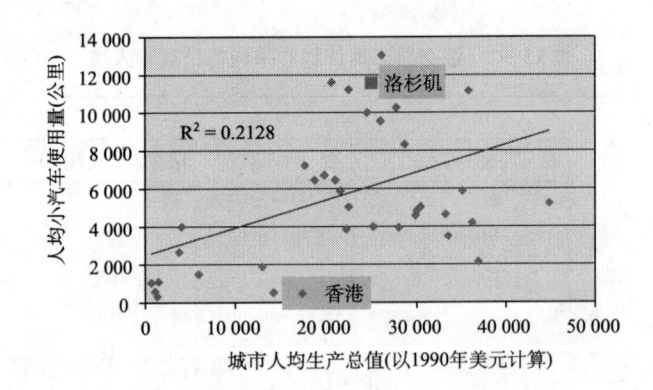

图12—1 世界重要城市人均小汽车与经济水平对比

资料来源:Newman, Peter (2000): Table 1 in Sustainable Transportation and Global Cities, available at http://www.istp.murdoch.edu.au/publications/e_public/Case%20Studies_Asia/sustrans/sustrans.htm.

表12—3 香港运输署车辆登记及发牌数字(截至2005年底)

指标	登记车辆数字	领牌车辆数字
私家车	388 311	350 753
巴士	13 547	13 271
小巴	6 247	6 204

续表

指标	登记车辆数字	领牌车辆数字
的士	18 138	18 010
轻型货车	75 522	68 610
中型货车	42 794	39 227
重型货车	3 500	3 152
电单车	45 619	34 023
私人车辆总数	595 097	534 246
机动车辆总数	610 491	540 640

资料来源:香港运输署《运输资料年报 2006》。

上面这个简短的介绍让我们看到了香港以公交为本的特点。但是,人们更关心的是:为什么这样的城市交通体系可以建立？怎样可以做到控制私人汽车的增长和使用而同时保证公共交通优先？发展这样的体系遇到的主要问题在哪里？什么样的制度使得这样的交通体系可以持续？在此将以有限的篇幅尽量回答上述问题,得到一些值得我国大城市借鉴的经验。

三、香港发展公交优先体系的过程

1. 1960 年代确立了公交优先的指导方针

40 年前,也就是 1960 年代中期,香港开始接触和接受西方刚刚兴起的城市交通规划思想,着手了早期的城市交通调研,1960 年代末进行了第一次整体城市交通发展研究。就是在那个最初的研究中确立了"公共交通优先"的基本指导思想,并且制定了一系列相关的政策,成为政策白皮书,1989 年修订之后,自始至终地贯彻到今天。

当时确定公交优先的原因有以下两个。首先,充分认识到香港发展空间的局限——作为一个殖民地城市,除了填海,它的"尺寸"绝对不会增加。而这宝贵的土地资源必须有效利用。因为道路系统是占用土地资源的一个大项,所以,如何最有效地使用路面,或者发展不占用路面的交通系统,对于香港来说极为重要。

其次,香港需要处理大量的低收入移民和劳工,不仅要为他们提供廉价的基本居所(即"公共屋邨",包括政府自 1960 年代兴建的廉租屋邨,及 1980 年代起重建而成或新建的公营房屋(租住及资助出售)),更要配合这样的大型高密度屋邨建设发展相应的公共交通系统,因此,政府自1980年代起分阶段兴建不同的铁路系统,以配合新市镇发展计划,把人口迁进分布于新界各部的新市镇,现在那里居住的人口超过总人口的50%。

表12—4　永久性屋宇单位居住人数(2005年年中数据)　单位:人,%

(按单位数目估计)	公营租住房屋		资助出售单位		私人永久房屋		各类永久房屋	
	人数	占总人口	人数	占总人口	人数	占总人口	人数	占总人口
港岛	219 200	3.16	141 200	2.04	898 700	12.96	1 259 100	18.15
九龙	731 800	10.55	292 100	4.21	1 032 800	14.89	2 056 700	29.65
新界	1 185 600	17.09	829 100	11.95	1 522 600	21.95	3 537 300	51.00
合计	2 136 600	30.80	1 262 400	18.20	3 454 100	49.80	6 853 100	98.81
总人口*				6 935 900				

* 包括水上居民及其他非永久房屋居住人口。
资料来源:《香港年报2005》。

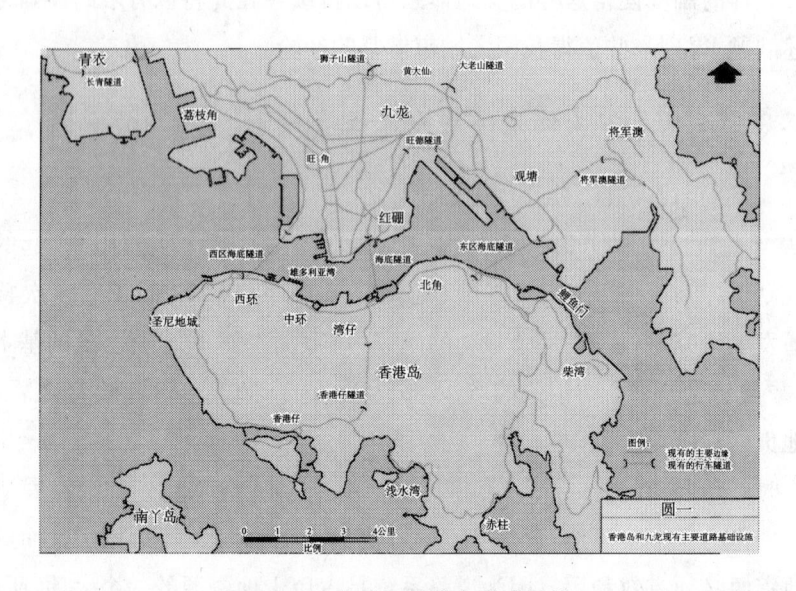

图12—2　九龙及香港岛道路网络

资料来源:香港运输署《运输资料年报2006》。

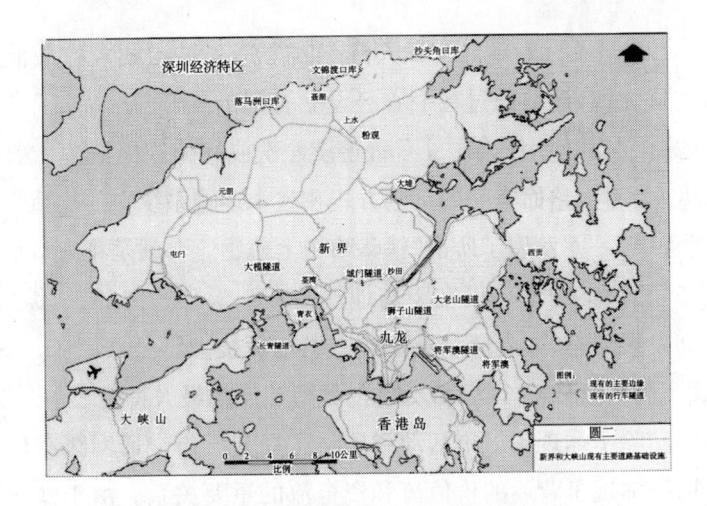

第十二章　香港：发展城市公共交通优先体系的经济管理学　　369

图 12—3　新界及大屿山道路网络

资料来源：香港运输署《运输资料年报 2006》。

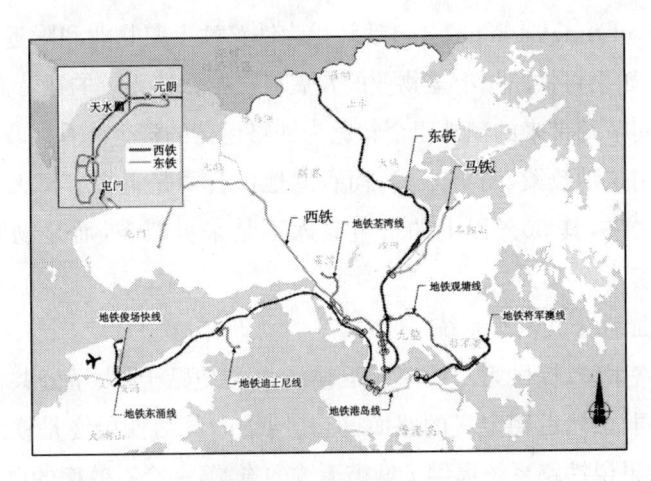

图 12—4　香港铁路网络

资料来源：香港路政署网页、九广铁路网页。

2. 贯彻公交优先，重点加强轨道交通建设

既然这个城市的土地是最宝贵的，发展一个相应的城市交通系统就有两件事要做好：第一，将路面交通运输工具就以单位路面空间利用率排座次，然后给予优先权。巴士道路利用效率最高，排第一并从道路使用上给予最大优先权，小

型巴士第二，出租车（的士）再次，私人汽车因为每车平均载人数最低所以排最后，不仅没有优先权，还要通过在中心区设立有限的停车位、高油税和高轮胎税等经济手段来限制其使用。第二，不断建设地铁或高架铁路，提高这种大运量、高效率、无塞车、不占路面空间的运输方式在整个运输系统中的比重。在发展铁路系统的过程中，一并发展了所谓"铁路站场上盖物业"，就是将人口活动的地点（居住和商务）相对集中地建设在距离地铁站150米半径内，沿线铸成"糖葫芦串"式的空间发展形态，或者通过免费转乘巴士驳接大型公共屋邨。这种"大运量运输方式＋高密度住宅小区"成为香港城市建设的最大特色之一。发展"铁路站场上盖物业"除了体现了城市活动和居住布局与城市交通网线布局同步规划及发展之外，还体现了背后的价值流和资金流的重要关系。由于铁路线路的专营和网络独立性，其无交通阻塞的特点使它可以明显地改善所连接地点之间的可达性。在市场经济条件下，这种改善给乘客带来出行时间上的节约（accessibility-led travel-time savings）会自动转化为铁路站上盖物业和附近地点地租的上升。因此，如果将铁路站上盖物业的发展权交给铁路系统的运营商，则可以将这种出行时间节约带来的额外租金转化为铁路运营的资金。香港政府在地铁发展时就是采用这种政策（图12—4），而香港地铁公司是世界寥寥无几的盈利城市铁路系统之一，其50％以上的资金收入不是来自票务，而是物业和广告的租金。

3. 不断加强公共汽车系统

除了铁路系统，提供第二大单元运输能力的是巴士（大型公共汽车）系统。它与铁路不同，虽然占用宝贵的路面，但其网络的灵活性始终是铁路望尘莫及的。因此，如果说铁路系统提供了城市运输的脊梁，一个有效率的巴士服务就似一个覆盖城市全身的血管系统，保障城市的正常运作。这个系统成功与否有3个关键：一是有一个良好的自组织体系，二是有个与城市发展的配合机制，三是有一套有效的监督控制公交体系运作的办法。所谓自组织体系，是指一个有竞争又有合作的市场机制。世界上多数城市的公交或者巴士系统是非盈利的，或者说，是政府补贴下的福利型运营。而香港从整体交通运输规划的一开始，就支持一种非公营的竞争市场机制来运行巴士系统。考虑到巴士公司需要一个基本

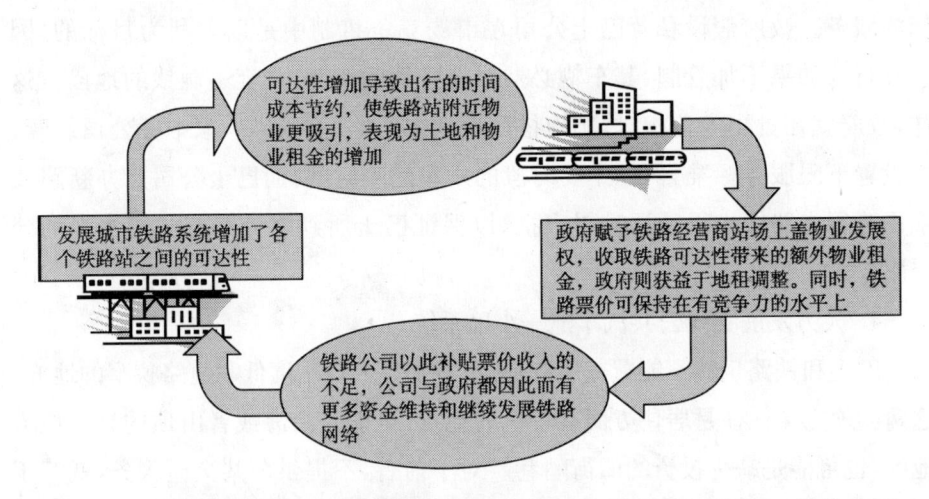

第十二章　香港：发展城市公共交通优先体系的经济管理学

图 12—5　铁路可达性提高与铁路站上盖物业的发展形成铁路网发展的良性资金链

市场规模才能盈利，政府有意给每个巴士公司一定的地段与线路组合，以保证其生存条件，例如九龙巴士公司在九龙和新界地区基本是垄断的独家生意，而其来往港岛地区的过海线路则要与其他巴士公司同线路直接竞争。与城市发展配合，是指如何保证新区与老区、高密度高流量地区与低密度低流量地区都得到适

表 12—5　香港巴士服务网络

	服务范围				车辆数目	路线	平均每日载客人次
	九龙	新界	港岛线	过海线	其他			
九龙巴士(1933)有限公司	＊	＊		＊		4 021	384	2 770 000
新世界第一巴士服务有限公司	＊		＊	＊		694	95	486 200
城巴有限公司			＊	＊		750	96	510 000
					市区往来机场/北大屿山	160	17	52 000
龙运巴士有限公司					新界往来机场/北大屿山	146	18	66 600
新大屿山巴士有限公司					大屿山	86	23	36 600
总数						5 857	＊＊＊	3 921 400

＊＊＊ 部分路线由超过一家巴士公司经营。
资料来源：香港政府网页《香港便览》。

当的服务。政府假设私营巴士公司在市场竞争机制中是以牟利为目标的,因此其行为如果不加管制,其车辆必然只走赚钱的线路,放弃不赚钱的地段。这样,政府就在批出专营权时,肥瘦搭配地捆绑线路,交给同一家中标公司经营,并设置下限服务标准,例如主要时段的发车间隔时间,而巴士公司开办新路线或更改行走路线也得经运输署审批,以保证巴士所到之处都有一定水平的公交服务。

4. 大力发展支线公共汽车——小巴系统

巴士和铁路仍然不能覆盖所有地点,特别是人口密度低和道路狭窄的地方。这两类地方又往往是居住方面有特色的地点,可能是沿海或者山顶的高档住宅地区,也可能是缺少投资的旧街陋巷。对于前者,不提供公共交通服务,就等于变相鼓励私人汽车的使用;对于后者,不提供公交服务是社会的不平等。所以,政府不仅接受了1960年代自动出现的小巴,还因势利导地将其合法化和专营化,让它成为巴士的补充,提供两种一般巴士做不到的事情,一是由绿色小巴系统提供相对低密度居住地段的交通;二是由红色小巴(红巴)系统负责处理不定时、不定点的人流聚集点,例如大型集会的散场时刻。所谓红巴,是一种价格、路线都可以自由变动的公交工具,专门接送通勤人士、集会散场人群等常规公交无法处理的客流。

这个庞大而有效率的小巴系统起源自1960年代服务于新界区的小型巴士。当时的巴士网络较疏落,不足以应付往来九龙市区及新界乡郊地区的交通需求,于是出现了非法经营的"白牌车",1968年,为数超过4 000部的小巴日载客量高达50万人。于是,政府运输署在1969年以发牌形式(客运营业证)推出公共小型巴士服务,可说是取缔了盛行的"白牌车",或说是规管了需求日增的小巴服务。虽然当局限制了小巴驶入市区某些繁忙路段及新市镇,但乘客日增的小巴已开始带来交通挤塞及上落客点的安全问题。1972年,政府推出了绿色专线小巴,让其与红色小巴(红巴)各司其职,服务不同的地域和路段。自1976年,政府再次收紧了小巴的经济模式,限定了小巴的总数(4 350辆),并由立法会(1997年前为立法局)决议延续(或修改)。

现在,行走固定路线的绿色专线小巴主要服务个别社区,并作为巴士或铁路等高载客量公共交通工具的接驳或辅助系统,其收费和行走路线均受政府直接监管,专线小巴服务的地区大多是路途较短或乘客量不足以支持巴士路线,却对服务质量及班次有一定要求的住宅区。至于无固定路线的红巴的服务可说更反映市场需要,政府规定了红巴不能行走新市镇或新的房屋发展区,亦限制它们在个别地点或路段停车,并有警员严格执法。除此以外,红巴的班次、路线及收费水平由经营者按实际交通情况调整,所以一般红巴能更灵活接送乘客来回人流集中的繁忙地区,亦提供了不少过海、往来市区及新市镇,以及通宵行驶的路线。就是这样,不同的交通工具形成一个多元组合公交系统,不仅有效覆盖全市所有地区,也服务了不同的人群和活动,成为私家车的有效和有力的竞争者。

四、香港发展公交优先体系的经验

保证交通这个多元系统正常运行需要有一个有效的监察和控制系统,因为城市交通服务具有市民基本生活保障品的性质,不能完全依赖市场力量。政府以权力和税收得来的资源去监督、扶植和管理好城市交通是责无旁贷的。难点或者绝招在于如何与市场力量配合。在香港,政府在这方面做了以下几个方面的事情。

1. 大力扶植铁路系统

从 1970 年代末香港第一条地铁线投入建设,政府一直强调公交系统中铁路的重要。发展铁路系统最大的问题是投资大回报慢。因此,铁路系统开始就是完全公营的,而回报主要不是靠提高票价,而是上盖物业和广告的租金。早于 1910 年由政府兴建及管理的九广东铁(前称九广铁路),自 1980 年代转作公营机构后,仍按"审慎经济原则"经营至今。时至今天,地铁和九铁(包括东铁、西铁、马铁及轻铁)的网络已紧密地连接九龙和港岛的市区,并贯通南北,覆盖新界各个人口密集的新市镇[①]。

---

① http://www.hyd.gov.hk/eng/major/road/rail/er/index.htm.

表 12—6 香港铁路网络

	铁路长度（公里）	车站	通车年份	平均每日载客人次
地铁*				
观塘线		15	1979	
荃湾线		16	1982	
港岛线		14	1985	
东涌/机场快线		10	1998	
将军澳线		7	2002	
迪斯尼线		2	2005	
	91	53		2 374 000
九铁**				
东铁	35	14	1910	925 000
马鞍山铁路	11.4	9	2004	
西铁	30.5	9	2003	194 000
	76.9	31		1 119 000
轻铁				
第一期（屯门、元朗）			1988	
屯门支线			1991	
天水围支线			1995	
	36	68		372 000

* 地铁有 14 个转线站，另有车站转接东铁和西铁。
** 大围为东铁及马铁转车站，西铁另与地铁及轻铁交汇。
*** 由于支线间的重叠，地铁和轻铁的铁路长度及载客人次只列总数。
资料来源：香港政府网页《香港便览》。

2. 建设高效率的道路体系

虽然道路狭窄，但香港是世界最有效率城市道路系统之一：在过去 30 年其主要道路高峰时间的车辆平均时速一直保持在大约 22 公里的水平（比较：北京、上海等城市在过去 20 年在 8~16 公里之间变化）。其基本措施除了有效控制了车辆总量之外，还包括实行大量的单向行车、电脑路口灯号调控、局部限制沿线停车、巴士专用线、精心设计各种以车流量为本而不是以美观对称为本的立交桥（对比：与许多内地城市不同，在香港见不到双向或者多向对称的立交桥，因为各个方向的车流量通常都是不平衡的，所以从实用考虑，应设计各方向能力不同的高架桥）。

3. 以专营方式开放巴士和小巴市场

政府以合约方式将线路组合后批给中标的巴士公司，在合约中规范巴士公司的行为，并在每5年续约的时候，评审巴士公司的表现，及时修订合约内容，从而不断提高对巴士公司的管治水平。例如在重组巴士站和巴士路线方面，政府和巴士公司通过取消服务、缩减班次、缩短或合并路线等措施，自1998年起，已在市区两条主要路线——港岛北和九龙弥敦道——分别减少每日4 200班和1 100班的巴士服务，有效提高了道路交通的效率。

4. 鼓励和扶植交通系统之间的配合

根据各种运输方式和各个主要站场的客流量情况，要求小运力方式（如小巴）与大运力方式（如地铁）尽量配合，同时提供有防雨上盖的大型综合转乘站，步行设施在政府部门和私人机构的配合下渐趋完善，大大方便公交方式间的转乘，这一策略亦加强了公交站场和邻近商业、住宅和娱乐设施之间相互的可达性，乃至增强它们的吸引力。只有出色和方便的整体公交系统才能和私家车竞争，仅靠公交优先的总政策是不够的。其中一个特别的例子是1994年建成的中环至半山自动扶梯系统，现平均每天使用人次为54 000，虽未达至其原来目标——减低半山居民通勤时对汽车依赖，但它把处于商业中心、地铁站、"苏豪"区的文化消闲点、中上环的旧式住宅以至半山的住宅区串联起来，令该区的商业及文娱事业发展和居民生活不受陡斜地形限制，也不致为狭窄的街道带来严重交通压力。

5. 通过灵活但稳定的多运输方式互动的价格体系，保持各个系统之间的竞争

2006年年初，作者与麦肯锡公司合作，分析了香港的地铁、有轨电车、巴士这3种运输方式在同一路段提供服务时的价格关系，证实了这样的一个假设：经过多年市场竞争之后，这几个不同运输方式之间形成了一个合理的价格关系，它的基本特征就是点到点的旅行时间与车票的价格成反比。具体而言，如果从始发地需要走很长的路到地铁站上车，再在出站后走一段才到达目的地，而乘坐巴士可以更直接省时的话，巴士的票价是相对贵的，它反映了其价值；如果情况相反，乘地铁更快捷和直接的时候，地铁的票价则相对较贵，同样反映出其节约旅

行时间的价值。同理,市区内出行距离越长,采用铁路而不需要转乘的乘客时间节约越多,票价也相对越贵。而对于时间要求不高而不希望转乘的旅客(如下班回家的旅程)他们往往愿意付出较低的票价,搭乘巴士,比如下班的时候,一坐到底,甚至睡上一觉。这种情况反映了票价机制与市民对于出行时间价值节约的认识是一致的。形成这样的价格体系的关键在两点:①相对独立自由的票价调节机制;②适度的多种方式同线路竞争。关于票价调整,香港多年来采取了一种允许巴士公司随通货膨胀率加价的机制,而其他运输方式的价格则根据其与巴士公司竞争的需要而相应调整。这样做的好处有三个:第一,每次加价的幅度都不会太大以致引起社会不满;第二,公交运输系统可以长期自负盈亏地商业运营,不需要政府补贴;第三,由于受到其他运输方式在价格上的竞争,即使在某些由单一巴士公司专营的地区,巴士公司的定价也会相对合理,而乘客会自动选择其出行方式。比如几个人去某地午餐就通常会乘的士,因为它比其他公交方式更便宜和直接。这个价格体系可以说是香港交通体系成功的核心内容之一。

6. 限制小汽车的使用

随着经济发展,市民收入提高,香港的私家车数目由1961年的3万多辆大增至1974年的12万辆,开始对路面交通带来不小的压力。在1976年完成的政府首份《香港整体运输研究》提出以财政手段控制私家车增长是当时最可行的一种方法,因此,香港从30年前已开始采取高燃油税、高轮胎税和高车辆首次购买税3种方式控制车辆的拥有和使用。1982年,当时的立法局通过调高汽车首次登记税100%,时值香港经济衰退,倍增的汽车首次登记税和燃油税令私家车数目大幅减少了20%,该年度的私家车登记数目亦减少64%。此政策行之有效,虽然自1987年私家车数目有大幅回升之势,1989年的领有牌照私家车数字(17万辆)仍比1992年高峰期的19万辆低得多,而政府亦继续沿用此策,通过考虑经济情况、交通需求和新道路的规划来调节有关税率,从1970年代到1990年代,香港曾成功将私家车拥有量控制在每100户12~13辆的水平。但随着人均收入的不断提高,这种控制愈来愈难。于是,这方面的政策就越倾向于限制车辆的使用而不是拥有。燃油税和轮胎税都是与使用量挂钩的,所以定得很高。目前的燃油税为油价的100%左右(每公升港币6元6分)。香港将在2012年左右局部实行电子道路收费,以限制进入城市中心(中环)的车,进一步在道路使用上体现"用者自负"的原则。

表 12—7 私家车的首次登记税计算及与其他汽车的比较

汽车类别	税率 2003 年	自 2005 年起
私家车		
a. 最初的 $150 000 应课税价值	35%	35%
b. 其次的 $150 000	75%	65%
c. 其次的 $200 000	105%	85%
d. 剩余的应课税价值(即 $500 000 以上的余额)	150%	100%
电单车及机动三轮车	40%	35%
客货车以外的货车	15%	15%
许可车辆总重不超过 1.9 公吨的客货车		
a. 最初的 $150 000	35%	35%
b. 其次的 $150 000	75%	65%
c. 余额	105%	85%
许可车辆总重超过 1.9 公吨的客货车	17%	17%
的士、小巴、巴士或特别用途车辆	3.7%	3.7%

资料来源:(1) 香港运输署网页;
(2) 香港政府新闻公报(2003 年 3 月 5 日)。

表 12—8 自 1970 年起私家车增长情况(年底数字)

年份	已登记私家车(辆)	总人口(人)	每千人口拥有私家车比率(%)	已登记机动车辆(辆)	私家车占所有机动车辆比例(%)	私家车增长率(%)
1970	92 884	3 995 400	23.2	143 709	64.6	15.8
1971	105 874	4 095 500	25.9	164 400	64.4	14.0
1972	120 725	4 184 300	28.9	186 219	64.8	14.0
1973	129 651	4 334 200	29.9	202 975	63.9	7.4
1974	119 273	4 438 600	26.9	193 439	61.7	−8.0
1975	114 260	4 500 800	25.4	188 018	60.8	−4.2
1976	113 665	4 551 000	25.0	191 746	59.3	−0.5
1977	122 858	4 631 500	26.5	207 521	59.2	8.1

续表

年份	已登记私家车(辆)	总人口(人)	每千人口拥有私家车比率(%)	已登记机动车辆(辆)	私家车占所有机动车辆比例(%)	私家车增长率(%)
1978	142 049	4 769 900	29.8	233 150	60.9	15.6
1979	162 762	5 024 700	32.4	260 928	62.4	14.6
1980	190 146	5 145 100	37.0	299 395	63.5	16.8
1981	211 556	5 238 500	40.4	330 309	64.0	11.3
1982	214 849	5 319 500	40.4	339 567	63.3	1.6
1983	200 923	5 377 400	37.4	327 803	61.3	−6.5
1984	182 985	5 430 900	33.7	311 850	58.7	−8.9
1985	168 200	5 500 400	30.6	300 563	56.0	−8.1
1986	161 279	5 565 700	29.0	300 995	53.6	−4.1
1987	166 977	5 615 300	29.7	322 290	51.8	3.5
1988	178 234	5 671 600	31.4	347 402	51.3	6.7
1989	195 818	5 726 500	34.2	376 153	52.1	9.9
1990	215 709	5 752 000	37.5	405 407	53.2	10.2
1991	236 747	5 815 300	40.7	433 769	54.6	9.8
1992	265 755	5 887 600	45.1	471 221	56.4	12.3
1993	291 913	5 998 000	48.7	503 509	58.0	9.8
1994	311 929	6 119 300	51.0	524 021	59.5	6.9
1995	318 233	6 270 000	50.8	526 296	60.5	2.0
1996	325 131	6 466 600	50.3	532 946	61.0	2.2
1997	348 450	6 516 700	53.5	558 903	62.3	7.2
1998	359 694	6 583 400	54.6	569 411	63.2	3.2
1999	365 533	6 637 600	55.1	574 193	63.7	1.6
2000	374 013	6 711 500	55.7	582 141	64.2	2.3
2001	381 757	6 730 300	56.7	589 808	64.7	2.1
2002	381 757	6 725 800	56.8	593 551	64.3	0.0
2003	382 880	6 764 200	56.6	591 501	64.7	0.3
2004	385 028	6 797 700	56.6	595 544	64.7	0.6
2005	388 311	6 837 800	56.8	601 491	64.6	0.9

资料来源：香港政府 The Annual Traffic Census (1990)、《运输资料年报 2000》、《运输资料年报 2006》、政府统计处。

7. 从方法上不断改善以配合城市土地使用规划

从早期相对简单的 LUTO(Land Use Transportation Optimisation)——交

通—土地使用一体化分析模型开始,政府就通过各种方式研究如何更好地使交通规划与土地使用规划相结合。例如从 1970 年代到 1990 年代,香港的"新市镇"(即卫星城)发展经历了"居住优先(housing-led)"到"交通优先(transport-led)"的发展过程。所谓交通优先,就是在规划的居住人口还没有到位的时候,新市镇的交通基础设施(例如 1970 年代末至 1980 年代陆续启用的地下铁路、引入双轨及电气化系统的九广东铁和行走新界西北的轻便铁路)和部分巴士线路都已经到位。政府通过这种超前补贴的方式,鼓励市民迁入新区。1970 年代,政府兴建了新的公路连接急速发展的工业区和当时新建的葵涌货柜码头,至 1990 年代初,多条道路、隧道及大桥相继落成以配合远离市区的赤鱲角新机场,有关工程早在规划新机场时已计划完备,并分阶段兴建,这些都体现了交通系统和经济活动的紧密结合①。

8. 从体制上不断实现专业化和民主化

香港政府的运输署成立于 1970 年。从那时候开始,香港的交通管理和执法就分开了:警察只负责执法,交通的规划、管理以及相关的融资和财务事项(如车辆牌照税等)都与警方无关(比较:内地城市的交警仍然是城市管理的核心机构,而且很多城市的汽车牌照税与交警的经费高度相关,造成管理交通的机构从本质上期望路上有更多的车辆而不是更畅顺的交通!)。体制专业化的另外一个重要方面是成立由非政府的专业人士为主的交通咨询委员会,负责审定诸如票价、出租车管理等社会敏感的交通事务。体制上的民主则体现在主要交通投资建设的公开咨询逐步程序化和相关资料逐步透明化。

第二节 仍需改进的问题与值得借鉴的经验

一、教训、改进和仍然存在的问题

香港发展公交为本的城市交通体系虽然战略方向正确,但在实施过程中还

---

① http://www.hyd.gov.hk/eng/major/road/road/kowloon.htm.

是遇到了各种问题,产生了一些矛盾,而且仍有不少头痛的问题有待解决。

1. 以人为本需要进一步关注

由于香港城市交通体系发展与其市场经济体系奉行相同的哲学,就不难发现其核心是寻求运输的效率。在各个运输方式以动态道路路面使用效率分出优先发展的排名,是追求整个运输服务的运作效率。同时,在道路等基础设施建设上当然也就会追求单位时间车流量。这样做的结果,必然导致城市街道发展和改造时,重视为车服务的"道"而不是为行人服务的"街"。香港很多地方都可以看到路边人行道比车行道更狭窄、更拥挤。但在效率第一的哲学里,行人很难得到重视。直到近年来可持续发展思想抬头,步行街等恢复"街"功能的规划和行动才得到重视。也许在不久的将来,随着人文主义的进一步抬头,香港的交通系统应该更加关注以人为本。

2. 在交通运输基础设施建设中另一个难题是如何让私人发展商充分参与

典型的个案是香港3个连接港岛与九龙的过海隧道的关系。红磡中区海底隧道是1960年代由政府全资兴建的,迄今为止,一直是位置最好、收费最低、流量最大的要道。而东区海底隧道和西区海底隧道是后来政府通过BOT方式(即"建设—营运—转让"),由私人发展商投资兴建的。由于政府受到当时缔约的条款限制,不能左右这两条隧道的收费,所以今天落得3条隧道流量极不平衡但又束手无策。这反映出当年政府"省钱"的做法,导致今天纳税人更多的付出(或者在政府经营的中区隧道排长队而付出更多的时间,或者在其他两条隧道付出更贵的买路钱)。但如何解决这个问题并不简单,因为提前解约和买回隧道需要付出极高的代价,否则就需要采用交互补贴(cross-subsidizing),以中区隧道部分加价得到的收益,"买低"另外两条隧道的收费水平,使得隧道使用者在政府的变相支持下平均使用3条隧道。但这种技术上可行的办法在越来越民主的香港,实际操作的政治困难很大,因为有人会认为,政府这样做的话等于变相确保了私人隧道经营商的高额利润。这个问题的出现甚至令人从根本上怀疑在城市公共交通这个领域采用BOT的可行范围,而采用哪一种方式计算交通运输基础设施的财务回报和社会经济效益也仍然需要探讨。

3. 政府如何规管巴士市场也不是一件容易的事

在这方面香港虽然比起世界大多数城市包括所谓巴士解规(deregulation)比较成功的伦敦还成功,但还是有不少教训,其中一个比较突出的是对于专营巴士公司的利润管制。2006年以前,政府授予巴士公司专营权的时候都附带利润上限管制:票价的调整以业界平均固定资产回报率15%为收入上限,超过上限的回报必须50%还给乘客。这项限制的目的是为了保障普通乘客不受巴士公司为了追求更大利润空间而加价的困扰。很长时间内该政策没有出现问题。但是,当1997年以后香港经济出现下滑、巴士的利润空间收窄时,巴士公司采取了一种提高自己竞争力同时提高绝对利润额的办法:购买和投入更多的车辆以提高资产总值。一时之间,路上多了很多巴士,但每辆车上的乘客则减少了。结果,道路这个"准公共物品"被挤占,导致道路使用效率下降,其他道路使用者的成本上升,香港公交系统引起的空气污染也不正常地上升。经过仔细的研究,政府在得到民众和各党派的支持后决定从2006年开始新的票价调整指标:0.5×运输业工资变化+0.5×消费指数变化-0.5×生产率变化。而超过上限的回报必须50%还给乘客这个条件不变。这样的改革更合理地体现了政府所期望的有规限市场运作(regulated market operation)。

表12—9 香港政府对于各种公共交通工具管制方式的比较

种 类	政府对供应的控制			政府对价格的控制
	拥有权	车的数量	行走线路/班次	
专营巴士/专线小巴(绿)	私营	没有	有	有
非专线小巴(红)	私营	有	没有	没有
渡轮	私营	没有	有	有
地铁	私营	没有	有	有
九广铁路/轻铁	公营	没有	没有	没有
的士	私营	有	没有	有

4. 如何管理非专业巴士是一个棘手问题

1997年至2003年经济出现衰退的5年间,香港的公交系统被所谓"邨巴"——即私人居住小区发展商为了提高自己楼盘竞争力而开办的非专营巴士服务。这些巴士主要于高峰时间提供本小区和主要就业中心(如中环、湾仔)的单向直达服务,车上备有报纸,甚至允许吃东西、喝咖啡,而价格适中。因为是以居住区服务的方式收费,绕过了"巴士"这个正式头衔,也就绕过了政府对于公交的规管。就香港的整体而言,邨巴盛行除了导致车辆总数的增加,更造成高峰时段市区出现了更多的"停车等人"的路段,拖慢了交通流的速度。这"百密一疏"的漏洞如何填补,或者说如何因势利导地管理好这类"半公交",是目前政府比较棘手的一个问题。

5. 香港交通体系与珠三角交通体系的对接

随着香港回归祖国和珠江三角洲形势的巨变,香港城市交通也面临着前所未有的挑战。首先,由于需要不断开通城际通道(如港珠澳跨海大桥和连接深圳西部蛇口地区的公路桥),以防香港经济的边缘化,这个城市将面对失去以往那个相对独立和封闭空间单元所具有的特质。就公共交通管理而言,这种特质的好处有二:第一,香港本土没有汽车工业,所以其政府的政策一直不曾受到来自汽车生产商和相关工业集团的压力;第二,封闭的边界给政府管理和控制私人汽车的总量带来了极大的便利。然而,随着上述城际通道的开辟,允许车辆北上和南下势在必行。至今为止,香港尚未对此有任何部署,而届时如何保持公交优先和实现规划中45%~50%的客流量由铁路负担对于政府来说将是一项真正的挑战。

二、值得借鉴的经验

1. 在小汽车快速进入家庭之前选择了公交优先的发展之路

这几年我国不少城市都先后出现了买车热潮,学美国那种"汽车进入家庭"的现代化。而近年北美学者已经在反省自己国家走过的高汽车拥有量低居住密度的道路,提出"精明增长"的新城市主义交通,提倡公交优先,提倡环保,以人为本。这其实是回归到香港已经实行了30多年的基本政策。换言之,香港没有像曼谷、台北那样,走以私人汽车为主的那段弯路。因此,香港的经验特别值得注意。

2. 通过"一个中心两个基本点"的基本策略保证公共交通发展

香港公共交通优先的城市交通系统在发展中强调了港式的"一个中心两个基本点"：效率是中心，政府管理和市场竞争机制是两个基本点。以效率为中心，实际上是将城市整体运作看成是一部机器，交通运输的效率是城市效率的一个部分。在长期市场经济思想的熏陶下，香港市民接受这种效率第一的哲学，香港政府从头至尾地在管理交通中贯彻这个总原则，通过一个政府在体制上规范、在基础设施上支持、在具体细节上配合下，以一个管制下的市场方式，实现了真正的公交优先。虽然我们也注意到现有的管理体制和运行机制仍有不少尚待解决的问题，注意到更新的以人为本、可持续发展的思维和区域化的发展趋势都在提出新的问题，那毕竟是另一个层次的问题。

3. 香港已有不少经验可以借鉴。首先，根据香港的情况从整体上制定公共交通发展策略，并将其贯彻始终。在运输署几十年来视为指导自己工作原则的交通政策白皮书中，香港从来没有把小汽车进入家庭看做是现代化的目标，甚至从来没有量化地提出过如何大力建设立交和道路系统。而如何将运输系统与土地利用、空间发展密度配合起来，提高城市主要地点之间的具有足够通过能力和时间效率的可达性才是问题的关键。要做到这一点，恰恰是要限制私人汽车的发展和提倡效率高的公交运输方式。第二，公交运输方式得以成功既有赖于一定的居住和商业活动密度（保证基本乘客量），更有赖于成功的市场机制。所谓成功，是指各种公交方式相互竞争的同时相互配合，各尽其用，达到一个多数人认为使用公交系统出行比自己开车更方便的境界。政府的责任就是如何因地制宜地设计出这个机制，然后培育、调校和维护它走向那个境界。

4. 技术上，我们可以总结出更多值得借鉴的"点"，但上述两点也许是最不容易做到的。为什么在香港做到了？这不是交通本身的事，而是市政管理体制和目标上的事。香港的公务员制度，使得每一个政府的官员和公务员都清楚地知道，自己相对高的薪金和稳定的职务都是纳税人用钱堆起来的，而自己的任务就是在市民的监督下为他们服务。政府整体上的职责和市民对政府的期待，是政府及其各个具体部门为市民提供满意的服务。这与一些企业性的目标例如竞争力之类，并不相干。一个城市的交通运输效率提高后，工作和生活在这个城市的人们和企业在出行和运输上得到的节约会悄悄地转化为他们的生产效率和休闲质量。这两样东西都不会像修桥建路那样直接地反映在城市的 GDP 增长中，也不会表现为所谓的亮点或者城市名片。然而，恰恰是这些悄悄转化的东西提高了这个城市的竞争力和吸引力，构成了讲求经济效率、社会公平、环境良好这三个城市可持续发展要素的实际内容，让这里的人们生活得更好。

参考文献

1. 香港特区政府网页《香港便览》(2006 年年底数字)。
2. 《香港年报 2005 年》。
3. 香港特区政府运输署网站。
4. 香港特区政府运输署《运输资料年报 2006》。
5. 香港九广铁路公司网站。
6. 香港特区政府路政署网页。
7. 香港特区政府网页《香港便览》。
8. 香港政府新闻公报(2003 年 3 月 5 日)。
9. 香港特区政府统计处 The Annual Traffic Census (1990)、《运输资料年报 2000》、《运输资料年报 2006》。
10. Newman, Peter (2000)：Table 1 in Sustainable Transportation and Global Cities，available at http://www.istp.murdoch.edu.au/publications/e_public/Case%20Studies_Asia/sustrans/sustrans.htm.
11. http://www.hyd.gov.hk/eng/major/road/rail/er/index.htm.
12. http://www.hyd.gov.hk/eng/major/road/road/kowloon.htm.

本章执笔人：王缉宪

第十三章

洛杉矶城市交通发展

第一节 洛杉矶城市自然经济特点与交通发展

一、洛杉矶城市交通发展的背景与轨道交通

1. 城市自然与经济背景

1940年代以来,汽车的普及成为世界性的趋势,机动车的增长速度明显快于人口的增长速度,发达国家的机动化过程则更为迅速。本章我们将跨过大洋,看看太平洋东侧的美国第二大城市洛杉矶,一个城市交通以私人汽车为主的城市。与东京的轨道交通和香港的公共汽车交通截然不同,洛杉矶可以说是汽车化进程的先驱,它在1920年代的每千人汽车拥有水平就相当于美国其他城市1950年代的水平,或者欧洲城市在1980年代的水平。北美的许多城市跟随着洛杉矶的道路前进,欧洲城市受到的影响也很大。

洛杉矶位于美国加利福尼亚州西南,地势平坦、气候温和。得天独厚的气候条件和石油资源,使洛杉矶不但发展成为一个旅游城市,也是美国第三大工业城市。从地图上看(图13—1),洛杉矶都市区在不到4 000平方公里的洛杉矶盆地里,低密度蔓延为占地1 200多平方公里、人口1 600多万的大都市区。支撑城市的是密布的高速公路,洛杉矶拥有全美最宽最繁忙的高速公路,被称为美国的"高速公路之都"。

洛杉矶可以说是汽车交通模式理想的试验场,城市交通走到了几乎完全依

赖私人汽车的极端,并形成了典型的低密度郊区开发模式。在城市交通规划研究中,洛杉矶是一个经常被提及的范例城市,其交通的关键词是"小汽车",与之对应的城市形态的关键词则是"城市蔓延"(Urban Sprawl)。要理解这种城市形态和交通模式,需要从历史和区域的背景来审视洛杉矶都市区的开发历程。

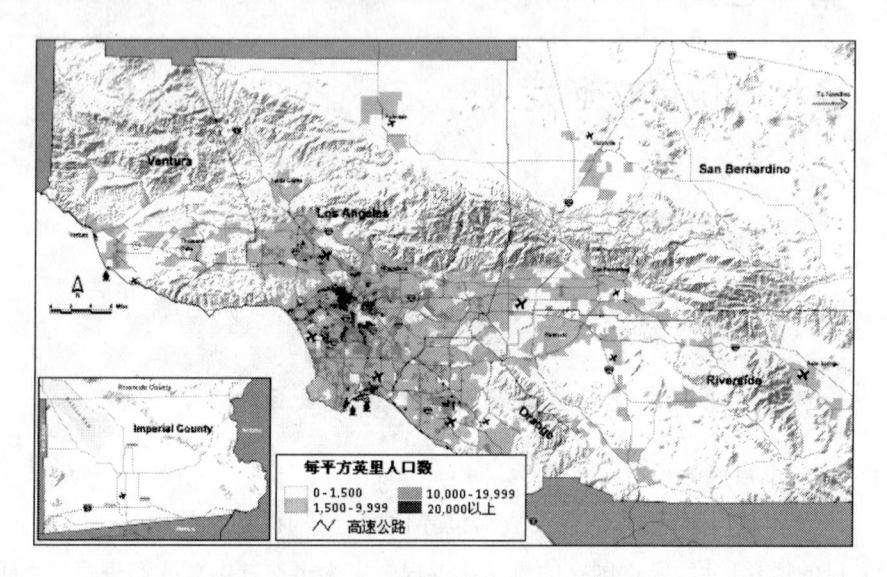

图 13—1　洛杉矶地区的地形和人口密度分布(1997 年)

资料来源:南加利福尼亚政府联合会(Southern California Association of Governments, SCAG), http://www.scag.ca.gov/atlas/。

表 13—1　世界机动化发展趋势回顾

年份	1940 年	1950 年	1960 年	1970 年	1980 年	年增率
世界人口(百万)	2 295	2 480	2 982	3 930	4 300	1.58%
汽车总数(百万辆)	46.06	70.38	126.95	248.89	400	5.55%
千人拥有汽车(辆)	20	28	42.5	68	93	3.92%

资料来源:陈光庭主编:《城市交通对策研究》,北京科学技术出版社,1989 年。

现在的洛杉矶给人以该市从来没有公共交通的错觉,实际上,洛杉矶曾经拥有强大的公共交通系统。20 世纪初期,洛杉矶是美国发展最快的城市,拥有最大的轨道系统。但就在这段时期,洛杉矶发展成为小汽车拥有水平最高的城市。

洛杉矶为什么会成为汽车城市,应该从历史中寻找原因。在这一节里我们将讨论洛杉矶在小汽车普及之前的城市交通发展,即主要回顾洛杉矶轨道交通的兴衰。

2. 洛杉矶城市兴起较晚

洛杉矶在美国城市开发史中的起步并不算早。在20世纪初期,洛杉矶地区城市的经济水平和规模水平都不算高,洛杉矶盆地仅仅散布着一系列的小城镇,许多规模仅仅比村庄大一点,洛杉矶县的人口只有加州的1/6,几乎没有工业,找不到可以成为未来加州的中心的迹象。

城市早期的迅速发展主要归功于铁路,而铁路的修建与能源产业的兴起密切相关。在这里,我们将把视野追寻到更早的地质年代,可以发现,洛杉矶能源产业的兴起与洛杉矶盆地在地质年代的幸运密切相关。

洛杉矶盆地的基岩较深而沉积岩较厚,有利于形成和储存石油。该地区断层也比较发育。一般说来,断层的发育往往对储油不利。然而洛杉矶盆地的断层却对油层的破坏很少,更为幸运的是,断层反而主要起到了聚集和封闭了油气的作用。

在19世纪后期洛杉矶发现了当时美国最富的石油资源,可采储量达到10亿吨,到1920年代中期成为供给世界1/5石油的能源基地,到1970年代累计采出原油7亿吨。能源的开发带来了城市的繁荣,远古时期埋下的"因"终于在近代结出了"果",对城市形态的影响也是深远的。和其他石油城市一样,洛杉矶的人口密度从最开始就不高,这是由石油城市生产布局的特点所决定的,洛杉矶也不能避免。

随之而来的是横贯大陆的南太平洋铁路和连接中西部的圣菲铁路,资源和交通区位的优势为这一地区的发展奠定了坚实的基础。另外,城市发展原本受到水资源的制约,这一问题在20世纪初也得到了解决。通过长距离管道引水,洛杉矶地区解决了沙漠城市的供水问题,从此城郊农业逐步兴旺,随后港口建成,好莱坞电影业兴起,总之,这一地区繁荣了起来,洛杉矶城市的空间形态也开始了最初的低密度向外扩展。

3. 轨道交通是最早兴起的公共交通

20世纪初的洛杉矶与美国大多数城市一样,仍以公共交通为主。当时的洛杉矶拥有两大路网，分别经营城市交通和城间交通：洛杉矶铁路公司的电车线路网和太平洋电气铁路公司（简称"PE 公司"）的城间轨道网（interurban lines）。后者主要用来连接各个散布的小镇。

1911 年 PE 公司通过合并拥有了当时美国最大的市间电气轨道系统，其红车系统（Red Car）逐步扩展到了整个洛杉矶盆地，服务城市 160 公里范围内的 56 个社区，在 1920 年代达到最大里程 1 870 公里。PE 公司成功的关键在于把轨道建设和房地产开发相结合，公司负责人（Henry E. Huntingdon）总结公司的投资策略是："在南加利福尼亚，城市轨道交通是先行者，在轨道到达之后，人口随之而来。"公司首先进行轨道建设和供水开发，然后坐收房地产市场的升值利润，最后的土地高收益证明了整个投资策略的正确性。这一投资战略是在自由市场经济中自发产生的，虽然带有浓厚的商业投机色彩，但可以说是一种交通与土地开发相结合的成功开发理念。从这个意义上讲，PE 公司可以算是经营土地的。实际上，PE 的投资者还拥有相关经营土地的公司。当然，这一策略的成功还依靠于另一个重要的时代背景：那时土地、原料和人力成本都很便宜，而且也容易获得东部充足的资金投入。

4. 轨道交通的衰落

虽然在 20 世纪初期洛杉矶的轨道交通一度得到了迅速的发展，但好景不长。1920 年代后，随着私人汽车这一交通模式的崛起，公共交通的客运量迅速下降，1923～1931 年公共交通的乘客量下降总计达 24%。客运量的下降严重影响了公交企业的运营状况并导致服务质量的下降，使得公共交通在与小汽车的竞争中进一步丧失优势，由此进入恶性循环。后来这一过程在许多的城市重演。1953 年 PE 公司的轨道服务业务被 MCL 公司收购，1958 年 MCL 公司把所有业务交给了 MTA（都市区交通管理局，Metropolitan Transit Authority），到 1961 年轨道交通停运。而路面电车最后也归由 MTA 管理并在 1963 年停运。这样，两大轨道交通网结束了运行。

众所周知，轨道交通衰落的主要原因是小汽车的竞争，但值得反思的是，美国的城市决策者当初为什么对运行良好的大运量公共交通系统迅速恶化直至彻底消失无动于衷是有帮助的，下面主要从交通政治的角度讨论城市交通模式在投资机制上的竞争。

大运量公共交通公司在1910年前曾拥有强大的经济力量,但这些公司没有注意运用这种经济实力发展相关的产业,也没注意树立良好的公众形象。实际上其形象是受到公众厌恶的,而适应小汽车的改革不需要集体政治行动,因此20世纪初期公共交通在政治上通常处于劣势。一般选民具有抵制公共交通票价上升的顽固态度;选择小汽车的选民对高速路的热情要高于选择公交系统的选民对公交系统投资的热情。对小汽车使用者而言,他们的收入更高,也就更容易形成政治影响力。对他们而言,小汽车造成的负外部性是他们的正外部性。结果小汽车使用者协会的力量强大到足以影响城市交通的建设,比如洛杉矶的快速公交系统计划在1964年因为南加利福尼亚汽车俱乐部的反对而票数不够,而该俱乐部提出的关于修建高速路的计划却得以实施。

从私人投资的角度看,轨道交通的投入高、建设周期长,成本回收较难,本质上并不适合于私人投资,因为私人投资不能适应巨大的投资以及高风险的经济波动。加上与小汽车的激烈竞争,土地开发已不再依赖轨道交通来带动,而是依靠私人汽车。结果洛杉矶的轨道建设得不到私人投资的青睐,在政治上也难以得到政府的投入。因此,虽然当时洛杉矶急需地铁交通,但洛杉矶在1907、1926和1933年关于地铁建设规划或提案却3次流产。尤其1933年贝克主持的规划,造价仅3 000万美元,具有较高的可行性,却未能得到政府的资金援助,方案最终没有通过。

另外,美国政治家的任期对城市规划和交通投资选择也有重要的影响。为了保证选民对政治家的控制力,美国对官员任期的制度设计都不很长,地方政府的官员的任期一般只有2~3年。政治家选举和任期不长形成了一种有利于推动小汽车交通模式的激励机制:官员们在任期内能够做出的显著政绩是拓宽街道和建设高速路,而不是建设更昂贵的大运量公共交通系统,这种交通系统要若干年后才能发挥作用,到那时他们可能已经失去了再当选的机会。因此,政治体制本身也是不利于轨道交通的。

随着"二战"后可持续发展思想得到倡导,人们才开始注意到了公共交通的价值,并反思了以前对轨道交通的忽视。但在当时,公共交通的衰败就难以避免了。

5. 轨道交通归来否

随着汽车的负面效应逐步严重,人们开始意识到了公共交通的重要性,轨道交通作为快速和大运量的公共交通再次受到了重视。1964 年,SCRTD(南加州捷运公司,Southern California Rapid Transit District)代替了 MTA,而且在公共交通上被赋予了明确的责任。经过持续的努力,洛杉矶在 1980 年 11 月通过了轨道交通发展计划,决定每年投入约 1.29 亿美元用于洛杉矶交通委员会规划的 240 公里的轨道交通网建设。轨道停止服务数十年之后再次出现在洛杉矶。对比建造了类似公共交通系统的城市,轨道起到的效果完全不同,城市形态也与洛杉矶大相径庭。因为那些城市的公共交通建造在城市规模起飞阶段,而洛杉矶已经基本发展成熟,洛杉矶的城市形态和居民出行方式已经相互适应形成了惯性,再对公交进行投入也难改变人们的生活方式。何况洛杉矶再次增加公共交通投入的时候,其投入力度已经很难和高速路相比,更重要的是,这个城市已经完成了快速的机动化和城市化阶段,成为世界上小汽车依赖性(Car Dependence)最严重的城市之一,私人汽车与郊区生活已经成为一种生活方式,很难逆转。下一节开始我们将转而关注导致轨道交通衰落的小汽车。

二、城市快速发展时期:第一个汽车城市的出现

随着私人汽车迅速替代轨道交通成为洛杉矶最主要的城市交通模式,一种与之对应的新的城市形态也出现了。对此,地理学家霍华德·尼尔森(Howard J. Nelson)惊叹道:"洛杉矶预示着一个新的、现代的城市化趋势,还仅仅是一个处于非典型地区过渡时期的奇特的城市?"城市历史学家罗伯特·菲施曼(Robert Fishman)则问:"1930 年代的洛杉矶预示了世界所有大城市未来的分散化和多中心化趋势,或者它仅仅是一个特例?"后来的发展表明,洛杉矶确实代表了一种新的趋势。汽车为什么能够形成这么大的冲击,洛杉矶的城市形态究竟与以前的城市形态有何不同,而为什么在洛杉矶汽车能够迅速替代轨道交通,使得洛杉矶成为汽车城市的典型,这是本节主要探讨的问题。

1. 汽车交通的特性

几乎每次交通技术进步都强烈地塑造了城市形态,但汽车对城市形态的影响更为深刻和广泛,因为汽车的普及更具有革新性。这种革新首先体现在交通的空间组织上。传统的城市交通组织方式无一例外都需要步行到站点以实现中转,城市因此得以维持一种有序的空间结构。而汽车几乎彻底地消灭了步行,是一种点到点的交通方式,这种交通的空间组织形式对城市结构的影响有本质的不同,它破坏了围绕站点的组织形式和土地混合利用。

汽车的优势在于以下几个方面。首先对乘客而言,这种直达服务的效率更高。其次,汽车在交通成本上具有优势。虽然汽车诞生之后很长时期内是属于奢侈消费品,但在1908年汽车工业出现了里程碑式的革命:在这一年福特T型车诞生了。从此,以流水线为标志的大规模生产使得汽车的价格剧烈下降,到1920年代汽车价格就可以被大多数美国家庭接受了。汽车的出行成本也逐步取得了优势:20世纪初路面电车通勤者约有20%的工资收入花费于上班出行,而1980年代城市小汽车通勤者的这个比例仅为7%。

因此汽车很快就成为群众运动,进入了千家万户,成为一种主要的城市交通模式。同时改变了人们的空间观念,对城市形态产生了结构性的影响:城市各个部分的功能趋于单一化,而规模则更大,比如大片完全独立的住宅区、购物中心和工业区。当然,大量使用这种私人交通累计的负外部性也是很明显的,带来高峰堵车、土地和环境问题、社会隔离问题等许多城市问题。

2. 洛杉矶机动化的特殊性

洛杉矶的机动化速度可以说是"前无古人",但在20世纪初期,洛杉矶的汽车拥有量并不高。那时汽车还是富人的特权,汽车消费量与地区财富水平密切相关,故加州的汽车拥有率并不高,1900年加州的千人汽车拥有水平只有美国平均水平的5%,到1910年也只有40%。当时洛杉矶在加州并不算发达,与早已经历快速发展的发达城市相比,汽车消费水平明显偏低。

汽车平民化之后,洛杉矶汽车拥有水平不但后来居上,而且远远高于其他地区和城市。洛杉矶1915年汽车拥有水平反超为美国平均水平的5倍多,1920年甚至与世界其他地方拉开了数量级上的差距。这种变化不能仅仅用1908年福特制带来的汽车成本降低来解释,它可以解释世界各地汽车销售的普遍增加,但不能解释为什么洛杉矶增加的特别快(表13—2)。

另外一个特殊性是,不能将洛杉矶的低密度城市形态简单地归结为是因为很高的小汽车依赖性。这一推理的基础是纽曼和肯沃西对小汽车依赖性的经典统计研究,其大样本统计分析的一些主要结论是:城市财富并不单独形成对小汽车依赖性的解释,而与城市财富相比,城市形态,尤其是城市密度与小汽车所有和使用水平密切相关。

这一观点是值得商榷的。数字统计上的关系并不意味着因果必然联系,机动化与城市化之间的复杂作用过程应该考虑城市密度和汽车拥有水平两个变量以外更多的因素。小汽车的确极大地推动了洛杉矶城市的低密度开发,但并非洛杉矶低密度开发的唯一原因。实际上,洛杉矶的低密度城市形态不仅仅是汽车普及的结果,而且也是汽车得以快速普及的重要原因。洛杉矶在私人汽车普及之前长期保持着低密度的城市形态,这既受到洛杉矶本身的人文地理特性的影响,也隐含历史发展的路径依赖。

表13—2 洛杉矶机动化的特殊性(国际比较)

年份	1900	1908	1910	1915	1920	1925	1930	1935	1940
洛杉矶	0.005[1]	福特式大规模汽车生产开始	1.9[2]	122.0	277.8	555.6	666.7	625.0	714.3
美国	0.1		5.0	23.2	76.4	150.9	187.2	177.4	208.3
英国			4.0		17.2				
法国	0.2		2.3		6.1				
德国	0.02		0.8		1.8				
纽约	0.4		6.5		38.5				
华盛顿	0.3		19.2		76.9				

注:每千人注册汽车数量,单位:辆/千人。其中1和2处的1900年洛杉矶数据用加利福尼亚州的数据代替,可见1908年以前洛杉矶的汽车普及率较低,而福特制大规模生产降低汽车成本后却远高于其他国家和地区。

资料来源:美国和洛杉矶的数据来源于:Clay McShane,1994. *Down the Asphalt Path : the Automobile and the American City*, New York: Columbia University Press;其他数据来源于:Scott L. Bottles,1987. *Los Angeles and the Automobile : the Making of the Modern City*, Berkeley & Los Angeles, CA: University of California Press.

3. 自然条件与人文环境的特质性

(1) 洛杉矶是地震多发区

洛杉矶断层发育的地质构造为这个地区保留了丰富的油气资源，带来了经济的繁荣并促进了轨道交通的发展。但是，这一地质因素也无可避免地使这一地区成为地震多发区，限制了洛杉矶的建设，造成了一个弱化的市中心，这从另一个方面促进了城市蔓延和小汽车的发展。从洛杉矶所在加州的地震记录看，1769～2004 年记录 5 级以上地震多达 229 次。在地震学的分级中，5 级以上地震称为"破坏性地震"或者"强烈地震"。粗略而言，这意味着过去 200 余年中加州平均每年发生 1 次破坏性地震。而洛杉矶不但拥有该区最早的地震记录，而且在最近还发生了两次大地震：在 1989 年发生了 7.1 级地震，在 1994 年发生了 6.6 级地震。频繁的地震严重遏制了城市的垂直发展：在防震技术还不够发达的年代高层建筑就是城市建设的禁区，即使房屋抗震技术进步到高层房屋成为可能，其造价也会比其他地区高许多。在洛杉矶的市区，房屋高度一直受到严格的限制，到 1957 年才突破 150 英尺（约 46 米）。很长时期内除了市中心和西洛杉矶有高层建筑外，其他地区均低于 5 层。

洛杉矶的地质构造对本地经济发展起到了截然不同的两种作用：一方面保留了石油资源，促进了地方经济发展；另一方面产生的频繁的破坏性地震制约了当地的城市建设和经济发展。然而，有趣的是二者对城市形态和交通模式的影响却是相似的，都造成了低密度蔓延的小汽车城市。

(2) 人文环境特质——种族构成复杂与二次移民

洛杉矶是一个种族构成复杂的移民城市，在加州可以算是第二"古老"的城市。

洛杉矶的种族构成复杂有其深刻的历史根源。在洛杉矶不算太长的历史中统治者的种族属性数次变易，是洛杉矶种族构成复杂的重要原因。这里我们仅仅简单回顾一下洛杉矶的归属历史：洛杉矶原为印第安人牧区村落，1781 年西班牙殖民者在此建镇，1822 年起由墨西哥管辖，1846 年美墨战争后归属美国，1850 年设市。不同种族的统治交替频繁带来了洛杉矶的种族多样性。在 20 世纪初期，洛杉矶的墨西哥人较多，黑人比例也较大，二者均占总人口的 15% 以上,语言上约 1/3 的居民讲西班牙语,这在美国其他城市也不多见。到目前为止,洛杉矶仍然是美国最具种族多样性的城市之一。

洛杉矶的另外一个特点是其城市化人口的增加主要来于移民。洛杉矶是在美国向西部移民开发过程中逐步发展起来的,与美国纽约和芝加哥这类城市不同,洛杉矶的移民不是来于欧洲的穷苦农民,而是来于美国本土其他的城镇或者农场主。1890 年纽约的白人中有 39% 出生于国外,这一比例在芝加哥是 41%,而在洛杉矶仅为 22%,到 1920 年这 3 个城市的这一比例分别为 35%、30%、19%,而且洛杉矶剩下的 81% 的白人中仅有 32% 出生于加利福尼亚州,可见洛杉矶的人口增加以第二代本土外省居民(主要来于东部)移民为主,这种构成在当时的美国是独一无二的,而这些移民的一个特征是:他们中的许多人已经拥有汽车。

复杂的种族和大量的移民形成了洛杉矶人口构成的多样性。然而,种族融合的文化进程速度不可能跟上经济发展和城市移民的速度,更跟不上统治者的更替速度。特殊的种族多样性给洛杉矶带来了紧张不安的情绪,形成了种族隔离问题,突出的表现是 1992 年世界闻名的种族骚乱。这种心理张力,与强调自由和个人价值的美国风格一起,使得人口在空间上则表现为倾向于分散和隔离。当汽车的价格可以接受的时候,这一因素也使得人们倾向于使用汽车以居住得更远,加快了洛杉矶的汽车普及速度。

4. 发展路径的特殊性

在 20 世纪初期,其他更发达城市的汽车拥有水平反而被洛杉矶远远超过,这一事实会让许多人感到吃惊,因为存在一种想当然的看法是:越发达的城市,汽车会购买越多。实际上,国际经验表明,城市发展模式的选择受到城市当时经济水平的影响,但影响更大的是城市当时的发展速度。洛杉矶正是这样的一个例子,洛杉矶快速机动化更重要的原因是城市的发展速度。如图 13—2 所示,1900~1930 年之间洛杉矶城市的人口增加了十几倍,发展速度是其他城市的一倍以上。前面我们提及了地质构造的巧合,这里我们将讨论另外一个巧合,历史的巧合:当福特开始实现汽车进入普通家庭的梦想的时候,洛杉矶正处于一个快速发展的阶段。二者的同步是洛杉矶小汽车高速普及的重要原因。

洛杉矶的快速发展使得城市规模急剧扩大,迫切需要有与之适应的城市交通,小汽车比起轨道交通的大投入与长建设周期,更能适应这种快速增长的城市。城间轨道交通只能在车站的周围实施点开发,而汽车却让人们可以在轨道不能达到的郊区定居,开发对象变成了"面"。1914年以前,开发商一般不敢在离开路面电车线路4个街区的距离外建设;但是在1920年代,轨道线路不能到达的空隙地带开始有了住房建设,一直扩展到离市中心48千米的地方。这样,城市快速发展形成了对私人汽车的强烈需求。

这就是为什么纽约、费城、波士顿、匹兹堡等东北部和中西部较发达的城市反而比洛杉矶这个后起的新兴城市更少受到小汽车的冲击和影响的原因所在。1920年代以前,这些城市在19世纪技术的限制下经历了高密度的快速发展,城市形态已经基本定格。大量的人口来到洛杉矶,选择了郊区便宜独立的住宅和汽车,郊区化原先的主导者——轨道——就被替代了。

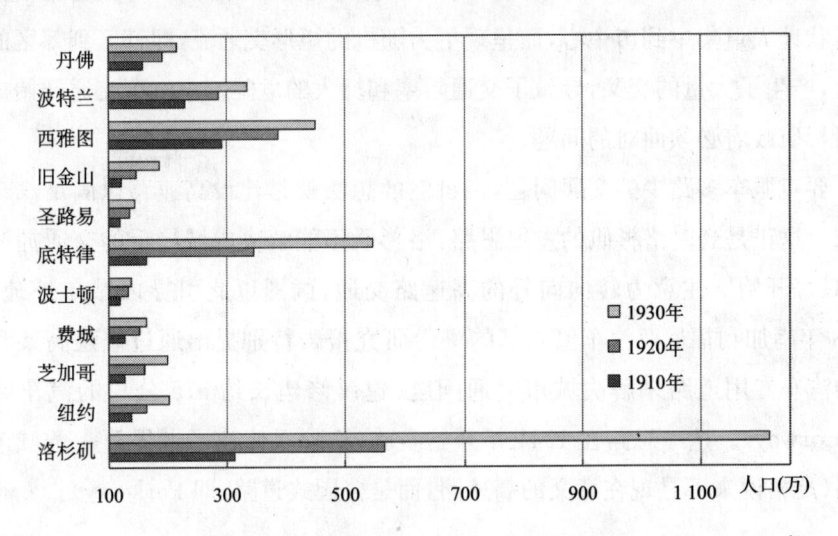

图13—2　城市发展速度对比:1900~1930年人口规模(1900年为100)

资料来源:U. S. Census Bureau, http://www.census.gov.

5. 城市形态与城市交通的新特征

由于汽车交通与城市低密度开发相互促进,洛杉矶的城市密度显著低于美国同时代的其他城市。美国1930年的普查表明,洛杉矶的人口密度仅为606人/平方公里,而纽约和芝加哥分别高达1 674人/平方公里和1 502人/平方公里,洛杉矶的密度仅有纽约的36%。

同时,洛杉矶的城市结构也开始有了很大的变化。洛杉矶1920年代的郊区化阶段,中心区CBD开始衰落。商业的分布也开始郊区化,CBD的零售业销售量在1929年还占有约75%的份额,仅仅10年就下降到了54%。到1930年代中期,新开业的零售商店有88%分布在郊区。

1920年代以前,城市交通主要以公共交通为主。随着汽车的普及,洛杉矶产生了以汽车为主的新的交通出行结构。1930年代的洛杉矶已经至少有80%的出行依靠汽车。由于汽车的增长远快于道路建设,洛杉矶很快就成为一个车多路少的城市,出现了汽车交通拥挤。这种交通拥挤的空间分布也与以前不同,是一种新的交通分布形式。洛杉矶郊区活动增加直接刺激了郊区的交通量,阻塞开始出现在外围的商业区。1938年的一份研究指出,洛杉矶的交通流不再是放射状地大量集中到市中心,而呈现更为随机的矩形交通流,即郊区到郊区的交通流,产生了大量的交叉,导致了交通阻塞和行人的危险。小汽车交通开始成为了洛杉矶政府必须面对的问题。

要克服车多路少的交通问题,很自然的想法就是建设高速路以满足汽车的需求。这正是当时洛杉矶的发展思路,洛杉矶不能解决内城严重的交通拥挤问题,只好开始把注意力转向向外的高速路交通,试图以此引导内城向外疏散。1938年南加利福尼亚汽车俱乐部的一份研究报告特别提出通过修建高架和立交的汽车专用道路来解决城市交通问题,建议修建长约675公里的汽车路网(Motorway)。这一思路在1941年开始实施,洛杉矶修建了世界第一条城市快速路(严格说来不是现在意义的高速路,而是公园式道路,即Parkway)。

第二节 城市地区蔓延时期成为世界高速路之都

一、城市不断扩展与高速公路建设

1. 背景:良好的出发点与简单的解决方法

战后美国的高速路建设成为一项国家战略,高速路里程迅速增加,有力地促进了汽车的使用和城市的蔓延开发。这一发展历程及其政策背景与那个时期人们对汽车和城市交通问题的理解密切相关。

尽管1930年代美国规划者提倡围绕汽车进行城市建设,但郊区蔓延并不是他们的初衷,他们关注的是如何进行内城疏散。20世纪初人们对内城的看法与现在很不相同,当时的美国处于工业化初期,城市发展迅速,市中心的生活、卫生条件非常糟糕,人们渴望到郊区生活。即使没有小汽车,洛杉矶也会采用大运量交通进行扩散,当时的市间铁路已经使得离城市更远地方的居住区开发成为可能,形成了一个郊区低密度开发模式,这个模式被后来的小汽车加强了,而且扩散速度更快。可以说是小汽车来完成了城市扩散这一历史使命,所以20世纪初美国的多数规划者强调汽车对城市环境潜在的有益的影响,希望以此来克服公共交通的垄断性,对汽车是持欢迎态度的。当然,他们对小汽车带来的负外部性并没有足够的重视。因此对汽车造成了内城衰败和城市蔓延的观点是需要慎重的。不仅是放射状的高速路,放射状的轨道交通系统也能够促进城市的扩散,实际上伦敦的扩展比洛杉矶还要大。

汽车急剧增多与原有城市形态之间的矛盾使得城市交通问题日益突出,人们当时对这一矛盾的认识与现在也很不相同。在20世纪中期,美国的规划者和政策制定者坚定地认为道路容量扩充是城市拥挤问题的解决之道,这种道路建设的背后是低密度的城市开发(图13—3)。低密度开发缓解城市交通拥挤的思想流行了数十年,直到1984年凯文·林奇还在其名著《城市形态》中写道:"拥挤必定不会出现在低密度的、广阔的、多中心的城市里,即使是非常大的城市。"这种观点在一定程度上受到实证数据的支持,低密度开发地区的平均上班出行时间的确更少。

这一观点从1970年代开始逐步受到质疑。现在人们已经意识到通过道路扩容来解决城市交通拥挤的方法在长期会累积较大的土地资源压力,在短期对交通拥挤的缓解程度也是有限的,甚至出现黑洞理论所描述的"车多修路、路多招车"的情形(图13—4)。然而,这种认识上的偏差直接影响了美国"二战"后对城市高速路建设的战略定位。战后的美国大兴高速路建设,汽车增长与道路建设互相促进,导致低密度开发成为了美国郊区的典型特征。

图 13—3　1929 年限高下低密度蔓延的洛杉矶市区

资料来源：Dorothy Peyton Gray Transportation Library, http://www.metro.net/about_us/library/transit_history.htm.

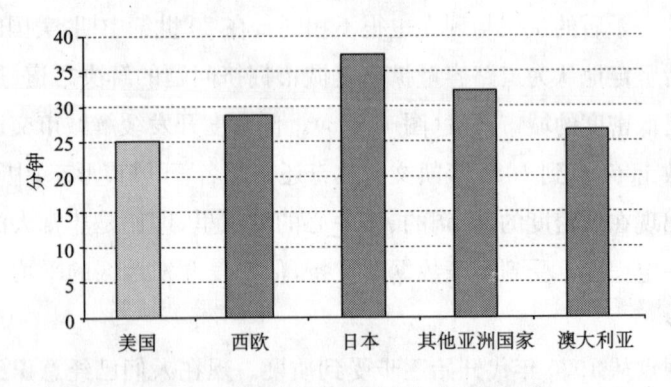

图 13—4　1990 年各国平均上班出行时间

2. 高速公路建设的展开

高速公路建设的资金来源主要得益于战后的经济迅速发展和新的财税法令。由于战后美国全国汽车总量的增加以及对燃料和道路许可证税收力度的增加，高速路建设的资金来源充足，而且在 1956 年联邦公路法还将这种资金保障法律化。该法令规定：州只需要提供州际高速公路约 10% 的造价，就可以得到联邦政府其他 90% 的资金保障。这一新的资金系统极大地推动了美国高速路建设。

公路法的资助也影响到了洛杉矶。如前文所述，洛杉矶早在"二战"前就提出了大规模的高速路修建计划。但 1930 年代的大萧条以及随之而来的"二战"，使得高速路计划的财政来源没有着落，洛杉矶只建设了一些替代性质的道路。而公路法资助修建的许多高速路都经过洛杉矶。与拥有巨额的国家投入的高速路建设相比，轨道交通建设却是自己的资金，加上 1950、1960 年代油价下跌、郊区扩展迅速，使得大运量交通进一步失去了竞争力。这种国家政策导向和宏观背景是洛杉矶"二战"后大兴城市高速路建设的重要原因。

高速公路建设也与洛杉矶的经济发展和城市化密切相关。二战后洛杉矶的现代工业开始崛起，商业、金融业和旅游业繁荣，经济结构发生显著的变化。这一时期的洛杉矶移民激增，到 1960 年洛杉矶的城市人口规模已经位居美国第三。经济繁荣和城市增长不但刺激了道路需求，也保证了道路供给的资金来源。1950～1955 年加州的高速路里程增加了 4 倍。洛杉矶绝大部分的高速公路于 1950 年代至 1970 年代内建成。1980 年代以来建设开始放慢，1990 年以来只有 1993 年和 2002 年建成了新的高速路。其中 10 号高速公路最宽段为双向 12 车道，平均每天双向交通流量高达 33 万辆，是全美最繁忙的高速路。

洛杉矶的二级道路网也非常发达，由 6 或 8 车道的方格网交通干道构成，与美国其他城市相比，洛杉矶的道路网结构更为完善。一般街道承担了洛杉矶约 60% 的交通量（1970 年统计数据），所以洛杉矶能够比高速路网密度更大的城市，比如芝加哥、纽约、波士顿、费城或旧金山（1964 年统计数据）都更成功地解决城市汽车交通问题。

3. 促成低密度蔓延继续发展

高速路的建设带来了城市蔓延，洛杉矶成为了城市蔓延的典型。城市蔓延也是美国许多城市的共同特征。"佛罗里达反蔓延条例"（Florida's anti-sprawl rule）对城市蔓延的定义在许多文献中被引用，它定义了城市蔓延开发的特征：

①蛙跳或分散开发；②商业带开发；③低密度和单一功能开发,比如睡城。许多文献讨论了城市蔓延的原因。比如美国联邦政府对高速路建设的补助政策,尤其是上文提及的1956年美国公路法;房屋贷款利率减少刺激了大住宅和公共交通供给不足刺激了小汽车也被认为是重要原因。还有人声称是为了避免黑人和穷人的进入。显然许多因素都促进了城市蔓延开发,但最重要的原因还是汽车的技术优势。城市蔓延建设是围绕小汽车进行的,建造了庞大的道路系统,消耗了大量的土地,刺激了人均能源消费量,带来了很多问题,比如环境污染、交通安全以及对城市景观的破坏等。

二、洛杉矶城市蔓延的负面效应

洛杉矶的城市交通模式虽然出现了轨道和汽车的兴衰交替,但商业城市中过分强调城市交通盈利的思想并没有改变。即使是洛杉矶的城市开发早期出现的轨道交通与土地利用相结合的开发,也是基于商业社会盈利为目标的投机,其核心是把城市交通作为一个盈利工具,而并非城市的可持续发展。所以当汽车比轨道更能带来盈利的时候,轨道就迅速衰落了。

然而,个体能够盈利的理性并不意味着集体的理性,由于汽车的负外部性,造成了城市发展的"公共地悲剧"。汽车城市带来的惨重代价促使了人们的反思,出现了以人为本的城市建设思潮。洛杉矶所承受的主要代价有以下几个方面。

1. 降低了土地资源的利用效率

虽然城市用地扩展速度快于城市人口增长速度是世界各国城市发展过程中一个很普遍的现象,2002年的一份研究表明美国用地增长与人口增长的比值是1.58,印度是1.62,南美是1.25,中国是1.17,但洛杉矶的这一比值却远远高于其他地区。1970～1990年洛杉矶的人口增加45%,而土地开发增加300%。这种低密度开发意味着土地承载的人口能力低(如前所述,洛杉矶的人口密度仅为纽约的36%)。

这种低密度的主要原因之一是交通用地比例过高(表13—3),洛杉矶的交通用地比例给人的印象是交通几乎就成了城市存在的目的,而不是服务城市的手段。洛杉矶市中心区约 2/3 的土地被街道、快速路、停车设施和修车厂所占用，全市土地面积约有 30％用于道路。而交通仅是一种衍生功能，是服务于城市其他功能的。交通用地比例过高不但浪费了土地，而且造成了对其他功能的空间挤压。刘易斯·芒福德在《城市发展史》中评论道："洛杉矶成了一团难以辨别的住宅，被许多快速路分隔成许多地段，这些快速路只负担了过去公共交通所负担的一小部分交通，车速也低很多，行驶在一个满是烟雾的环境中。……对速度和空间的崇拜破坏了城市，由于缺乏足够的城市预算来适当安排能集中在城市里的全部生活所需设施，我们就满足于单一的功能——交通；或者毋宁说，满足于一个差强人意的交通系统中的一个部门，即私人小汽车。"

表 13—3　城市化地区道路占地比例

城市	道路空间(%)	资料出版年份	城市英文名称
洛杉矶(美国)	30.0	2003	Los Angeles
发展中国家城市			
加尔各答(印度)	6.4	1997	Kolkata
上海(中国)	7.4	1998	Shanghai
曼谷(泰国)	11.4	1997	Bangkok
首尔(韩国)	20.0	1998	Seoul
德里(印度)	21.0	1997	Delhi
圣保罗(巴西)	21.0	2001	São Paulo
发达国家城市			
纽约(美国)	22.0	1998	New York
伦敦(英国)	23.0	1998	London
东京(日本)	24.0	1998	Tokyo
巴黎(法国)	25.0	1998	Paris

资料来源：Vasconcellos, Eduardo Alcântara de, 2001. *Urban Transport, Environment and Equity: The Case for Developing Countries*, UK and USA：Earthscan Publications Ltd.

注：在进行世界城市对比分析的时候，城市道路面积比例的可靠数据很少。各种文献列举的数据在时间或者尺度上常常是模糊不清的，这两点往往妨碍了有效的对比分析。上表给出了一些相关研究中采用的道路占地比例，由于洛杉矶 1970 年之后道路总长增加较少，该表说明洛杉矶道路占地比例在很长时期内都远高于这些城市。

2. 造成种族隔离问题加剧

人口因为阶层、种族和收入不同而在空间离异而形成的隔离一直是美国城市的重要问题。随着小汽车的普及，郊区也丧失了邻里特性，变成了散开的、低密度的斑块。结果洛杉矶富人和穷人之间的空间距离更大了，从微观隔离（街区层次的分化），演变为了典型的宏观隔离。种族隔离问题的突出表征就是洛杉矶1992年的种族骚乱。

3. 汽车尾气排放加剧了环境污染

1943年洛杉矶发生了世界上最早的"光化学烟雾"污染事件，这种污染不但降低大气能见度，而且会导致眼睛红肿、流泪、喉痛、胸痛和呼吸衰竭等疾病。尤其1952年洛杉矶出现的"光化学烟雾"被列为世界十大污染公害事件之一，在那次重大污染事件中，洛杉矶65岁以上的老人有近400人死亡。污染的原因是废气经太阳紫外线照射后发生光化学反应，产生浅蓝色的有毒烟雾，而废气的主要来源就是汽车。洛杉矶之所以成为光化学污染最严重地区，是因为当时洛杉矶的汽车保有量是全美之最。1940年代初洛杉矶汽车保有量高达200多万辆，却没有任何控制排放的措施，这些汽车每天向大气中排放的一氧化碳（CO）达4 200吨，碳氢化合物（HC）达1 000多吨，氮氧化合物（NO_x）达430吨。

4. 交通事故不断增加

伴随着私人汽车拥有量的急剧增加，交通事故也持续增加，最后到了非常严重的地步。1970年洛杉矶的280万人口中，有429人因车祸死亡，52 823人受伤。死亡人口90人中有1人死于路上，平均每人一生之中至少有一次会因为车祸受伤。另外，由于城市形态过分强调适应汽车，而在规划中对步行和公共交通考虑不足，结果导致洛杉矶无车居民出行困难。

三、对于城市蔓延和小汽车普及的各种不同见解

负外部性的计量分析往往缺乏广泛认可的衡量标准，污染、土地减少、审美价值丢失等等都是难以计算市场价值的，因此在对汽车和城市蔓延的评价上，也存在许多争论。许多研究认为城市蔓延的负效用被夸大了，污染这样的负面影响也由于技术进步而得到了控制。但这种生活方式带来的方便却被视而不见，

比如优质的生活环境、面积更大的住宅和更短的通勤时间等等。

1. 汽车的普及使得人们可以选择更远的郊区和更大的住房

这不但是城市经济学在理论上的重要结论,也受到了实际统计数据的支持。郊区的平均住房面积比美国平均水平高,根据1999年美国住房调查,郊区的平均住房面积远高于美国平均1 395平方英尺(130平方米)。曼哈顿的平均住房面积只有820平方英尺(76平方米)。

2. 交通拥挤问题

城市交通问题中,交通阻塞是最引人注意的一个。它不但直接关系到城市的效率,也与环境质量密切相关,比如汽车缓慢行驶状态下的尾气排放量远高于快速行驶,可达5倍以上。许多人认为小汽车使用过多必然导致交通阻塞。但洛杉矶的案例恰好说明了汽车多并不一定意味着拥挤。从美国城市的对比看,城市交通以汽车为主的城市上班通勤所花费的平均时间反而少于以公共交通为主的城市:根据1995年城市平均出行时间调查,纽约的平均通勤时间是美国所有大城市中最长的,达39分钟,一般边缘城市平均只有21分钟,而洛杉矶汽车的平均出行时间仅为19分钟,约为纽约的一半。这意味着洛杉矶的居民每天在上班上可以节约30分钟时间。

城市交通阻塞的根源在于交通模式和城市形态不匹配,而不在于小汽车使用过多。但城市交通的目的并不是防止拥挤。虽然低密度城市形态与小汽车交通模式的配合同高密度公交导向的城市一样,不乏成功避免拥挤的案例,但从更高的尺度上看,前者对人居环境、污染、能源和土地利用等方面有极大的负荷,较缺乏可持续性。

3. 污染问题和对资源的压力

有研究声称,汽车引起的污染和石油危机问题并不特殊。历史上许多新交通工具在推广过程中都发生过类似的问题。1880年代伦敦和纽约的主要交通工具还是马车的时候就有交通拥挤,而且同样导致了严重污染。比如20世纪初纽约的马车每天约产生250万磅的肥料和6万加仑的尿,占道路垃圾的2/3。同样,木船也导致了森林的破坏:典型的军用船需要1 400棵树,商船平均为97棵树,结果导致了英国在1880年代初的木材危机。这些与汽车的污染以及石油危机非常类似,但价格机制和技术进步最终都克服了这些问题。同样,汽车带来的许多问题也随着技术和设计的进步而得到了改善。

汽车技术的革新对减少空气污染和温室气体排放起到了显著的作用,同时汽车的能耗效率也大大提高了。20 世纪下半叶以来,美国汽车污染物排放的排放标准一般都下降了几十倍,而洛杉矶所在的加州制定的标准甚至更低(表 13—4)。但是,也有争论认为行车里程的增加抵消了更严格单车排放控制的影响,根本的解决方法是优化城市结构,减少出行距离。汽车对能源的压力也一直为人们所担心,随着汽车增加,美国交通消耗能源占能源总消费的比例甚至达到 1/3。但技术进步使得这一比例有大幅度降低的可能。以澳大利亚为例,其私家车消耗了该国约 10% 的能源,研究表明有两种途径可以降低能耗:一种是将私家车数量减少一半,同时增加公共交通工具;或者用已有的技术改造私家车,能效则可以提高 30%,甚至限制小汽车的规格及动力水平。相比之下,后者节约的能源更多。

表 13—4 美国轿车排气排放标准下降情况

年份	轿车排放标准(g/km)		
	一氧化碳(CO)	碳氢化合物(HC)	氮氧化合物(NO_x)
未控制前	84[1]	5.4	2.5
1968	32	3.7	3.1
1970	21	2.4	3.7
1975	9.3	0.9	1.9
1980	4.4	0.25	1.2
1994[2]	2.1	0.25	0.25
2003[3]	1.06	—	0.12

注:1 为美国 1970 年前汽车排放标准,资料来源:汪卫东:"国内外汽车排放法规对比分析",《商用汽车》,2004 年第 11 期。

2、3 均为美国轻型汽油车标准,其中 2 为美国联邦 1994 年实施的 Tier1 标准;3 为加州 1994~2003 年实施的超低排放车标准,资料来源:王瑛璞、赵佳:"汽油车排放法规和控制技术的发展研究",《黑龙江交通科技》,2005 年第 2 期,总第 132 期。

表内其他资料来源:杨荫凯:《机动化的阶段性发展理论及我国机动化道路的选择》(中国科学院地理科学与资源研究所博士学位论文),张文尝指导,2005 年 5 月。

4. 一些对城市蔓延想当然的批评,结果也经不住数据的检验

比如美国有的环境保护主义者认为城市蔓延摧毁了森林,然而过去 20 年里美国的森林覆盖率不是减少,而是增加了。这些争论的实质还是在于人们的价值取向有所差异。一些支持汽车生活方式的研究者甚至认为问题不在于居住于郊区的人们,而在于未能迁移到郊区的人们,或者不能拥有多个汽车的家庭(图 13—5)。

图 13—5　洛杉矶的高速路和城市低密度蔓延

资料来源:Southern California Association of Governments, YOUR GUIDE TO SCAG 2006~2007. http://www.scag.ca.gov/.

总体而言,对汽车带来的问题,经济学家倾向于用修正市场失灵的办法,而规划师则更强调政府干预。无论如何,美国的城市形态没有向高密度反弹,城市仍在继续蔓延。面对这种城市蔓延,洛杉矶成立了区域城市的规划机构。1965

年10月成立了南加利福尼亚政府联合会(Southern California Association of Governments, SCAG),当时包括5县56城,到2006年共包括6县187城。主要是针对交通问题、增长管理、住宅开发、空气质量等开展区域规划,其中最主要的任务是南加利福尼亚的区域交通规划。

第三节 城市结构的重构与交通

一、城市结构的重构:多中心化

1. 洛杉矶城市多中心结构逐步加强

尽管洛杉矶是城市蔓延的典型,但这一趋势在20世纪70年代之后也开始有了变化,即城市的多中心结构(Polycentricity)逐步加强。

从1960年到1970年,在小汽车推动的城市蔓延背景下,洛杉矶都市区(Los Angeles Metropolitan Area)郊区化的分散趋势明显,都市区内(指河边县、橙县、圣伯纳迪诺县、文图拉县、圣地亚哥、洛杉矶县6个县)CBD的人口和就业分别减少了49.9%和26.1%。但进入1970年代后,中心城区人口和就业出现了再次增加的趋势,其中CBD的人口和就业在70年代分别增加了14.1%和18.8%。从总人口的变化趋势看,1960年代的人口增加其实更为迅速,但中心城区的人口和就业反而下降;1970年代总人口增加趋缓,而中心城区反而复兴。这说明1960年代城市增长的空间格局与1970年代有所不同,中心城区的绝对下降已经发生了逆转。

这一现象引起了学者们的广泛兴趣。有研究在1980年和1990年的详尽的数据基础上,借助GIS的计算机手段,在洛杉矶都市区(这里指河边县、橙县、圣伯纳迪诺县、文图拉县、洛杉矶县5个县)识别出了10个就业中心,并分析了其动态变化过程。结果表明,1980年洛杉矶10个就业中心的工作岗位占整个地区工作岗位数的17%左右,其中市中心是最大的就业中心,占整个地区就业量的9.9%左右;但到1990年市中心的这一比重下降为5.8%,而10个就业中心工作岗位所占的比重也从16.9%下降到了14.4%,就业中心以外的就业比重从

73.2%上升到了79.8%;这一时期就业中心的就业绝对量呈上升趋势,增加了13.2%。就业中心所占比重的下降说明洛杉矶都市区整体仍然处于相对分散化阶段,但市中心就业绝对量下降而就业中心的就业绝对量上升,说明出现了多中心的集聚态势。更新的研究表明,到2000年洛杉矶的多中心结构进一步加强了,其主要的中心和次中心包含了该地区1/3的就业和超过35%的公司。

虽然对"中心"的空间界定有所差异,但各种研究得到的结论是基本一致的:洛杉矶地区正在走向多中心的结构。多中心城市结构加强,工作地与就业地有序化,使得公共交通又得到了发展的机会。如果洛杉矶这样号称最适于小汽车化的城市最终也呈现多中心的城市形态,那么充分小汽车化与积极的公交系统导向的城市形态似乎是殊途同归。

表 13—5 洛杉矶都市区的就业和人口中心识别

	1980年				1990年			
	就业	百分比	人口	百分比	就业	百分比	人口	百分比
10个就业中心	895.6	16.9	339.9	3.2	1 013.8	14.4	431.5	3
市中心	524.7	9.9	185.6	1.8	406.3	5.8	159.6	1.1
就业中心以外	3 875.5	73.2	10 036.9	95	5 597.1	79.8	13 940.4	95.9
总计	5 295.8	100	10 562.5	100	7 017.2	100	14 531.5	100

注:单位分别为千人和%。这里包含5个县;百分比是指占总计的百分比。
资料来源:Susan Hanson,1995. *Geography of Urban Transportation*,2nd ed., NY: The Guilford Press.

2. 洛杉矶城市多中心化的原因

(1) 高速路建设难以为继

洛杉矶的高速路建设高潮一直持续到1960年代,1960年至1970年洛杉矶道路建设总长度约增长了14.5%。但在此时洛杉矶开始意识到了这种发展模式难以为继。1964年洛杉矶区域交通研究室(LARTS)预测:洛杉矶2.33万平方公里规划区内的总人口到1980年将达到1 440万(注:实际上1990年洛杉矶5县人口才达到1 453万)。在此规模前提下,继续低密度发展将导致平均上班距离从9.7平方公里增加到15.3平方公里,交通总量增加2倍,从而高速路需要扩大 7 到 8 倍之多。这种城市交通发展模式要求的建设量不但巨大，而且始终不能满足所有人的出行需求。洛杉矶小汽车交通模式已经造成了无车市民出行困难、车祸较多和出行距离偏长等问题，并且这些问题日趋严重。因此洛杉矶重新考虑了自己的发展道路。1970 年后，洛杉矶的道路总长基本不变，保持在 3.38 万公里左右（图 13—6）。

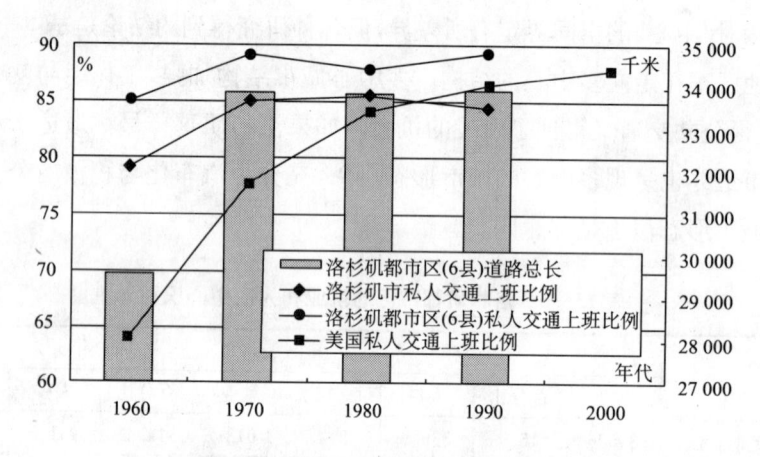

图 13—6　洛杉矶道路与小汽车使用

注：上班出行调查样本包括步行和自行车，但不包括在家办公。
资料来源：US Census, http://www.publicpurpose.com/.

（2）出行时间刚性约束

城市蔓延是在上班出行时间约束下进行的，虽然同样的出行时间，高速度允许更长的出行距离，但无论如何，居住地点与就业地点的空间分离是存在极限的。一天只有 24 小时，时间预算理论认为人们花在上班出行的时间趋于常数，通常不超过 30 分钟，这一结论得到众多实证研究的支持。肯沃斯等较新的实证研究进一步支持了这一结论，对世界 46 个城市的分析发现，各个城市上班出行时间大约为 30 分钟，英国过去 6 个世纪都保持在这个水平。出行时间的刚性约束也是单中心城市增长最终断裂为多中心城市的重要原因。城市规模增加一般导致通勤时间也增加，除非在一个阈值处，单中心转变为多中心，通勤时间才会剧烈下降（图 13—7）。

1970年之后,洛杉矶的道路增加很少,但城市结构逐步有序化,交通拥挤没有明显恶化,平均出行时间只是略有增加:从1980年的23.6分钟增加到1990年的26.4分钟,仍然在30分钟之内。而且居民出行时间的空间分布也与单中心城市明显不同。单中心城市边缘市区的居民由于上班距离更远,往往需要更长的出行时间。而洛杉矶的多中心的城市结构使得其居民可以选择靠近就业中心的居住区(因为公司分散到了接近工人居住的地方),从而压缩了通勤时间。对洛杉矶都市区的研究表明,就县内的平均通勤距离而言,边缘县仅为中心县的28%~43%。

(3) 经济集聚的市场驱动

1980年代以来,欧洲许多城市已经出现相对或者绝对的再集中现象,而且这一现象并非政策驱动,而是经济和社会演变激励了集中的结果。这种再集中过程反应了城市发展多中心化的趋势,这一趋势不仅仅出现在小汽车化的城市中,而且出现在单中心强大的城市里。

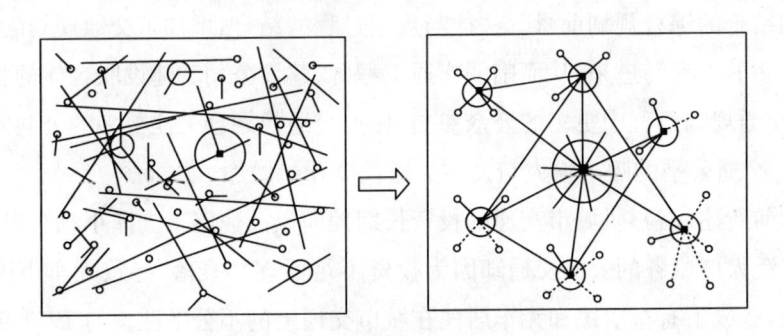

图13—7 从随机蔓延城市到多中心城市

二、1990年代开始的环境和公平交通

1. 环境立法与交通规划

随着社会经济的发展,城市交通问题的内涵也在逐步变化,而这些变化强烈地反映在了美国的法律法案中。1960年代在公路法的资金援助下,人们关注城市开发问题。但是到了1970年代,洛杉矶经济形势发生了变化。1970年代以

来洛杉矶地区进入经济转型期,制造业增长很慢,已失去了和防务有关产业的就业岗位 15 000 个,而增长主要发生在服务业、旅游业和娱乐业上。人们更关心小汽车的负面影响:空气污染、高速路阻塞、能源和城市蔓延,以及交通公平问题。1990 年通过的《CAAA 法案》(Clean Air Act Amendments)要求城市地区通过汽车出行的份额来减少交通对空气的污染。

美国的立法强烈地影响着美国的规划理念。法律不但直接影响规划的规范流程,而且往往通过资金给予引导规划的目标和实施。到 1990 年代初期,美国加强了对交通环境问题的立法,上千亿美元的联邦汽油税用于促进环境保护导向的交通规划。比如 1991 年通过的《交互模式地面交通效率法案》(ISTEA, Interstate Surface Transportation Efficiency Act,又称"冰茶"),该法案在实施的前 6 年就有 1 550 亿美元的资金做支持,资金的主要来源是美国联邦政府的汽油税,而这些税收在以前是直接用于高速路建设的。法案要求交通规划分析交通投资远期增长效应对环境的影响,指出了将交通规划、土地利用规划和环境规划相结合的综合规划前景。法律与规划过程的结合,增加了交通规划的内容,使得更多的人参与进来,从而削弱交通工程师、建设公司和建设联合体的相对力量,在交通规划过程中更多的公众参与,使得交通规划会关注更多的公共问题。

2. 交通公平的呼声增大与公共交通投资开始增加

如前所述,洛杉矶城市交通的投资长期偏向以高速路来支撑小汽车出行,而为更广泛人群服务的公共交通却因为投资不足而逐步衰落,导致无车市民的出行困难,造成了有车居民和无车居民在城市交通上的不公平性。与 1964 年公共交通系统提案不能通过形成鲜明的对比,1996 年洛杉矶市民对这一不公平性诉诸法律,最后地方法院裁定洛杉矶交通系统对 35 万公共汽车乘客的权益是不平等的,要求洛杉矶都市交通局(MTA)在未来 10 年内至少投资 10 亿美元于公共汽车系统。这是 1964 年美国《民权法案》(Title VI of the Civil Rights Act)颁布以来第一次用于重要的交通机构并取得胜利。

随着对交通公平和环境保护认识的加深,人们意识到公共交通不但对资源环境的压力要小得多,而且由于公共交通每辆车的乘客总量更大,对城市税收的贡献也更大,因此交通公平应该是公共交通优先。洛杉矶在这方面也作了一定的努力，比如其"快速巴士"计划。在洛杉矶2001年的一份报告中提及，这一计划的目的就是通过公共汽车交通优先，特别是在交叉路口的优先，显著地改善公共汽车交通服务。最初的快速公交线路是沿威尔希尔—怀特尔走廊上的40km路段，公共汽车在交叉路口有优先权，包括用"绿灯信号提前"和"绿灯信号延迟"的方法来减少公共汽车在红灯时的等候时间，沿线建设了新的公共汽车站，并使用全球定位系统和实时电子显示来指示下一班车的等候时间。虽然没有使用专用车道，但这种方式使公共汽车的平均速度提高了15%，并显著地增加了乘客量，而且燃料消耗也有所下降。

在不同的发展阶段，随着认识水平的提高，人们对汽车化的态度也发生了明显的转变。回顾发展历史，同样的税收，可以用于道路建设，也可以引导环境保护。同样的法案，可以不使用，也可以用来起诉交通机构，其主要原因是经济发展水平和人们需求的变化。

但洛杉矶公共交通的发展并不让人乐观。小汽车拥有量很大及驾龄居民很多的情况下，要提高公共交通的出行比例是很困难的。从1995年发达国家城市人均年公交出行次数看，洛杉矶显著低于其他发达城市（图13—8）。实际上，由于城市发展的难可逆性，洛杉矶对公共交通基础设施的改变也是有限的，判决投入公共交通的资金也不过10亿美元，无法与洛杉矶2001年交通远期规划中上

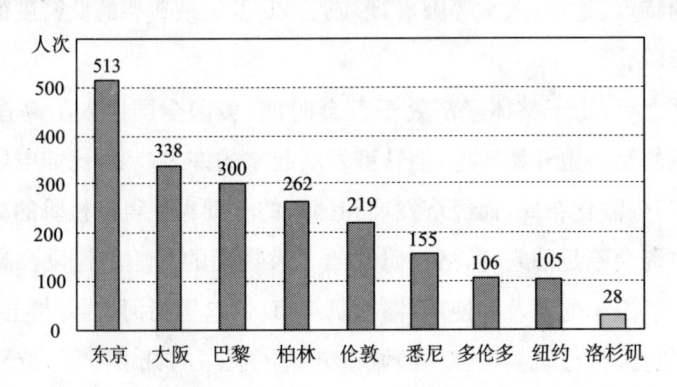

图13—8　1995年发达城市人均年公交出行次数对比

资料来源：林震：《城市交通可持续发展理论研究》（北方交通大学博士学位论文），2003年。

千亿美元的交通投入相比。对发展中国家而言，应该借鉴其发展历程，避免走不可逆转的高消耗的发展道路。

第四节 洛杉矶的经验教训与借鉴意义

一、经验教训

1. 洛杉矶城市交通发展历程简要回顾

结合洛杉矶都市区 1900 年以来近百年的人口统计，我们最后简要回顾洛杉矶的城市交通与城市发展历程。

石油的开采和美国铁路干线的通车带来了洛杉矶地区的高速发展。从洛杉矶县每 10 年的人口增速看，1900～1910、1910～1920、1920～1930 年的增速都在 100%以上。第二次世界大战结束后 1946～1964 年的十几年间，是人口学上著名的人口生育高峰，随着大批官兵复员回家，结婚率陡然升高并带来相应的高出生率。但我们可以看到，洛杉矶县的人口反弹造成的增速远远比不上 20 世纪初期城市发展的高速度。这一高速度同与之同步的汽车福特制生产是洛杉矶机动化水平能够从美国较低水平反超为世界机动化先行者的重要原因。加上石油城市本身的特点、地震、人文等因素，形成了 20 世纪最典型的低密度的小汽车城市——洛杉矶。

"二战"之后，由于整体经济处于黄金时期，美国全国进入了高速路建设高潮。洛杉矶的经济也开始转型，但转型发展起来的许多产业（比如电影业和旅游业）仍然趋于分散化布局，而经济发展和国家的资助也使得洛杉矶的高速路建设摆脱了战前资金不足的窘境，洛杉矶开始了大规模的高速路建设。高速路的快速发展推动了汽车的普及和使用，洛杉矶都市区（这里指河边县、橙县、圣伯纳迪诺县、文图拉县、洛杉矶县，共 5 县）城市开始了无序的城市蔓延，带来了严重的交通问题、投资问题、环境问题和种族隔离问题。人们开始反思商业主义带来的弊病，关注环境污染和可持续发展，人本主义的发展思想开始觉醒。

这一时期洛杉矶都市区的人口与就业的分散显著地改变了该地区的人口空

间分布结构。洛杉矶县占5县的人口比重在1940年代达到最大之后从最高峰的86%持续降低到58%,呈现明显的分散化。这种分散化的城市空间无限蔓延终于使得以高速路的投资难以为继,区域统一规划成为新时期发展的内在需求。

20世纪后期,人们更加关注环境和公平问题,这种发展观并非仅仅停留在舆论和思想阶段,而是直接反映到了法律法规和投资导向上。许多研究表明,洛杉矶出现了一定的集聚趋势,呈现多中心的城市格局,但近百年的城市蔓延和机动化,使得城市的形态与交通模式很难逆转。

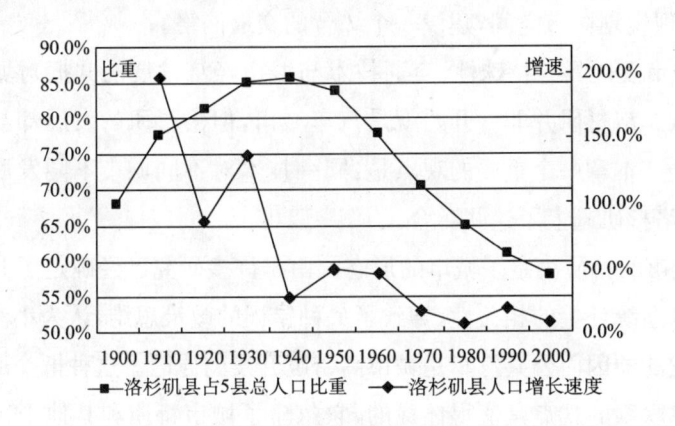

图 13—9　1900～2000 年洛杉矶都市区人口增长

资料来源:U. S. Census.

2. 经验和教训

在出行需求上,城市居民多类型出行活动的需求不断增加;在交通供给上,汽车工业大规模发展、汽车价格大幅度下降和居民收入的提高等原因导致私人机动化成为城市交通难以阻挡。洛杉矶作为汽车城市的典型,其发展历程对许多欧美城市产生过深刻的影响,对现在尚未或者正在进入机动化阶段的国家和城市,其经验和教训则更具有重要的意义。

但洛杉矶的发展道路有极为特殊的城市特性背景和发展阶段巧合,而机动化与城市化的历史共振尤其关键。而且,这一极端的特殊性也给我们一个机会,看到完全依赖小汽车的洛杉矶,在土地利用、环境保护、交通安全等方面所面临

的严重压力。现在洛杉矶也进行了反思,开始强调精明增长、交通环境和交通公平。主要的经验和教训有:

(1) 没有哪一种交通方式可以同时满足所有人的需求,然而,一种具有市场优势的交通方式却完全可能垄断有限的空间和财力。洛杉矶单一的汽车交通基础设施给行人和无车者——主要是老人、小孩和妇女——造成了出行困难。虽然洛杉矶在1940年代曾有人考虑高速路与轨道的衔接,但是缺乏政府干预,这种衔接最后没有实现。要克服交通模式单一化的弊端,就需要提高认识,应用交通政治,合理规划城市空间,建设一个综合的交通网络。

(2) 城市发展具有特殊性,交通技术与城市经济发展的共振对城市形态的影响非常大。洛杉矶并非一开始就是汽车城市,但洛杉矶的发展却与技术进步发生了共振。本章一个重要的观点是:同一技术对不同城市不同发展阶段有不同的作用,洛杉矶赶上了这些巧合。

(3) 城市的特质决定了城市的形态。由于许多研究已经确定了高密度与小汽车拥有量在统计上的相关性,导致了一种错误的政策思维,认为小汽车是城市低密度开发的原因而公共汽车是城市高密度开发的原因。这种把交通模式和城市发展简单联系的观点是值得怀疑的,它忽略了城市特质和其他干预政策的影响。从洛杉矶这一案例看,即使采用轨道,由于地震等因素的限制以及洛杉矶最初作为石油城市起步的发展路径,洛杉矶也很难成为高密度的城市,仍然会有多中心和低密度的趋势。实际上洛杉矶的蔓延发展是在小汽车普及之前就已经开始了。在城市散布的阶段迎来了城市经济大发展和轨道、汽车的交通技术进步,洛杉矶就有了蔓延和多中心的传统。

二、对中国的借鉴意义

1. 中国正在经历当时美国机动化快速发展的时期

对比中国机动化历程与美国对应阶段(图13—10)可以发现,中国1978～2003年的机动化水平变化曲线与美国1910～1920年几乎重合。进一步比较可以发现二者有相似的经济起飞和机动化普及背景,机动化普及与汽车价格大幅度下降有关:美国是由于1920年代福特规模生产,而中国则是因为加入WTO

后汽车关税的逐步取消和本地生产。同样,此时的中国正如1920年代的洛杉矶,正在处于城市化的高潮阶段。换言之,中国正面临和洛杉矶类似的机动化与城市化的共振,二者的成因虽然有所区别,但情景和效果非常相似。历史何其相似! 但美国全国性的高速路建设高潮由于经济危机和"二战"影响,延迟了近30年才全面展开。而我国早在1994年就确立了大力发展汽车产业和促进汽车消费的产业政策,2000年之后就逐步进入了高速路大规模建设的高潮。如果对小汽车缺乏有力的政策引导和控制,高速路与汽车化的相互促进在我国可能更加强烈。

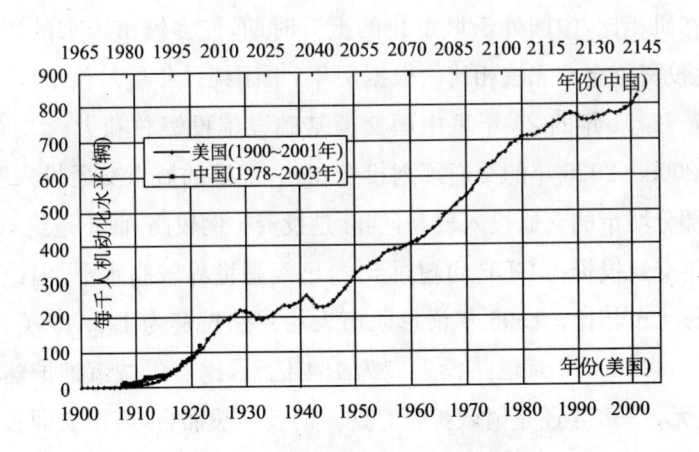

图 13—10　中美机动化历程对比

注:图中中国1978～2003年对应美国1907～1932年。
资料来源:历年《中国统计年鉴》和美国联邦统计局(http://www.census.gov/)。

因此,洛杉矶的发展道路对中国的城市规划和决策具有特别的借鉴意义。实际上中国某些城市在快速建设中已经出现了严重的交通问题,中心城区密度继续增大而郊区城镇配套建设不足,形成大量的长距离交通需求,而郊区公共交通滞后,加快或迫使了人们对小汽车的依赖,形成城市私人小汽车过快膨胀的趋势。

中国绝不能走、也不具备条件走"小汽车为主"的城市交通发展之路。因为中国人口多,人均土地资源和人均能源资源少。

2. 为了避免走上"洛杉矶式小汽车交通模式"需要采取的对策

(1) 交通高投入与精明增长

洛杉矶《2001年交通长期规划》(LRTP)预测洛杉矶县将继续增长：人口从2000年的960万将增加到2025年的1 310万。为了满足增长的交通需求，洛杉矶规划到2025年用于交通项目的基金为1 060亿美元，2001年已经到位约90%(948亿美元)。城市交通建设的资金是充足的，尽管如此，LRTP仍然认为在未来25年中，应该采取精明增长的策略，并定量分析了这一策略在空气污染和交通速度等方面显著的优势。

与洛杉矶相比，中国处于城市化的上升时期，许多城市未来的增长可能更快，但交通投资资金却无法相比。根据历年《中国统计年鉴》，按2001年可比价累计，1977~2001年的25年里中国交通基础设施投资总和大约2.4万亿元。与洛杉矶2000~2025年的交通规划投资相比，我国的城市交通投入明显不足。近年中国部分城市的交通投入较高，实际是投资比例较高，而不是绝对量大。比如北京近年交通投资占GDP均超过5%，已经是世界较高水平，但绝对量还是不能和洛杉矶市相比。1995年洛杉矶市人均道路投资为195.45美元，以此人均标准计算，1998年北京道路投入应为154亿元，比当年城市维护建设资金支出多33亿元，1998年还是财政扩张时期。而且一般而言，城市交通投入的高比例是不能持续的，否则会对经济协调发展有一定影响。中国的经济发展、农村建设、城市其他基础设施建设都还需要资金投入，城市交通投入的高比例是不能持续的，即使持续，投资规模也达不到洛杉矶的水平，而城市的增长速度却完全可能远高于洛杉矶。因此，要解决中国的城市交通问题，需要"更精明"的增长。

实际上，洛杉矶的道路建设也面临资金的限制，而且道路建设的效果也令人质疑。随着经济发展，高速路建设越来越昂贵，洛杉矶1993年建成的105高速路平均每公里造价竟高达5亿元人民币。而2001年洛杉矶的高峰拥堵却从上午6点延长到9点，下午3点延长到7点。

(2) 城市交通必须走可持续发展之路

除了资金限制外，更关键的问题是中国多数城市的自然条件、社会环境与洛杉矶不同，在历史上已经形成了适应公交的高密度城市形态，有很强的开发走廊。我国的城市规划要特别根据城市的特性来制定。面对与洛杉矶机动化与城市化共振类似的情景,要避免重复洛杉矶的发展道路,中国城市需要控制机动化或城市化的速度,采取"精明"的城市增长。我国城市有高密度发展的历史路径,从可持续发展的观点和文化价值取向上,我国都不能任由城市去适应小汽车。在汽车化过程中,要特别注意避免交通模式与城市形态不匹配导致的城市生活低效率和社会损失,引导城市走高密度多中心的可持续发展道路。因此,政策导向不应该是小汽车模式,应对小汽车所有和使用征收更高的费用,发展高质量的公交与之竞争,进行高效的土地利用,合理建设交通基础设施。

回顾洛杉矶的发展,我们可以发现"就交通论交通"也许能解决交通问题,但不能解决城市发展问题。交通问题的产生来于城市的不断发展,"就交通论交通"的解决思路往往把交通当做了目的,而不是城市发展的手段。洛杉矶为了解决小汽车的出行问题作了巨大的努力,结果造成了严重的小汽车依赖性。这种模式对有车的人们也许是高效率的,技术的发展也许也能极大地缓解环境污染和能源危机,但从城市居民整体而言是不公平的,从人类的发展看其对土地和能源的消费是难可持续的。或许,要解决交通问题,我们首先应该问自己的不是怎么解决交通问题,也不是我们到底想要什么样的生活,而是我们能承担什么样的生活。

参考文献

1. Automobile City? Transport and the Making of Twentieth-century Los Angeles, Ralph Harrington, http://www.greycat.org/papers/losang.html.
2. Ali Modarres, 2003. Polycentricity and Transit Service, *Transportation Research Part A: Policy and Practice*, Vol. 37, Issue 10.
3. Brian Hoyle and Richard Knowles, 1998. *Modern Transport Geography*, 2nd, Chichester; New York: Wiley.
4. Christopher G. Boone, 1998. Real estate promotion and the shaping of Los Angeles, *Cities*, Vol. 15, No. 3.
5. Ewing, 1997. "Is Los Angeles-style sprawl desirable?", *Journal of the American Planning Association 63*.
6. Edward L. Glaeser and Matthew E. Kahn, Sprawl and Urban Growth, Working Paper,

http://www.nber.org/papers/w 9733.
7. Gregory D. Squires, 2002. *Urban Sprawl: Causes, Consequences, and Policy Responses*, US: The Urban Institute Press.
8. http://pasadena.wr.usgs.gov/info/cahist_eqs.html, USGS (U.S. Geological Survey).
9. Janet Abu Leghod, 1999. *New York, Chicago, Los Angeles: America's Global Cities*, Minneapolis, MN: University of Minnesota Press.
10. Jeffrey R. Kenworthy and Felix B. Laube, 1999. Patterns of Automobile Dependence in Cities: an International Overview of Key Physical and Economic Dimensions with Some Implications for Urban Policy. *Transportation Research Part A: Policy and Practice* 33.
11. Los Angeles County MTA, 2001. Long Range Transportation Plan-Executive Summary, http://www.mta.net/projects_plans/default.htm.
12. Mark S. Foster, 1981, *From Streetcar to Superhighway: American City Planners and Urban Transportation, 1900~1940*, Philadelphia: Temple University Press.
13. Masahisa Fujita, 1989. *Urban Economic Theory: Land Use and City Size*, NY: Cambridge Univ. Press.
14. Peter Hall, 2002. *Cities of Tomorrow: An Intellectual History of Urban Planning and Design in the Twentieth Century*, 3rd, UK: Blackwell Press.
15. Peter Newman and Jeffrey Kenworthy, 1999. *Sustainability and Cities: Overcoming Automobile Dependence*, Washington, D.C.: Island Press.
16. Peter Hall, 1998, *Cities in Civilization: Innovation and Urban Order*, London: Weidenfeld & Nicolson.
17. Peter Gordon, Ajay Kumar, and Harry W. Richardson, 1989. "The Influence of Metropolitan Spatial. Structure on Communting Time," *Journal of Urban Economics*, Sept..
18. Robert Garcia, 2003. Transportation Equity in Los Angeles: The MTA and Beyond, http://www.environmentaldefense.org/article.cfm?contentid=1238.
19. Robert Cervero, 1998. *The Transit Metropolis: A Global Inquiry*, ISLAND PRESS.
20. Susan Hanson, 1995. *Geography of Urban Transportation*, 2nd ed., NY: The Guilford Press, p. 316.
21. Shoshany, M., Goldshleger, N., 2002. Land-use and Population Density Changes in Israel—1950 to 1990: Analysis of Regional and Local Trend. *Land Use Policy*. 19(2).
22. Sherry Ryan and James A. Throgmorton, 2003. Sustainable Transportation and Land Development on the Periphery: A Case Study of Freiburg, Germany and Chula Vista, California, *Transportation Research Part D: Transport and Environment* 8.
23. The Seven Eras of Rapid Transit Planning in Los Angeles, http://www.erha.org/index.html.
24. J. M. 汤姆逊:《城市布局与交通规划》,中国建筑工业出版社,1982年。

25. 北京市交通委员会、北京交通发展研究中心:《北京交通发展纲要》,2004年。
26. 陈雪明:"洛杉矶城市交通发展的战略转变以及对中国城市的启示",《城市交通》,2003年第1期。
27. 国际能源所,杨玉峰、康艳兵、白泉译:《面向未来的公共汽车交通系统》,人民交通出版社,2003年。
28. 凯文·林奇:《城市形态》,华夏出版社,2001年。
29. 刘虹、王旭:"美国的汽车与大都市区化及其启示",《管理世界》,2003年第6期。
30. 刘易斯·芒福德:《城市发展史——起源、演变和前景》,中国建筑工业出版社,2004年。
31. 〔英〕迈克·詹克斯,伊丽莎白·伯顿,凯蒂·威廉姆斯:《紧缩城市——一种可持续发展的城市形态》,中国建筑工业出版社,2004年。
32. 〔英〕切希尔,〔美〕米尔斯等主编:《区域和城市经济学手册》(第三卷),《应用城市经济学》,经济科学出版社,2003年。
33. 燃料化学工业部石油勘探开发规划研究院:《美国洛杉矶盆地威明顿多断层砂岩大油田》,1973年,中国科学院地理科学与资源研究所图书馆内部资料。
34. 单连龙:"国外大城市交通发展的经验及思考",《综合运输》,2004年第3期。
35. 商务部2005年16号令,《汽车贸易政策》,2005年8月10日发布。
36. 宋迎昌:"美国的大都市区管治模式及其经验借鉴——以洛杉矶、华盛顿、路易斯维尔为例",《城市规划》,2004年第5期。
37. 田鸿宾、张金彪、那允伟:《地下世界——地铁、水底隧道、地下公共建筑、地下旅游胜地、地下防御工事》,人民交通出版社,2003年。
38. 杨荫凯:"机动化的阶段性发展理论及我国机动化道路的选择"(中国科学院地理科学与资源研究所博士学位论文),2005年5月。
39. 约翰·M.利维:《现代城市规划(第五版)》,中国人民大学出版社,2003年。
40. 赵燕菁:"高速发展条件下的城市增长模式",《国外城市规划》,2001年第1期。
41. 张仁琪、高汉处、胡子祥:《中国人的轿车梦》,机械工业出版社,1997年。

本章执笔人:戴特奇